CLARA
Yolanda
CAMOTES
CAMOTES de SANTA CLARA

MEXIKO

EINE KULINARISCHE REISE

Früchtecocktail (links, Rezept S. 54) *und Melonenwasser* (rechts, Rezept S. 54)

Mexiko

EINE KULINARISCHE REISE

Mit 250 Originalrezepten aus allen Regionen

Rezepte von Susanna Palazuelos
Text von Marilyn Tausend
Fotos von Ignacio Urquiza

Christian Verlag

Aus dem Englischen übertragen von
Cornell Ehrhardt und Angelika Feilhauer
Redaktion und Register: Brigitte Milkau
Korrektur: Silvia Rehder
Herstellung: Dieter Lidl
Satz: Fotosatz Völkl, Puchheim

4. Auflage 1996

Die Originalausgabe mit dem Titel
MEXICO THE BEAUTIFUL COOKBOOK
wurde erstmals 1991 im Verlag
Weldon Owen Pty Limited, Sydney,
veröffentlicht

Design und Layout: John Bull, The Book Design Company,
Karten: Mike Gorman
Illustrationen: Neil Shigley
Food-Stylisten: Laura Caraza, Mónica Patiño,
Kay Mendieta de Alonso
Rezepte: Susanna Palazuelos
Text: Marilyn Tausend
Fotos: Ignacio Urquiza

Produktion: Mandarin Offset, Hong Kong
Printed in Hong Kong

ISBN 3-88472-202-6

Vorsatz: *Ein Süßwarengeschäft in Puebla, das für seine süßen Spezialitäten berühmt ist.*

Seite 2/3: *Das Fischerdorf Río Lagartos in Nordyucatán*

Rechts: *Der Stierkampf wurde vor über vierhundert Jahren von den Spaniern nach Mexiko gebracht. Er ist auch heute noch eines der populärsten Spektakel in Mexiko.*

Seite 8/9: *Fischsuppe* (links, Rezept S. 72) *und Muschelsuppe* (rechts, Rezept S. 72)

Seite 10: *Manila Mangos, eine besondere Köstlichkeit, sind auf mexikanischen Märkten nur wenige Monate im Jahr erhältlich.*

Seite 12/13: *Die rauhe Landschaft in der Umgebung der Stadt Zacatecas, einer wichtigen Minenregion.*

TEAM WORK

- ES MUCHA VITAMINA -
200 00
KILO

Inhalt

Eine Maya-Frau trägt auf dem Kopf ihren Tagesbedarf an »masa« nach Hause.

Einführung

Lange Zeit bestand die mexikanische Küche selbst für Gourmets oft nur aus *tacos, tamales* und feurigen *salsas*. Nur wenige Feinschmecker kannten auch die köstlichen *moles* und *pipianes* aus gemahlenen Nüssen und Gewürzen oder gar *ceviche*, jenen wunderbaren Cocktail aus ungegarten Fischen oder Meeresfrüchten, die in Limettensaft mariniert werden. Und wer wußte schon, daß die herzerquickende Tasse heiße Schokolade, die er an kalten Winterabenden zufrieden schlürft, ein Geschenk der ersten Kulturen Mexikos ist. Doch Mitte der siebziger Jahre veröffentlichte die gebürtige Engländerin Diana Kennedy einige Kochbücher über die regionalen Küchen Mexikos, und die kulinarische Welt wurde hellhörig. Sie entdeckte, daß mexikanische Köche mit ausgefallenen Zutaten wie Kürbisblüten oder den fleischigen Sproßgliedern des Feigenkaktus Gerichte mit feinen Aromen kreieren, wie sie schon die alten Azteken zubereiteten. Allmählich wurde bekannt, welch einzigartige und großartige Küche Mexiko besitzt.

Aber die mexikanische Küche hat nicht nur indianische Speisen anzubieten. Im Lauf der Jahrhunderte wurden die einheimischen Nahrungsmittel durch Gemüse, Obst, Fleisch, Getreide und Gewürze aus der Alten Welt ergänzt, und es entstanden Gerichte, in denen sich der Wandel und die Erschütterungen einer turbulenten Geschichte widerspiegeln.

Man nimmt an, daß die ersten Bewohner Amerikas über eine schmale Landbrücke im Beringmeer in die Neue Welt gelangten und später langsam weiter nach Süden vordrangen. Wie alle Menschen der damaligen Zeit lebten sie, um zu essen – und aßen, um zu leben. Und so spielte die Nahrungssuche die zentrale Rolle in ihrem Leben. Da sie weder Rad noch Lasttiere kannten, bewegten sie sich zu Fuß fort und trugen ihr weniges Hab und Gut auf dem Rücken. Die geographische und klimatische Beschaffenheit des Landes, durch das sie zogen, ist sehr verschiedenartig. Zwei zerklüftete Bergketten trennen regenarme Hochlandwüsten von den Ebenen an der Küste. Die einzelnen Sippen ließen sich in den verschiedenen Tälern und Hochebenen nieder und entwickelten aufgrund der jeweiligen Flora und Fauna ihre besondere Lebensweise.

Von Anbeginn spielte der Mais eine zentrale Rolle in der mexikanischen Küche, denn sehr früh schon entdeckten nomadisierende Jäger, daß man Nahrung erzeugen konnte, indem man mit einem spitzen Stock ein Loch in den Boden bohrte, ein Maiskorn hineinlegte und das sich entwickelnde Pflänzchen hegte, bis die Kolben heranreiften und schließlich geerntet werden konnten. Damit begründeten diese Menschen eine bäuerliche Kultur, die beinahe dreitausend Jahre bestehen sollte. Natürlich war die Entwicklung sehr komplex, und es waren daran viele Völker beteiligt, die teilweise gleichzeitig den Schauplatz der Geschichte betraten. Den Anfang machten die Olmeken an der Golfküste Mexikos. Ihnen folgten die Begründer von Teotihuacán, einer Metropole, die jahrhundertelang im Hochland nördlich vom heutigen Mexico City florierte. In den Hochtälern des Südens lebten die Zapoteken und die Mixteken, und auf der Halbinsel Yucatán im

Linke Seite: *Im Hochland von Chiapas haben die Indianer ihre traditionelle Lebensweise bewahrt und bauen nach alten Methoden Mais und Kräuter an.*

TIJUANA
MEXICALI
VEREINIGTE STAATEN VON AMERIKA
NOGALES
BAJA CALIFORNIA NORTE
CIUDAD JUÁREZ
SONORA
HERMOSILLO
RÍO BRAVO DEL NORTE
GOLF VON KALIFORNIEN
SIERRA MADRE OCCIDENTAL
CHIHUAHUA
CHIHUAHUA
COAHUILA
NUEVO LARE
BAJA CALIFORNIA SUR
SINALOA
DURANGO
NUEVO LEÓN
MONTERREY
CULIACÁN
SALTILLO
LA PAZ
SIERRA MADRE ORIENTAL
DURANGO
ZACATECAS
CIUDAD VICTORIA
SAN LUIS POTOSÍ
MAZATLÁN
ZACATECAS
TAMAULIPA
TAMPICO
AGUAS-CALIENTES
SAN LUIS POTOSÍ
NAYARIT
PAZIFISCHER OZEAN
TEPIC
LEÓN
GUANAJUATO
GUADALAJARA
QUERÉTARO
LAGUNA DE CHAPALA
HIDALGO
JALISCO
MORELIA
MÉXICO
D.F.
TLAXCA
COLIMA
MEXICO CITY
JALA
CUERNAVACA
ORIZABA
MICHOACÁN
MORELOS
PUEBL
GUERRERO
OAXACA
ACAPULCO
OAXAC
MÉXICO

Süden waren die Maya zu Hause. Nach dem Niedergang der Teotihuacán-Kultur sollte Tollán, die Hauptstadt der Tolteken, zum neuen Machtzentrum werden und die militaristische Lebensweise kommender Jahre prägen. Schließlich wurden die Tolteken von den Azteken aus dem Zentrum des Geschehens gedrängt. Letztere schufen jene großartige Kultur, auf die 1519 Hernán Cortés und seine Soldaten stießen.

Auf der anderen Seite der Welt hatten die Römer entdeckt, daß Essen keine bloße Notwendigkeit bleiben mußte, sondern zum Vergnügen werden konnte, wenn man Gewürze hinzufügte. Das bedeutendste Gewürz war der schwarze Pfeffer, der nach dem Ende des Römischen Reichs 395 n. Chr. so kostbar wurde, daß man ihn in Gold aufwog. Während der folgenden tausend Jahre nun sollten Europas Herrschern immer wieder phantastische Geschichten von Ländern im fernen Osten zu Ohren kommen, und als Ende des dreizehnten Jahrhunderts Marco Polo verkündete, dort gäbe es das scharfe schwarze Gewürz in Hülle und Fülle, begann unter den europäischen Ländern ein zweihundert Jahre währender Wettlauf um die Kontrolle des Seeweges zu den sogenannten »Gewürzinseln«.

So brach auch Christoph Kolumbus 1492 auf, um eine Westroute nach Indien und zu den Molukken zu suchen, und als er schließlich Land sichtete, glaubte er sich am Ziel. Folglich nannte er die Einheimischen »Indianer« und das scharfe Gewürz, das sie verwendeten, »Pfeffer«. Kolumbus schuf so die Grundlage für eine kulinarische Verbindung von Alter und Neuer Welt.

»Ich sah weder Schafe noch Ziegen oder irgendein anderes Tier – all die Bäume unterschieden sich von unseren so sehr wie der Tag von der Nacht, und nicht anders war es mit den Früchten, den Pflanzen, den Steinen und allen anderen

Typisch für die Ruinenstätten Südmexikos sind die Chac-mool-Skulpturen, die an den Eingängen der Tempel die Opfergaben für die Götter in Empfang nahmen.

Dingen«, schrieb Kolumbus über seine erste Landung auf den Bahamas am 12. Oktober 1492. Aber dies änderte sich bald, denn auf seiner zweiten Fahrt nahm er aus der Heimat Schweine, Ziegen, Schafe, Hühner, Rinder und Pferde mit in die Neue Welt, die sich dort rasch vermehrten. Auch als Cortés siebenundzwanzig Jahre später Kuba verließ, um die Neue Welt zu erobern, hatte er lebende Tiere als Proviant für seine Soldaten an Bord. Mit seiner Landung im mexikanischen Veracruz sollten die beiden Kulturen aufeinandertreffen und damit die Eßgewohnheiten der Alten und der Neuen Welt grundlegend verändern.

In dem Land, das bald als Mexiko bekannt wurde, existierten blühende Bauernkulturen. Die Grundnahrungsmittel des einfachen Volkes waren Squash-Kürbisse, Bohnen und Mais; Aristokratie und Priesterschaft aßen jedoch auch Leckerbissen wie Wachteln und Truthähne, kleine unbehaarte Hunde, Fische und Wild. Dazu tranken sie *pulque* und Schokolade. Als erste Mahlzeit des Tages wurde gewöhnlich *atole* gegessen, bei der Hauptmahlzeit gab es *tamales* und Eintopfgerichte, die mit feurigen *chiles* gewürzt waren und mit Tortillas gelöffelt wurden.

Die neuen Bewohner Mexikos kamen aus allen Gegenden Spaniens und brachten die Zutaten und Rezepte einer Küche mit, die vom achten bis zum fünfzehnten Jahrhundert durch maurische Herrschaft geprägt war. Neben Vieh und Geflügel fanden auch Weizen, Reis, Zwiebeln, Knoblauch, Zitrusfrüchte und Zuckerrohr in Mexiko bald eine neue Heimat. Noch nie zuvor hatte es eine kulinarische Verschmelzung von solcher Tragweite gegeben, und sie sollte sich auch nicht mehr wiederholen.

Eine Ranch in San Luis Potosí, wo der Sonntagsbraten aus Lammfleisch besteht. Es wird in duftende Agavenblätter eingewickelt und in Erdgruben gegart.

Die Spanier waren zwar auf der Suche nach Gold in die Neue Welt gekommen, aber mit der Entdeckung neuer Nahrungsmittel – Mais, eine Vielzahl von Bohnen, Erdnüsse, Bataten, Kürbisse, Tomaten und der wenig bekannte, aber äußerst nahrhafte Amaranth – hatten sie den Anstoß gegeben für viele Veränderungen in der ganzen Welt. Die Obstarten, die sie dort vorfanden – Ananas, Guave, Papaya und Avocado – bereichern heute den Speisezettel vieler Völker, und auch die drei wichtigsten Aromastoffe Mexikos – *chile*, Kakao und Vanille – haben zweifellos den Geschmack zahlreicher Speisen auf der ganzen Welt verändert.

Was wäre ein indischer Curry ohne Chili oder ungarisches Gulasch ohne Paprika? Von den Chinesen in Hunan heißt es, daß sie zwar auf Fleisch, nicht aber auf scharfen Paprika verzichten könnten. Und die heutige italienische Küche ist ohne ihr mexikanisches Erbe nicht vorstellbar, denn ohne Tomaten gäbe es keine Spaghetti Bolognese, ohne Mais keine Polenta und ohne Bohnen und Zucchini keine Minestrone. Darüber hinaus gäbe es auch Schweizer Schokolade, spanischen *gazpacho* und amerikanischen Truthahnbraten nicht.

Die große Zeit der mexikanischen Küche begann, als die Spanier den unterworfenen Indianern gestatteten, einige Hühner, ein Schwein, eine Ziege oder sogar ein Schaf oder eine Kuh zu halten. Die Spanier selbst aßen zunächst nur Speisen aus ihrer Heimat, doch lange konnten sie der Erfindungsgabe indianischer Köchinnen nicht widerstehen, und so verschmolzen zwei kulinarische Traditionen miteinander. *Masa*-Gerichte und *chiles* fanden einen Platz auf spanischen Tischen, während Indianer und Mestizen eifrig Eier, Fleisch, Käse und Zitrusfrüchte übernahmen.

Den Spaniern genügte es nicht, die Indianer einfach zu unterwerfen. Ebenso wichtig war ihnen die »Rettung« ihrer Seelen, und so war die katholische Kirche bei der Eroberung Mexikos von Anbeginn beteiligt. Mit der Einrichtung von Klöstern begannen Nonnen eine entscheidende Rolle in der Entwicklung der Küche des Landes zu spielen. Mit großer Phantasie bereiteten sie aus den Zutaten, die sie auf den lokalen Märkten fanden, komplizierte und ausgefallene Speisen und viele Naschereien und Desserts zu, die bald Einzug in die Heime der kreolischen und spanischen Adelsfamilien hielten.

Fast dreihundert Jahre wurde Mexiko von der spanischen Aristokratie beherrscht. Am 16. September 1810 forderte Pater Miguel Hidalgo y Costillo die Unabhängigkeit von Spanien, und dieser Tag wird auch heute noch im ganzen Land leidenschaftlich gefeiert. Wenn am Vorabend der Präsident den Ruf nach Unabhängigkeit des Pater Hidalgo wiederholt, ist die Atmosphäre aufgeladen von den heftigen Emotionen der Menschen und dem Lärm explodierender Feuerwerkskörper. Die Straßen werden von Imbißständen und Händlern gesäumt, die Speisen verkaufen, und in den Restaurants drängen sich Menschen, die sich traditionelle *tacos, pozole, birria* und *enchiladas* munden lassen.

Leider brachte die Unabhängigkeit dem Land keinen Frieden. Während des folgenden halben Jahrhunderts herrschten Unruhen und Bürgerkriege; kämpfende Gruppen durchzogen die Berge und Täler Mexikos. Während dieser Zeit wurden auch kulinarische Barrieren eingerissen, weil die Frauen, die Seite an Seite mit ihren Männern kämpften, das Essen für die Bürgerkriegstruppen aus den jeweils vorhandenen örtlichen Nahrungsmitteln zubereiten mußten. Nie fehlte dabei jedoch die unglaublich variable *masa*.

Schließlich bildete das mexikanische Volk, des Krieges müde, unter Führung des Zapoteken Benito Juárez die erste Zivilregierung. Damit begann eine liberale Ära, doch die

Rechte Seite: *Der »huachinango« (Roter Schnapper) kommt im Pazifik und im Golf von Mexiko in großen Mengen vor. Kein anderer Fisch wird in Mexiko so häufig gegessen wie er.*

Konservativen opponierten gegen die durchgeführten Reformen, und als Juárez die Rückzahlung der Auslandsschulden einstellte, entsandten Spanien, England und Frankreich Truppen nach Mexiko. Napoleon III. setzte 1863 den leutseligen und wohlmeinenden, aber unfähigen Habsburger Erzherzog Maximilian als Kaiser von Mexiko ein.

Dessen Frau Charlotte gab der mexikanischen Kochkunst wichtige Impulse. Obwohl die belgische Prinzessin die Küche ihrer neuen Heimat zu schätzen wußte, mochte sie dennoch nicht auf die feinere europäische Küche verzichten. Und so ließ sie einen ungarischen Koch namens Tudor nach Mexiko kommen, der mit Hilfe von vier anderen Köchen, zwei Konditoren und einem Bäcker den Adel mit Gerichten österreichisch-ungarischer, italienischer und französischer Herkunft begeisterte. Obwohl Kaiser Maximilians Regierungszeit nur drei Jahre dauerte, hatte sie doch einen so nachhaltigen Einfluß auf die mexikanische Küche, daß Fachleute diese heute – neben der französischen, indischen, chinesischen und italienischen Küche – als eine der fünf individuellsten und kreativsten Küchen der Welt betrachten.

Im Jahre 1867 übernahmen die Mexikaner erneut die Herrschaft über ihr Land und wählten wiederum Juárez zum Präsidenten. Und während der diktatorischen Regierung unter Präsident General Porfirio Díaz (1877–1880 und 1884–1911) entstand eine eigene Aristokratie, bei der der europäische Einfluß noch deutlicher spürbar war. Die sozialen Ungerechtigkeiten während dieser Periode endeten schließlich in einer weiteren blutigen Auseinandersetzung. Die mexikanische Revolution mit Emiliano Zapata und Pancho Villa an ihrer Spitze dauerte bis 1920. Und wiederum kämpften an der Seite der Männer *soldaderas,* die ihre *comals* und *cazuelas* mitnahmen. Auch im folgenden Jahrzehnt kam es immer wieder zu Unruhen, doch mit der Wahl von Präsident Lázaro Cárdenas im Jahr 1934 und der Herrschaft einer neuen politischen Partei wurde eine Periode politischer Stabilität eingeleitet, die bis heute andauert.

Während des Goldenen Zeitalters – von den dreißiger Jahren bis Anfang der fünfziger Jahre – bemühten sich Künstler und Intellektuelle gemeinsam, dem kulturellen Erbe Mexikos neue Bedeutung zu geben und den Stolz des Volkes auf dieses Erbe zu stärken. Als Ausdrucksmittel dienten ihnen Musik, Literatur und Bildende Kunst, und Männer wie Diego Rivera, David Alfaro Siqueiros und José Clemente Orozco fanden für ihre künstlerischen Leistungen weltweit Anerkennung.

In den Küchen Mexikos nahm ein kreativer Umdenkungsprozeß anderer Art seinen Anfang. Lange Zeit hatten die Meisterköche in der Gastronomie und den Häusern der Oberschicht stets der feinen europäischen Küche den Vorzug gegeben, doch 1981 schlossen sich viele namhafte mexikanische Köchinnen im Círculo Mexicano de Arte Culinario zusammen, einer Gruppe, die sich die Bewahrung und Förderung der regionalen Küchen Mexikos zum Ziel gesetzt hat. Sie forschten in den Familien nach traditionellen Rezepten und hielten das Wissen der indianischen Köchinnen fest, um dann aufgrund dieser Erkenntnisse Speisen zu kreieren, die dem heutigen Geschmack entsprechen. Neben anderen Kennern der mexikanischen Küche haben auch Mitglieder dieser Gruppe Rezepte traditioneller Gerichte und neuer Kreationen zu dem vorliegenden Buch beigesteuert. Sie zeigen das gesamte Spektrum der mexikanischen Küche von den allgegenwärtigen *frijoles de la olla* (S. 208–209) bis zu feinen Crêpes mit Langusten und Pinienkernen (S. 177).

Und nun viel Vergnügen und *¡buen provecho!*

Die barocke Basilika Nuestra Señora de Guanajuato. Sie stammt aus dem 17. Jahrhundert und beherbergt die Statue der Muttergottes von Guanajuato, die 1557 König Philip II. von Spanien der Stadt zum Geschenk machte.

Die Welt der Maya

DIE WELT DER MAYA

Wie es im »Popol Vuh«, dem heiligen »Buch des Rates« der Maya heißt, unternahmen die Götter bei der Erschaffung des Menschen vier Versuche. Zuerst schufen sie einen Menschen aus Lehm, aber da er keinen Verstand besaß, zerstörten sie ihn wieder. Den zweiten fertigten sie aus Holz und den dritten aus einer Palmlilie und Schilf. Doch weil beide keine Seelen hatten, wurden auch sie in »großen Fluten aus dem Herzen des Himmels« wieder vernichtet, und dann »bedeckte Finsternis das Antlitz der Erde, und schwarzer Regen fiel bei Tag und bei Nacht«. Einigen Geschöpfen gelang es, in den tiefen Dschungel zu fliehen, wo sie heute als Affen leben – Menschen ohne Seelen. Schließlich entschlossen sich die göttlichen Schöpfer, weiße und gelbe Maiskolben zu verwenden, und diesmal waren sie mit dem Ergebnis zufrieden.

Vermutlich waren die Maya Nachfahren eines nordamerikanischen Stammes, der um dreitausend v. Chr. zunächst ins westliche Guatemala zog. Später zerstreuten sich die Stammesangehörigen in alle Richtungen. Eine Gruppe, die Huaxteken, vollzog eine kulturelle und linguistische Abspaltung von den einstigen Verwandten und wurde in der Gegend von Veracruz, Tamaulipas und San Luis Potosí seßhaft. In Chiapas, dem südlichen mexikanischen Bundesstaat an der Grenze zu Guatemala, erlebte in den ehrfurchtgebietenden Städten Palenque und Yaxchilán die Mayakultur ihre Blüte. Die Landschaft ist hier geprägt von Bergen und Tälern, grandiosen Wasserfällen und erloschenen Vulkanen, die in den Himmel emporragen, und heute leben in einsamen Tälern verstreut nur noch einzelne Gruppen von Mayaindianern, deren Dialekt, Kleidung und Bräuche aber immer noch einzigartig sind.

Seite 22/23: *Eine Maya-Ruine am Karibischen Meer.*

Links: *Chichén Itzá im Norden der Halbinsel Yucatán war eine heilige Stätte der Maya und später auch der Tolteken. Hinter dem Schlangenkopf links und dem liegenden Chac-mool befindet sich die berühmte Pyramide des Kukulkán.*

Der Bundesstaat Chiapas wurde nach einer Salbeiart (*Salvia hispanica*), *chía,* benannt, dessen Samen dort zur Herstellung eines beliebten Getränks verwendet wird; und seine erste Hauptstadt war San Cristóbal de las Casas. In dieser Stadt scheint die Zeit stehengeblieben zu sein. Noch immer ist der Markt Mittelpunkt des Lebens, und noch immer kommen buntgekleidete Tzotzil aus Chamula und Zinacantán in die Stadt, um einzukaufen oder Tauschhandel zu betreiben. Sie benutzen alte Gewichte und Maße vergangener Zeiten, um den Preis für ein Pfund schwarze Bohnen oder eine halbe Wassermelone festzusetzen. Den prächtigen Farben der Gemüse und den intensiven Düften der Kräuter und anderer Nahrungsmittel machen Stände Konkurrenz, an denen es Weihrauch und Kerzen in ungewöhnlichen Farben gibt, wobei jede Farbe für eine bestimmte Art des Gebets steht.

In der Küche von Chiapas spiegelt sich sowohl die Mayavergangenheit als auch der Einfluß der spanischen Eroberer wider. So ist die Region für ihre ausgefallenen *tamales* bekannt: Es gibt dort runde *tamales* mit Schweinefleisch, lange *tamales*, gefüllt mit Huhn, Zimt und Safran, und ganz besondere *tamales*, die mit Oliven, hartgekochten Eiern, Huhn und Bananen zubereitet und in *masa* und Bananenblätter eingewickelt gedämpft werden. Auch die Suppen Chiapas' sind außergewöhnlich. Ein *caldo* (Brühe) mit Mais, Frischkäse und kleinen *masa*-Bällchen erhält sein Aroma durch ein wunderbares Kraut – *chipilín.* Am bekanntesten ist jedoch die *sopa de pan* (S. 70), eine verführerische Suppe aus Brot, Oliven, Rosinen, Gemüsen und exotischen Gewürzen.

Die meisten Menschen aber verbinden die Mayakultur mit der Halbinsel Yucatán, jene riesige, ebene Landfläche, die zwischen dem Golf von Mexiko und der Karibik nach Norden in das warme türkisfarbene Wasser ragt. Es ist ein trocke-

Oben: *Die bunten Anstriche der Häuser auf der Halbinsel Yucatán haben Tradition: Schon die Maya bemalten ihre Tempel in leuchtenden Farben.*

Unten: *In den Küstengegenden Mexikos werden Kokosnüsse in der Küche auf vielfältige Arten zubereitet. Sie werden für Getränke, Desserts und Hauptgerichte verwendet.*

Marktfrauen aus San Cristóbal de las Casas mit Kräutern und Bananen, die dort zur Zubereitung von Suppen und »tamales« verwendet werden.

nes Land. Viele der dortigen Flüsse und Seen verlaufen unterirdisch und werden durch Regenwasser gespeist, das durch die dünne Erdschicht und den darunterliegenden porösen Kalkstein sickert. Die alten Maya errichteten die meisten ihrer religiösen Zentren um *cenotes,* große, natürliche Wasserspeicher, die überall dort entstanden sind, wo das dünne Kalkgestein eingebrochen ist und das unterirdische Süßwasser preisgegeben hat.

In den ersten acht Jahrhunderten christlicher Zeitrechnung legten die Maya riesige Städte mit gewaltigen Tempeln, Palästen und Pyramiden an, die mit kunstvollen Wandmalereien geschmückt waren. Für den religiösen Jahresablauf entwickelten die Maya einen Kalender, und um wichtige Ereignisse dokumentieren zu können, erfanden sie eine Schrift. Um neunhundert n. Chr. hatte diese Gruppe von Indianern künstlerisch und intellektuell einen Standard erreicht, mit dem es nur wenige andere Zivilisationen jener Zeit aufnehmen konnten.

Als 1517 Fernández de Córdoba, der kurz zuvor nach Cuba gekommen war, zufällig an der Küste Yucatáns landete, erschien die Mayakultur immer noch eindrucksvoll, doch war sie bereits im Niedergang begriffen. In einer erbitterten Schlacht bei Campeche wurden die Spanier geschlagen und kehrten nach Cuba zurück, doch ihre Berichte über diese fremde Welt lockten viele Abenteurer an, die dort ihr Glück machen wollten Die Jagd auf das Gold hatte begonnen. 1542 schließlich errichteten die Spanier in diesem abgeschiedenen Teil Mexikos auf den Ruinen einer verlassenen Mayametropole ihre Hauptstadt Mérida. Billiges Land und Arbeit lockten weitere Scharen europäischer Abenteurer an, die mit einer einheimischen Agavenart reich wurden, deren Fasern (Sisal) sich zu Schnur und Seilen verarbeiten ließen. Da sie aber wenig Möglichkeiten hatten, ihr Geld in diesem abgelegenen Teil der Welt auszugeben, legten sie großartige Parks und lange, von blühenden Bäumen gesäumte Straßen an, und jeder versuchte, ein noch schöneres Haus als der Nachbar zu bauen. Dieser Wettbewerb zog sich bis in die Küchen, und die reichen Familien wetteiferten darin, ihren Gästen die herrlichsten und üppigsten Speisen aufzutischen.

Die einheimischen Köchinnen kombinierten ihre traditionellen Zutaten mit den neuen Nahrungsmitteln, welche die Spanier ins Land gebracht hatten, und so entstand auf der Halbinsel Yucatán eine einzigartige Küche. Auf allen Märkten werden Kugeln und kleine längliche *recado*-Blöcke – herrliche Mischungen aus Gewürzen, Pomeranzensaft und *achiote* – verkauft. Man verwendet sie, um Fisch, Geflügel und Fleisch Aroma und Farbe zu verleihen, die dann, in duftende Bananenblätter gewickelt, stundenlang in einer mit Steinen ausgekleideten Grube *(pib)* gedämpft werden. Das bekannteste Gericht Yucatáns ist vermutlich *cochinita pibil* (S. 154), ein auf diese Weise gegartes kleines Schwein, das traditionell mit eingelegten Zwiebeln garniert wird. Ein anderes Gericht, das heute noch genau so wie vor dreihundert Jahren gegessen wird, sind *papadzules.* Es handelt sich dabei um *tacos* mit einer Füllung aus gehackten hartgekochten Eiern, die zuerst mit einer Sauce aus gemahlenen Kürbiskernen, dann mit einer Tomatensauce und schließlich mit glänzendem Kürbiskernöl überzogen werden. Eine neuere Schöpfung der Küche Méridas ist die heiße *sopa de lima* (S. 83), die mit Huhn und Gemüse zubereitet wird und durch die bitteren Limetten der Region ihren besonderen Geschmack bekommt.

Die drei Bundesstaaten der Halbinsel – Quintana Roo, Campeche und Yucatán – werden von mehr als tausendfünfhundert Kilometern Küste umgeben. Der größte Fischerhafen ist Ciudad del Carmen im Westen von Campeche. Wenn der Morgen rasch und warm über dem Wasser heraufdämmert, kommen dort die Fischer mit ihren Fängen herein, die meist aus *cazón* (Hundshai), *pulpo* (Krake), *róbalo* (Meerbarsch), *calamar* (Kalmar) und *huachinango* (Roter Schnapper) bestehen. Der kleine *cazón* hat einen wunderbaren Geschmack, der ihn zu einer Delikatesse macht. Er wird in vielen Gerichten verwendet, von denen das bekannteste *pan de cazón* (Haibrot) ist. Es besteht aus Tortillas mit Schichten oder einer Füllung aus schwarzen Bohnen und Fisch und einem Überzug aus Tomatensauce, die mit dem schärfsten aller Chillies, dem *chile habanero,* gewürzt ist.

Ähnliche Dinge essen die Menschen auf der entlegenen Ostseite der Halbinsel. Quintana Roo – noch vor kurzem durch dichten Dschungel vom übrigen Mexiko getrennt – war die letzte Region des Landes, die zum Bundesstaat wurde. Seine karibisch anmutende Hauptstadt Chetumal liegt an der Grenze zu Belize, und zu beiden Seiten dieser Grenze verwendet man die gleichen Grundnahrungsmittel wie Bohnen und Reis, die mit Kokosmilch gesüßt und mit gebratenen Bananen gegessen werden.

Heute ist diese Gegend der Halbinsel Yucatán vor allem für ihre Ferieninseln bekannt – Cozumel, Cancún und die benachbarte Isla Mujeres. Doch die steigende Zahl der Touristen in diesen Ferienorten und den archäologischen Stätten von Tulum, Palenque und Chichén Itzá hat wenig Auswirkungen auf die Maya gehabt. Während die Ursprünge der meisten Mexikaner im Nebel der Vergangenheit verschwimmen, leben die Maya ungeachtet der Veränderungen, die während der letzten vier Jahrhunderte in der übrigen Welt stattfanden, fast immer noch so wie ihre Vorfahren, sprechen die gleiche Sprache und bewahren die alten kulinarischen Traditionen.

VORSPEISEN UND GETRÄNKE

Verzehrfertige »sopes« (knusprige »masa«-Boote) und »tacos«.

VORSPEISEN UND GETRÄNKE

Seite 28/29: *Enchiladas »Potosí«* (Rezept S. 48) *und Margaritas* (Rezept S. 56). Oben: *In jeder mexikanischen Stadt sieht man Verkäufer »antojitos« anbieten, die Speisen der Straße. Mitunter sind sie sehr einfach, wie diese über einem Holzkohlefeuer gegrillten Maiskolben.*

»Plötzliche Gelüste«, »verzehrende Sehnsüchte« oder »kleine Launen« – all dies sind Begriffe für jene Köstlichkeiten, welche sich die Mexikaner zu allen Tageszeiten munden lassen. *Antojitos* gibt es auf der Straße und den Märkten, und die meisten werden mit einem viele Jahrhunderte alten, nahrhaften Nahrungsmittel zubereitet – der *masa,* einem Teig aus getrocknetem und gemahlenem Mais und Wasser.

Die aus *masa* hergestellte Tortilla dient in Mexiko als Brot, Teller und Löffel zugleich. Bäckt man sie kurz auf einem *comal* und klappt sie zu einer Tasche mit einer Füllung aus Käse und *epazote* zusammen, wird sie zu einer *quesadilla* (S. 46–47) – einfach, aber köstlich. *Tacos* werden sowohl aus weichen als auch knusprigen Tortillas zubereitet und mit allen nur denkbaren Zutaten belegt, *tostadas* (S. 44) sind geschichtet und *gorditas* und *panuchos* (S. 42–43) gefüllt. *Sopes* und *garnachas* haben hohe Ränder, damit die Füllung nicht herunterläuft, und dann gibt es noch die vornehmeren *enchiladas* (S. 48–49). Die Auswahl ist unbegrenzt, und jede Region hat ihre eigenen Spezialitäten.

Wo *antojitos* gegessen werden, sind riesige Gefäße mit *aquas frescas* nicht weit – kühlenden Getränken aus pürierten Früchten. Buntgefärbt im lebendigen Grün bitterer Limetten und in den Rottönen süßer Melonen stehen sie jederzeit griffbereit, um die erstaunliche Schärfe von *tacos* und *salsas* zu mildern. Besonders beliebt sind zwei sehr ungewöhnliche Getränke: *aqua de tamarindo* (S. 54–55), aus den klebrigen Früchten des Tamarindenbaumes bereitet, und die rubinrote *aqua de jamaica* (S. 55) aus Hibiskusblüten.

Bei ganz besonderen Gelegenheiten gibt es in Mexiko

In Tabasco werden Kakaobohnen auf der Straße getrocknet. Seit vorkolumbianischer Zeit trinken die Mexikaner ihre schaumig geschlagene Schokolade am liebsten aus Tonkrügen.

tamales (S. 50–53). In der Zeit vor der spanischen Eroberung galt ein junges Aztekenpaar erst dann als verheiratet, wenn die alte Frau, welche die Ehe arrangiert hatte, den Mantel des Bräutigams und die Bluse der Braut zusammengeknotet hatte und sich das Paar ein Gericht aus *tamales* teilte. Ohne Garnitur und Beilage, gefüllt oder ungefüllt, in die Blätter von Mais, Bananen oder *hierba santa* gewickelt und gedämpft, wird diese *masa*-Speise als Geschenk für die Götter serviert.

Während der Feste zu Ehren der Verstorbenen, Anfang November, richtet man zwischen Schalen mit leuchtendgelben *zempasúchil* (Tagetes), Kerzen und Weihrauch alle Lieblingsspeisen der Verstorbenen her. Das ganze hat den Charakter eines Festes, bei dem die Lebenden und die Toten *tamales* und Becher mit schaumiger Schokolade verzehren.

Schokolade ist aus der mexikanischen Küche nicht wegzudenken. Nach der Legende kam eines Tages Quetzalcóatl, der Gott des Lichts, an einem Strahl des Morgensterns zur Erde herab, um den verarmten Tolteken zu helfen. Er lernte diese Menschen kennen und lieben und zeigte ihnen schließlich, wie man Kakao anbaut und Schokolade zubereitet, das heilige Getränk der Götter. Als die anderen Götter jedoch davon erfuhren, sandten sie erbost den Gott der Dunkelheit zur Erde, der Quetzalcóatl durch eine List dazu verführte, zu viel von dem berauschenden *pulque* zu trinken. Von Scham erfüllt kehrte Quetzalcóatl daraufhin nach Hause zum Abendstern zurück. Doch bevor er seine indianischen Freunde verließ, verstreute er an der Küste von Tabasco seine restlichen Kakaobohnen, die aufgingen und dort fortan als ewiges Geschenk vom Gott des Lichts gediehen.

Die Kakaobohnen wurden geröstet und gemahlen, mit Wasser vermischt, mit Honig gesüßt und mit Piment oder Vanille gewürzt, um ein Getränk zuzubereiten, das aber nur wenigen Priviligierten vorbehalten war. So beobachtete Hernán Cortés, wie der aztekische Herrscher Moctezuma II. aus prächtigen goldenen Tassen Schokolade trank. Und als man sie wenig später nach Europa brachte, wurde sie auch dort, in etwas abgewandelter Form, zum Getränk der Oberschicht.

Das traditionelle mexikanische Getränk *pulque* wird aus dem natürlich vergorenen Saft des Maguey (Agave, die auf den Hochebenen Mexikos wächst) gewonnen. In der Zeit vor der spanischen Eroberung verwendeten ihn die Priester zu rituellen Zwecken. Seine berauschende Wirkung war aber wohlbekannt und nicht geduldet – auf Trunkenheit stand die Todesstrafe! Noch heute findet man den leicht berauschenden *pulque* im zentralen Hochland, wo man ihn oft mit pürierten Früchten vermischt und zu herzhaft gewürzten Speisen reicht.

Die trinkfreudigen Spanier beschlossen, den indianischen *pulque* mit Hilfe eines Destillationsverfahrens, das sie von den Mauren erlernt hatten, zu verfeinern. Sie nahmen die riesigen ananasartigen Herzen kleinerer Agavenarten, die sie rösteten, zerstießen und vergoren, um hochprozentigen Mezcal und Tequila herzustellen. Heute wird Tequila meist aus kleinen Gläsern getrunken und sein Geschmack mit Salz und Limette zugleich gemildert und intensiviert. Anschließend trinkt man vielleicht noch einen Schluck *sangrita,* die ursprünglich aus Granatapfelsirup, Pomeranzensaft und etwas Chili zubereitet wurde.

Gewöhnlich findet man auf dem Eßtisch auch eine der vielen Bier- oder Mineralwassersorten Mexikos. Im Land gibt es mehr als dreihundert Mineralquellen, und die Mexikaner tranken Mineralwasser schon lange, bevor es sich in anderen

Ländern verbreitete. Mexikanisches Bier ist zu Recht berühmt und wird in großen Mengen konsumiert. Laut Statistik liegt der Pro-Kopf-Verbrauch im Moment bei über hundert Flaschen im Jahr. 1544 wurde erstmals die Genehmigung für den Verkauf von Bier vergeben, das damals aus Gerste, Zukker, Tamarinde und Zitrone hergestellt wurde. Zu einer der großen Industrien Mexikos entwickelte sich die Bierproduktion jedoch erst dreihundert Jahre später. Heute wird eine Vielzahl von Bieren gebraut, die auf der ganzen Welt bekannt und geschätzt sind.

Einige vornehme Restaurants in den Städten bieten mexikanischen Wein an, der recht qualitätsvoll sein kann. Heute werden in Baja California Norte, Querétaro und Aguascalientes jedes Jahr mehr als eine Million Faß Rot- und Weißwein produziert. Vor der Unabhängigkeit Mexikos hatten die Spanier den Anbau von Wein – selbst für religiöse Zwecke – verboten und erzwungen, daß der gesamte Wein aus Spanien importiert wurde.

Am Ende jeder Mahlzeit gibt es gewöhnlich eine Tasse starken, duftenden Kaffee. Obwohl er nicht ursprünglich in Mexiko heimisch war, gedeihen an den Hängen der Sierra Madre in Veracruz und Chiapas Kaffeesträucher gut. Meist bestellen Mexikaner scharfgerösteten Kaffee, der *con leche* (mit Milch) serviert wird, aber auch Espresso und schwarzer Kaffee werden gern getrunken. Den traditionellen *café de olla* (S. 53), der in einem großen Tontopf *(olla)* mit Zimt und braunem Zucker zubereitet wird, findet man oft nur in kleinen Restaurants, aber es lohnt sich, danach zu suchen.

Bebidas und *antojitos* – die Getränke und kleinen Imbisse des Landes – spielen eine wichtige Rolle im Leben der Mexikaner und werden von ihnen hoch geschätzt.

Frische Früchte sind an heißen Tagen ein erfrischender Imbiß – saftige Melonen, Mangos, Ananas und Gurken; und große Krüge mit »aguas frescas« sind immer dabei.

Geschmolzener Käse mit Pilzen, Chile Poblano und Chorizo

JALISCO

Queso Fundido con Champiñones y Rajas de Poblano

Geschmolzener Käse mit Pilzen und Chile Poblano

»Queso fundido« wird in der Gegend von Guadalajara und in den nördlichen Bundesstaaten, wo er auch als »queso flameado« bekannt ist, zu gegrilltem »cabrito« (junge Ziege) gereicht. Geschmolzen zieht der Käse Fäden. Man serviert ihn in flachen Ton- oder Metallgefäßen, aus denen man ihn mit weichen Weizenmehl-Tortillas löffelt. Kurz vor dem Verzehr gibt man eine würzige Tomatensauce darüber. Hier wurde er mit Champignons und in Streifen geschnittenem »chile poblano« kombiniert. Eine köstliche Alternative ist zerbröselter und gebratener »chorizo«.

1 *chile poblano,* geröstet (s. Glossar), enthäutet und in Streifen geschnitten
30 g Butter
Salz
Frisch gemahlener Pfeffer
60 g Champignons, in Scheiben geschnitten
250 g milder Cheddar, gerieben
10–12 Weizenmehl-Tortillas

Die Chilistreifen in der Hälfte der Butter dünsten, leicht salzen und pfeffern und beiseite stellen.

Die Champignonscheiben in der restlichen Butter braten, bis sie Flüssigkeit ziehen. Salzen und pfeffern und beiseite stellen.

Zwei *cazuelitas* oder kleine feuerfeste Gefäße dünn ausfetten. In ein Gefäß die Hälfte des Käses und der Chilistreifen geben, in das andere den restlichen Käse und die Hälfte der Champignons. Beide Gefäße mit Alufolie abdecken und bei niedriger Temperatur für etwa 3 Minuten auf die Kochstelle setzen, bis der Käse zu schmelzen beginnt. Die Folie entfernen und den Käse noch einmal etwa 2 Minuten garen, bis er vollkommen zerlaufen ist. Die restlichen Pilze und Chilistreifen in das jeweilige Gefäß geben.

Heiß mit den Weizenmehl-Tortillas servieren, so daß sich jeder selbst *tacos* zubereiten kann. Sehr gut paßt dazu eine *salsa mexicana* (S. 200).

Für 6 Personen

Tortillas aus frischer Masa

TORTILLAS DE MASA FRESCA
Tortillas aus frischer Masa

Frische »masa« wird am besten noch am Tag ihrer Herstellung verarbeitet. Im Kühlschrank hält sich der Teig in einer Schüssel aufbewahrt und mit einem feuchten Tuch abgedeckt mehrere Tage. Vor seiner Verwendung sollte man ihn ein bis zwei Stunden bei Zimmertemperatur stehenlassen, weil andernfalls die Tortillas beim Backen leicht brechen. Eine kleine Schüssel mit Wasser bereithalten und die Hände während der Arbeit leicht anfeuchten.

300 g frische *masa*
Warmes Wasser nach Belieben
1–2 EL Mehl (nach Belieben)

Einen *comal* oder eine Eisenpfanne ohne Fett erhitzen. Die Hände anfeuchten und die *masa* 2–3 Minuten kneten, dann aus dem Teig 10 kleine Kugeln formen, die walnußgroß und etwa 30 g schwer sind.

Jede Kugel leicht kneten. Der Teig sollte sich feucht und elastisch anfühlen. Ist er zu feucht, mit etwas Mehl bestäuben, ist er zu trokken, etwas Wasser darüberträufeln.

Eine Tortillapresse mit Klarsichtfolie abdecken und eine Teigkugel in die Mitte setzen. Ein zweites Stück Klarsichtfolie darauflegen, die Presse schließen und den Griff herunterdrücken. Die entstandene Tortilla sollte 10–13 cm Durchmesser haben. Zur Herstellung von *picaditas* (S. 40) oder *quesadillas* (S. 46–47) den Griff nur so weit herunterdrücken, daß ein etwa 8 cm großer Fladen entsteht.

Die Presse öffnen und die obere Folie abziehen. Die Tortilla mit der unteren Folie hochheben und umgekehrt auf die Handfläche stürzen. Die zweite Folie entfernen. Die Tortilla vorsichtig auf den heißen *comal* legen. Darauf achten, daß keine Lufteinschlüsse entstehen, damit sie gleichmäßig gebacken wird.

Sobald der Teig an den Rändern zu trocknen beginnt (nach etwa 20 Sekunden), die Tortilla umdrehen. Die zweite Seite 15–20 Sekunden backen. Die Tortilla wieder umdrehen und noch einmal 15 Sekunden backen. Dann auf ein Tuch legen und abdecken.

Ergibt etwa 12 Tortillas

TORTILLAS DE MASA HARINA
Tortillas aus Masa harina

»Masa harina« (wörtlich: Teigmehl) ist eine unvergleichliche Maismehlsorte, die man als getrocknete »masa« bezeichnen könnte. Gewöhnliches Maismehl eignet sich nicht als Ersatz.

250 g *masa harina*
350 ml lauwarmes Wasser

Eine kleine Schüssel mit lauwarmem Wasser bereitstellen, um während der Arbeit die Hände anfeuchten zu können.

Die *masa harina* in eine große Schüssel geben und das lauwarme Wasser hinzufügen nach Belieben 2 Teelöffel Olivenöl oder Schmalz hinzufügen (s. Glossar). Mit den Händen einen Teig herstellen und zu einer Kugel formen. Mit einem Tuch abdecken und 5–10 Minuten ruhen lassen.

Einen *comal* oder eine Eisenpfanne ohne Fett erhitzen. Die *masa* 2–3 Minuten kneten, aus dem Teig walnußgroße Kugeln formen.

Die Tortillapresse mit Klarsichtfolie abdecken und eine Teigkugel in die Mitte setzen. Ein zweites Stück Klarsichtfolie darauflegen, die Presse schließen und den Griff herunterdrücken. Die entstandene Tortilla sollte 10–13 cm Durchmesser haben. Zur Herstellung von *picaditas* (S. 40) oder *quesadillas* (S. 46–47) den Griff nur so weit herunterdrücken, daß ein etwa 8 cm großer Fladen entsteht.

Die Presse öffnen und die obere Folie abziehen. Die Tortilla mit der unteren Folie hochheben und umgekehrt auf die Handfläche stürzen. Die zweite Folie entfernen. Die Tortilla vorsichtig auf den heißen *comal* legen. Darauf achten, daß keine Lufteinschlüsse entstehen, damit sie gleichmäßig gebacken wird.

Sobald der Teig an den Rändern zu trocknen beginnt (nach etwa 20 Sekunden), die Tortilla umdrehen. Die zweite Seite 15–20 Sekunden backen. Die Tortilla wieder umdrehen und noch einmal 15 Sekunden backen. Dann auf ein Tuch legen und abdecken.

Ergibt etwa 10 Tortillas

Rechte Seite: *Tortillas aus Masa harina*

Kleine Tacos mit Schweinefleisch oder Huhn und Guacamole

GUACAMOLE
Avocado-Dip

In der Sprache der Azteken ergeben die Worte für »Avocado« und »Mischung« zusammen »guacamole« – ein köstlicher Dip, zu dem man am besten »tacos« oder »botanas« reicht. In Mexiko bereitet man ihn immer noch auf traditionelle Weise im Mörser oder mit einer Gabel in einer Schüssel zu. Küchenmaschine oder Mixer dürfen hingegen nicht verwendet werden, da die Masse nicht zu glatt sein darf. Harte Avocados läßt man bei Zimmertemperatur in einer Papiertüte nachreifen.

2 große Avocados
1 EL feingehackte Zwiebeln
1 oder 2 *chiles serranos,* in Ringe geschnitten
1 große Tomate, enthäutet und gehackt
2 Stengel *cilantro,* gehackt
Limettensaft
Salz

Die Avocados halbieren, die Kerne entfernen und das Fleisch herauslösen. Mit einer Gabel zerdrücken.

In einer Schüssel oder im *molcajete* Avocadofleisch, Zwiebeln, Chillies, Tomate und *cilantro* gründlich vermischen. Einige Tropfen Limettensaft darübergeben und Salz nach Geschmack hinzufügen. Sofort servieren.

Für 6 Personen

TAQUITOS DE PUERCO O POLLO
Kleine Tacos mit Schweinefleisch oder Huhn

»Tacos« gab es bereits in den frühen indianischen Kulturen, wo man Eintöpfe in Tortillas eingerollt aß. Heute läßt man sie sich in ganz Mexiko zu jeder Tageszeit und mit fast jeder nur vorstellbaren Füllung munden. Wie es heißt, ist überall dort, wo etwas passiert, als erster der »taquero« – der Taco-Verkäufer – zur Stelle.

500 g Schweine- oder Hühnerfleisch ohne Knochen, grobgewürfelt
3 schwarze Pfefferkörner
1 Knoblauchzehe, geschält
Salz
1 l Wasser
3 EL gehackter *cilantro*
1 Zwiebel, gehackt
20 Maismehl-Tortillas
Öl zum Braten

Fleischwürfel, Pfefferkörner, Knoblauch und 1 Teelöffel Salz in einen Topf geben. Das Wasser hinzufügen und zum Kochen bringen. Die Temperatur herunterschalten und den Topfinhalt zugedeckt etwa 30 Minuten köcheln lassen, bis das Fleisch gar ist. Die Fleischwürfel herausnehmen, abkühlen lassen und dann in dünne Streifen schneiden.

Cilantro und Zwiebeln vermischen und etwas Salz hinzufügen. Das Fleisch dazugeben.

Von der Fleischmischung einen großen Löffel in die Mitte jeder Tortilla setzen. Die Tortillas aufrollen und mit je zwei Zahnstochern zusammenstecken. Die *tacos* in der Mitte durchschneiden.

Das Öl etwa 1 cm hoch in eine Pfanne geben und die *taquitos* darin goldbraun braten. Die Zahnstocher entfernen und die *taquitos* als Imbiß mit *guacamole* (s. oben) und *salsa de tomate verde con aquacate* (S. 198) servieren.

Für 4 bis 6 Personen

SONORA

BURRITAS
Gefüllte Tortillas

Das Landschaftsbild in Sonora wird von Weizenfeldern und Rinderweiden beherrscht, und so verwundert es nicht, daß »tacos« hier gewöhnlich aus Weizenmehl-Tortillas und in Streifen geschnittenem Rindfleisch oder Dörrfleisch (»machaca«) zubereitet werden. Auch »chilorio« (S. 37) ist eine schmackhafte Füllung. »Burritas« werden gewöhnlich mit einer feurigen Sauce und Bohnen serviert; die Bohnen können aber, gemischt mit zerbröseltem »chorizo« oder Käse, auch als Füllung verwendet werden. Für eine »chivichanga« brät man die »burritas« in Öl knusprig.

2 EL Öl
500 g *machaca* (s. unten)
½ Zwiebel, gehackt
12 Weizenmehl-Tortillas (S. 34)
Salsa mexicana (S. 200)

Das Öl in einer Pfanne erhitzen, *machaca* und Zwiebeln hinzufügen und unter ständigem Rühren sautieren, bis die Zwiebeln gut gebräunt sind. Nach Geschmack salzen.

Die Tortillas auf einem *comal* oder in einer Eisenpfanne backen, dann auf einen Teller heben und auf jede einige Löffel *machaca* geben. Die Tortillas aufrollen und die *salsa* dazureichen.

Für 6 Personen

MACHACA
Dörrfleisch

3 EL getrockneter Oregano
3 Knoblauchzehen
3 EL Limettensaft
1 TL Salz
½ TL frisch gemahlener Pfeffer
1 kg Rinderbrust, in vier Stücke geschnitten

Im Mixer Oregano, Knoblauch, Limettensaft, Salz und Pfeffer vermischen. Das Fleisch sorgfältig mit dieser Mischung einreiben und abgedeckt mindestens 4 Stunden, am besten über Nacht in den Kühlschrank stellen.

Eine schwere Pfanne erhitzen und das Fleisch auf beiden Seiten etwa 3–4 Minuten anbraten, bis klarer Saft (zwischendurch zweimal drehen) austritt. Das Fleisch etwas abkühlen lassen, dann mit den Fingern zerzupfen, dabei Fett und Sehnen entfernen.

Jeweils ein Drittel des zerfaserten Fleisches auf ein Holzbrett geben und klopfen. Dann auf einem ungefetteten Backblech verteilen und 5–6 Stunden an der Luft trocknen lassen, dabei häufig wenden.

Das getrocknete Fleisch kann bis zu 3 Monaten im Gefrierschrank aufbewahrt werden.

Ergibt 1 Kilogramm

SINALOA

CHILORIO
Schweinefleisch mit Chilipüree

Dieses pikante traditionelle Schweinefleischgericht aus dem Landesinnern von Sinaloa wird gewöhnlich mit Weizenmehl-Tortillas, weißem Reis, gebratenen schwarzen Bohnen und »guacamole« serviert. Es eignet sich aber auch ausgezeichnet als Füllung für »tacos« und »burritas«.

1,5 kg Schweinefleisch ohne Knochen, in 2,5 cm große Würfel geschnitten
375 ml Wasser
2 TL Salz
2 EL Schweineschmalz (nach Belieben)
3 *chiles anchos* (50 g), Samen und Scheidewände entfernt
1 TL getrockneter Oregano
½ TL gemahlener Kreuzkümmel
15 g grobgehackte Petersilie
6 Knoblauchzehen

Das Fleisch mit 125 ml Wasser und dem Salz in einen großen Topf geben. Zugedeckt etwa 45–50 Minuten köcheln lassen, bis die Flüssigkeit vollkommen verdampft ist und das Fleisch in seinem eigenen Fett brät. Sollte nicht genug Fett vorhanden sein, etwas Schmalz hinzufügen. Das Fleisch goldbraun braten, dann beiseite stellen.

Die *chiles* mit dem restlichen Wasser in einen kleinen Topf geben. Zugedeckt bei schwacher Hitze 10 Minuten garen. Dann mit dem Garwasser in den Mixer geben, Oregano, Kreuzkümmel, Petersilie und Knoblauch hinzufügen und alles pürieren.

Das Chilipüree zum gebratenen Fleisch hinzufügen und zum Kochen bringen. Die Temperatur herunterschalten und das Fleisch zugedeckt 1 Stunde köcheln lassen, bis es weich ist und sich leicht mit einer Gabel teilen läßt.

Je nach Zartheit des Fleisches muß möglicherweise noch einmal bis zu 250 ml Wasser dazugegeben werden.

Für 6 Personen

Burritas mit Chili-Schweinefleisch-Füllung (unten) *und Machaca* (oben)

Panela-Käse mit Oregano

JALISCO

Queso Panela con Orégano
Panela-Käse mit Oregano

»Panela« ist ein weißer Frischkäse, der vielseitig verwendet werden kann. Man kann ihn ohne Beilagen essen, als Dessert mit in Scheiben geschnittenem »ate« (Fruchtpaste) servieren oder, wie hier, mit Öl und Oregano kombinieren. Als Ersatz eignen sich »queso fresco« oder frischer Mozzarella in Lake.

500 g *queso panela* oder *queso fresco* oder frischer Mozzarella
6 Knoblauchzehen, zerdrückt
80 ml Olivenöl
125 ml Maisöl
2 EL Oregano, gerebelt

Den Käse in ein Steingutgefäß oder eine ofenfeste Form legen und rundum mit einer Gabel einstechen.

In einer kleinen Schüssel Knoblauch, Olivenöl, Maisöl und Oregano gründlich verrühren und diese Mischung über den Käse geben. Zugedeckt für mindestens 4 Stunden, am besten über Nacht in den Kühlschrank stellen. Zwischendurch drei- oder viermal die Ölmischung über den Käse löffeln.

Den Backofen auf 180 °C (Gas Stufe 2–3) vorheizen. Den Käse für etwa 15 Minuten in den Backofen schieben, bis er etwas weich geworden ist. Warm mit Kräckern oder in Scheiben geschnittenen *bolillos* (Brötchen) servieren.

Für 6 Personen

VERACRUZ

Minilla de Pescado
Fisch mit Oliven und Kapern

Dieses Rezept von Diana Kennedy ist sehr typisch für die Küche an der Küste von Veracruz. Im Norden dieses Bundesstaates bereitet man das Gericht oft aus dem Fleisch und den gelatinösen Teilen vom Kopf des »sábalo« (Milchfisch) zu, während man weiter im Süden meist »róbalo« (Glasbarsch) vewendet. Das Rezept eignet sich aber auch für Fischreste, Garnelen, Krebsfleisch und selbst Thunfisch aus der Dose oder pochiertes Huhn. Man kann das Gericht im voraus zubereiten und im Kühlschrank aufbewahren, zum Servieren muß es jedoch Zimmertemperatur haben. Dazu knusprig gebackene Tortillas reichen.

60 ml Olivenöl
100 g feingehackte Zwiebel
250 g Fisch, pochiert und gehackt, oder Thunfisch, abgetropft und zerfasert
3 eingelegte *chiles jalapeños* (oder nach Belieben), feingehackt
10 grüne Oliven, entsteint und feingehackt
10 große Kapern, feingehackt
200 g Tomaten, feingehackt
2 EL Limettensaft
Salz

Das Öl in einer Pfanne (besser in einem Wok) erhitzen. Die Zwiebeln hinzufügen und etwa 2 Sekunden unter Rühren sautieren. Den

Fisch dazugeben und bei hoher Temperatur unter ständigem Rühren etwa 20 Sekunden braten, bis er braun zu werden beginnt.

Chiles, Oliven, Kapern und Tomaten hinzufügen und die Mischung wiederum unter Rühren 8–10 Minuten braten, bis sie fast trocken ist. Mit dem Limettensaft beträufeln und nach Geschmack salzen. Warm oder mit Zimmertemperatur servieren.

Für 4 Personen

Chiles Moritas Rellenas con Salsa de Nuez
Gefüllte Chiles Moritas mit Nußsauce

In Mexiko wird nicht nur der frische »chile poblano« gefüllt. Für diese herrliche Version verwendet man den kleinen getrockneten und geräucherten »chile morita« oder den ganz ähnlichen »chile chipotle«. Obwohl man beide außerhalb von Mexiko nur schwer bekommt, lohnt es sich zu suchen, da sie ein einzigartiges Aroma haben.

CHILI-ESSIG-MARINADE

Etwa 20 *chiles moritas* oder *chiles chipotles*
2 EL Öl
12 Knoblauchzehen
1 Zwiebel, in Ringe geschnitten
500 ml Rotweinessig
Salz
10 schwarze Pfefferkörner
1½ EL getrockneter Oregano
150 g *piloncillo*, gerieben

FÜLLUNG

1 EL Öl
½ Zwiebel, feingehackt
2 Knoblauchzehen, feingehackt
1 mittelgroße Tomate, enthäutet und feingehackt
30 g Rosinen
30 g Mandeln, enthäutet und gehackt
2 große Hühnerbrustfilets (etwa 350 g), gegart und in dünne Streifen geschnitten
1 TL Salz
½ TL frisch gemahlener Pfeffer

2 Eier, getrennt
100 g Mehl
Öl zum Braten
100 g Walnußkerne, gehackt
250 ml dicke Sahne (s. Glossar) oder Crème fraîche

Die *chiles* waschen und trockentupfen. Das Öl in einer großen Pfanne erhitzen und *chiles*, Knoblauch und Zwiebelringe darin sautieren.

Essig, Salz, Pfefferkörner, Oregano und *piloncillo* hinzufügen und das ganze 10 Minuten köcheln lassen. Die Pfanne von der Kochstelle nehmen, den Inhalt abkühlen lassen und in ein Gefäß aus Glas oder Steingut füllen. Mindestens 24 Stunden in den Kühlschrank stellen.

Für die Füllung das Öl in einer schweren Pfanne erhitzen und die Zwiebeln etwa 5 Minuten sautieren, bis sie weich sind. Knoblauch, Tomaten, Rosinen, Mandeln und 2 Eßlöffel von der Chili-Essig-Marinade hinzufügen. Umrühren und Hühnerfleisch, Salz und Pfeffer dazugeben. Bei schwacher Hitze unter ständigem Rühren 8 Minuten garen, dann beseite stellen.

Gummihandschuhe anziehen (um Hautreizungen zu vermeiden) und jede Chilischote behutsam der Länge nach aufschlitzen. Samen und Scheidewände entfernen. Mit einem kleinen Löffel etwas Füllung in die Schoten geben, aber nicht zuviel, weil sie sonst beim Braten herausläuft.

Das Eiweiß steif schlagen. Nacheinander die Eigelb behutsam unterrühren, dabei achtgeben, daß der Eischnee nicht zusammenfällt.

Das Mehl auf einen großen Teller geben. In eine große Pfanne etwa 2,5 cm hoch das Öl geben und sehr stark erhitzen. Die Chilischoten in Mehl wälzen, dann in den Eischnee tauchen und sofort in das heiße Öl legen. Wenn die Schoten auf einer Seite goldbraun sind, mit einer Gabel oder einem Schaumlöffel wenden, damit die andere Seite gebräunt wird. Nicht mehr als zwei Schoten gleichzeitig braten, da sie viel Platz brauchen, um gut zu bräunen. In einem Sieb abtropfen lassen und auf eine Platte legen.

Die Walnüsse mit der Sahne vermischen und etwas Salz nach Geschmack hinzufügen.

Ein wenig von der Walnußsahne über die Chilischoten geben, den Rest getrennt in einer Sauciere reichen.

Ergibt 20 gefüllte »chiles«

Gefüllte Chiles Moritas mit Nußsauce (unten links) *und Fisch mit Oliven und Kapern* (rechts), *dazu Sangría* (Rezept S. 56)

GUERRERO

PICADITAS
Masa-Sopes

Diese Version der »sopes« stammt aus Puerto Marqués, einer kleinen Küstengemeinde südöstlich von Acapulco. Und ob sie nun »picaditas«, »picadas«, »garnachas« oder »gorditas« genannt werden mögen – alle diese kleinen »masa-Boote« haben einen hohen Teigrand und eine pikante Füllung.

300 g *masa*
2 EL Öl oder zerlassenes Schmalz
200 g *frijoles refritos* (S. 201)
Salsa de molcajete (S. 198)
250 ml dicke Sahne (s. Glossar) oder Crème fraîche
125 g *queso fresco* oder milder Feta, zerbröselt
125 g Zwiebeln, gehackt

Einen *comal* oder eine Eisenpfanne bei mittlerer Temperatur erhitzen. Die Hände mit lauwarmem Wasser anfeuchten und die *masa* 2–3 Minuten kneten. Zehn walnußgroße, etwa 30 g schwere Kugeln daraus formen. Die Teigkugeln nacheinander in die Tortillapresse legen und den Griff halb herunterdrücken, so daß Teigfladen von etwa 8 cm Durchmesser entstehen.

Eine *picadita* auf den heißen *comal* legen. Etwa 45–50 Sekunden backen, bis die Ränder trocken werden, dann umdrehen. Nach weiteren 45 Sekunden die *picadita* mit den Fingern in der Mitte zusammenpressen. Wieder umdrehen, so daß die zusammengepreßte Stelle unten liegt. 45–60 Sekunden backen, bis der Teig durchgebacken und an den Rändern hell golden ist.

Die *picadita* vom *comal* nehmen und mit den Fingern einen 5–10 mm hohen Rand formen. In ein sauberes Tuch einschlagen, beiseite stellen und mit den restlichen Teigkugeln ebenso verfahren. Die *picaditas* können bis zu zwei Stunden im voraus zubereitet werden.

Kurz vor dem Servieren den *comal* erhitzen. Die untere Teigseite der *picaditas* dünn mit Öl oder Schmalz bestreichen und sie einzeln

Masa-Sopes (oben) *und Mark-Küchlein* (unten)

mit dem Rand nach oben auf den *comal* setzen. Wieder herunternehmen, sobald das Fett zu brutzeln beginnt.

Die *picaditas* mit den *frijoles refritos* bestreichen und mit der *salsa* überziehen. Einen Klecks Sahne daraufsetzen und mit dem Käse bestreuen. Falls gewünscht, die gehackte Zwiebel hinzufügen oder getrennt in einer Schüssel dazureichen.

Abwandlung: *Picaditas* können statt auf dem *comal* geröstet auch fritiert werden, und anstelle des Bohnenpürees kann man gebratene *chorizo*-Stücke daraufgeben. Mit anderen Worten: *picaditas* sind sehr vielseitig; die Auswahl der Füllung bleibt ganz der Phantasie des Kochs überlassen.

Ergibt 10 picaditas

PUEBLA

Tortitas de Tuétano
Mark-Küchlein

Dieses jahrhundertealte Rezept für kleine knusprige Küchlein aus Knochenmark und »masa« mit einer Avocadosauce eignet sich ausgezeichnet als erster Gang oder als Hauptgericht einer leichten Mahlzeit.

MARK-KÜCHLEIN

1,2 kg Markknochen, in 5–8 cm dicke Stücke geteilt (sollte etwa 250 g Mark ergeben)
250 ml Wasser
2 *chiles anchos*, Samen und Scheidewände entfernt
750 g *masa*
3 EL Mehl
Öl zum Braten

SALSA

2 Tomaten, enthäutet und gehackt
1 Zwiebel, feingehackt
2 Avocados, geschält, entkernt und feingewürfelt
1 *chile serrano*, gehackt
1 EL *cilantro*, feingehackt
1 EL Öl
1 TL Rotweinessig
Salz

Für die Küchlein das Mark aus den Knochen lösen, feinhacken und beiseite stellen.

Das Wasser in einem kleinen Topf zum Kochen bringen. Die *chiles* hinzufügen. Das Wasser wieder zum Kochen bringen. Den Topf von der Kochstelle nehmen und die Schoten 5 Minuten im Wasser beiseite stellen. Abtropfen lassen, dann mit 2 Eßlöffel Garwasser in den Mixer geben und pürieren.

In einer großen Schüssel *masa*, Knochenmark und Mehl mit den Händen vermischen. Das Chilipüree hinzufügen und kneten, bis eine glatte Masse entstanden ist.

Aus dieser Masse Küchlein mit 5–8 cm Durchmesser und 3 mm Dicke formen. Eine Pfanne 1 cm hoch mit Öl füllen und die Frikadellen portionsweise braten. Mit einem Schaumlöffel herausheben und auf Küchenkrepp abtropfen lassen.

Die Zutaten für die *salsa* in einer kleinen Schüssel vermischen. Die Mark-Küchlein auf einer Platte anrichten und auf jede etwas Sauce geben.

Für 6 Personen

Tortillas in Bohnenpüree

ESTADO DE MÉXICO

Enfrijoladas
Tortillas in Bohnenpüree

Dies ist ein typisches Gericht für ein »almuerzo« (zweites Frühstück). Es bekommt noch mehr Pepp, wenn man dazu eingelegte »chiles jalapeños« reicht. Je nach Region werden verschiedene Bohnen mit unterschiedlicher Färbung verwendet, doch am verbreitetsten ist die ebenholzfarbene »frijol negro« (schwarze Bohne).

500 g *frijoles de la olla* (S. 208) mit Flüssigkeit
2 EL Öl
¼ Zwiebel
Salz
Öl zum Braten
12 Maismehl-Tortillas
125 ml dicke Sahne (s. Glossar) oder Crème fraîche
100 g zerbröselter *queso fresco* oder milder Feta
1 Zwiebel, in dünne Scheiben geschnitten (nach Belieben)

Die *frijoles de la olla* mit ihrer Flüssigkeit im Mixer pürieren. Das Püree sollte die Konsistenz einer Sauce haben. Falls es zu dick ist, etwas Wasser hinzufügen.

Das Öl in einer schweren Pfanne erhitzen und das Zwiebelviertel leicht bräunen. Die pürierten Bohnen dazugeben und 2 Minuten köcheln lassen. Salz nach Geschmack hinzufügen. Die Zwiebel herausnehmen und wegwerfen.

Eine Pfanne 1 cm hoch mit Öl füllen und erhitzen. Jede Tortilla kurz auf beiden Seiten backen (etwa 10 Sekunden). In das Bohnenpüree tauchen, in der Mitte zusammenklappen und dann zu einem Dreieck falten. Auf einen Teller legen, etwas Sahne daraufgeben und den Käse darüberstreuen. Mit den Zwiebelscheiben garnieren.

Für 6 Personen

Tortillas mit Haifisch

CAMPECHE

Panuchos de Cazón
Hai in Tortilla-Taschen

Diese »panuchos« oder gefüllten Tortillas sind eine Spezialität der Halbinsel Yucatán, von der es viele Versionen gibt. Oft nennt man sie auch einfach »pan de cazón« (Haibrot). Falls Dornhai nicht erhältlich ist, kann man statt dessen andere weißfleischige Fische wie Makrelen verwenden.

HAI

500 g Haifischsteak oder Makrelenfilet
3 Lorbeerblätter
4 Knoblauchzehen (2 Zehen ganz belassen und 2 Zehen zerdrückt)
¼ Zwiebel
1 EL Öl
125 g Zwiebeln, gewürfelt
500 g Tomaten, feingehackt (mit Haut, Kernen und Saft)
2½ EL gehackter *epazote*
1 TL getrockneter Oregano
Salz
Frisch gemahlener Pfeffer

ROTE ZWIEBELN

2 EL Öl
500 g rote Zwiebeln, in Scheiben geschnitten
2 Knoblauchzehen
125 ml Essig

180 ml Wasser
3 Lorbeerblätter
1 kleiner Zweig Thymian
1 kleiner Stengel Majoran
1 TL getrockneter Oregano
1 TL Salz
¼ TL frisch gemahlener Pfeffer

Öl zum Braten
12 Maismehl-Tortillas
250 g *frijoles refritos* (S. 201)
Eingelegte *chiles serranos*

In einem Topf 500 ml Wasser zum Kochen bringen. Den Fisch, 1 Lorbeerblatt, die ganzen Knoblauchzehen und das Zwiebelviertel hineingeben. Zugedeckt bei hoher Temperatur 20 Minuten garen und beiseite stellen.

Das Öl in einer großen schweren Pfanne erhitzen. Gewürfelte Zwiebel und zerdrückten Knoblauch hinzufügen. 1 Minute sautieren, dann die Tomaten dazugeben. Umrühren und bei mittlerer Temperatur etwa 3 Minuten garen. Den *epazote,* 2 Lorbeerblätter, Oregano, Salz und Pfeffer hinzufügen. Zugedeckt bei schwacher Hitze 2 Minuten garen.

Den Fisch abtropfen lassen und in nicht zu kleine Stücke teilen. Die Fischstücke in die Pfanne geben und bei hoher Temperatur 2 Minuten garen. Die Hitze reduzieren und den Pfanneninhalt weitere 5 Minuten unter ständigem Rühren garen. Dann beiseite stellen.

Nun die roten Zwiebeln zubereiten. Das Ol in einem reaktionsfreien Topf (kein Aluminium) erhitzen. Die Zwiebeln hineingeben und leicht sautieren. Den Knoblauch hinzufügen und 1 Minute sautieren. Essig, Wasser, Lorbeerblätter, Thymian, Majoran, Oregano, Salz und Pfeffer dazugeben.

Alles etwa 10 Minuten garen, bis die Zwiebeln weich sind. Abschmecken und beiseite stellen.

Eine große schwere Pfanne etwa 2,5 cm hoch mit Öl füllen. Wenn es heiß ist, eine Tortilla hineinlegen und backen, bis sie sich aufbläht. Die Tortilla mit einem Schaumlöffel herausheben und, solange sie noch warm ist, behutsam einen kleinen waagrechten Einschnitt machen, so daß eine Tasche entsteht. Mit den anderen Tortillas ebenso verfahren.

In jede Tortilla-Tasche vorsichtig einen Löffel *frijoles refritos* füllen. Die Tortillas auf einen Teller legen und auf jeden *panucho* etwas Fisch und eine Schicht rote Zwiebeln arrangieren. Mit den eingelegten *chiles* garnieren.

Anmerkung: Wenn sich keine Taschen in die Tortillas schneiden lassen oder sie nicht aufgehen, statt dessen eine kurz gebratene Tortilla mit Bohnen bestreichen, eine zweite Tortilla darauflegen und darauf Fisch und rote Zwiebeln anrichten.

Für 6 Personen

TORTAS
Mexikanische Brötchen

Überall in Mexiko findet man kleine »torta«-Stände, an denen man Brötchen mit einem vielschichtigen Belag aus Bohnen, Chillies, Käse, Zwiebeln, Tomaten, Kohl, Avocado wie auch Ei, Fleisch, Truthahn oder Huhn bekommt. Die verwendeten länglichen Brötchen werden »teleras« genannt. Hierzulande kann man jedes knusprige Brötchen benutzen oder auch aufgeschnittenes Baguette.

6 *teleras* oder andere knusprige Brötchen (je etwa 90 g)
100 g *frijoles refritos* (S. 201)
Kohl oder Blattsalat, in Streifen geschnitten
350 g Hühnerfleisch, Schweinefleisch, *tinga poblana* (S. 148–149), in Streifen geschnitten, oder 6 Spiegeleier
6 Zwiebelscheiben
6 Tomatenscheiben
6 Avocadoscheiben
6 Scheiben *queso fresco* oder milder Feta
3 eingelegte *chiles serranos,* in feine Streifen geschnitten
Salz
100 ml dicke Sahne (s. Glossar)
oder Crème fraîche (nach Belieben)

Die Brötchen aufschneiden. Aus den Mitten beider Hälften ein wenig von der Krume entfernen.

Die untere Hälfte mit *frijoles refritos* bestreichen. Dann Kohl oder Salatstreifen, Fleisch (oder eine andere Zutat) und jeweils eine Scheibe Zwiebel, Tomate, Avocado und Käse sowie ein paar Chilistreifen daraufschichten. Nach Geschmack salzen.

Falls gewünscht, die andere Hälfte innen mit Sahne bestreichen, dann auflegen.

Für 6 Personen

Torta mit Käse, Schinken und Avocado

Grüne Chilaquiles

Chilaquiles Verdes o Rojos
Grüne oder rote Chilaquiles*

Die Azteken bereiteten aus übriggebliebenen Tortillas mit Chillies und Kräutern ein Gericht zu, das sie »chilaquiles« nannten, was in ihrer Sprache »Chillies und Kräuter in Brühe« bedeutete. Offenbar hat aber jede Köchin und jeder Koch in Mexiko eine eigene Version dieses Gerichts, das man entweder zum »almuerzo« (zweites Frühstück) oder zur »cena« (Abendessen) ißt. Die Brühe kann im voraus zubereitet werden.

2 große Hühnerbrustfilets (etwa 350 g)
5 Knoblauchzehen
1 EL und 1 TL Salz
½ Zwiebel
7 Stengel Petersilie
6 *chiles serranos* (oder nach Belieben)
750 g *tomatillos,* Hüllen entfernt
20 g gehackter *cilantro*
¼ Zwiebel
1 EL Öl
16 Maismehl-Tortillas, vorzugsweise vom Vortag
Öl zum Braten
1 kleiner Stengel *epazote*
250 ml dicke Sahne (s. Glossar) oder Crème fraîche
60 g zerbröselter *queso fresco* oder *queso añejo* oder milder Feta

Die Hühnerbrustfilets in einen großen Topf geben und mit Wasser bedecken. 2 Knoblauchzehen, 1 Eßlöffel Salz, die Zwiebelhälfte und die Petersilie hinzufügen. Zugedeckt etwa 20 Minuten köcheln lassen, bis das Fleisch weich ist. Herausnehmen und in Streifen schneiden. 500 ml Brühe bereitstellen.

Die Chilischoten und die übrigen Knoblauchzehen in kochendes Wasser geben und 5 Minuten garen. *Tomatillos* hinzufügen, dann alles noch einmal 5 Minuten garen, anschließend herausnehmen und abtropfen lassen. Chillies, Knoblauch und *tomatillos* im Mixer mit dem Zwiebelviertel pürieren. 1 Teelöffel Salz, *cilantro,* 250 ml von der bereitgestellten Brühe dazugeben und den Mixer noch einmal kurz einschalten. Beiseite stellen.

In einer schweren Pfanne das Öl erhitzen. Die Sauce hineingeben, 5 Minuten garen und abschmecken. Die Temperatur herunterschalten und die Sauce mit aufgelegtem Deckel noch einmal 10 Minuten garen.

Falls sie zu dick ist, noch etwas Hühnerbrühe hinzufügen.

Die Tortillas halbieren und jede Hälfte in drei Stücke schneiden. Eine große schwere Pfanne etwa 1 cm hoch mit Öl füllen und sehr stark erhitzen, dann nacheinander die Tortillastücke hineingeben und unter ständigem Rühren 3–4 Minuten braten, bis sie goldbraun und knusprig sind. In einem Sieb abtropfen lassen und beiseite stellen.

Vor dem Servieren die Sauce erhitzen und zuerst den *epatoze,* dann die Tortillas dazugeben. Vorsichtig umrühren, damit die Tortillas nicht zerbrechen. Nun die Hühnerfleischstreifen hinzufügen und zum Schluß Sahne und Käse darübergeben. Weitere 2–3 Minuten garen, bis der Käse schmilzt.

Für 6 Personen als Hauptgericht, für 8 Personen als Vorspeise

ESTADO DE MÉXICO

Tostadas de Ceviche
Tostadas mit Ceviche

Diese »tostada«-Version von María Torres Yzábal stammt aus dem wunderschönen, in den Bergen gelegenen Ferienort Valle de Bravo.

60 ml Limettensaft
60 ml Wasser
¾ TL Salz
250 g Makrelenfilet (oder anderer Meeresfisch wie Zackenbarsch, Weißer Heilbutt oder Flunder), feingehackt
Öl zum Braten
8 Maismehl-Tortillas
2 Avocados (je etwa 250 g), geschält und entkernt
1 EL Sahne
1 EL Milch
4 *chiles serranos,* in feine Ringe geschnitten
4 Frühlingszwiebeln, in feine Ringe geschnitten

Limettensaft, Wasser und ½ Teelöffel Salz in einer Glasschüssel vermischen. Den gehackten Fisch hineingeben und für 5 Stunden in den Kühlschrank stellen, gelegentlich umrühren.

Eine kleine schwarze Pfanne etwa 1 cm hoch mit Öl füllen, stark erhitzen und die Tortillas etwa 2 Minuten backen, bis sie goldbraun sind.

Die Avocados zerdrücken, dann Sahne, Milch und das restliche Salz hinzufügen. Den Fisch abtropfen lassen und trockentupfen.

Auf jede *tostada* ein wenig Avocadopüree streichen, dann etwas Fisch darauf verteilen. Mit Chillies und Frühlingszwiebeln garnieren.

Für 6 Personen

---

* Chilaquiles Rojos: Zur Zubereitung roter *chilaquiles* werden anstelle der *tomatillos* 750 g reife Tomaten verwendet. Die Tomaten jedoch nicht kochen, sondern rösten (s. Glossar), die Haut abziehen und dann mit den gegarten Chillies pürieren (s. Abbildung S. 53).

Tostadas mit Ceviche (unten) *und Huhn-Tostadas* (oben)

JALISCO

TOSTADAS DE POLLO
Huhn-Tostadas

Für diese Tostadas schichtet man einfach Hühnerfleisch, Bohnenmus, Kopfsalat, Avocado, Zwiebeln und Tomaten übereinander und gibt etwas saure Sahne und Käse darüber. Als »eßbarer Teller« dient eine Tortilla.

Die Zutaten ergänzen sich zu einer ausgewogenen Mahlzeit, die gut zu »pozole« (S. 38) oder Gemüsesuppe paßt.

Öl zum Braten
12 Maismehl-Tortillas
375 g *frijoles refritos* (S. 201)
250 g Kopfsalat, in Streifen geschnitten
2 große Hühnerbrustfilets (etwa 350 g), gegart und in Streifen geschnitten
1 Zwiebel, in Ringe geschnitten oder gehackt
2 Tomaten, in Scheiben geschnitten
1 Avocado, geschält, entkernt und in Streifen geschnitten
Salz
250 ml dicke Sahne (s. Glossar) oder Crème fraîche oder saure Sahne
90 g zerbröselter *queso fresco* oder milder Feta, zerbröselt
Salsa de molcajete (S. 198) oder *salsa mexicana* (S. 200 [nach Belieben])

Eine kleine schwere Pfanne etwa 1 cm hoch mit Öl füllen. Das Öl stark erhitzen und die Tortillas auf jeder Seite 45–60 Sekunden backen, bis sie goldbraun und knusprig sind. Sie können bis zu 1 Stunde vor dem Servieren zubereitet werden.

Die *frijoles refritos* erhitzen. Jede *tostada* mit Bohnenmus bestreichen und Salat, Hühnerfleisch, je 2 Zwiebel- und Tomatenscheiben sowie ein Stück Avocado darauflegen. Mit etwas Salz bestreuen, einen Eßlöffel Sahne daraufgeben und den Käse darüberstreuen. Die *salsa* getrennt dazu reichen.

Abwandlung: Anstelle von Hühnerfleisch kann *machaca* (S. 36) verwendet werden.

Ergibt 12 Tostadas

Quesadillas mit Kartoffel-Chorizo-Füllung, Käsefüllung und Kürbisblütenfüllung

Quesadillas
Gefüllte Tortillas

Die authentische »quesadilla« wird aus einer rohen Tortilla gemacht, die man füllt, zusammenklappt und auf einem »comal« bäckt. Die klassische Füllung besteht aus Käse und einem Stengel »epazote«; sehr beliebt sind aber auch Füllungen aus Champignons, Kartoffeln und »chorizos« oder Kürbisblüten (s. nachfolgende Rezepte). Sehr gut paßt dazu eine »salsa mexicana« oder »guacamole«. »Quesadillas« sollten unbedingt sofort nach dem Garen serviert werden.

500 g *masa*
3 EL Mehl
1 EL geschmolzenes Schweineschmalz
1 TL Backpulver (nach Belieben)
½ TL Salz
Öl zum Braten

Die *masa* in eine große Schüssel geben und Mehl, Schmalz, Backpulver und Salz hinzufügen. Die Hände befeuchten und den Teig 5 Minuten kneten. Mit einem feuchten Tuch abdecken und 10 Minuten ruhen lassen.

Aus dem Teig 12 Kugeln formen. Eine Tortillapresse mit Klarsichtfolie abdecken, eine Teigkugel in die Mitte setzen und ein zweites Stück Folie darauflegen. Die Presse schließen und den Griff herunterdrücken. Einen Fladen von etwa 10 cm Durchmesser herstellen. Die obere Folie abziehen und einen Löffel Füllung (s. nachfolgende Rezepte) auf eine Hälfte der Tortilla streichen, dabei einen etwa 1 cm breiten Rand lassen. Die Tortilla zusammenklappen, die untere Folie entfernen und zum Schluß vorsichtig die Teigränder zusammendrücken.

Eine schwere Pfanne etwa 1 cm hoch mit Olivenöl füllen und stark erhitzen. Jeweils zwei *quesadillas* hineinlegen und auf jeder Seite 2–3 Minuten backen, bis sie leicht gebräunt sind. Darauf achten, daß sie sich nicht berühren.

Mit *guacamole* (S. 36) und *salsa mexicana* (S. 200) servieren.

Ergibt 12 Quesadillas

Relleno de Queso
Käsefüllung

125 g *queso manchego* oder *queso de oaxaca* oder milder Feta, gerieben oder zerbröselt.
Kleine Stengel *epazote* (nach Belieben)

Jede *quesadilla* mit einem Löffel Käse und einem Stengel *epazote* füllen.

Relleno de Papa con Chorizo
Kartoffel-Chorizo-Füllung

400 g Kartoffeln, geschält und gewürfelt
1 *chorizo* (150 g) oder andere pikante Wurst, den Darm entfernt und gehackt

Die Kartoffeln in kochendem Salzwasser garen, bis sie weich sind. Abtropfen lassen, in eine Schüssel geben und mit einer Gabel grob zerdrücken.

Eine Pfanne erhitzen, die Wurst hineingeben und 8–10 Minuten bei schwacher Hitze garen.

Die Wurst in 1 Eßlöffel des ausgebratenen Wurstfetts gut mit den Kartoffeln vermischen.

Relleno de Flor de Calabaza
Kürbisblütenfüllung

150 g Kürbisblüten oder Zucchiniblüten oder eine Dose Kürbisblüten (220 g), abgetropft und gehackt
1 EL Öl
125 g Zwiebeln, feingehackt
1 Knoblauchzehe, zerdrückt
1 große Tomate (200g), enthäutet und feingehackt
100 g *chile poblano*, Samen und Scheidewände entfernt und gehackt
1 EL gehackter *epazote*
1 TL Salz

Stengel und Stempel der Blüten entfernen. Die Blüten waschen, abtropfen lassen und grobhacken.

Das Öl in einer Pfanne erhitzen. Zwiebel und Knoblauch hinzufügen und 2 Minuten anbraten. Die Tomate dazugeben, umrühren und die Mischung etwa 3 Minuten erhitzen, bis sie kocht. Gehackte Blüten, *chile poblano, epazote* und Salz hinzufügen. Alles bei mittlerer Hitze etwa 4 Minuten garen, bis die Blüten weich sind und die überschüssige Flüssigkeit verdampft ist.

OAXACA

ENCHILADAS ROJAS
Rote Enchiladas

Im letzten Jahrhundert wurden »enchiladas« auch »tortillas con chile« genannt. Die Tatsache, daß »enchilar« »mit Chillies bedecken oder überziehen« bedeutet, läßt erahnen, was der wichtigste Schritt bei der Zubereitung von »enchiladas« ist – sie werden in eine Chilisauce getaucht. In Mexiko ißt man sie häufig zum Frühstück.

6 *chiles quajillos*
3 *chiles pasillas*
3 Tomaten (500 g)
¼ Zwiebel
2 Knoblauchzehen
2 kleine Stengel Majoran (nach Belieben)
400 ml Hühnerbrühe (S. 72)
2 EL Öl
Salz
18 Maismehl-Tortillas
2 große Hühnerbrustfilets (etwa 350 g), gegart und in Streifen geschnitten
1 Zwiebel, in Scheiben geschnitten
125 g *queso fresco* oder milder Feta, zerbröselt
125 ml dicke Sahne (s. Glossar) oder Crème fraîche (nach Belieben)

Die Chillies rösten (s. Glossar). Samen und Scheidewände entfernen, dann 20 Minuten in warmem Wasser einweichen. Die Tomaten rösten (s. Glossar) und enthäuten. Zwiebelviertel und Knoblauchzehen rösten (s. Glossar).

Die Chilischoten abtropfen lassen, mit Tomaten, Zwiebeln, Knoblauch, Majoran und Hühnerbrühe in den Mixer geben und pürieren. Das Öl in einer Pfanne erhitzen, das Püree hineingeben und etwa 10 Minuten bei schwacher Hitze köcheln lassen. Zum Schluß nach Geschmack salzen.

Eine Tortilla in die Sauce tauchen und auf einen Teller legen. Etwas Hühnerfleisch daraufgeben und die Tortilla aufrollen. Die *enchiladas* auf einer Platte arrangieren, mit der verbliebenen Sauce überziehen, mit den Zwiebelscheiben garnieren und den Käse darübersteuen.

Falls gewünscht, Sahne daraufstreichen und die *enchiladas* im Backofen erhitzen, bis die Sahne zerläuft und braun wird.

Für 6 Personen

SAN LUIS POTOSÍ

ENCHILADAS POTOSINAS
Enchiladas »Potosí«

Diese außergewöhnlichen »enchiladas«, deren Teig rote Chilischoten enthält, werden in der Industriestadt San Luis Potosí an kleinen Ständen verkauft. Sie sehen eher wie »quesadillas« aus, und man ißt sie gewöhnlich mit in Streifen geschnittenem Kopfsalat und »guacamole« (S. 36).

75 g *chiles anchos,* Samen und Scheidewände entfernt
250 ml heißes Wasser
1 EL Schweineschmalz
1 EL Öl
50 g zerdrückte Zwiebeln
150 g *queso fresco* oder milder Feta, zerbröselt
500 g *masa*
½ TL Salz
Öl zum Braten

Die Chilischoten rösten (s. Glossar) und 25 Minuten in heißem Wasser einweichen, dann mit 125 ml ihres Einweichwassers im Mixer pürieren.

Das Schmalz in einer kleinen Pfanne zerlassen. Das Chilipüree hinzufügen, 5 Minuten dünsten und beiseite stellen.

Das Öl in einer kleinen Pfanne erhitzen und die Zwiebeln darin sautieren, bis sie glasig sind. Von der Kochstelle nehmen und den Käse hineinrühren. 1 Eßlöffel Chilipüree dazugeben, gut umrühren und beiseite stellen.

Die *masa* in eine Schüssel geben, das restliche Chilipüree und das Salz hinzufügen und den Teig 5 Minuten kneten, bis alle Zutaten gut vermischt sind. Mit einem feuchten Tuch abdecken und 20 Minuten ruhen lassen.

Aus der *masa* walnußgroße Kugeln formen. Diese nacheinander zwischen zwei Stücken Klarsichtfolie in die Tortillapresse legen und zu Fladen von etwa 8 cm Durchmesser formen. Die Folie entfernen. Auf jedem Teigfladen 1 Eßlöffel Käsemischung verteilen, dabei einen schmalen Rand lassen. Die Fladen in der Mitte umfalten und die Ränder zusammendrücken.

Einen *comal* oder eine Eisenpfanne erhitzen und die *enchiladas* auf jeder Seite 2–3 Minuten backen, bis sich der Teig färbt. (Die *enchiladas* können bis zu 3 Stunden im voraus zubereitet und im Kühlschrank aufbewahrt werden.) Eine Pfanne etwa 1 cm hoch mit Öl füllen, jeweils 2 oder 3 *enchiladas* hineinlegen und auf jeder Seite 3–4 Minuten braten. Abtropfen lassen und servieren (s. Abbildung S. 28–29).

Ergibt 16 kleine oder 12 mittelgroße »enchiladas«

AGUASCALIENTES

ENCHILADAS VERDES
Grüne Enchiladas

Der Schriftsteller Renato Luduc aus Aguascalientes schreibt: »Nach den Hahnenkämpfen, nach Kartenspielen gibt es in Aguascalientes keinen Besucher oder Familienangehörigen, der sich nicht einen Teller Hühnerenchiladas oder ein anderes einheimisches Gericht an den Ständen munden läßt, die entlang der wunderschönen Gärten von San Marcos aufgereiht sind.«

2 große Hühnerbrustfilets (etwa 350 g)
1 l Wasser
5 Knoblauchzehen
1 Zwiebel (125 g), eine Hälfte halbiert, die andere in dünne Scheiben geschnitten
3 kleine Stengel Petersilie
Salz
1 Möhre, in große Stücke geschnitten
2–4 *chiles serranos*
1 kg *tomatillos,* Hüllen entfernt
20 g *cilantro*, grobgehackt
1 EL Öl
12 Maismehl-Tortillas
Öl zum Braten
125 ml dicke Sahne (s. Glossar) oder Crème fraîche (nach Belieben)
60 g *queso fresco,* zerbröselt, oder Cheddar, gerieben (nach Belieben)

Die Hühnerbrust mit dem Wasser, 3 Knoblauchzehen, 1 Zwiebelviertel, Petersilie, Salz nach Geschmack und Möhrenstücken in einen großen Topf geben und zugedeckt etwa 20 Minuten köcheln

Rote Enchiladas

lassen, bis sie gar ist. Herausnehmen und in Streifen schneiden, die Brühe beiseite stellen.

Restliche Knoblauchzehen und Chillies in einen Topf mit kochendem Wasser geben. Nach 5 Minuten die *tomatillos* dazugeben und 7 Minuten garen. Abtropfen lassen.

Die *tomatillos* mit Knoblauch, Chillies und dem zweiten Zwiebelviertel pürieren. Den *cilantro* hinzufügen und den Mixer nochmals kurz einschalten, dabei den *cilantro* aber nicht zu stark zerkleinern. 250 ml von der beiseite gestellten Brühe dazugeben.

Das Öl in einer kleinen Pfanne erhitzen und das *tomatillo*-Püree darin dünsten. 1 Teelöffel Salz hinzufügen, dann abschmecken. Die Temperatur herunterschalten und das Püree 10 Minuten garen. Falls die Sauce zu dick ist, noch einmal 250 ml Brühe dazugeben.

Eine Pfanne etwa 1 cm hoch mit Öl füllen und die Tortillas auf jeder Seite 10 Sekunden backen, bis sie anfangen weich zu werden, dann in die warme Sauce tauchen und auf einen Teller legen. Etwas Hühnerfleisch in die Mitte der Tortillas geben, aufrollen und auf einer Platte anrichten. Die warme Sauce über die *enchiladas* schöpfen. Mit den Zwiebelscheiben garnieren und, falls gewünscht, Sahne und *queso fresco* hinzufügen (s. Abbildung S. 50).

Abwandlung: Die *enchiladas* können auch in eine ofenfeste Form gelegt und mit Sauce überzogen werden. Die Form mit Alufolie abdecken und für 10 Minuten in den auf 190 °C (Gas Stufe 3) vorgeheizten Backofen setzen.

Dann herausnehmen, die Tortillas mit dem Cheddar bestreuen und noch einmal in den Backofen schieben, bis der Käse leicht gebräunt ist.

Für 6 Personen

Grüne Enchiladas (Rezept S. 48–49) *und vergorener Ananassaft*

NAYARIT

TEPACHE
Vergorener Ananassaft

Dieses erfrischende Getränk aus der in Mexiko heimischen Ananas ist in vielen Regionen des Landes beliebt.

1 reife Ananas (etwa 1,5 kg)
3 l Wasser
600 g *piloncillo* oder brauner Zucker
1 Stange Zimt (etwa 8 cm lang)
3 Nelken

Die Ananas gründlich waschen, den Schopf entfernen und die ganze Frucht mit Schale in große Stücke schneiden.

Ananasstücke in eine große Schüssel geben und 2 l Wasser, *piloncillo,* Zimtstange und Nelken hinzufügen. Abdecken und 48 Stunden an einen warmen Platz stellen.

Die Flüssigkeit durch ein Sieb geben und mit 1 l Wasser aufgießen oder, falls gewünscht, 250 ml Lagerbier hinzufügen und die Mischung noch einmal 12 Stunden stehenlassen. Dann durch ein feines Sieb gießen und mit 750 ml Wasser auffüllen.

Kalt mit Eiswürfeln servieren.

Für 6 Personen

GUERRERO

TAMALES EN HOJAS DE PLATANO
Tamales in Bananenblättern

Im Süden Mexikos wickelt man »tamales« oft nicht in die Hüllen der Maiskolben, sondern in Bananenblätter ein. Dazu hält man die Blätter zunächst kurz über eine Flamme, damit sie weicher werden. Wie es heißt, erkennt man gute »tamales« an ihrer Hülle, deshalb sollte man die eingepackten »tamales« mit schmalen Blattstreifen zusammenbinden, so daß feste, hübsche Päckchen entstehen. In asiatischen oder mexikanischen Geschäften werden häufig tiefgekühlte Bananenblätter von den Philippinen angeboten.

500 g mageres Schweinefleisch
3 Knoblauchzehen
½ Zwiebel, halbiert
1 TL Salz
6 *chiles anchos,* Samen und Scheidewände entfernt
6 *chiles guajillos,* Samen und Scheidewände entfernt
2 Tomaten
1 TL getrockneter Majoran
4 schwarze Pfefferkörner
2 ganze Nelken
500 g *masa*
75 g Schweineschmalz
1 großes Bananenblatt sowie Blätter zum Auslegen des Dämpfeinsatzes

Das Fleisch in einem großen Topf mit Wasser bedecken. 1 Knoblauchzehe, 1 Zwiebelviertel und ½ Teelöffel Salz dazugeben. Das Wasser zum Kochen bringen und das Fleisch 45–60 Minuten köcheln lassen, bis es weich ist, dann herausnehmen und in schmale Streifen schneiden. Die Brühe aufbewahren.

Die *chiles* rösten (s. Glossar), dann in einer Schüssel mit warmem Wasser bedeckt 20 Minuten quellen lassen. In der Zwischenzeit die Tomaten rösten (s. Glossar), abziehen und im Mixer pürieren. Das verbliebene Zwiebelviertel, Knoblauchzehen, Majoran, Pfefferkörner und Nelken rösten (s. Glossar).

Die Chillies abtropfen lassen und in den Mixer geben. Geröstete Zwiebel, Knoblauch, Majoran, Pfefferkörner, Nelken und 250 ml von der zurückgestellten Brühe hinzufügen und alles glattpürieren.

In einer Pfanne 1 Eßlöffel Schmalz zerlassen und das Chilipüree darin 5 Minuten sautieren. Die pürierten Tomaten dazugeben und die Mischung nochmals 5 Minuten garen. Das Fleisch hinzufügen, umrühren und den Deckel auflegen. Die Temperatur herunterschalten und den Pfanneninhalt 10 Minuten garen.

Das Bananenblatt 5 Sekunden direkt über die Hitzequelle halten. Dann in 13 cm große Quadrate schneiden.

Die *masa* mit 30 g Schweineschmalz 5 Minuten kneten.

Mit dem restlichen Schmalz die Blattstücke auf einer Seite einfetten. Jeweils 7,5 cm großes Teigquadrat darauflegen und 1½ Teelöffel Fleischmischung daraufsetzen.

Zwei einander gegenüberliegende Kanten des Blattes zur Mitte umfalten. Mit den beiden anderen ebenso verfahren, so daß eine rechteckige Tasche entsteht. Die *tamales* mit schmalen Blattstreifen zusammenbinden.

In einen Dampfdruckkochtopf 500 ml Wasser geben. Den Dämpfeinsatz mit einer Lage flachgedrückter Bananenblätter auskleiden. Die *tamales* hineinlegen und mit einer zweiten Schicht Blätter bedekken. Den Deckel auflegen und die *tamales* 20 Minuten garen. Wer einen einfachen Dämpfer benutzt, verfährt ebenso, verwendet jedoch 1 l Wasser und verlängert die Garzeit der *tamales* auf 1 Stunde.

Mit *frijoles refritos* (S. 201) warm servieren.

Für 6 bis 8 Personen

NAYARIT

Atole de Piña
Ananas-Atole

»Atole« ist ein altes indianisches Getränk aus Mais und wird traditionell zu »tamales« gereicht. Es gibt dutzende Variationen, von denen manche Chillies, »epazote«, Vanille, Erdbeeren oder, wie bei dieser beliebten Version, Ananas enthalten.

150 g *masa*
Wasser
350 g Ananas, geschält und grob zerkleinert
125 g *piloncillo*
500 g Ananaswürfel

Die *masa* in 1 l Wasser rühren. 15 Minuten stehenlassen, dann durch ein Sieb gießen und beiseite stellen.

Im Mixer die 350 g Ananas mit 400 ml Wasser pürieren. Durch ein Sieb gießen und die Flüssigkeit beiseite stellen.

In einem Topf *masa*-Wasser, *piloncillo*, 500 ml Wasser und Ananassaft vermischen und bei mittlerer Temperatur erhitzen. Unter ständigem Rühren etwa 15 Minuten kochen, bis die Mischung dickflüssig geworden ist.

Von der Kochstelle nehmen, die Ananaswürfel hinzufügen und noch einmal 5 Minuten rühren. Heiß servieren.

Für 6 Personen

MÉXICO, DISTRITO FEDERAL

Tamales Verdes de Pollo
Huhn-Tamales mit grüner Sauce

»Tamales« werden an Festtagen gegessen, und in den Tagen vor der spanischen Eroberung galten sie während des zwölften Monats des achtzehnmonatigen Mayakalenders als Geschenk der Götter. Da diese Zeit zusammenfiel mit den Feiern der spanischen Eroberer an Allerheiligen, wurden »tamales« später zu einer Speise, die man zu Ehren aller Verstorbenen ißt. Diese Version wird jedoch morgens und spätnachmittags an besonderen »puestos« (Imbißständen) in Mexico City verkauft.

4–6 *chiles serranos*
400 g *tomatillos* (Hüllen entfernt)
1 Knoblauchzehe
125 ml Hühnerbrühe (S. 72)
20 g *cilantro*
1 EL Öl
¼ Zwiebel, feingehackt
4 große Hühnerbrustfilets (etwa 650 g), gegart und in Streifen geschnitten
Salz
30 getrocknete Maishüllblätter, in warmem Wasser eingeweicht, bis sie biegsam sind
600 g *masa*
125 g Schweineschmalz, zerlassen

Die Chillies in einem Topf mit kochendem Wasser 4 Minuten garen. Die *tomatillos* hinzufügen und 2 Minuten garen. Chillies und *tomatillos* abtropfen lassen, mit Knoblauch und Hühnerbrühe in den Mixer geben und alles pürieren. Den *cilantro* hinzufügen und das Gerät noch einmal kurz einschalten.

Das Öl erhitzen und die Zwiebel darin sautieren, bis sie glasig ist. Das *tomatillo*-Püree dazugeben und bei starker Hitze 5 Minuten garen. Nun das Hühnerfleisch hinzufügen, umrühren und den Dekkel auflegen. Den Topfinhalt bei niedriger Temperatur 5 Minuten garen. Nach Geschmack salzen. Falls die Mischung zu dickflüssig ist, noch etwas Hühnerbrühe dazugeben. Beiseite stellen.

Die *masa* in einer großen Schüssel mit 1 Teelöffel Salz 2–3 Minuten kneten. Das zerlassene Schmalz hinzufügen und den Teig noch einmal 5 Minuten kneten.

Ein Maisblatt auf die Arbeitsfläche legen, 1½ Eßlöffel *masa* daraufsetzen und den Teig mit der Handfläche auseinanderdrücken, so daß ein etwa 5 mal 8 cm großes Rechteck entsteht. Rundum sollte ein 2,5 cm breiter Rand bleiben. 1½ Eßlöffel Hühnerfleischmischung daraufsetzen. Das Blatt längs aufrollen, die Enden etwa ein Drittel einschlagen.

Die vorbereiteten *tamales* beiseite stellen, aber darauf achten, daß die Füllung nicht herauslaufen kann.

Einen Dämpftopf mit 1 l Wasser füllen und den Einsatz mit einer Lage Maisblätter auskleiden (etwa 8 Stück). Die *tamales* leicht schräg hineinstellen, damit die *masa* nicht nach unten rutscht. Sobald das Wasser zu kochen beginnt, die Temperatur herunterschalten und den Deckel auflegen. Die *tamales* etwa 1 Stunde garen (im Dampfdrucktopf 25 Minuten), bis die *masa* nicht mehr am Blatt klebt, wenn man ein *tamal* aufrollt.

Heiß oder mit Zimmertemperatur servieren.

Ergibt etwa 20 »tamales«

Tamales in Bananenblättern (vorn), *Huhn-Tamales mit grüner Sauce* (Mitte) *und Ananas-Atole* (hinten)

Frische Mais-Tamales und Kaffee im Tontopf

MICHOACÁN

UCHEPOS
Frische Mais-Tamales

Wenn diese zarten, frischen Mais-tamales aus Michoacán anderswo zubereitet werden, haben sie einen etwas anderen Geschmack, aber dennoch sind sie unvergleichlich und köstlich. In Mexiko werden sie aus frischem Futtermais zubereitet, der einen höheren Stärkegehalt hat. Der beste Ersatz hierfür ist Mais, der einige Tage zuvor gepflückt wurde und nicht zu süß oder zu weich ist.

8–10 Maiskolben
80 ml Milch
2 EL Zucker
½ TL Salz
2 EL weiche Butter oder Schweineschmalz

Mit einem scharfen Messer das dicke Ende der Maiskolben einschneiden. Die Hüllblätter vorsichtig entfernen, so daß sie nicht brechen, und beiseite stellen. Die Körner von den Kolben abstreifen (die Kolben sollten etwa 600 g Körner ergeben). Den Mais in eine Schüssel füllen und mit angefeuchteten Händen umrühren. Dabei bleiben die seidigen Fäden an den Fingern hängen und können entfernt werden.

Im Mixer 125 g Maiskörner auf hoher Stufe zerkleinern, falls notwendig Milch hinzufügen. Die Masse sollte die Konsistenz von Hüttenkäse haben. Mit dem restlichen Mais ebenso verfahren.

Zucker und Salz gründlich unterrühren. Weiche Butter oder Schmalz dazugeben und ebenfalls gut untermischen.

Einen Dämpfeinsatz in einen Dämpftopf setzen und bis 1 cm unter den Einsatz heißes Wasser in den Topf gießen. Den Einsatz mit den steiferen Hüllblättern auslegen.

Ein biegsames Blatt auf die Arbeitsfläche legen und 1 Eßlöffel Füllung daraufsetzen. Das Blatt locker aufrollen und die Spitze über die Naht falten. Die vorbereiteten *tamales* mit der Naht nach oben in den Dämpfeinsatz legen. Darauf achten, daß sie nicht gequetscht werden.

Die *tamales* mit einer zweiten Schicht Blätter bedecken und den Deckel auflegen. Wenn das Wasser zu kochen beginnt, auf niedrige Temperatur herunterschalten und die *tamales* etwa 1 Stunde garen, bis die Füllung wie geronnen aussieht.

Dann herausnehmen und mindestens 20 Minuten abkühlen und tocknen lassen, damit die Füllung nicht an den Blättern klebt.

Die *tamales* können in den Hüllen oder ausgepackt serviert werden. Je zwei Stück auf einen Teller legen und etwas *salsa de molcajete* (S. 198) und 1 Eßlöffel Crème fraîche dazugeben. Man kann sie auch ohne Beilagen servieren.

Anmerkung: Die *tamales* können auch in einem Dampfdrucktopf gegart werden. Wenn Dampf entweicht, das Ventil schließen und die *tamales* 20 Minuten garen.

Für 8 bis 10 Personen

Café de Olla
Kaffee im Tontopf

Dieses Getränk, das man gern nach dem Abendessen trinkt, wird aus Kaffee, Zucker, Zimt und Gewürzen bereitet, die man in einem Tontopf köchelt. Am herrlichsten schmeckt es aus kleinen Keramikbechern. Ein grobgemahlener, scharfgerösteter Kaffee ist hierfür am besten geeignet.

1¼ l Wasser
60 g scharfgerösteter Kaffee, grobgemahlen
125 g *piloncillo*
1½ Zimtstangen (etwa 10 cm lang)
5 Nelken
Schale von ¼ unbehandelten Orange

In einer *olla* oder einem kleinen Topf bei mittlerer Temperatur ¾ l Wasser erhitzen. Wenn es zu kochen beginnt, die Temperatur herunterschalten und Kaffee, *piloncillo*, Zimtstangen, Nelken und Orangenschale hinzufügen.

5 Minuten köcheln lassen.

¼ l kaltes Wasser dazugeben, von der Kochstelle nehmen und zugedeckt 5 Minuten ziehen lassen. Vor dem Servieren durch ein Sieb gießen.

Für 6 Personen

OAXACA

Champurrado
Heiße Schokolade

Am Hofe Moctezumas gab es »atole«, der aus den kostbaren Kakaobohnen zubereitet war, nur für die Adligen. Sie tranken ihn aus goldenen Tassen, und für die Damen wurde er mit »chía« (amerikanischer Salbei) gewürzt und mit Chillies bestreut. Oaxaca ist besonders für seine Schokolade berühmt, die man dort überall bekommt. Man sollte jedoch bei diesem Getränk die alte Redensart beherzigen: »Ni amor recomenzado ni chocolate recalentado« (»wärme weder eine alte Liebe noch Schokolade wieder auf«).

125 g *masa*
60 g *piloncillo*
1 Zimtstange (etwa 10 cm)
150 g Halbbitterschokolade
2 l Wasser

Die *masa* in 1 l Wasser rühren und 15 Minuten stehenlassen. Dann das Wasser durch ein Sieb gießen und mit einem weiteren Liter Wasser, *piloncillo* und Zimtstange in einen Topf geben.

Bei mittlerer Hitze unter ständigem Rühren 10 Minuten garen. Die Schokolade hinzufügen und die Mischung noch einmal rühren, bis die Schokolade geschmolzen ist.

Heiß servieren.

Für 6 Personen

Rote Chilaquiles (Rezept S. 44) *und heiße Schokolade*

Mandel-Eier-Likör

PUEBLA

ROMPOPE DE ALMENDRAS
Mandel-Eier-Likör

Dieser reichhaltige mexikanische Eierlikör ist einfach zuzubereiten und läßt sich im Kühlschrank lange Zeit aufbewahren. Man kann ihn aber auch fertig kaufen. Er wird aus kleinen Gläsern getrunken oder über Beeren oder Gelee gegeben.

6 Nelken
1 Zimtstange (etwa 10 cm)
500 ml Rum (oder nach Belieben)
1,5 l Milch
600 g Zucker
60 g Mandeln, enthäutet und feingerieben
15 Eigelb
Muskatnuß, gerieben

Nelken und Zimtstange 24 Stunden im Rum ziehen lassen.

In einem großen Topf Milch und Zucker zum Kochen bringen. Die Mandeln hinzufügen und die Mischung bei schwacher Hitze 5 Minuten garen. Beiseite stellen.

Die Eigelb 5–10 Minuten schlagen, bis sie bandförmig vom Schneebesen laufen. 250 ml der Mandelmilch unterrühren. Diese Mischung in die restliche Milch geben und bei niedriger Temperatur etwa 10 Minuten garen, bis sie dick wird – dabei ununterbrochen mit einem Holzlöffel rühren.

Nelken und Zimtstange herausnehmen und den Rum in die Eiermilch rühren.

Mit Zimmertemperatur oder gekühlt servieren. In jedes Glas etwas geriebene Muskatnuß streuen.

Für 8 bis 10 Personen

GUERRERO

AGUA DE FRUTAS
Fruchtcocktail

Bei festlichen Gelegenheiten kann man diesen Obstpunch mit weißem Rum ergänzen.

750 g Papaya, geschält und grobgehackt
750 g Ananas, geschält und grobgehackt
250 g Wassermelone, geschält und grobgehackt
750 ml Orangensaft, frisch gepreßt
1 l Wasser
100 g Zucker (oder nach Belieben)

Papaya, Ananas, Wassermelone und Orangensaft im Mixer pürieren. Das Püree in einen Krug füllen, 1 l Wasser und Zucker nach Geschmack hinzufügen.

Mit Eis servieren und jedes Glas mit einem kleinen Stück Ananas garnieren (s. Abbildung S. 4).

Anmerkung: Man kann auch zunächst die Ananas pürieren und durch ein Sieb gießen, bevor man die anderen Zutaten hinzufügt.

Für 6 bis 8 Personen

AGUA DE MELON
Melonenwasser

Während es sich bei »licuados« um Mixgetränke aus Milch und Obst handelt, werden die »aguas frescas« aus Wasser und zumeist säuerlichen Früchten zubereitet. Für beide Getränke kann man überreifes Obst verwenden. Gut geeignet sind etwa Ananas, Wassermelone oder Erdbeeren. In Mexiko werden die leuchtend- und zartgefärbten Fruchtsäfte aus großen wabenförmigen Gefäßen verkauft.

1 Kantalupe oder andere Zuckermelone
2 l Wasser
125 g Zucker

Die Kantalupe halbieren, die Kerne entfernen und in die Küchenmaschine oder den Mixer geben. Etwas Melonenfleisch beiseite stellen und den Rest (etwa 600 g) grobhacken und mit 250 ml Wasser zu den Kernen hinzufügen, dann alles pürieren.

Die Mischung durch ein Sieb in einen Krug gießen, mit 1¾ l Wasser verdünnen, den Zucker hinzufügen und umrühren.

Falls gewünscht, vor dem Servieren das beiseite gestellte Melonenfleisch in kleine Stücke schneiden und einige davon in die Gläser geben (s. Abbildung S. 4).

Für 6 Personen

GUERRERO

AGUA DE TAMARINDO
Tamarindenwasser

Der ursprünglich aus Ostafrika stammende, aber seit langer Zeit auch in Indien wachsende Tamarindenbaum entwickelt lange braune Hülsenfrüchte mit einem klebrigen, süßsäuerlichen Fruchtmark. Mit Zucker oder Chillies gemischt kann man es als Imbiß essen, doch zusammen mit Zucker und Wasser wird daraus eines der populärsten Getränke Mexikos, das man mit »antojitos« oder gegrilltem Fleisch serviert. Die bis zu 10 cm langen Früchte bekommt man in Asienläden oder Feinkostgeschäften.

300 g getrocknete Tamarinden, geschält (etwa 30 Stück)
2,5 l Wasser
60–125 g Zucker

Die Tamarinden waschen und in 1 l heißem Wasser 2 Stunden quellen lassen.

Dann im Weichwasser mindestens 5 Minuten gegeneinanderreiben, um das Fruchtfleisch von den Kernen zu lösen (etwa 2 Tassen).

Die Flüssigkeit durch ein Sieb in einen Krug gießen und auch das Fruchtmark durch das Sieb drücken, mit 1,5 l kaltem Wasser verdünnen und nach Geschmack süßen.

Für 8 Personen

OAXACA

Agua de Horchata
Reistrunk

»Horchata« ist ein Erfrischungsgetränk, das seine Wurzeln in der arabischen Welt hat, wo es zunächst aus gemahlenen Erdmandeln zubereitet wurde. Nachdem es die Spanier in die Neue Welt gebracht hatten, erfreute es sich zuerst auf der Halbinsel Yucatán großer Beliebtheit. Für diese Variante aus Oaxaca verwendet man statt Wasser Milch und manchmal auch die Frucht eines einheimischen Kaktus, die ihr eine rosa Farbe verleiht, oder einige Mandeln zum Aromatisieren. Wichtig ist, daß der Reis feingemahlen wird. Am Vortag zubereitete »horchata« hat den intensivsten Geschmack.

300 g weißer Langkornreis
1,75 l Wasser
2 Zimtstangen (etwa 10 cm)
500 ml Milch
Zucker

Den Reis in einer großen Schüssel mit 750 ml Wasser 2 Stunden einweichen.

In der Zwischenzeit den Zimt zerkrümeln und in einer kleinen schweren Pfanne rösten.

Den Reis abtropfen lassen und mit Zimt und Milch im Mixer mahlen. Die Mischung durch ein Sieb in einen Krug gießen und mit 1 l kaltem Wasser verdünnen. Zucker nach Geschmack hinzufügen.

Für 6 bis 8 Personen

GUERRERO

Agua de Jamaica
Hibiskusblütenwasser

Dieses scharlachfarbene Getränk wird mit getrockneten Hibiskusblüten zubereitet und paßt ausgezeichnet zu »antojitos«. Man kann auch weißen Rum hinzufügen oder es mit Sangría oder Weinpunsch mischen. Da es stark harntreibend wirkt, wird es – ohne Zucker – auch gern während Diäten getrunken. Hibiskusblütenwasser enthält jedoch sehr viel Säure und darf daher nur in Glas- oder Kunststoffgefäßen aufbewahrt werden. Die getrockneten Hibiskusblüten sind in mexikanischen Lebensmittelgeschäften oder Läden, die getrocknete Kräuter verkaufen, erhältlich.

150 g getrocknete Hibiskusblüten
2,5 l Wasser
180 g Zucker

Die Blüten kurz waschen, um Schmutz zu entfernen. Abtropfen lassen, dann in einen Topf mit 1,5 l Wasser geben. Das Wasser zum Kochen bringen. Auf mittlere Temperatur herunterschalten und die Blüten 10 Minuten köcheln lassen. Von der Kochstelle nehmen und 10–20 Minuten ziehen lassen.

Das Wasser durch ein Sieb in einen Krug gießen, mit einem weiteren Liter Wasser verdünnen und den Zucker hinzufügen.

Gut gekühlt servieren.

Für 6 bis 8 Personen

Tamarindenwasser (links), *Reistrunk* (Mitte) *und Hibiskusblütenwasser* (rechts)

GUERRERO

Jícama con Piña
Jícama mit Ananas

Diese »botana« (Imbiß) ist eine erfrischende Variante des traditionellen »pico de gallo« (Hahnenschnabel) aus Jalisco, den man mit »jícama« (Yamsbohnen), Orangen und »chile piquin« zubereitet. Da Yamsbohnen während des Winters Saison haben, sind sie Vorboten der Weihnachtszeit. Besonders kleine, knackige Exemplare werden mit Süßigkeiten, Erdnüssen, Tangerinen, Zuckerrohr und kleinem Spielzeug gemischt in »piñatas« (geschmückte Tongefäße) gefüllt.

750 g *jícama*, geschält und gewürfelt
750 g frische Ananas, geschält und gewürfelt
3 EL feingehackter *cilantro*
1 TL Salz
Saft von 1 Limette
1 oder 2 *chiles serranos,* gehackt

Jícama, Ananas, *cilantro,* Salz, Limettensaft und Chillies in eine große Schüssel geben, gut vermischen und mindestens 15 Minuten kalt stellen.

Kalt oder mit Zimmertemperatur servieren. Die Fruchtstücke mit Zahnstochern oder Cocktailgabeln essen.

Als Vorspeise für 6 Personen, als Zwischenmahlzeit für 4 Personen

JALISCO

Margarita
Margarita

Wie es heißt, ist der Begriff »Cocktail« in Mexiko geboren worden. Allgemein wird die Geschichte erzählt, daß die Besatzungen britischer Schiffe einst in einer beliebten Taverne in Campeche zusammenkamen, um sich zu stärken. Die meisten Spirituosen trank man pur, gelegentlich aber mischten die Engländer ihr Glas Rum mit anderen Getränken und rührten das ganze dann mit einem kleinen Holzlöffel um. Eines Tages verwendete ein Kellner, der keine Löffel mehr hatte, statt dessen die dünnen, glatten Wurzeln einer Pflanze, die wegen ihrer seltsamen Form »tail of the cock« (Hahnenschwanz) genannt wurde. Darauf entwickelte sich der Begriff »cock's tail«, und bis zum Ende des Ersten Weltkriegs waren diese Getränke in Europa und in amerikanischen Nachtclubs groß in Mode gekommen. Der bekannteste Cocktail Mexikos ist die Margarita. Sie wurde erstmals in einer Bar in Chihuahua gemixt.

Zerstoßenes Eis
125 ml weiße Tequila
60 ml Cointreau
Saft von 4 Limetten
1½ TL Salz

Eis, Tequila, Cointreau und Limettensaft in den Mixer geben und das Gerät 30 Sekunden einschalten.

Die Ränder von 6 Gläsern mit Limettensaft anfeuchten und in eine Untertasse mit dem Salz drücken, um sie dünn zu überziehen. Die Margarita auf die Gläser verteilen und servieren (s. Abbildung S. 28–29).

Für 6 Personen

JALISCO

Sangrita
Sangrita

Dies ist Maria Dolores Torres Yzábals Version der Sangrita. Wo immer man in Mexiko Tequila bestellt, bekommt man diese in kleinen schmalen Gläsern, und dazu gibt es Sangrita, die in ähnlichen Gläsern serviert wird. Es lohnt, sich die Markenbezeichnungen der besseren, weicheren Tequilas zu merken wie etwa Centenario, Herradura, Cuervo oder Sauza. Am besten sind die »reposados«, die ein Jahr gereift sind, und die »añejos«, die zwei Jahre in Eichenfässern gelagert wurden.

2 *chiles anchos,* geröstet (s. Glossar), Samen und Scheidewände entfernt
2 EL feingehackte Zwiebeln
½ l Orangensaft
Saft von 1 kleinen Limette
Salz

Die Chillies mit heißem Wasser bedecken und 20 Minuten quellen lassen. Nach dem Abtropfen mit Zwiebeln, Orangensaft, Limettensaft und Salz (nach Geschmack) im Mixer gründlich vermischen. Falls die Mischung zu dickflüssig ist, noch etwas Limetten- oder Orangensaft hinzufügen.

Ergibt 4 kleine Gläser

Sangría
Sangría

Diese erfrischende Mischung aus Wein und Fruchtsäften war ein Geschenk Spaniens an die Neue Welt. Während der Geschmack von Wein durch viele schärfer gewürzte mexikanische Speisen überlagert wird, paßt Sangría sehr gut dazu. Die angegebene Zuckermenge kann nach Geschmack variiert werden.

1 l trockener Rotwein
1 l Mineralwasser
180 ml Grenadine oder Zuckersirup
180 ml frischgepreßter Limettensaft
1 Orange, in dünne Scheiben geschnitten
125 g Pfirsich oder Ananas, geschält und gehackt

In einem Glaskrug Wein, Wasser, Grenadine und Limettensaft vermischen. Gut umrühren. Orangenscheiben und Pfirsichstücke hinzufügen und gut kühlen.

Vor dem Servieren Eiswürfel dazugeben (s. Abbildung S. 39).

Für 6 bis 8 Personen

Rechte Seite: *Jícama mit Ananas* (oben) *und Sangrita mit Tequila*

1863

Isthmus von Tehuantepec

ISTHMUS VON TEHUANTEPEC

Die Landschaft des Istmo (Landenge) de Tehuantepec ist so schön wie abwechslungsreich, und in diesem schmalsten Teil Mexikos beträgt die Entfernung von Küste zu Küste teilweise nur zweihundert Kilometer. Auf der zum Golf von Mexiko gelegenen Seite befinden sich die Bundesstaaten Veracruz und Tabasco; hier sind tiefgründiges Schwemmland und hohe Niederschläge vorherrschend, wo Ackerfrüchte üppig gedeihen. Tatsächlich beträgt hier die Niederschlagsmenge an manchen Orten mehr als dreitausend Millimeter pro Jahr. Die Küste am Golf von Tehuantepec ist dagegen so trocken, daß nur in der Umgebung von Flüssen Landwirtschaft betrieben werden kann.

An beiden Küsten werden die Widersprüche der modernen Zeit offenbar, wenn auf den Landstraßen Ochsenkarren mit modernen Traktoren und riesigen Tanklastzügen sich den Platz streitig machen. Zwar haben im letzten Jahrzehnt entdeckte Ölvorkommen der Region die dringend notwendigen Arbeitsplätze gebracht, aber leider auch Luft- und Gewässerverschmutzung. Nirgendwo wird die Kluft zwischen moderner und traditioneller Welt deutlicher sichtbar als in Salina Cruz an der Küste von Oaxaca. Hier, nicht einmal 80 Kilometer von dem Gebiet, in dem Tanker vor der Küste auf ihre Rohölladungen warten und schwarze Wolken aus gewaltigen Schornsteinen die Sonne verschleiern, findet man in abgelegenen Küstendörfern immer noch Huave-Indianer, die nach jahrhundertealten Sitten und Gebräuchen in Hütten aus Schilf leben.

Dort, wo sich das Land wieder verbreitert, sind zwei sehr typische regionale Küchen entstanden. In Veracruz mit seinen karibischen und afrikanischen Einflüssen bildet ein natürlicher Reichtum an Rindfleisch, Meeresfrüchten und landwirtschaftlichen Produkten die Grundlage für die dortige Küche; im trockenen Hochland von Oaxaca hingegen hat sie sich aus

Seite 58/59: *Die Kirche von Mitla in Oaxaca wurde von spanischen Siedlern mit Steinen der nahegelegenen gleichnamigen Ruinenstätte errichtet.*
Links: *Nicht weit vom Río Tecolutla in Veracruz wartet ein kleiner Bananenverkäufer auf Kundschaft.*

den Notwendigkeiten des täglichen Überlebenskampfes heraus entwickelt. Ein Nahrungsmittel, das jedoch nirgendwo fehlt, sind die *frijoles negros,* kleine ebenholzfarbene Bohnen, die in der einen oder anderen Form den Grundpfeiler des Speisezettels in der Landenge bilden.

Aus den Wassern des Pazifik und des Golfs von Mexiko wie auch aus den Flüssen der Gebirge kommt eine Fülle von Fischen und Schalentieren. Zu den ungewöhnlichsten gehört sicher der prähistorisch anmutende *pejelagarto,* der in Tabasco für Eintöpfe verwendet wird.

Die Küstenstadt Veracruz – einst Anlaufhafen für spanische Konquistadoren, französische Invasoren, afrikanische Sklaven, amerikanische Marineinfanteristen und englische und holländische Piraten – ist geprägt durch Geräusche, Bilder und Eindrücke, die mehr mit der Karibik oder mit New Orleans gemein haben als mit anderen mexikanischen Städten. Hier werden zu jeder Tageszeit Meeresfrüchte verzehrt. Ein beliebter Muntermacher für den Morgen, den man beispielsweise in einer der zahlreichen buntbemalten Hafenbars zu sich nehmen kann, ist eine Schale mit pikanter Garnelensuppe, der möglicherweise dampfendheiße Krebsbeine folgen. Und um den kleinen Hunger zwischen den Mahlzeiten zu stillen, kann man sich einen *taco* mit *salpicón de jaiba* (S. 162–163 u. 174) (kleingeschnittenes Krebsfleisch, das gewöhnlich mit eingelegten Gemüsen gemischt ist) munden lassen.

Für die Hauptmahlzeit des Tages nehmen sich die Menschen in dieser feuchten Küstengegend Zeit. Es gibt reichlich zu essen, und daneben wird viel geschwatzt und gelacht. An einem normalen Sonntagnachmittag in Boca del Rio, einem Fischerstädtchen südlich von Veracruz, kehren die Mexikaner oft in einem der kleinen, lauten Restaurants ein. Dort sitzt man, umgeben von großen Familien, jungen Paaren und Geschäftsleuten, unter einem langsam rotierenden Deckenventilator, während Händler zwischen den Tischen umhergehen und ihre Waren anpreisen. Wenig später beginnen durch das Wirrwarr wettstreitender Geräusche die traditionellen Lieder einheimischer *huapangeros* zu dringen, die mit ihren ungewöhnlichen Gitarren und einer Harfe ebenfalls zwischen den Tischen umhergehen. Diese weißgekleideten Musiker sind in ganz Mexiko dafür bekannt, in jeder Situation aus dem Stegreif Verse zu dichten. Dann beginnt ein junger Bursche einen schnellen, rhythmischen Tanz, der schon viele Generationen alt ist. Er hat dabei die Augen geschlossen, und seine Füße bewegen sich stets im Takt der Musik.

Das Essen kommt sehr rasch, doch noch rascher kommen große Gläser mit *toritos,* einem dickflüssigen, süßen Getränk aus gemahlenen Erdnüssen, das auch etwas Alkohol enthält. Dann wird eine Fülle von Speisen aufgetragen – riesige Teller mit *camarón para pelar* (Garnelen zum Schälen), *pámpano en hierba santa* (gedämpfter Fisch, in große Blätter eines anisartig schmeckenden Krauts eingewickelt) und *arroz a la tumbada,* eine regionale Spezialität aus Rundkornreis und verschiedenen Meeresfrüchten, die der *paella* ähnelt, aber kräftiger mit Knoblauch und Chillies gewürzt ist. Dann gibt es die *pulpos enchipotlados,* zarte Tintenfischstücke in einer sehr pikanten Sauce, deren Schärfe von mit Banane gebratenen schwarzen Bohnen gemildert wird. Das berühmteste Gericht der Region aber ist *pescado a la veracruzana* (S. 172–173). Die Spanier gaben in die mexikanische Originalsauce aus Tomaten und Chillies noch grüne Oliven und pralle Kapern und überzogen dann den ganzen Fisch damit; auf diese Weise vereinigten sie die Küchen zweier Welten auf perfekte Art.

Jede Mahlzeit wird mit Kaffee beendet, von dem die Bewohner Veracruz' glauben, daß er heiß, süß und stark wie die Liebe sein muß. Man trinkt ihn untertags in den Cafés in großen Mengen. Und wenn die Mexikaner beharrlich mit dem Löffel gegen ihr Kaffeeglas klopfen, signalisieren sie damit dem Kellner, daß er aus einem Metallgefäß, welches er hoch über den Tisch hält, heiße Milch in den starken, dampfenden Kaffee gießen soll.

Eine Zapotekin auf dem Hauptmarkt in Oaxaca, wo sich an Sonnabenden Indianer aus allen umliegenden Dörfern einfinden.

Im Jahr 1858 entdeckte ein Archäologe des Smithsonian Instituts auf einer sumpfigen Mangroveninsel in Tabasco einen riesigen, aus Basaltstein gehauenen Kopf, der dort Jahrhunderte unentdeckt geblieben war. Dieser Kopf war der erste Hinweis auf die Existenz jener geheimnisvollen olmekischen Kultur, die vor fast zweitausend Jahren und vor der klassischen Kultur der Maya in Mexiko und der Zeit der Erbauer der alten Stadt Teotihuacán an dieser Küste ihre Blütezeit erlebt hatte. Heute sind die verlassenen und vergessenen Städte jener Kultur vom Dschungel verschluckt worden, und an die Taten ihrer Bewohner erinnern nur noch die Legenden späterer indianischer Kulturen.

Die Landenge war aber nicht nur die Heimat der ersten Zivilisation Mexikos und Zentralamerikas, sondern auch der Ort, an dem die ersten spanischen Siedlungen entstanden. Nachdem Hernán Cortés 1519 Cuba verlassen hatte, war er zunächst auf der Halbinsel Yucatán und dann in Tabasco an Land gegangen. Den Feuerwaffen, Stahlschwertern und übernatürlich erscheinenden Pferden der Spanier mußten sich die einheimischen Indianer schnell ergeben, und als Tribut erhielt Cortés von ihnen zwanzig Sklavinnen, die den spanischen Führern fortan als Köchinnen und Konkubinen dienten. Diese Frauen waren die ersten, die die Nahrungsmittel beider Welten zusammen verwendeten und damit den Grundstein für die heutige mexikanische Küche legten.

Nur drei Jahre nach Cortés' Landung in Veracruz besetzten die Spanier Oaxaca, aber es sollte noch viele Jahre dauern, bis sie endlich die anderthalb Millionen zapotekischen und mixtekischen Indianer bezwangen. Die Zapoteken, die später von den Mixteken verdrängt wurden, waren um die Zeit von Christi Geburt in das Hochtal von Oaxaca gekommen und hatten im Verlauf vieler Jahrhunderte auf den Ruinen vergänglicherer Zivilisationen ihre imposante Hauptstadt Monte Albán errichtet. Und trotz anhaltender Kämpfe untereinander sollten sich die Mixteken und die Zapoteken im Kampf gegen Azteken und Spanier zusammenschließen.

Oaxaca ist das Land der sieben *moles.* Bereits im »Popol Vuh«, dem »Buch des Rates« der Maya, wird der *mole* als »Pfefferbrühe« erwähnt, aber die heutigen *moles* sind eine Erfindung der Küchen spanischer Klöster in Mexiko. Das Wort *mole* kommt aus dem Náhuatl, wo es so viel wie »Mischung« bedeutet, was genau den Kern trifft, denn es handelt sich dabei um wunderbare, komplexe Mischungen aus gerösteten Chillies, Tomaten und Kürbissamen aus der neuen Heimat der Spanier sowie Nüssen, Gewürzen, Fleisch und Sesam aus der Küche jenes Landes, das sie verließen. Für den glänzenden, schwarzen *mole negro* wird Schokolade verwendet, der hellere *mole coloradito* (roter *mole*) wird ohne Schokolade zubereitet und enthält Mandeln und Kochbananen. Grüngemüse, Kräuter, Chillies und der kleine *tomatillo* bilden die Grundlage des *mole verde.* Andere *moles* werden mit den unterschiedlichsten Chillies und Gewürzen zubereitet, um ihnen besondere Farben und Aromen zu verleihen.

Da die Indianer dieser Region nur wenig Fleisch und andere übliche Proteinquellen zur Verfügung hatten, verwendeten sie in ihrer Küche alles, was verfügbar war, und auch heute noch haben Insekten und deren Larven auf dem Speisezettel aller Bevölkerungsschichten einen Platz. So findet man auf den beiden großen Märkten von Oaxaca Körbe mit getrockneten *chapulines* (Heuschrecken) oder *grillos* (Grillen) unterschiedlicher Größe, die für *tacos* leicht gebraten und gewürzt werden. Und Mezcal stellt man immer noch mit dem *maguey*-Wurm her, der getrocknet in die Flaschen gegeben wird – allerdings ist er wohl eher ein Markenzeichen als eine Aromazutat. Hingegen verleiht er, gemahlen und mit Salz vermischt, einigen Tequila-Cocktails tatsächlich einen besonderen Geschmack.

Die älteste mexikanische Zivilisation war die olmekische Kultur. In ihrem religiösen Zentrum La Venta in Tabasco, das seine Blütezeit zwischen 900 und 400 v. Chr. erlebte, stehen heute noch riesige aus Basalt gehauene Köpfe, die zwanzig Tonnen wiegen.

Suppen, Aufläufe, Reis- und Nudelgerichte

In Zentralmexiko wird aus Kürbisblüten eine beliebte Suppe zubereitet.

Suppen, Aufläufe, Reis- und Nudelgerichte

Rot, Grün und Weiß sind die Farben der Flagge Mexikos, aber auch die Farben seiner *pozoles* (S. 88–89), der berühmten Eintöpfe des Landes. Alle duften nach lange gegartem Schweinefleisch und werden mit Maisgrieß angedickt, aber damit enden auch schon die Gemeinsamkeiten. Wenn auf dem Kalender Donnerstag steht, weiß jeder in Guerrero, daß dies der Tag des grünen *pozole* ist, und um drei Uhr nachmittags drängen sich in den kleinen *pozole*-Restaurants Menschen und löffeln die kräftige Suppe aus großen Steingutschalen. Ihre grüne Farbe und ihr außergewöhnlicher Geschmack entstehen durch frische Chillies, Grüngemüse, gemahlene Kürbiskerne und die säuerlichen kleinen *tomatillos.* Als weitere Zutaten dienen, je nach Rezept, feingehackte Zwiebeln, knuspriger *chicharrón* (gebratene Schweineschwarte), Avocadowürfel, getrockneter Oregano und ein Spritzer Limettensaft. Um aber den ersten Hunger zu stillen, bevor die Suppe serviert wird, ißt man mit Käse gefüllte *chiles japaleños, manitas de puerco en escabeche* (Schweinsfüße in Marinade) und köstliche *tacos de sesos* (Hirn), die mit *epazote* gewürzt sind.

Pozole blanco (weißer *pozole*) ist eine Spezialität Guerreros, der häufig rohes Ei hinzugefügt wird, doch schmeckt dieses einfache, sättigende Gericht nirgendwo so wie in Jalisco. Hier läßt man tagsüber Schweinefleisch, darunter Schweinskopf, mit dem Maisgrieß in einem Steinguttopf köcheln. Vor dem Servieren gibt man dann etwas gemahlenen *chile piquín* oder eine scharfe *salsa* hinzu und als krönenden Abschluß noch gehackte Radieschen, Salat und Kohl.

Seite 64/65: *Auflauf nach aztekischer Art* (Rezept S. 91) *und Kürbisblütensuppe* (Rezept S. 79)

In Michoacán geben die Düfte, die aus riesigen Töpfen mit köchelnder Brühe aufsteigen, einen Vorgeschmack auf das herrliche Aroma des *chile ancho* und des *chile guajillo.* Zum Servieren wird über die tiefrote Suppe – *pozole rojo* genannt – der für Guerrero typische Oregano gestreut. In jedem dieser Bundesstaaten wie auch in anderen Teilen Mexikos findet man darüber hinaus Variationen der drei *pozoles.*

Auch *caldo de pollo* (S. 72), *mole de olla* (S. 89), *clemole* (S. 112 u. 80–81), und *menudo* (S. 86), sind beliebte Suppen, die vollwertige Mahlzeiten darstellen. *Menudo* wird mit Kutteln zubereitet und häufig als Katerfrühstück gegessen. Die Suppe soll sehr viel Vitamin B enthalten und durch feurige Chilischoten die Lebensfreude wieder wecken.

Heute wird in Mexiko fast zu jeder Mahlzeit Suppe serviert, und es ist nur schwer zu glauben, daß sie noch gar nicht so lange Eingang in den Speisezettel gefunden hat. Doch in keiner der frühen spanischen Chroniken sind Suppen erwähnt. Am nächsten kommen ihnen noch jene dicken Eintöpfe, die die Indianer in großen *ollas* aus Ton zubereiteten. Erst als die französische und andere europäische Kulturen in Mexiko einsickerten, begann man als ersten Gang Suppen zu essen, die von der einfachen *sopa de fideo* (Nudelsuppe) über die allgegenwärtige *sopa de tortilla* (S. 69), bis zur ausgefalleneren *sopa de medula* (kräftige Fleischbrühe mit köstlichem, zartem Knochenmark) und der exotischen *sopa de cuitlacoche* (S. 75) reichten. Der *cuitlacoche* (Maispilz), gedeiht an Maiskolben und hat einen wahrhaft königlichen Geschmack. Die Azteken bezeichneten ihn als »den Kot des Gottes der Nahrung«, doch sollte dieser Name niemanden davon abhalten, diesen ganz und gar köstlichen Pilz zu probieren.

An jeder Ecke in Puebla findet man kleine Restaurants mit ausdrucksstarken Speisekarten an der Tür. Für die »comida«, die Hauptmahlzeit des Tages, beginnen sie gewöhnlich mit herzhaften Suppen.

Mitte des 16. Jahrhunderts segelten Galeonen von den Philippinen zu den Pazifikhäfen Acapulco und Barra de Navidad, die den ersten Reis für die Neue Welt an Bord hatten. Er wurde dort rasch heimisch; die Nonnen hießen dieses beliebte Nahrungsmittel natürlich willkommen, doch in den Klöstern und Küchen des spanischen Adels lernten auch die einheimischen Köchinnen bald, den Reis ihrer eigenen Küche anzupassen, indem sie ihn mit Tomaten, Chillies, Kräutern und sogar gebratenen Bananen kombinierten. Er wurde als *sopa seca* (trockene Suppe) serviert – als Gang zwischen Vorspeise und Hauptgericht.

Bei den *sopas secas* handelt es sich nicht immer um Reisgerichte, obwohl sie am verbreitetsten sind. Vielmehr können sie auch aus Crêpes, Soufflés, Pasta oder sogar Gemüseaufläufen bestehen. Viele dieser Gerichte sind so reichhaltig und sättigend, daß sie auch als Hauptgang einer leichteren Mahlzeit oder zu einem Brunch oder späten Abendessen serviert werden können. Doch ob als Bestandteil einer *comida* (Mittagessen) mit vielen Gängen oder als eigenständige Mahlzeit gegessen – die *sopas secas* mit ihren feinen Aromen werden für jeden, der mit den abwechslungsreichen Aromen der mexikanischen Küche noch nicht vertraut ist, eine köstliche Überraschung sein.

Auf dem Markt von Mérida, wo eine der regionalen Spezialitäten die herrliche »sopa de lima« (Rezept S. 83) *ist, werden täglich frische Limetten angeboten. Auf der Halbinsel Yucatán verwendet man zum Würzen anstelle von Salz häufig Limetten.*

Sopa de Pasta
Nudelsuppe

Nudeln gelangten während der dreißigjährigen Regierungszeit von Porfirio Díaz nach Mexiko, als man dort eine hervorragende europäische Küche pflegte. Für dieses Rezept werden »fideos« (Fadennudeln) verwendet, doch man kann fast jede Suppennudel verwenden, sogar Sternchen oder Buchstaben. Wichtig ist, daß die Nudeln eine schöne hellbraune Farbe bekommen, ohne zu dunkel und bitter zu werden.

2 Tomaten
¼ Zwiebel
2 Knoblauchzehen
125 ml Wasser
2 EL Öl
250 g Spaghetti
2 l Hühnerbrühe (S. 72)
Salz
Chiles serranos (nach Belieben)

Nudelsuppe (links) *und Tortillasuppe* (rechts)

Tomaten, Zwiebel und Knoblauch mit dem Wasser pürieren und durch ein Sieb streichen. Das Öl in einer Pfanne erhitzen. Die Nudeln darin unter Rühren braten, bis sie braun werden. Überschüssiges Öl abgießen. Das Tomatenpüree hinzufügen und unter Rühren 3 Minuten kochen lassen. Die Brühe dazugeben und zum Kochen bringen. Die Nudeln zugedeckt bei mittlerer Temperatur etwa 5 Minuten garen, bis sie weich sind. Salzen und mit den Chillies garnieren.

Für 6 Personen

SOPA DE TORTILLA
Tortillasuppe

Wenn man eine Suppe zur klassischen mexikanischen Suppe ernennen wollte, würde diese Ehre wahrscheinlich diesem Gericht zuteil, da es in sich die traditionellen Nahrungsmittel des Landes – Chilischote, Tomate, Avocado, »epazote« und Tortilla – vereinigt.

2 Knoblauchzehen
½ Zwiebel, in Stücke geschnitten
2 reife Tomaten
1,5 l Hühnerbrühe (S. 72)
1 EL Öl
2 kleine Stengel *epazote*
Salz
Frisch gemahlener Pfeffer
8–10 Maismehl-Tortillas vom Vortag
Öl zum Braten
2–3 *chiles pasillas*
2 Avocados, geschält, entkernt und in Scheiben geschnitten oder gehackt
150 g *queso fresco* oder milder Feta, zerbröselt
125 ml dicke Sahne (s. Glossar) oder Crème fraîche
2 Limetten, halbiert

Knoblauchzehen, Zwiebeln und Tomaten rösten (s. Glossar). Die Tomaten enthäuten und den Stielansatz entfernen, dann mit Knoblauch, Zwiebel und, falls notwendig, 60 ml Hühnerbrühe im Mixer pürieren.

In einem großen Topf bei hoher Temperatur 1 Eßlöffel Öl erhitzen und darin das Tomatenpüree sautieren. 2 Minuten kochen lassen, dann die Hitze reduzieren und das Püree unter ständigem Rühren noch einmal etwa 5 Minuten garen, bis es dick wird und sich verfärbt.

Restliche Hühnerbrühe und *epazote* hinzufügen. Die Mischung wieder zum Kochen bringen, nach Geschmack salzen und pfeffern und zugedeckt bei mittlerer Hitze 15 Minuten garen.

Die Tortillas zuerst halbieren und dann in dünne Streifen schneiden. Eine kleine Pfanne etwa 1 cm hoch mit Öl füllen. Wenn es heiß ist, die Tortillastreifen portionsweise etwa 3 Minuten darin braten, bis sie goldbraun sind – dabei mindestens einmal wenden. Mit einem Schaumlöffel aus dem Öl heben und auf Küchenkrepp abtropfen lassen. (Frische Tortillas zuerst 1 Stunde im Backofen bei 120 °C [Gas niedrigste Stufe] trocknen lassen.)

Die Chillies in 1 cm breite Ringe schneiden und die Kerne entfernen. Etwa 1 Minute in heißem Öl braten, bis sie knusprig sind. Abtropfen lassen und beiseite stellen.

5 Minuten vor dem Servieren die Suppe wieder erhitzen und die gebratenen Tortillastreifen hinzufügen. In Suppentassen füllen und jede Portion mit einigen Chiliringen und Avocadostücken garnieren. Den Käse darüberstreuen. Sahne, Limetten sowie die restlichen Chiliringe und Avocadostücke in getrennten Schüsseln reichen, so daß sich jeder nach Belieben bedienen kann.

Für 6 Personen

GUERRERO

CHILATOLE
Maissuppe

Das wichtigste Grundnahrungsmittel der ersten indianischen Kulturen Mexikos war ein Brei aus gemahlenem Mais, den man mit Chillies und »epazote« würzte. Diese verfeinerte Version eignet sich ausgezeichnet als Beginn einer Mahlzeit aus »tacos« und »enchiladas«.

3 EL Butter
½ EL Öl
¼ Zwiebel
3 Knoblauchzehen
2,5 l Hühnerbrühe (S. 72)
3 Stengel *epazote*
500 g *masa*
380 ml kaltes Wasser
Salz
Frisch gemahlener Pfeffer
250 g Maiskörner
2 *chiles serranos,* entkernt und feingehackt
500 ml dicke Sahne (s. Glossar) oder Crème fraîche
250 g rote Zwiebeln, gehackt

In einem großen Topf oder Bräter Butter und Öl erhitzen. Das Zwiebelviertel und den Knoblauch hinzufügen und etwa 3–4 Minuten sautieren, bis sie glasig sind. Hühnerbrühe und *epazote* dazugeben und 10 Minuten kochen lassen.

Die *masa* in das kalte Wasser rühren. Zu der kochenden Hühnerbrühe hinzufügen und unter ständigem Rühren 8–10 Minuten garen. Die Hitze reduzieren und noch einmal 5 Minuten garen. Nach Geschmack salzen und pfeffern. Die Brühe durch ein Sieb gießen und wieder in den Topf geben. Mais und Chillies hinzufügen und alles weitere 5 Minuten garen.

Zum Servieren die Suppe erhitzen und die Sahne hineinrühren, dann noch einmal kurz aufkochen lassen. Die gehackten Zwiebeln in einer Schüssel dazureichen.

Für 8 Personen

Mais-Suppe

CHIAPAS

SOPA DE PAN
Brotsuppe

Diese ungewöhnliche, sättigende Brotsuppe mit ihren bunten Gemüsen ist ein typisches Gericht aus San Cristóbal de Las Casas.

1,5 l Hühnerbrühe (S. 72)
2 Möhren, geschält und grobgehackt
1 Stück Zimtstange (etwa 5 cm)
1 Zweig Thymian
1 Zweig Majoran
½ TL frisch gemahlener Pfeffer
60 ml trockener Weißwein
Salz
100 g Weißbrot (Baguette oder Brötchen), gewürfelt
100 g Butter
2 EL Öl
250 g Zwiebeln, in Scheiben geschnitten
3 Knoblauchzehen
750 g Tomaten, abgezogen und in dicke Scheiben geschnitten
3 hartgekochte Eier, in Scheiben geschnitten
3 TL Kapern, gehackt
3 EL grüne Oliven, gehackt (nach Belieben)
30 g Rosinen
Zimtpulver
60 g *queso añejo* oder milder Feta, zerbröselt (nach Belieben)

Hühnerbrühe, Möhren, Zimt, Thymian, Majoran, Pfeffer und Wein in einen Topf geben. Zum Kochen bringen, dann zugedeckt bei mittlerer Hitze etwa 10 Minuten garen, bis die Möhren weich sind. Salz nach Geschmack hinzufügen. Zimtstange, Thymian und Majoran wegwerfen, die Brühe beiseite stellen.

Den Backofen auf 200°C (Gas Stufe 3–4) vorheizen. Die Brotwürfel in eine ofenfeste Form legen und 10–15 Minuten rösten, bis sie leicht gebräunt sind.

Die Butter in einer Pfanne erhitzen. Die Hälfte der Brotwürfel hineingeben und einige Minuten braten, bis sie goldbraun sind. Auf einen mit Küchenkrepp bedeckten Teller heben. Die übrigen Brotwürfel braten. Beiseite stellen.

Das Öl in einer Pfanne erhitzen. Zwiebeln und Knoblauch hinzufügen und 3 Minuten sautieren. Die Tomaten dazugeben und bei mittlerer Hitze unter ständigem Rühren 10 Minuten garen. Beiseite stellen.

15 Minuten vor dem Servieren den Backofen auf 220 °C (Gas Stufe 4–5) vorheizen. Die Hühnerbrühe erhitzen. Brotwürfel und Tomaten auf sechs ofenfeste Schalen verteilen, mit zwei Scheiben Ei garnieren und den heißen Hühnerfond darüberschöpfen. Mit Kapern, Oliven, Rosinen und einer Prise Zimt bestreuen. In den Backofen schieben, bis die Suppe zu kochen beginnt. Heiß mit dem Käse bestreut servieren.

Für 6 Personen

Rechte Seite: *Brotsuppe*

BAJA CALIFORNIA NORTE

SOPA DE ALMEJAS
Muschelsuppe

Meist werden für diese Suppe Pismo-Muscheln aus Ensenada verwendet. Als Ersatz eignen sich aber auch andere frische Venusmuscheln. Dieses Rezept ist ungewöhnlich, weil es keine Chillies enthält.

3 EL Olivenöl
180 g Zwiebeln, gehackt
350 g Bleichsellerie, gehackt
1 Knoblauchzehe, zerdrückt
500 g Kartoffeln, geschält und gewürfelt
2 l Hühnerbrühe (s. unten)
Salz
Etwa 950 g Venusmuscheln aus der Dose, abgetropft, die Flüssigkeit beiseite gestellt
1½ EL feingehackte Petersilie
Saft von 1 Limette

Das Öl in einem großen Topf oder Bräter erhitzen und Zwiebeln, Bleichsellerie und Knoblauch hinzufügen. Etwa 5 Minuten sautieren, bis sie glasig sind. Kartoffeln, Hühnerbrühe und 250 ml Muschelflüssigkeit dazugeben und zugedeckt bei schwacher Hitze etwa 15 Minuten köcheln lassen, bis die Kartoffeln gar sind. Nach Geschmack salzen.

10 Minuten vor dem Servieren die Suppe zum Kochen bringen und die gehackten Muscheln hineingeben. Erneut zum Kochen bringen, dann gehackte Petersilie, restliches Olivenöl und Limettensaft hinzufügen. Sofort servieren.

Für 6 Personen

CALDO DE POLLO
Hühnersuppe

Diese einfache, aber nahrhafte Suppe wird in ganz Mexiko gegessen und häufig als Hauptgang serviert. Man kann sie mit verschiedenen Gemüsen zubereiten, doch immer werden Limetten, gehackte Zwiebeln und grüne Chilischoten dazugereicht. Da in der mexikanischen Küche sehr viel Hühnerbrühe verwendet wird, sollte man stets einen größeren Vorrat im Gefriergerät bereithalten. Man kann die Brühe auch in Eiswürfelbereitern einfrieren und dann in Gefrierbeuteln lagern. Der Fond kann auch mit Hühnerklein – etwa Karkassen und Hälsen – zubereitet werden.

HÜHNERBRÜHE

1 Huhn (etwa 1,5 kg), in Portionsstücke geteilt
2,5 l Wasser
1 ganze Möhre
4 Knoblauchzehen
1 EL Salz
6 schwarze Pfefferkörner
1 kleiner Stengel Petersilie
1 Zwiebel, geviertelt

SUPPE

60 g Kichererbsen, gegart oder Kichererbsen aus der Dose
1 *chayote*-Kürbis, geschält und geviertelt
1 große Kartoffel, geschält und in Stücke geschnitten
2 Maiskolben, in je drei Stücke geschnitten
2 Möhren, in dicke Scheiben geschnitten
100 g Weißkohl, in Streifen geschnitten
2 Stengel *cilantro*
1 Stengel Minze
60 g Reis, gegart (nach Belieben)
3 Limetten, in Scheiben geschnitten
4 *chiles serranos,* Samen und Scheidewände entfernt, gehackt
125 g Zwiebeln, gehackt

Zur Zubereitung der Brühe Huhn und Innereien waschen und in einen großen Topf oder Bräter legen. Wasser, Möhre, Knoblauch, Salz, Pfefferkörner, Petersilie und Zwiebelviertel hinzufügen. Den Topfinhalt zum Kochen bringen, abschäumen und den Deckel auflegen. Dann alles zugedeckt bei mittlerer Hitze 1 Stunde garen. Abkühlen lassen, das Huhn herausnehmen und die Brühe entfetten.

Wenn diese Hühnersuppe zubereitet werden soll, nach halber Garzeit der Brühe die Kichererbsen dazugeben. Nach weiteren 30 Minuten Petersilie, Zwiebeln und ganze Möhren herausnehmen und wegwerfen. *Chayote,* Kartoffel, Mais, Möhren, Kohl, *cilantro* und Minze hinzufügen. Zugedeckt bei mittlerer Hitze etwa 30 Minuten garen, bis das Gemüse weich ist.

Zum Servieren in jede Suppenschale ein Stück Huhn, etwas Gemüse und, falls gewünscht, Reis geben und die heiße Brühe darübergießen. Limettenscheiben, gehackte Chillies und gehackte Zwiebeln getrennt reichen.

Für 6 bis 8 Personen

VERACRUZ

CALDO DE PESCADO
Fischsuppe

Abwandlungen dieser Suppe, die stets mit festfleischigem Fisch wie Rotem Schnapper oder Seebarsch zubereitet werden, sind typische Gerichte der Küste. Am bekanntesten ist der »caldo largo« (verschwenderische Suppe) aus dem Flußhafen Alvarado in Veracruz. Zwar ist Alvarado vor allem wegen der rauhen Sprache der einheimischen Frauen bekannt, doch sind auch »caldo largo« und kleine Fischbackwaren sehr berühmt. Sie werden an die Wartenden verkauft, die die gebührenpflichtige Brücke der Stadt überqueren wollen.

3 EL Öl
1 Zwiebel, grobgehackt
3 Knoblauchzehen
1 Stange Bleichsellerie mit Blättern, gehackt
1 kg fleischige Köpfe und Gräten von Fischen mit festem Fleisch wie Seebarsch, Heilbutt oder Roter Schnapper, in Stücke geschnitten
2,5–3 l kaltes Wasser
1 kleiner Stengel *cilantro*
2 Lorbeerblätter
Salz
1 *chile guajillo,* geröstet (s. Glossar), Samen und Scheidewände entfernt
3 Tomaten, gehackt
1 Stengel *epazote*
250 g Kartoffeln, geschält und gewürfelt
250 g Möhren, geschält und gewürfelt
2 TL getrockneter Oregano
6 Fischfilets (je etwa 100 g)
6 eingelegte *chiles serranos* oder *chiles jalapeños* (nach Belieben)

In einem großen Topf 2 Eßlöffel Öl erhitzen. Zwiebeln, Knoblauch und Bleichsellerie hineingeben und bei mittlerer Temperatur 3 Minuten sautieren. Nun die Fischköpfe und Gräten hinzufügen und umrühren. Wasser, *cilantro,* Lorbeerblätter und Salz nach Geschmack dazugeben. Wenn die Mischung zum Kochen kommt, die Hitze reduzieren und den Topfinhalt zugedeckt 30 Minuten köcheln lassen.

Hühnersuppe (links) *und Muschelsuppe* (rechts)

Fischköpfe und Gräten herausnehmen und auf einen Teller legen. Etwas abkühlen lassen, dann das Fleisch von den Köpfen und Gräten lösen. Beiseite stellen.

Den Fischfond durch ein Sieb gießen und ebenfalls beiseite stellen. Den *chile guajillo* mit 5 Eßlöffeln Brühe im Mixer pürieren. Durch ein Sieb streichen und beiseite stellen.

In einem großen Topf 1 Eßlöffel Öl erhitzen und das Chilipüree darin sautieren. Die Tomaten hinzufügen und den Topfinhalt unter ständigem Rühren 4 Minuten weitergaren. Nun die restliche Fischbrühe und den *epazote* dazugeben. Wenn die Mischung zu kochen beginnt, Kartoffeln und Möhren hinzufügen. Die Hitze reduzieren und alles zugedeckt etwa 15 Minuten köcheln lassen, bis das Gemüse gar ist. Die Suppe mit Salz abschmecken. Oregano und Fischfilets dazugeben und bei mittlerer Temperatur etwa 10 Minuten garen, bis sich der Fisch leicht mit der Gabel zerblättern läßt. Von der Kochstelle nehmen und die zurückgestellten Fischstücke von Köpfen und Gräten hinzufügen.

Heiß servieren. In jede Suppenschale ein Fischfilet geben und Brühe mit den Gemüsen darübergeben. Falls gewünscht, mit einer eingelegten Chilischote garnieren (s. Abbildung S. 8–9).

Für 6 Personen

Cilantro-Suppe (links) *und Maispilzsuppe* (rechts)

MÉXICO, DISTRITO FEDERAL

SOPA DE CILANTRO
Cilantrosuppe

Obwohl Koriander ursprünglich nicht aus Mexiko stammt, ist er heute aus der dortigen Küche nicht mehr wegzudenken. Bei dieser Suppe handelt es sich um eine Neukreation von María Dolores Torres Yzábal.

500 g kleine Zucchini, in Stücke geschnitten
Öl zum Braten
4 Maismehl-Tortillas vom Vortag, in kleine Quadrate geschnitten
1,5 l Hühnerbrühe (S. 72)
45 g *cilantro*
60 g Butter
½ Zwiebel, feingehackt
2 EL Maisstärke
2 *chiles serranos* oder *chiles jalapeños*
Salz
125 ml dicke Sahne (s. Glossar) oder Crème fraîche (nach Belieben)
250 g *queso panela* oder frischer Mozzarella, gewürfelt
Chiles serranos oder *chiles jalapeños*, gehackt

Die Zucchini in einem Topf mit aufgelegtem Deckel in etwas Salzwasser etwa 20 Minuten garen, bis sie gar, aber noch knackig sind. Abtropfen lassen.

In der Zwischenzeit eine kleine Pfanne etwa 1 cm hoch mit Öl füllen und erhitzen. Die Tortillastücke darin portionsweise etwa 3 Minuten braten, bis sie goldbraun sind – dabei mindestens einmal wenden. Dann die Tortillastücke mit einem Schaumlöffel aus dem Öl heben und auf Küchenkrepp abtropfen lassen. (Frische Tortillas zunächst im Backofen bei 120 °C [Gas niedrigste Stufe] 1 Stunde trocknen lassen.)

Zucchini mit der Hühnerbrühe im Mixer vollkommen glattpürieren. Den *cilantro* hinzufügen und nach eigenem Belieben grob oder fein zerkleinern.

Die Butter in einem großen Topf zerlassen. Die Zwiebeln darin sautieren, bis sie glasig sind. Das Püree, die mit etwas kaltem Wasser angerührte Maisstärke, ganze Chillies und eventuell noch Salz hinzufügen. Mit aufgelegtem Deckel bei schwacher Hitze 10 Minuten köcheln lassen.

Sofern gewünscht, die Sahne unterrühren und die Suppe erhitzen. Gebratene Tortillastücke, Käse und gehackte Chilischoten in getrennten Schüsseln dazu reichen, so daß sie nach Belieben der Suppe hinzugefügt werden können.

Für 6 Personen

MÉXICO, DISTRITO FEDERAL

SOPA DE CUITLACOCHE
Maispilzsuppe

Diese mit »cuitlacoche« (Maispilz) schwarz gefärbte außergewöhnliche Suppe servierte Feodora de Rosenzweig Díaz Botschaftern und Staatsoberhäuptern bei Empfängen des Staatssekretärs im Außenministerium. In Mexiko ist der Maispilz hoch geschätzt, in anderen Ländern wird er von den Bauern jedoch vernichtet, so daß dort kaum Gelegenheit besteht, diesen köstlichen Pilz zu probieren. Importfirmen bieten aber sowohl Maispilz als auch Kürbisblüten in Dosen an.

350 g Maiskörner
300 g Kürbisblüten (nach Belieben)
2 EL Öl
125 g Zwiebeln, gehackt
3 EL feingehackter *epazote*
150 g frischer *cuitlacoche* oder 1 Dose *cuitlacoche* (220 g)
5 Tortillas vom Vortag
Öl zum Braten
2 l Hühnerbrühe (S. 72)
150 g *queso fresco* oder milder Feta, gewürfelt

Den Mais in einen Topf geben, mit Wasser bedecken und zugedeckt 10 Minuten köcheln lassen, nach dem Abtropfen beiseite stellen.

Stiele und Stempel der Kürbisblüten entfernen. Die Blüten grobhacken und beiseite stellen.

Das Öl in einem großen Topf erhitzen. Die Zwiebeln hinzufügen und sautieren, bis sie glasig sind. Den *epazote* dazugeben und 2 Minuten sautieren. Kürbisblüten, *cuitlacoche* und Mais hinzufügen. Den Topfinhalt bei niedriger Temperatur 5 Minuten garen, dann beiseite stellen.

Die Tortillas halbieren und anschließend in 1,5 cm breite Streifen schneiden. Eine kleine schwere Pfanne etwa 1 cm hoch mit Öl füllen und erhitzen.

Die Tortillastreifen darin portionsweise etwa 3 Minuten braten, bis sie goldbraun sind – zwischendurch mindestens einmal wenden, dann mit einem Schaumlöffel aus dem Öl heben und auf Küchenkrepp abtropfen lassen. (Falls frische Tortillas verwendet werden, diese zunächst im Backofen bei 120 °C [Gas niedrigste Stufe] 1 Stunde trocknen lassen.)

5 Minuten vor dem Servieren die Hühnerbrühe erhitzen und zu der *cuitlacoche*-Mischung hinzufügen. Die Suppe 3 Minuten durchrühren.

In jede Suppentasse einige Käsewürfel geben. Die heiße Suppe darübergeben und, mit Tortillastreifen garniert, sofort servieren. Falls vorhanden, auf jede Portion eine kleine Kürbisblüte setzen.

Für 6 Personen

SONORA

SOPA DE QUESO
Käsesuppe

In einigen Gegenden Sonoras wird diese für die Region typische Suppe mit Kartoffeln zubereitet. Falls »queso chihuahua« nicht erhältlich ist, kann man statt dessen mittelscharfen Cheddar verwenden.

1 *chile poblano*
1 grüne Paprikaschote
45 g Butter
125 g Zwiebeln, gehackt
1,25 l Hühnerbrühe (S. 72)
2 EL Mehl
2 EL Maisstärke
30 ml Wasser
1 l ungezuckerte Kondensmilch
1 TL Salz
1 TL frisch gemahlener Pfeffer
125 g *queso chihuahua* oder mittelscharfer Cheddar, feingehackt
250 g Tomaten, gehackt

Stiele, Samen und Scheidewände von Chili und Paprikaschote entfernen. Die Schoten in kleine Würfel schneiden (sie sollten zusammen etwa 300 g ergeben).

In einer Pfanne 15 g Butter zerlassen. Die Zwiebeln hinzufügen und etwa 2 Minuten sautieren, bis sie glasig sind. Chili und Paprika dazugeben und 3 Minuten garen. Beiseite stellen.

Die Hühnerbrühe in einem großen Topf zum Kochen bringen. Mehl und Maisstärke mit dem Wasser vermischen und zur Brühe hinzufügen. Die Suppe sorgfältig (etwa 2 Minuten) durchrühren. Dann die Milch dazugeben und die Temperatur herunterschalten. Wenn der Topfinhalt zu kochen beginnt, Paprika und Chili dazugeben und bei schwacher Hitze 5 Minuten garen, salzen und pfeffern und noch einmal 2 Minuten garen. Die restliche Butter unterrühren und den Topf beiseite stellen.

Vor dem Servieren die Suppe erhitzen und je 2 Eßlöffel Käse und Tomate in jede Suppentasse geben.

Für 3 Personen

Käsesuppe

Zucchinisuppe

MICHOACÁN

MINGUICHI
Chili-Käse-Suppe

Für diese außergewöhnliche Suppe werden im Originalrezept Chillies und »queso cotija« verwendet, der hier durch »manchego« ersetzt wurde. Auch Munster eignet sich gut, wenngleich die Suppe durch ihn einen etwas anderen Geschmack erhält.

750 g Tomaten, geviertelt
1 EL Öl
½ EL Butter
125 g Zwiebeln, feingehackt
1 Knoblauchzehe, feingehackt
Körner von 5 jungen Maiskolben
1½ TL Salz
½ TL frisch gemahlener Pfeffer
750 ml Hühnerbrühe (S. 72)
2 *chiles poblanos*, geröstet (s. Glossar), enthäutet, Scheidewände entfernt und in Streifen geschnitten
250 ml Milch
150 g *queso manchego* oder junger Pecorino oder Munster, gewürfelt

Die Tomaten im Mixer pürieren, durch ein Sieb streichen und beiseite stellen.

Öl und Butter in einer schweren Pfanne erhitzen. Zwiebeln, Knoblauch und Mais hinzufügen und 5 Minuten sautieren.

Tomatenpüree, Salz und Pfeffer dazugeben und den Pfanneninhalt 5 Minuten köcheln lassen. Den Fond hineinrühren und 10 Minuten leise kochen lassen. Die Chilistreifen hinzufügen und weitere 5 Minuten garen. Dann die Milch dazugießen und die Suppe noch einmal 5 Minuten köcheln lassen.

Vor dem Servieren den Käse auf 6 Suppentassen verteilen. Die heiße Suppe darübergeben und servieren.

Für 6 Personen

GUERRERO

SOPA DE CALABACITA CON AVENA
Zucchinisuppe mit Haferflocken

Dieses Rezept stammt von Adelfa Silva, die aus Oaxaca stammt und in Acapulco zwei Jahrzehnte lang für mexikanische und internationale Prominenz gekocht hat. Zucchini und Haferflocken sind hier zu einer dicken Suppe kombiniert worden.

30 g Butter
1 EL Zwiebeln, feingehackt
600 g kleine Zucchini, gehackt
60 g Kleinblatt-Haferflocken
1,5 l Milch
Salz
Frisch gemahlener Pfeffer

Die Butter in einem großen Topf zerlassen. Die Zwiebeln darin etwa 2 Minuten sautieren, bis sie glasig sind. Zucchini hinzufügen und 4 Minuten sautieren. Die Haferflocken dazugeben und unter Rühren 2 Minuten garen. Nach und nach die Milch hinzufügen, dabei ständig rühren. Nach Geschmack salzen und pfeffern. Die Suppe zugedeckt bei schwacher Hitze etwa 10 Minuten garen, bis die Zucchini weich sind.

Für 6 Personen

GUERRERO

SOPA DE CALABACITAS
Zucchinisuppe

Zucchini werden in Mexiko gern für Cremesuppen verwendet. Diese Zucchinisuppe kann man in kleinen, runden Kürbissen servieren.

1,5 kg Zucchini, in Stücke geschnitten
1 l Milch
500 ml Hühnerbrühe (S. 72)
45 g Butter
1 EL Zwiebeln, feingehackt
1½ TL Salz
½ TL frisch gemahlener Pfeffer
6 Eichelkürbisse oder andere kleine, runde Kürbisse (nach Belieben)

Die Zucchini in einem Topf mit aufgelegtem Deckel in wenig Wasser etwa 20 Minuten garen, bis sie weich sind, aber noch Biß haben. Abtropfen lassen.

Die Zucchini mit Milch und Brühe im Mixer pürieren. Die Butter in einem großen Topf zerlassen und die Zwiebeln darin sautieren, bis sie glasig sind. Pürierte Zucchini sowie Salz und Pfeffer hinzufügen. Die Suppe zugedeckt bei schwacher Hitze 5 Minuten köcheln lassen.

Sofern verwendet, von den Kürbissen Deckel abschneiden und das Fruchtfleisch herauslösen. Die Suppe in den Schalen servieren.

Für 6 Personen

Rechte Seite: *Zucchinisuppe mit Haferflocken* (oben) *und Chili-Käse-Suppe* (unten)

VALLE DE

Melonensuppe (links) *und Avocadocremesuppe* (rechts)

MICHOACÁN

Crema de Aguacate
Avocadocremesuppe

Der wunderschöne immergrüne Avocadobaum ist in Mexiko zu Hause, und seine Früchte werden von den Einheimischen seit langem geschätzt. Auch die Spanier fanden bald Geschmack am butterweichen, aromatischen Fruchtfleisch der Avocado; sie ist länglich und hat eine narbige, ledrige Haut von dunkelvioletter bis fast schwarzer Farbe. Die beliebte Sorte »Hass« kam ursprünglich aus Atlixco im Bundesstaat Puebla. Diese Suppe stammt aus der Stadt Uruapan im heißen Michoacán.

3 Avocados, entkernt und geschält
1 EL Limettensaft
1,75 l Hühnerbrühe (S. 72)
1 EL gehackter *cilantro*
1 TL Salz
Frisch gemahlener Pfeffer
125 ml dicke Sahne (s. Glossar) oder Crème fraîche

Die Avocados mit Limettensaft, Hühnerbrühe, *cilantro*, Salz und Pfeffer im Mixer glattpürieren. Wenn die Suppe zu dick ist, noch 250 ml Brühe hinzufügen. Abgedeckt im Kühlschrank kalt stellen.

Kurz vor dem Servieren die Sahne hineinrühren und die Suppe abschmecken. Falls gewünscht, mit gehacktem *cilantro* bestreuen.

Für 6 Personen

MICHOACÁN

Sopa de Melón
Melonensuppe

Eine gekühlte Obstsuppe als Auftakt einer Mahlzeit ist eine unkonventionelle, aber großartige Ouvertüre zu einem kräftig gewürzten Hauptgang wie etwa »pollo en pipián verde« (S. 116). Die verwendeten Melonen sollten sehr reif sein.

3 Kantalupe- oder andere Zuckermelonen
2 EL Honig
60 ml frischer Zitronensaft
125 ml frischer Orangensaft
60 ml Portwein

Die Melonen halbieren und die Kerne entfernen. Das Fruchtfleisch herauslösen, aber darauf achten, daß die Schale dabei nicht beschädigt wird. Die sechs Schalenhälften beiseite stellen.

Das Melonenfleisch grobhacken und mit Honig, Zitronensaft, Orangensaft und Portwein im Mixer pürieren.

Vor dem Servieren gut kühlen. Die Melonenschalen als Suppentassen verwenden.

Für 6 Personen

HIDALGO

Sopa de Nuez con Chipotle
Pekansuppe mit Chillies

Die Pekannuß wird im großen Maßstab an den Hängen der Sierra Madre in Nordmexiko und in begrenzten Mengen auch im Südosten Mexikos kultiviert. Pekannüsse werden hauptsächlich für Desserts verwendet, dieses Rezept von María Dolores Torres Yzábal bildet jedoch eine köstliche Ausnahme.

30 g Butter
2 EL geriebene Zwiebeln
1 Knoblauchzehe, zerdrückt
2–4 EL Tomatenmark
250 g Pekannußkerne
2 l Hühnerbrühe (S. 72)
1 kleine Dose eingelegte *chiles chipotles*
Salz

Die Butter in einem großen Topf zerlassen. Die Zwiebeln darin bei mittelschwacher Hitze sautieren, bis sie glasig sind. Den Knoblauch hinzufügen und sautieren, aber nicht bräunen. Das Tomatenmark dazugeben und gut verrühren. Beiseite stellen.

Die Pekannüsse mit der Hühnerbrühe und 1 Eßlöffel der Chili-Lake in den Mixer geben und pürieren. Zu der Tomatenmischung hinzufügen, dabei rühren, damit nichts ansetzt. Nach Geschmack salzen. Die Suppe bei mittlerer Temperatur erhitzen, bis sie leise kocht, dann zugedeckt 5 Minuten garen.

Auf Suppenschalen verteilen und mit Nußhälften oder blütenartig arrangierten Chilistreifen garnieren.

Für 6 Personen

TLAXCALA

Sopa de Flor de Calabaza
Kürbisblütensuppe

Kürbisblüten bekommt man auf mexikanischen Märkten vor allem während der Regenzeit von Juni bis Oktober. Auch bei uns werden sie mittlerweile während der Saison frisch angeboten; man kann auch Dosenware verwenden, die in Spezialitätengeschäften erhältlich ist. Kürbisblüten sind sehr empfindlich und nur kurze Zeit haltbar. Deshalb sollte man sie möglichst rasch verbrauchen.

1 kg Kürbis- oder Zucchiniblüten
140 g Butter
3 Frühlingszwiebeln, in dünne Ringe geschnitten
6 Knoblauchzehen, in dünne Scheiben geschnitten
6 *chiles serranos,* in dünne Ringe geschnitten
Majoran
Thymian
Estragon
1 EL Petersilie, gehackt
Salz
Frisch gemahlener Pfeffer
2 l Hühnerbrühe (S. 72)
2 kleine Hühnerbrustfilets (zusammen etwa 250 g), in 1 cm große Würfel geschnitten
3 große Champignons, in Scheiben geschnitten
500 ml dicke Sahne (s. Glossar) oder Crème fraîche

Stiele und Stempel der Blüten entfernen. Die Blüten behutsam waschen, überschüssiges Wasser abschütteln. Grobhacken und beiseite stellen.

In einer großen Pfanne 4 Eßlöffel Butter zerlassen. Frühlingszwiebeln, Knoblauch und Chillies hinzufügen und leicht sautieren. Die Kürbisblüten dazugeben und 2 Minuten rühren. Majoran, Thymian, Estragon und Petersilie hinzufügen. Den Pfanneninhalt salzen und pfeffern und zugedeckt 3 Minuten garen.

Die Hühnerbrühe in einem großen Topf erhitzen und die Blütenmischung dazugeben. Mit aufgelegtem Deckel bei schwacher Hitze 5 Minuten garen. Beiseite stellen.

In der Zwischenzeit 3 Eßlöffel Butter in eine Pfanne geben und das Hühnerfleisch bei mittlerer Temperatur goldbraun braten. Beiseite stellen.

In der restlichen Butter die Champignons sautieren.

Hühnerfleisch und Champignons in die heiße Suppe geben. Abschmecken und die Sahne hineinrühren. Sehr heiß servieren (Abbildung S. 64–65).

Für 6 Personen

Pekansuppe mit Chillies

MÉXICO, DISTRITO FEDERAL

SOPA DE OSTIONES AL CHIPOTLE
Austernsuppe mit Chillies

Für diese Suppe aus der Küche des Restaurants Guadiana in Mexiko City werden Austern und geräucherter »chile chipotle« verwendet – eine äußerst ungewöhnliche Kombination.

3 EL Olivenöl
375 g Zwiebeln, feingehackt
4 Knoblauchzehen
100 g Bleichsellerie, gehackt
1,25 kg Tomaten, geröstet (s. Glossar), enthäutet und gehackt
1 TL Oregano, getrocknet
1 TL frisch gemahlener Pfeffer
½ TL Salz
Thymian, getrocknet
Majoran, getrocknet
2 Lorbeerblätter
2 Gläser Austern (je etwa 315 g), abgetropft, die Flüssigkeit aufbewahrt
1 EL Maggi oder Worcestershire-Sauce
1 TL Worcestershire-Sauce
2 EL Lake von eingelegten *chiles chipotles*
Bolillo (knuspriges Brötchen) oder Baguette, in Scheiben geschnitten und getoastet

Das Öl in einem großen Topf oder Bräter bei mittlerer Temperatur erhitzen. Die Zwiebeln darin etwa 4 Minuten sautieren, bis sie glasig sind. Knoblauch und Bleichsellerie hinzufügen und unter ständigem Rühren 2 Minuten garen. Tomaten dazugeben und alles bei starker Hitze 5 Minuten garen. Oregano, Pfeffer, Salz, Thymian, Majoran und Lorbeerblätter hinzufügen. Den Topfinhalt bei niedriger Temperatur weitere 40 Minuten garen. Je 250 ml Austernflüssigkeit und Wasser dazugeben. Alles noch einmal 10 Minuten garen.

Die Mischung durch ein Sieb gießen und die festen Bestandteile mit einem Holzlöffel ausdrücken, um möglichst viel Flüssigkeit zu erhalten. Die Suppe wieder in den Topf geben und Maggi, Worchestershire-Sauce und Chili-Lake hinzufügen. Abschmecken.

10 Minuten vor dem Servieren die Suppe bei mittlerer Temperatur erhitzen. Sobald sie kocht, die Austern dazugeben und 3–4 Minuten garen, bis sich die Ränder kräuseln. (Austern dürfen nicht zu lange garen, weil sie sonst zäh werden.) In *cazuelitas* oder kleinen Formen servieren und getoastetes Brot dazureichen.

Für 6 Personen

TAMAULIPAS

CHILPACHOLE DE JAIBA
Krebstopf

Diese nahrhafte, gut gewürzte Suppe wird mit den kleinen Blaukrabben, die im Golf von Mexiko vorkommen, zubereitet. Geeignet sind auch Blaukrabben von der amerikanischen Ostküste beziehungsweise zwei kleine bis mittelgroße Taschenkrebse oder große pazifische Schwimmkrabben. Sollten die Krebse nicht mehr leben, kann man dennoch aus den Panzern eine Suppe zubereiten. In Veracruz gibt es Abwandlungen dieser Suppe, die sich großer Beliebtheit erfreuen.

12 lebende kleine Krebse (je etwa 125 g)
3 l Wasser
1 Zwiebel, halbiert
4 Knoblauchzehen
3 TL Salz
1 Lorbeerblatt
500 g Tomaten
1 EL Öl
2 kleine Stengel *epazote*
2–3 eingelegte *chiles chipotles,* Samen entfernt und in Streifen geschnitten
3 Limetten, halbiert

Die Krebse in einem großen Sieb waschen, die Panzer mit einer Gemüsebürste schrubben.

Das Wasser mit ½ Zwiebel, 2 Knoblauchzehen, 1 Teelöffel Salz und Lorbeerblatt in einen großen Topf oder Bräter geben. Bei hoher Temperatur zum Kochen bringen. (Das Wasser muß sprudelnd kochen, um zu gewährleisten, daß die Tiere sofort getötet werden.) Die Krebse hineingeben und, wenn das Wasser wieder kocht, zugedeckt 5 Minuten kochen. Die Krebse herausnehmen und abkühlen lassen. Den Sud um etwa ½ l reduzieren und aufbewahren.

6 Krebse in der Mitte halbieren. Das Fleisch herauslösen und beiseite stellen. Den gelben Rogen, falls vorhanden, aufbewahren und später in die Suppe geben. Die Panzer wieder in den Topf geben und bei mittlerer Hitze zugedeckt 15 Minuten kochen. Die Brühe durch ein Sieb gießen und beiseite stellen.

In der Zwischenzeit bei den übrigen Krebsen obere Panzerplatte und Kiemen entfernen. Dann halbieren und beiseite stellen.

Verbliebene Zwiebelhälfte und Knoblauchzehen rösten (s. Glossar), auch die Tomaten rösten, bis ihre Haut vollkommen verkohlt ist (s. Glossar), dann enthäuten und mit Zwiebel und Knoblauch im Mixer pürieren.

Das Öl in einem großen Topf bei hoher Temperatur erhitzen. Das Tomatenpüree dazugeben. Wenn es zu kochen beginnt, den Deckel auflegen und die Hitze reduzieren. Das Püree 5 Minuten garen. Zurückgestellte Brühe, *epazote,* Chillies und restliches Salz hinzufügen. Den Topfinhalt wieder zum Kochen bringen und die Temperatur herunterschalten. Zugedeckt 15 Minuten garen. Abschmecken, falls notwendig, noch 250 ml Wasser dazugeben.

Vor dem Servieren zurückgestelltes Krebsfleisch (mit dem Rogen) und die 6 halbierten Krebse hinzufügen. Den Eintopf noch 3 Minuten köcheln lassen. Mit Limettenhälften servieren.

Für 6 Personen

PUEBLA

CLEMOLE CON SALSA DE RABANOS
Gemüsesuppe mit Rettichsauce

Auch dies ist ein einfacher, nahrhafter »mole de olla« – eine komplette, schmackhafte Mahlzeit, die gewöhnlich in einem großen Topf gegart wird. Das Besondere an dieser Version ist die würzige Rettichsauce.

SUPPE

750 g mageres Schweinefleisch ohne Knochen, in Würfel geschnitten
½ Zwiebel
3 Knoblauchzehen
2,5 l Wasser
1 EL Salz
750 g *tomatillos,* Hüllen entfernt
4 EL gehackter *cilantro*
3 *chiles serranos*
3 Maiskolben, in je 3 Stücke geschnitten
250 g kleine Zucchini, in 1 cm dicke Scheiben geschnitten
250 g junge grüne Bohnen, geputzt und halbiert

SAUCE

250 ml Wasser
1 EL Salz

Krebstopf (links), *Austernsuppe mit Chillies* (unten) *und Gemüsesuppe mit Rettichsauce* (rechts)

1 EL Essig
4 *chiles poblanos,* geröstet (s. Glossar), enthäutet, Scheidewände entfernt und in Streifen geschnitten
6 Rettiche, feingehackt
125 g Zwiebeln, feingehackt
180 ml Orangensaft
125 ml Limettensaft

Schweinefleisch, Zwiebeln, Knoblauch, Wasser und Salz in einen großen Topf oder Bräter geben. Den Topfinhalt zum Kochen bringen und abschäumen.

Die Hitze reduzieren und mit aufgelegtem Deckel etwa 45 Minuten köcheln lassen, bis das Fleisch gar ist. Abschmecken und beiseite stellen.

Tomatillos, cilantro und Chillies im Mixer pürieren.

Die Mischung beiseite stellen. Für die Sauce Wasser, Salz und Essig in einer Schüssel vermischen. Die Chillies in die Mischung geben und 30 Minuten quellen lassen, dann herausnehmen und abtropfen lassen. Mit Rettichen, Zwiebeln, Orangensaft und Limettensaft vermischen.

20 Minuten vor dem Servieren die Brühe mit den Fleischwürfeln wieder zum Kochen bringen. Mais, Zucchini und grüne Bohnen hinzufügen und die Gemüse 10–15 Minuten in der Brühe köcheln lassen, bis sie gar sind. Nun die Suppe erneut zum Kochen bringen, das *tomatillo*-Püree dazugeben und umrühren. Den Topf von der Kochstelle nehmen.

Die Sauce getrennt dazu reichen. Sie wird bei Tisch in die heiße Suppe gegeben.

Für 6 Personen

YUCATÁN

SOPA DE LIMA
Limettensuppe

Diese herrlich duftende Suppe wird mit den bitteren Limetten zubereitet, die auf der Halbinsel Yucatán üppig gedeihen und stark der Keylimone Floridas ähneln. Falls diese beiden Sorten nicht erhältlich sind, können als Ersatz persische Limetten verwendet werden.

4 große Hühnerbrustfilets (zusammen etwa 750 g)
2,5 l Wasser
3 Knoblauchzehen
½ Zwiebel
3 kleine Stengel *cilantro*
1 EL Salz
½ TL Kreuzkümmelpulver
1 Stück Zimtstange (etwa 2,5 cm)
1 Nelke
1 TL getrockneter Oregano
1 TL Öl
125 g rote Zwiebeln, gehackt
125 g grüne Paprikaschote, feingehackt
500 g Tomaten, enthäutet und gehackt
6 Keylimonen, 3 in Scheiben geschnitten, 3 halbiert (Ersatz s. oben)
4 Hühnerlebern, in Streifen geschnitten
1 Avocado, geschält, entkernt und in Scheiben geschnitten
Tortillastreifen, gebraten (nach Belieben)

Hühnerfleisch, Wasser, Knoblauch, Zwiebeln, *cilantro* und Salz in einen großen Topf oder Bräter geben. Zum Kochen bringen und zugedeckt bei schwacher Hitze etwa 35–40 Minuten garen, bis das Fleisch weich ist. Die Brühe durch ein Sieb gießen und aufbewahren. Das Hühnerfleisch in dünne Streifen schneiden und beiseite stellen.

Kreuzkümmel, Zimtstange, Nelke und Oregano in einer kleinen Pfanne rösten, dann mit 125 ml von der zurückgestellten Brühe im Mixer pürieren.

Das Öl in einer Pfanne erhitzen und die Zwiebeln darin etwa 2 Minuten sautieren, bis sie glasig sind. Paprika hinzufügen und 2 Minuten sautieren, dann die Tomaten dazugeben. Bei mittlerer Hitze unter ständigem Rühren 7 Minuten garen. Restliche Brühe und pürierte Gewürze hinzufügen. Wenn die Brühe zum Kochen kommt, 2 der in Scheiben geschnittenen Limetten, Hühnerbruststreifen und Hühnerlebern dazugeben. Zugedeckt bei mittlerer Temperatur 10 Minuten garen. Die Suppe abschmecken.

Zum Servieren eine Limettenscheibe in jede Suppentasse legen und die heiße Suppe darübergeben. Limettenhälften und Avocadoscheiben auf einem kleinen Teller dazureichen. Falls gewünscht, mit einigen gebratenen Tortillastreifen (s. Rezept für *sopa de cuitlacoche,* S. 75) garnieren.

Für 6 Personen

MÉXICO, DISTRITO FEDERAL

CALDO TLALPEÑO
Tlalpeño-Suppe

Diese Suppe kommt aus dem alten Tlalpan, einst ein Gebiet mit wunderschönen »haciendas« (Gutshöfen), aus dem heute ein geschäftiger Vorort von Mexiko City geworden ist. Wie bei vielen mexikanischen Gerichten bringt auch hier ein Spritzer Limettensaft das Aroma erst richtig zur Entfaltung.

Linke Seite: *Limettensuppe*

1 große Hühnerbrust (etwa 350 g, mit Knochen)
1,5 l Hühnerbrühe (S. 72)
250 g Kichererbsen, gegart oder Kichererbsen aus der Dose
2 Knoblauchzehen
1 EL Öl
150 g Möhren, gehackt
125 g Zwiebeln, gehackt
2 eingelegte *chiles chipotles,* Samen entfernt und in Streifen geschnitten
1 kleiner Stengel *epazote*
Salz
1 Avocado, geschält, entkernt und gewürfelt
2 EL gehackter *cilantro* (nach Belieben)
Limettenscheiben
1 reife Tomate, gehackt
2 *chiles serranos,* feingehackt
1 Tasse gegarter Reis

Hühnerbrust, Hühnerfond, Kichererbsen und Knoblauch in einen großen Topf geben und zugedeckt bei mittlerer Hitze etwa 20 Minuten garen, bis das Fleisch weich ist. Auf einen Teller legen und etwas abkühlen lassen. Dann das Fleisch von den Knochen lösen, in feine Streifen schneiden und beiseite stellen.

Das Öl in einer Pfanne erhitzen. Möhren und Zwiebeln darin 3 Minuten sautieren und zusammen mit Chillies und *epazote* in die Brühe geben. Nach Geschmack salzen. Die Zutaten zugedeckt bei niedriger Temperatur 30 Minuten garen. Die Suppe abschmecken.

In jede Suppentasse einige Avocadowürfel und Hühnerfleischstreifen geben. Die heiße Suppe darübergeben und, falls gewünscht, *cilantro* darüberstreuen. Tomaten, Chillies und Reis in kleinen Schüsseln dazureichen, so daß sich jeder nach Belieben bedienen kann.

Für 6 bis 8 Personen

Tlalpeño-Suppe

Mangoldsuppe (oben) *und Knoblauchsuppe* (unten)

MÉXICO, DISTRITO FEDERAL

SOPA DE ACELGAS
Mangoldsuppe

Mongold ist ein beliebtes, vielseitiges Gemüse, das in Mexiko das ganze Jahr hindurch angeboten wird. Diese Suppe kann aber auch mit anderem Grüngemüse, wie etwa Spinat, zubereitet werden. Sie schmeckt dann anders, aber nicht weniger köstlich.

300 g Mangold, gewaschen und grobgehackt
3 Eier, verquirlt
2 Tomaten
2 Knoblauchzehen
1 EL Öl
60 g Zwiebeln, feingehackt
1,5 l Hühnerbrühe (S. 72)
Salz
Frisch gemahlener Pfeffer

In einer großen Schüssel Mangold und verquirlte Eier vermischen, dann beiseite stellen.

Tomaten und Knoblauch im Mixer pürieren. Durch ein Sieb streichen und beiseite stellen.

Das Öl in einem großen Topf erhitzen und die Zwiebeln darin sautieren, bis sie glasig sind, dann den Mangold hinzufügen. Unter ständigem Rühren garen, bis das Ei gestockt ist und der Mangold sich etwas verfärbt hat. Das Tomatenpüree dazugeben und 5 Minuten garen, dann die Brühe zugießen. Wenn die Suppe zum Kochen kommt, die Temperatur herunterschalten. 15 Minuten zugedeckt garen. Salzen und pfeffern und noch einmal 5 Minuten garen.

Für 6 Personen

GUANAJUATO

SOPA DE AJO
Knoblauchsuppe

Diese traditionelle spanische Suppe fand auch in der Neuen Welt rasch viele Freunde. Die hier vorgestellte Version stammt aus der Stadt Guanajuato, wo sie erstmals im 17. Jahrhundert dem Grafen von Valenciana, dem Besitzer der größten Silbermine der Welt, serviert wurde.

2 EL Olivenöl
100 g Knoblauch, die Zehen getrennt (etwa 30 Stück)
60 ml Wasser
100 g Semmelbrösel
1,5 l Hühnerbrühe (S. 72)
2 Eier

Das Öl in einem großen Topf bei mittlerer Temperatur erhitzen. Den Knoblauch hinzufügen und unter ständigem Rühren etwa 8 Minuten sautieren, bis er goldbraun ist. In den Mixer geben, das Öl aufbewahren. Den Knoblauch mit dem Wasser pürieren und beiseite stellen.

Die Semmelbrösel in dem zurückgestellten Öl bräunen. Hühnerfond und pürierten Knoblauch hinzufügen und die Zutaten mit aufgelegtem Deckel 15 Minuten köcheln lassen.

Die Eier in einer kleinen Schüssel verquirlen. Langsam in die schwach siedende Suppe einlaufen lassen, dabei ununterbrochen mit einer Gabel rühren. Die Suppe noch 3 Minuten garen, dann servieren.

Für 6 Personen

OAXACA

LENTEJAS CON FRUTA
Linsen mit Früchten

Linsen haben in den Küchen der Alten Welt lange Zeit eine wichtige Rolle gespielt, heutige Köche behandeln sie aber etwas stiefmütterlich. In diesem Rezept werden sie mit geräuchertem Schweinefleisch und süßen Früchten kombiniert.

400 g getrocknete Linsen
2 l Wasser
250 g Speck, gehackt
250 g *longaniza, chorizo* oder andere pikant gewürzte Wurst, den Darm entfernt, in Stücke geschnitten
250 g Zwiebeln, gehackt
2 Knoblauchzehen, zerdrückt
2 Scheiben frische Ananas, gehackt
1 Kochbanane oder große, feste Obstbananen (etwa 350 g), geschält und in Scheiben geschnitten
1 TL Salz
½ TL frisch gemahlener Pfeffer
6 kleine Frühlingszwiebeln
2 EL Öl
4 Scheiben Kasseler
500 g Blutwurst, in Stücke geschnitten (nach Belieben)

Linsen und Wasser in einen großen Topf geben und zum Kochen bringen, dann die Temperatur herunterschalten. Die Linsen zugedeckt 45 Minuten köcheln lassen. Falls notwendig, noch heißes Wasser hinzufügen. Die Linsen abtropfen lassen und die Garflüssigkeit aufbewahren.

In einem großen Topf den Speck bei mittlerer Hitze 2 Minuten sautieren. Die Wurst hinzufügen und 3 Minuten mit aufgelegtem

Deckel garen. Zwiebeln und Knoblauch dazugeben und 3 Minuten sautieren.

Linsen, Ananas, Kochbanane, Salz und Pfeffer hinzufügen. Den Topfinhalt zugedeckt bei schwacher Hitze weitere 10 Minuten garen. 500 ml Linsengarwasser und Frühlingszwiebeln dazugeben. Den Deckel auflegen. Alles bei niedriger Temperatur noch einmal 30 Minuten garen.

In der Zwischenzeit das Öl in einer Pfanne erhitzen, Kasseler hinzufügen, auf jeder Seite 3 Minuten braten und auf einen Teller legen. Die Blutwurst im gleichen Öl 2 Minuten braten. Zum Schluß Kasseler und Blutwurst in den Topf mit den Linsen geben und alles mit aufgelegtem Deckel weitere 5 Minuten garen oder bis das Fleisch und die Blutwurst heiß sind.

Anmerkung: Dieses Gericht sollte nicht die Konsistenz einer Suppe, sondern eines Eintopfs haben. Wer dies nicht mag, fügt noch 250 ml Wasser hinzu.

Für 6 bis 8 Personen

Linsen mit Früchten

Suppe von Schwarzen Bohnen

ESTADO DE MÉXICO

SOPA DE FRIJOL
Suppe von schwarzen Bohnen

Mit den allgegenwärtigen schwarzen Bohnen kann eine sättigende und herzerquickende Suppe zubereitet werden. Da es für »epazote« keinen Ersatz gibt, muß man notfalls ganz auf ihn verzichten, doch hat das Gericht dann nicht sein einzigartiges Aroma.

750 ml *frijoles de la olla* (S. 208)
500–700 ml Wasser
4 Scheiben Speck, gehackt
75 g Zwiebeln, feingehackt
1 kleiner Stengel *epazote*
1 EL getrockneter Oregano
Salz
Öl zum Braten
4 Tortillas vom Vortag, in schmale Streifen geschnitten
6 EL dicke Sahne (s. Glossar) oder Crème fraîche
6 Limettenscheiben

Die *frijoles de la olla* mit 500 ml Wasser im Mixer pürieren.

Den Speck in einem großen Topf ohne Öl bräunen. Wenn das Fett ausgebraten ist, den Speck herausnehmen und beiseite stellen. Die Zwiebeln in dem ausgelassenen Fett sautieren, bis sie glasig sind, dann das Bohnenpüree hinzufügen. Unter ständigem Rühren garen, bis die Mischung zum Kochen kommt. Die Hitze reduzieren. *Epazote*, Oregano und Salz nach Geschmack hinzufügen. Den Topfinhalt zugedeckt weitere 10 Minuten garen. Falls die Suppe zu dick ist, noch 200 ml Wasser hinzufügen.

Eine kleine Pfanne etwa 1 cm hoch mit Öl füllen und sehr heiß werden lassen. Die Tortillastreifen darin portionsweise etwa 3 Minuten braten, bis sie goldbraun sind – dabei mindestens einmal drehen. Mit einem Schaumlöffel herausheben und auf Küchenkrepp abtropfen lassen. (Falls frische Tortillas verwendet werden, diese zunächst im 120 °C [Gas niedrigste Stufe] heißen Backofen eine Stunde trocknen lassen.)

Zum Servieren 1 Eßlöffel Sahne in jede Suppentasse geben und die Suppe darüberschöpfen. Mit Tortillastreifen, Speck und einer Limettenscheibe garniert servieren.

Für 6 Personen

SONORA

MENUDO
Kuttelsuppe

»Menudo« wird aus dem Netzmagen oder anderen schmackhaften Teilen des vitaminreichen Magengewebes des Rinds zubereitet, die man beim Metzger oft schon gesäubert, gewässert und vorgegart bekommt. Diesen einfachen »menudo« serviert man in den Staaten des Nordens mit »chile piquín«, gehackter Zwiebel und einem Spritzer Limettensaft.

In anderen Gegenden rührt man gemahlenen, getrockneten Chili in die Brühe oder läßt den »nixtamal«*-Mais weg. María Dolores Torres Yzábals außergewöhnliche Version eignet sich gut für einen Brunch, bei dem man sie zusammen mit frischen Früchten und »chilaquiles« (S. 44) oder »tamal de cazuela« (S. 87) servieren kann.*

1 kg zellige Kutteln, in 5 cm lange Streifen geschnitten
1 kg Rinder- oder Kalbshachse, in 3–4 Stücke geschnitten
3 l Wasser
Salz
1 ganze Knoblauchknolle, die Zehen herausgelöst
1 Zwiebel, geviertelt
750 g *nixtamal* (s. Glossar) aus der Dose, abgetropft
4 Stengel *cilantro*
Gemahlener *chile piquín*

Kutteln und Hachse mit Wasser, Salz, Knoblauch und Zwiebelviertel in einen großen Topf oder Bräter geben. Zugedeckt bei mittlerer Hitze 2½–3 Stunden garen, dabei gelegentlich umrühren. Wenn die Hälfte des Wassers verkocht ist, heißes Wasser nachgießen, damit die Kutteln wieder bedeckt sind.

Das Fleisch von der Hachse lösen, in Streifen schneiden und wieder in den Topf geben. Die Knochen wegwerfen.

Zwiebeln und Knoblauch aus der Brühe nehmen. Mais und *cilantro* hinzufügen und zum Kochen bringen. Die Suppe mit Salz und *chile piquín* abschmecken.

In Suppentellern servieren. Über jede Portion etwas gemahlenen Chili streuen, den Rest getrennt dazu reichen.

Für 8 Personen

Kuttelsuppe

MÉXICO, DISTRITO FEDERAL

SOPA FRÍA DE CHILE POBLANO Y ALMENDRAS

Gekühlte Suppe von Chillies und Mandeln

Bei dieser ungewöhnlichen mexikanischen Version des »Gazpacho blanco« werden die einst aus Spanien eingeführten Mandeln mit dem mexikanischen »chile poblano« kombiniert. Das Rezept stammt von María Dolores Torres Yzábal, die in Mexico City arbeitet.

8 *chiles poblanos* (etwa 1 kg)
60 ml Olivenöl
3 Knoblauchzehen, zerdrückt
200 g Mandeln, enthäutet
1,25 l Hühnerbrühe (S. 72)
Kreuzkümmelpulver
Salz
Garnelen, gegart und ganz belassen oder gehackt (zum Garnieren [nach Belieben])

Die Chillies rösten (s. Glossar), enthäuten und Samen und Scheidewände entfernen. In der Küchenmaschine oder von Hand feinhakken, aber auf keinen Fall pürieren.

Das Öl in einem großen Topf oder Bräter erhitzen. Den Knoblauch hinzufügen und, bevor er braun wird, auch die Chillies. Bei mittlerer Hitze etwa 5 Minuten garen, dabei ständig rühren, damit die Chillies nicht am Topfboden ansetzen.

Die Mandeln mit der Hühnerbrühe im Mixer sehr fein mahlen. Die Mischung zu den Chillies hinzufügen. Kreuzkümmelpulver und Salz nach Geschmack dazugeben und alles bei schwacher Hitze 10 Minuten köcheln lassen. Von der Kochstelle nehmen.

Die Suppe in eine Servierschüssel füllen und im Kühlschrank vollkommen abkühlen lassen. Falls gewünscht, die gegarten Garnelen hinzufügen.

Für 6 Personen

Gekühlte Suppe von Chillies und Mandeln

Tamal-Pie

TLAXCALA

TAMAL DE CAZUELA

Tamal-Pie

Dieses außergewöhnliche Gericht von Margot Rosenzweig de Palazuelos eignet sich gut als einfaches Abendessen, zu dem man einen Salat, etwa aus »Chayote« (S. 205), oder »ensalada mixta con aderezo de aguacate« (S. 203) reicht.

300 g mageres Schweinefleisch ohne Knochen, in Stücke geschnitten
1,5 l kaltes Wasser
2 Knoblauchzehen
¼ Zwiebel
1 TL Salz
1,25 kg Maiskörner
100 g Butter, zerlassen
250 g Schweineschmalz, zerlassen
1½ TL Backpulver
50 g Mehl (nach Belieben)
500 ml Sauce von *crepas de mole* (S. 96)
Butter zum Einfetten der *cazuela*

Das Schweinefleisch in einem Topf mit Wasser, Knoblauch, Zwiebel und der Hälfte des Salzes bei mittlerer Hitze etwa 1 Stunde garen, bis es weich ist. Abtropfen lassen. Die Brühe aufbewahren, das Fleisch in Streifen schneiden.

Den Mais mit Butter, Schmalz, Backpulver und restlichem Salz im Mixer pürieren. Falls der Mais viel Wasser enthält und die Mischung sehr dünn wird, das Mehl dazugeben.

Die *mole* erhitzen und mit 125 ml der aufbewahrten Brühe verdünnen. Das in Streifen geschnittene Schweinefleisch dazugeben.

Den Backofen auf 200 °C (Gas Stufe 3–4) vorheizen. Eine große *cazuela* oder 30×40 cm große ofenfeste Form ausbuttern. Die Hälfte des Maispürees auf dem Boden verteilen. Mit der Fleischsauce bedecken und das restliche Maispüree daraufgeben. Darauf achten, daß das Fleisch vollkommen bedeckt ist.

Etwa 25–35 Minuten backen, dann mit einem Holzspieß die Garprobe machen: Man sticht ihn dazu in die Mitte des Kuchens, und beim Herausziehen darf kein Teig an ihm haften bleiben.

Für 6 Personen

Weißer Pozole (oben), *grüner Pozole* (Mitte) *und roter Pozole* (unten)

GUERRERO

Pozole
Suppe von Schweine- und Hühnerfleisch mit Nixtamal

Der ursprüngliche weiße »pozole« soll während des 18. Jahrhunderts in Chilapa, Guerrero kreiert worden sein, als dort ein bedeutender Prälat aus Puebla zu Besuch war. Angeblich hatten damals einheimische Köchinnen schon Tage im voraus enorme Mengen »nixtamal« (eingeweichte, getrocknete Maiskörner) vorbereitet, aber dann gab es nicht genug Helfer, um den Mais zu mahlen und Tortillas daraus herzustellen. In ihrer Verzweiflung gaben sie den Mais einfach zusammen mit Hühnerfleisch und Kräutern in Töpfe, und der beliebte »pozole« war geboren. In Jalisco und Michoacán ißt man »pozole rojo«, der seine rote Farbe durch Chillies erhält. »Chiles anchos« können hier durch »chiles guajillos« ersetzt oder mit ihnen kombiniert werden. Der grüne »pozole verde« hat einen ganz besonderen Geschmack und eine außergewöhnliche Konsistenz, die durch gemahlene Kürbiskerne, »tomatillos« und verschiedene Gemüse entstehen. Gewöhnlich werden alle Versionen mit Limettenspalten serviert.

1 Huhn (etwa 1,5 kg), zerlegt
½ Zwiebel
3 Knoblauchzehen
4 TL Salz
1 Stengel *cilantro*
Kaltes Wasser
1 kg mageres Schweinefleisch ohne Knochen
500 g Schweinshachse ohne Knochen
1 kg *nixtamal* (s. Glossar) aus der Dose, abgetropft
90 g getrockneter Oregano
250 g gehackte Zwiebeln
90 g gemahlener *chile piquín*
5 Limetten, halbiert

Das Huhn in einen großen Topf oder Bräter legen. Zwiebel, Knoblauch, 1 Teelöffel Salz und *cilantro* hinzufügen und die Zutaten mit 2,5 l Wasser bedecken. Das Wasser zum Kochen bringen und die Hühnerteile bei mittlerer Hitze etwa 20 Minuten köcheln lassen, bis sie weich sind. Auf einen Teller legen, Haut und Knochen entfernen und das Fleisch in Streifen schneiden. Die Brühe zurückstellen. Es sollten etwa 2 l vorhanden sein.

Das Schweinefleisch mit dem restlichen Salz in einen großen Topf geben und mit 3,5 l Wasser bedecken. Wenn das Wasser zum Kochen kommt, den Schaum abschöpfen und das Fleisch bei mittlerer Temperatur 1 Stunde garen. *Nixtamal* hinzufügen und 30 Minuten garen. Das Fleisch herausnehmen, in Streifen schneiden und wieder in den Topf geben.

Hühnerbrühe und Hühnerfleisch hinzufügen und abschmecken. Den Topfinhalt zugedeckt bei mittlerer Hitze noch einmal etwa 10 Minuten garen.

In kleinen Steingutschalen servieren. Oregano, gehackte Zwiebel, *chile piquín* und Limettenhälften getrennt dazureichen.

Für 12 Personen

Pozole Rojo
Roter Pozole

10–12 *chiles guajillos,* Samen und Scheidewände entfernt
125 ml Wasser
¼ Zwiebel
4 Knoblauchzehen
7 EL Öl
Zutaten für *pozole* s. Suppe von Schweine- und Hühnerfleisch mit *nixtamal* (links)

Die Chillies mit heißem Wasser bedecken und 20 Minuten quellen lassen. Nach dem Abtropfen mit Wasser, Zwiebel und Knoblauch im Mixer pürieren.

Das Öl in einer Pfanne bei hoher Temperatur erhitzen. Das Chilipüree hinzufügen und 5 Minuten sautieren. Die Hitze reduzieren und das Püree noch einmal 10 Minuten garen.

Zusammen mit dem in Streifen geschnittenen Hühner- und Schweinefleisch in den *pozole* geben.

Pozole Verde
Grüner Pozole

250 g rohe Kürbiskerne, geschält
3 *chiles serranos*
500 g *tomatillos,* Hüllen entfernt
2 Blätter Kopfsalat
3 kleine Radieschenblätter
¼ Zwiebel
125 ml Hühnerbrühe (S. 72)
2 EL Öl
1 TL Salz
Zutaten für *pozole* s. Suppe von Schweine- und Hühnerfleisch mit *nixtamal* (links)

Die Kürbiskerne in einer Pfanne rösten, bis sie zu platzen beginnen, aber darauf achten, daß sie nicht verbrennen. Im Mixer zu einer glatten Paste verarbeiten. Beiseite stellen.

In einem großen Topf das Wasser zum Kochen bringen. Die Chillies hinzufügen und 5 Minuten garen.

Die *tomatillos* dazugeben und 3 Minuten garen. Abtropfen lassen und beiseite stellen.

Tomatillos, Chillies, Kopfsalat, Radieschenblätter und Zwiebel mit der Hühnerbrühe im Mixer pürieren und beiseite stellen.

Das Öl in einem großen Bräter oder einer Pfanne erhitzen. Die Kürbiskernpaste hinzufügen und alles 3 Minuten unter ständigem Rühren sautieren. Die *Tomatillo*-Mischung dazugeben und 2 Minuten kochen lassen, dann salzen. Die Temperatur herunterschalten und den Topfinhalt unter ständigem Rühren 7 Minuten garen. Abschmecken.

Diese Mischung zusammen mit in Streifen geschnittenem Hühner- und Schweinefleisch in den *pozole* geben.

PUEBLA

MOLE DE OLLA
Mole-Suppe

Für diesen Eintopf stand das spanische Gericht »punchero« Pate. Mit »quesadillas« als Vorspeise ergibt er ein herzhaftes Abendessen. Man serviert ihn mit heißen Tortillas, feingehackten Zwiebeln und Limettenspalten.

1,5 kg mageres Rindfleisch ohne Knochen, in 4 cm große Würfel geschnitten
1 Rinderbeinscheibe mit Knochen (etwa 300 g)
Etwa 2 l kaltes Wasser
1 EL Salz
1 Stengel *epazote*
5 Knoblauchzehen
2 *chiles anchos*
2 *chiles pasillas*
3 Tomaten
½ Zwiebel
2 EL Öl
1 Chayote-Kürbis (etwa 300 g), geschält und in 6 Stücke geschnitten
2 Maiskolben, in je 3 Stücke geschnitten
500 g Zucchini, in Stücke geschnitten
125 g zarte grüne Bohnen

Das gesamte Rindfleisch in einen großen Topf oder Bräter geben und mit Wasser bedecken. Das Wasser zum Kochen bringen, dann Salz, *epazote* und 2 Knoblauchzehen hinzufügen. Mit aufgelegtem Deckel bei mittlerer Hitze 45 Minuten garen, dabei gelegentlich abschäumen.

In der Zwischenzeit die Chillies rösten (s. Glossar). Samen und Scheidewände entfernen, die Schoten in den Mixer geben.

Tomaten rösten und enthäuten (s. Glossar), dann mit ihrem Saft, der Zwiebelhälfte und den restlichen Knoblauchzehen in den Mixer geben und alles pürieren.

Das Öl bei hoher Temperatur in einer Pfanne erhitzen und das Püree darin bei mittlerer Temperatur unter ständigem Rühren 5 Minuten garen.

Das Püree in den Topf mit dem Fleisch geben. Abschmecken und, falls notwendig, noch Salz hinzufügen. Den Topfinhalt zugedeckt bei schwacher Hitze 30 Minuten garen.

Den Kürbis dazugeben und 10 Minuten garen, dann Mais, Zucchini und grüne Bohnen hinzufügen. Die Suppe zugedeckt noch einmal bei niedriger Temperatur 10 Minuten garen, bis das Gemüse weich ist. Sehr heiß servieren.

Für 8 bis 10 Personen

Mole-Suppe

VERACRUZ

ARROZ BLANCO CON PLATANOS FRITOS
Weißer Reis mit gebratenen Bananen

Dieses Gericht ist von der karibischen Küche beeinflußt. Reife Kochbananen verleihen ihm einen leicht süßlichen Geschmack; als Ersatz können große feste Obstbananen verwendet werden.

300 g weißer Langkornreis
Öl
½ Zwiebel, halbiert
1 Knoblauchzehe
1,25 l heißes Wasser
1 Stengel Petersilie
1 TL Salz
1 *chile serrano*
3 Kochbananen oder große feste Obstbananen

Den Reis 5 Minuten in warmem Wasser quellen lassen, dann gut waschen und abtropfen lassen.

Eine große Pfanne oder Kasserolle etwa 1 cm hoch mit Öl füllen und erhitzen. Reis, Zwiebel und Knoblauch hinzufügen und sautieren, bis der Reis glasig ist und nicht mehr zusammenklebt. Überschüssiges Öl abgießen. Heißes Wasser, Petersilie, Salz und Chillies dazugeben. Zum Kochen bringen und den Deckel auflegen. Den Topfinhalt bei schwacher Hitze etwa 25 Minuten garen, bis der Reis weich ist. In der Zwischenzeit die Bananen schälen und in 6 mm breite und 10 cm lange Stücke schneiden.

Eine Pfanne etwa 1 cm hoch mit Öl füllen und erhitzen. Die Bananenstücke darin braten, bis sie rundum goldbraun sind.

Den Reis mit den Bananen garniert servieren.

Für 6 Personen

OAXACA

ARROZ NEGRO
Schwarzer Reis

Für dieses Reisgericht wird übriggebliebene Garflüssigkeit von schwarzen Bohnen verwendet. Man kann, falls vorhanden, auch einige Bohnen hinzufügen.

Weißer Reis mit gebratenen Bananen (links), *schwarzer Reis* (rechts) *und grüner Reis mit Chilistreifen* (oben)

300 g weißer Langkornreis
2 Tomaten
1 EL gehackte Zwiebeln
1 Knoblauchzehe
125 ml Öl
750 ml Garflüssigkeit von *frijoles de la olla* (S. 208)
1 TL Salz
2 *chiles serranos*

Den Reis 5 Minuten in warmem Wasser quellen lassen, gut waschen und abtropfen lassen. Tomaten, Zwiebeln und Knoblauch im Mixer pürieren und durch ein Sieb streichen. Beiseite stellen.

Das Öl in einer schweren Pfanne erhitzen. Den Reis hinzufügen und unter ständigem Rühren etwa 5 Minuten sautieren, bis er glasig wird und nicht mehr zusammenklebt. Überschüssiges Öl abgießen.

Die Tomatenmischung in die Pfanne geben und bei mittlerer Hitze 3 Minuten durchrühren. Die Bohnengarflüssigkeit hinzufügen und, sobald sie kocht, auch Salz und Chillies. Den Deckel auflegen und den Pfanneninhalt bei niedriger Temperatur etwa 25 Minuten garen, bis keine Flüssigkeit mehr vorhanden und der Reis weich ist. Sollte er die Flüssigkeit aufgenommen haben, bevor er gar ist, noch einmal 250 ml heißes Wasser hinzufügen.

Für 6 Personen

MORELOS

ARROZ VERDE CON RAJAS
Grüner Reis mit Chilistreifen

Reis findet in der mexikanischen Küche häufig Verwendung. Dabei ißt man einfachen weißen Reis ebenso wie feinere Reisgerichte, die eine komplette Mahlzeit bilden können. Gute Köche bevorzugen den Reis, der in Morelos in Zentralmexiko angebaut wird und lange, dicke Körner hat. Für mexikanische Gerichte sollte man nie schnellkochenden Reis verwenden.

300 g weißer Langkornreis
150 g frischer Spinat
1½ Bund Petersilie, Blätter von den Stielen gezupft
1 EL gehackte Zwiebeln
1 Knoblauchzehe
125 ml Wasser
125 ml Öl
750 ml heißes Wasser
Salz
30 g Butter
750 g in dünne Scheiben geschnittene Zwiebeln
4 *chiles poblanos* (etwa 500 g), geröstet (s. Glossar) und in Streifen geschnitten
125 g Cheddar, gerieben
125 ml dicke Sahne (s. Glossar) oder Crème fraîche

Den Reis 5 Minuten in warmem Wasser quellen lassen, gut waschen und abtropfen lassen.

Den Spinat gründlich waschen. Ohne zusätzliches Wasser in einen Topf geben und zugedeckt bei schwacher Hitze 5 Minuten garen. Dann mit Petersilie, gehackter Zwiebel, Knoblauch und 125 ml Wasser im Mixer pürieren. Beiseite stellen.

Das Öl in einer Pfanne erhitzen. Den Reis hinzufügen und 5 Minuten unter ständigem Rühren sautieren. Wenn die Körner nicht mehr zusammenkleben, die Pfanne von der Kochstelle nehmen und überschüssiges Öl abgießen. Die Spinatmischung in die Pfanne geben und 2 Minuten sautieren. Heißes Wasser und Salz nach Geschmack hinzufügen. Wenn die Mischung zum Kochen kommt, die Hitze reduzieren. Den Pfanneninhalt zugedeckt etwa 20 Minuten garen, bis der Reis weich ist.

In der Zwischenzeit den Backofen auf 180 °C (Gas Stufe 2–3) vorheizen. Die Butter in einer großen Pfanne zerlassen. Zwiebelscheiben und Chillies hinzufügen und etwa 5 Minuten sautieren, bis sie weich sind. Mit Salz bestreuen.

Eine Ringform ausfetten und ein Drittel der Zwiebel-Chili-Mischung auf dem Boden verteilen. Die Hälfte des Reises daraufgeben, dann die Hälfte vom Käse. Den restlichen Reis darauf verteilen. Die Form mit Alufolie abdecken und für 10 Minuten in den Backofen schieben.

Den Reiskranz auf eine Platte stürzen. Mit der Sahne überziehen und den restlichen Käse darüberstreuen. Die übrige Zwiebel-Chili-Mischung in die Mitte geben.

Für 6 bis 8 Personen

MÉXICO, DISTRITO FEDERAL

BUDÍN AZTECA
Auflauf nach aztekischer Art

Dieses Gericht hat Ähnlichkeit mit den »chilaquiles« (S. 44) und eignet sich ausgezeichnet als leichtes Hauptgericht. Am besten [illegible] man dazu einen knackigen Salat wie den »ensalada mixta con aderezo de aguacate« (S. 203). Anstelle von Huhn kann auch Schweinefleisch verwendet werden; Vegetarier können ganz auf das Fleisch verzichten. Dieses Gericht wird auch »budín Cuauhtémoc« oder »budín Moctezuma« genannt.

2 EL Öl
125 g Zwiebeln, gehackt
2 Knoblauchzehen, feingehackt
3 große Tomaten (750 g), enthäutet und püriert
1½ TL Salz
1 EL Butter
350 g frische Maiskörner oder tiefgekühlter Mais
600 g Zucchini, gehackt
80 ml Wasser
Öl zum Braten
10 Maismehl-Tortillas
2 *chiles poblanos,* geröstet (s. Glossar), enthäutet, Scheidewände entfernt und in Streifen geschnitten
250 ml dicke Sahne (s. Glossar) oder Crème fraîche
170 g Hühnerfleisch, gegart und in Streifen geschnitten
125 g *queso manchego* oder Cheddar, gerieben

Das Öl in einer Pfanne erhitzen. Zwiebeln und Knoblauch hinzufügen und sautieren, bis sie glasig sind. Tomatenpüree und Salz dazugeben und bei hoher Temperatur 5 Minuten garen. Die Hitze reduzieren, den Deckel auflegen und die Zutaten noch einmal 10 Minuten garen. Abschmecken und beiseite stellen.

Den Backofen auf 190 °C (Gas Stufe 3) vorheizen. Die Butter in einem Topf zerlassen. Mais und Zucchini hinzufügen und 2 Minuten garen. Das Wasser dazugießen und den Deckel auflegen. Den Pfanneninhalt bei schwacher Hitze weitere 8 Minuten garen, bis die Zucchini weich sind, aber noch Biß haben.

Eine Pfanne etwa 1 cm hoch mit Öl füllen und die Tortillas auf jeder Seite 30–40 Sekunden braten, damit sie weich werden. Beiseite stellen.

Auf dem Boden einer ausgefetteten ofenfesten Form eine dünne Schicht Gemüse verteilen. 4 oder 5 Tortillas darauflegen und mit Tomatensauce überziehen. Darauf nacheinander die Hälfte des übrigen Gemüses, die Hälfte der Chillies, 125 ml Sahne, die Hälfte des Hühnerfleisches sowie 60 g Käse verteilen und mit den restlichen Zutaten ebenso verfahren. Den Abschluß bildet eine Schicht Käse. Den Auflauf für 10–15 Minuten in den Backofen schieben, bis der Käse schmilzt. Herausnehmen und servieren (Abbildung S. 6[illegible]).

Für 6 bis 8 Personen

ARROZ A LA MEXICANA
Reis nach mexikanischer Art

In Mexiko werden anstelle von Suppen oft Reisgerichte, sogenannte »sopas secas« (trockene Suppen) gegessen. In der Zeit, als die Wohlhabenden auf ihren »haciendas« (Gutshöfen) noch große Feste gaben, servierte man allerdings bei einem Essen oft beide Arten von Suppen. Den Begriff »a la mexicana« verwendet man für Gerichte, die mit Zwiebeln und Tomaten zubereitet werden.

300 g weißer Langkornreis
2 Tomaten, enthäutet und grobgehackt
60 ml Öl
⅓ Zwiebel
3 Knoblauchzehen
1 l Hühnerbrühe (S. 72) oder Wasser
1 kleiner Stengel Petersilie
3 ganze *chiles serranos* (nach Belieben)
125 g Möhren, gehackt
30 g Erbsen, enthülst

Den Reis 5 Minuten in warmem Wasser quellen lassen, gründlich waschen und abtropfen lassen. In der Zwischenzeit die Tomaten im Mixer pürieren und durch ein Sieb streichen.

Das Öl in einer Pfanne erhitzen. Zwiebel und Knoblauch darin 2 Minuten sautieren. Den Reis hinzufügen und unter Rühren braten, bis er glasig ist und nicht mehr zusammenklebt. Das überschüssige Öl abgießen.

Das Tomatenpüree in die Pfanne geben. 4 Minuten garen, dann Hühnerbrühe, Petersilie, Chillies, Möhren und Erbsen hinzufügen. Wenn die Mischung kocht, den Deckel auflegen und auf mittlere Temperatur herunterschalten. Die Zutaten etwa 20 Minuten garen, bis die Flüssigkeit vollkommen aufgenommen und der Reis weich ist.

Für 6 Personen

GUERRERO

ARROZ AL ESTILO COSTEÑO
Reis nach Art der Küste

Dieses mit drei Gemüsen zubereitete Reisgericht kommt aus der Barra-Vieja-Bar südlich von Acapulco, wo man in den »palapas« (mit Palmwedeln gedeckte Strandrestaurants) am Strand sitzt. Eine besondere Spezialität des Hauses ist »huachinango a la talla« (S. 173), der gewöhnlich mit diesem Reis serviert wird.

300 g weißer Langkornreis
¼ Zwiebel, grobgehackt
3 Knoblauchzehen
125 ml Wasser
Öl
350 g Möhren, gehackt
1 l heißes Wasser
2 TL Salz
200 g frische Maiskörner oder tiefgekühlten Mais
200 g Weißkohl, grobgehackt

Den Reis 5 Minuten in warmem Wasser quellen lassen, gut waschen und abtropfen lassen. In der Zwischenzeit im Mixer Zwiebeln und Knoblauch mit 125 ml Wasser pürieren. Beiseite stellen.

Eine große Pfanne etwa 1 cm hoch mit Öl füllen und erhitzen. Den Reis darin unter Rühren etwa 5 Minuten sautieren, bis er glasig wird und nicht mehr zusammenklebt. Überschüssiges Öl abgießen.

Die Möhren hinzufügen und 2 Minuten durchrühren. Zwiebel-Knoblauch-Püree dazugeben und 2 Minuten unter Rühren garen. Heißes Wasser und Salz hinzufügen.

Wenn das Wasser zum Kochen kommt, Mais und Kohl dazugeben. Umrühren, den Deckel auflegen und den Pfanneninhalt bei schwacher Hitze etwa 20–30 Minuten garen, bis der Reis das Wasser aufgenommen hat und weich ist.

Für 6 Personen

Reis nach mexikanischer Art

Nudeln mit Chorizo (unten) *und Reis nach Art der Küste* (oben)

MÉXICO, DISTRITO FEDERAL

FIDEOS CON CHORIZO
Nudeln mit Chorizo

Dieses Rezept ähnelt stark einem Rezept aus dem Landesinnern Kataloniens, welches dem Kochbuchautor Colman Andrews zufolge von den Mauren erfunden wurde, die Spanien fast achthundert Jahre beherrschten.

2 Tomaten
¼ Zwiebel
1 Knoblauchzehe
1 EL Öl
150 g *chorizo* oder andere kräftig gewürzte Wurst, den Darm entfernt, in Stücke geschnitten
250 g Fadennudeln
750 ml Hühnerbrühe (S. 72)
Salz
Frisch gemahlener Pfeffer
Geriebener Käse (nach Belieben)

Tomaten, Zwiebel und Knoblauch im Mixer pürieren. Durch ein Sieb streichen und beiseite stellen. Das Öl in einer großen Pfanne erhitzen. Die Wurst hinzufügen und 4 Minuten bei niedriger Temperatur sautieren. Die Wurst auf einen Teller heben und beiseite stellen. 2 Eßlöffel des ausgebratenen Fetts zurückbehalten, den Rest weggießen. Die Nudeln in die Pfanne geben und leicht bräunen. Abtropfen lassen und beiseite stellen.

Das Tomatenpüree in die Pfanne geben und 5 Minuten unter ständigem Rühren garen, dann die Brühe hinzufügen. Wenn die Mischung zu kochen beginnt, Nudeln sowie Salz und Pfeffer nach Geschmack dazugeben. Mit aufgelegtem Deckel bei mittlerer Hitze 5 Minuten garen. Den Deckel abnehmen und die Wurst hinzufügen. Den Pfanneninhalt weitergaren, bis die Nudeln weich sind und die Flüssigkeit aufgenommen haben.

Falls gewünscht, geriebenen Käse darüberstreuen.

Für 6 Personen

Maisauflauf

MÉXICO, DISTRITO FEDERAL

SOUFFLÉ DE CHICHARRÓN
Soufflé mit gebratener Schweineschwarte

Dies ist ein Beispiel für die »Neue Küche«, wie sie in Mexico City von fortschrittlichen Köchen wie Antonio Martinez Camacho entwickelt wurde. Auch wenn abgepackte Schweineschwarte, die in manchen Asienläden erhältlich ist, nicht mit frisch gebratenem »chicharrón« vergleichbar ist, kann sie als Ersatz verwendet werden.

3 Tomaten, enthäutet
¼ Zwiebel
2 Knoblauchzehen
1 EL Öl
1 TL Salz
200 g *chicharrón* oder gebratene Schweineschwarte, feingehackt
90 g Butter
2 EL Maisstärke
1 l Crème double
6 Eier, getrennt
¼ TL Weinstein
Butter

Tomaten, Zwiebel und Knoblauch im Mixer pürieren.

Das Öl in einer Pfanne erhitzen und das Tomatenpüree darin 5 Minuten sautieren. Das Salz dazugeben und das Püree bei schwacher Hitze 7 Minuten weitergaren.

Den *chicharrón* in eine Schüssel geben. Das Tomatenpüree hinzufügen und umrühren. 10 Minuten stehenlassen.

Den Backofen auf 190 °C (Gas Stufe 3) vorheizen. Die Butter in

Soufflé mit gebratener Schweineschwarte

TORTA DE ELOTE
Maisauflauf

Schon in der vorkolumbianischen Zeit war Mais das wichtigste Grundnahrungsmittel in Mexiko. Für diese »sopa seca« kann man Mais verwenden, der nicht mehr ganz frisch ist und einen höheren Stärkegehalt hat. Durch Hinzufügen von Zucker und Zimt wird daraus ein Dessert. Dieses Rezept stammt von Margot Rosenzweig de Palazuelos.

1 kg frische Maiskörner oder tiefgekühlten Mais
180 g Butter, zerlassen
2 TL Backpulver
¼ TL Salz
30 g Butter

Die Maiskörner in eine Schüssel geben. Mit befeuchteten Händen durchrühren, so daß die seidigen Fäden an den Fingern hängenbleiben. Den Mais mit der zerlassenen Butter im Mixer pürieren. In eine Schüssel geben und Backpulver und Salz hinzufügen.

Den Backofen auf 190 °C (Gas Stufe 3) vorheizen. Eine quadratische oder runde ofenfeste Form von 23 cm Größe mit 15 g Butter ausfetten.

Das Maispüree in die Form füllen und die restliche Butter in Flöckchen daraufsetzen. Die Form für etwa 30 Minuten in den Backofen schieben, bis der Auflauf leicht gebräunt ist und an einem in die Mitte geschobenen Messer nichts haften bleibt.

Wenn dieser Maisauflauf als Dessert serviert werden soll, fügt man 180 g Zucker und 1 Teelöffel Zimt hinzu, bevor man ihn in die Form gibt. Das Dessert kann heiß oder gekühlt serviert werden.

Für 6 Personen

Zucchini-Auflauf

einem Topf zerlassen. Die Maisstärke dazugeben und glattrühren. Crème double hinzufügen und alles bei mittlerer Hitze unter ständigem Rühren etwa 8 Minuten garen, bis eine dicke Sauce entstanden ist.

Von der Kochstelle nehmen und die Eigelb nacheinander hineinrühren.

Den *chicharrón* untermischen. Beiseite stellen.

Das Eiweiß mit dem Weinstein schlagen, bis sich steife Spitzen bilden, dann unter die Soufflémasse ziehen. In eine große gebutterte Souffléform füllen und für 20–25 Minuten in den Backofen schieben.

Heiß servieren.

Für 6 Pesonen

Budín de Calabacita
Zucchini-Auflauf

Gemüseaufläufe sind in Mexiko sehr beliebt. Bei diesem mit Zucchini zubereiteten Auflauf handelt es sich um ein traditionelles Rezept. Er kann als getrennter Gang oder als Beilage zum Hauptgericht serviert werden. So paßt er beispielsweise gut zu »lomo de cerdo con salsa de tomate y rajas de pimiento morrón« (S. 136).

500 g Zucchini, gehackt
125 g sowie 2 EL geriebener milder Cheddar
1 Ei, verquirlt
125 g Salzkräcker, zerstoßen
125 g Butter, zerlassen
¼ TL Muskatnuß, gerieben
Salz
Pfeffer
Butter zum Einfetten der Auflaufform

Den Backofen auf 180 °C (Gas Stufe 2–3) vorheizen. Die Zucchini in einem Topf mit aufgelegtem Deckel in kochendem Wasser weich garen. Abtropfen lassen und in einer großen Schüssel zerdrücken. 125 g Käse, Ei, Kräcker und Butter hinzufügen und alles mit einem Holzlöffel gut vermischen. Muskatnuß sowie Salz und Pfeffer nach Geschmack hinzufügen.

Die Mischung in eine eingefettete ofenfeste Form füllen, mit dem restlichen Käse bestreuen und 15–20 Minuten backen, bis die Masse dick wird.

Für 6 Personen

Crêpes mit Mole

OAXACA

Crepas de Mole
Crêpes mit Mole

»Mole« ist gewöhnlich festlichen Anlässen vorbehalten, aber meist gibt es einen Rest Sauce, deren Geschmack sich mit der Zeit sogar noch verbessert und die sich ideal zur Zubereitung eines Abendessens wie diesen Crêpes eignet. Wer keine »mole« zur Hand hat, kann nach untenstehendem Rezept eine pikante Sauce zubereiten und als Ersatz verwenden.

CRÊPES

500 ml Milch
1 Ei
125 g sowie 1 EL Mehl
1 EL Öl
Butter

MOLE

3 *chiles anchos,* Samen und Scheidewände entfernt
10 *chiles guajillos,* Samen und Scheidewände entfernt
6 Knoblauchzehen
¼ Zwiebel
6 Nelken
1 TL frisch gemahlener Pfeffer
1 kleiner Zweig Thymian
1 kleiner Zweig Majoran
250 ml Hühnerbrühe (S. 72)
1 EL Öl
2 Tomaten, geröstet (s. Glossar), enthäutet und grobgehackt
125 ml Wasser
1 TL Salz

FÜLLUNG

1 ganze Hühnerbrust (etwa 375 g), gegart, entbeint und in Streifen geschnitten
125 g geriebener *queso manchego* oder junger Pecorino
½ Zwiebel, in dünne Scheiben geschnitten (nach Belieben)

Für die Crêpes in einer Rührschüssel Milch, Ei, Mehl und Öl verquirlen. Den Teig 5 Minuten stehenlassen. Eine beschichtete Crêpepfanne dünn ausbuttern und bei mittlerer Temperatur erhitzen. 1½ Eßlöffel Teig hineingeben und die Pfanne drehen, um den Boden gleichmäßig mit Teig zu überziehen. Sobald die Ränder trokken werden, die Crêpe umdrehen. Wenn die zweite Seite leicht gebräunt ist, die Crêpe auf einen Teller heben. Aus dem restlichen Teig weitere Crêpes herstellen. Es sollten etwa 22 Crêpes vorhanden sein. Beiseite stellen.

Für die Sauce die Chillies rösten (s. Glossar), 20 Minuten in heißem Wasser einweichen, abtropfen lassen und beiseite stellen. In der Zwischenzeit Knoblauch, Zwiebel, Nelken, Pfeffer, Thymian und Majoran rösten. In den Mixer geben und mit Chillies und Brühe pürieren.

Das Öl in einer Pfanne erhitzen. Das Chilipüree hinzufügen und 8 Minuten unter ständigem Rühren sautieren.

Die Tomaten im Mixer pürieren, zu dem Chilipüree in die Pfanne geben und 5 Minuten garen. Wasser und Salz hinzufügen und die Hitze reduzieren. Das Tomatenpüree zugedeckt 5 Minuten garen, dann abschmecken.

Zur Fertigstellung der Crêpes zunächst den Backofen auf 190 °C (Gas Stufe 3) vorheizen. Auf jede Crêpe etwas Hühnerfleisch geben. Die Crêpes aufrollen und die Ränder begradigen. Nebeneinander in eine gefettete ofenfeste Form legen. Mit der Sauce überziehen und 15 Minuten backen. Herausnehmen, mit dem Käse bestreuen und noch einmal 5 Minuten in den Backofen schieben, bis der Käse zu schmelzen beginnt. Falls gewünscht, mit der Zwiebel garnieren. Warm servieren.

Für 8 Personen

MÉXICO, DISTRITO FEDERAL

Crepas de Cuitlacoche con Salsa de Poblano
Maispilz-Crêpes mit Poblano-Sauce

Diese reizvolle Kombination von französischen Crêpes und mexikanischem Maispilz wurde erstmals am Hof von Kaiser Maximilian und seiner Frau Carlotta serviert. Es ist ein Gericht für ganz besondere Gelegenheiten.

CRÊPES

500 ml Milch
1 kleines Ei
125 g und 1 EL Mehl
1 EL Öl
Butter

FÜLLUNG

30 g Butter
1 *chile poblano,* Samen und Scheidewände entfernt, gewürfelt
100 g Zwiebeln, feingehackt
60 g Maiskörner
1 EL gehackter *epazote*
2 Dosen *cuitlacoche* (je 220 g) oder 150 g frischer *cuitlacoche*

SAUCE

2 *chiles poblanos,* Samen und Scheidewände entfernt
80 ml Milch
60 g Butter
1½ TL Mehl
500 ml dicke Sahne (s. Glossar) oder Crème fraîche
1 TL Salz
180 g *queso Chihuahua* oder mittelscharfer Cheddar

Zur Zubereitung der Crêpes in einer Rührschüssel Milch, Eier, Mehl und Öl verquirlen. Den Teig 5 Minuten stehenlassen. Eine beschichtete Crêpepfanne dünn ausbuttern und bei mittlerer Temperatur erhitzen. 1½ Eßlöffel Teig hineingeben und die Pfanne drehen, um den Boden gleichmäßig mit Teig zu überziehen. Sobald die Ränder trocken werden, die Crêpe umdrehen. Wenn die zweite Seite leicht gebräunt ist, die Crêpe auf einen Teller heben. Den restlichen Teig aufbrauchen. Es sollten etwa 22 Crêpes vorhanden sein. Beiseite stellen.

Für die Füllung die Butter in einer Pfanne zerlassen. Die Zwiebeln hinzufügen und etwa 2 Minuten sautieren, bis sie glasig sind. Chillies, *epazote* und *cuitlacoche* mit der Flüssigkeit hinzufügen. Die Zutaten bei mittlerer Hitze unter ständigem Rühren 5 Minuten garen.

Für die Sauce die Chillies mit der Milch im Mixer pürieren. Die Butter in einem kleinen Topf zerlassen. Das Mehl dazugeben und rühren, bis es leicht gebräunt ist. Von der Kochstelle nehmen und weiterrühren, während Sahne, Chilipüree und Salz hinzugefügt werden. Die Pfanne wieder auf die Kochstelle setzen und die Sauce bei schwacher Hitze weiterrühren, bis sie zu kochen beginnt. Beiseite stellen.

Zur Fertigstellung auf jede Crêpe 1 Eßlöffel von der Füllung geben. Die Crêpes aufrollen und die Ränder begradigen. Die gefüllten Crêpes nebeneinander in eine gefettete ofenfeste Form legen und mit Alufolie abdecken.

15 Minuten vor dem Servieren den Backofen auf 250 °C (Gas Stufe 6–7) vorheizen. Die Alufolie entfernen, die Sauce über die Crêpes geben und den Käse darüberstreuen. Die Crêpes etwa 10 Minuten backen, bis der Käse zu schmelzen beginnt, oder unter den Grill setzen, bis die Sauce Blasen schlägt und der Käse leicht gebräunt ist.

Für 8 Personen

Maispilz-Crêpes mit Poblano-Sauce

Knotenpunkte Mexikos

KNOTENPUNKTE MEXIKOS

Man könnte das Zentrum des mexikanischen Hochlands als gigantische Naturbühne mit einer großartigen, sonnendurchfluteten Kulisse betrachten, auf der fesselnde historische Schauspiele stattgefunden haben. Keines aber war so packend wie das an jenem schicksalhaften Tag im Herbst 1519, als nach dem Schlußakt des Dramas der aztekischen Zivilisation der Vorhang zum letztenmal fiel, und gleichzeitig der erste Akt der spanischen Eroberung begann, der die Geschicke Mexikos in ganz neue Bahnen lenken sollte.

Vor 1000 v. Chr. zogen in kleinen Scharen Halbnomaden durch das Hochland, die jagten, fischten, Pflanzen und Früchte sammelten und gelegentlich auch kleine Felder mit Mais, Kürbissen und Bohnen bestellten. Die ersten Maiskolben waren winzig und kaum länger als 3 cm, doch als die Menschen begannen, die Maisfelder mit Quellwasser zu wässern, wurden die Kolben schließlich größer und zahlreicher. Die Indianer aßen den Mais auf unterschiedliche Weise; sie rösteten ihn auf einem glühendheißen Stein oder verzehrten ihn roh. Dann lernten sie, die getrockneten Maiskörner in Kalkwasser quellen zu lassen, bis die Samenschalen weich werden. Den so behandelten Mais nannten sie *nixtamal*, und sie mahlten ihn in steinernen Mörsern, um daraus *masa* herzustellen. Den Teig formten sie dann zu flachen Fladen, die sie backten und mit gehacktem Fleisch, Fisch oder Bohnenpüree füllten. Dies waren die Vorläufer der heutigen mexikanischen *masa*-Köstlichkeiten.

Die Existenz von Teotihuacán, der ersten Stadt der Neuen Welt, gründete sich auf den Anbau einer einzigen Ackerfrucht – den Mais. Die Metropole lag nördlich vom modernen Mexico City und wuchs im Lauf der Zeit zu einer wichti-

Seite 98/99: *Die Landschaft um die »haciendas« in Tlaxcala wird von graugrünen Agaven geprägt.* Links: *Am Zócalo, dem Hauptplatz von Mexico City, wo einst in der Aztekenhauptstadt Tenochtitlán Moctezumas Palast stand, befindet sich heute der Palacio Nacional.*

gen Handelszentrum heran, das sich über mehr als elf Quadratkilometer erstreckte. 500 n. Chr. hatte die Stadt über hunderttausend Einwohner, doch als etwa ein Jahrhundert später Teotihuacán von Stämmen aus dem Norden geplündert und niedergebrannt wurde, fanden seine Bewohner dabei den Tod, oder sie flohen. Später, zur Zeit des Aztekenherrschers Moctezuma II. um 1500, war die Stadt eine heilige Ruinenstätte, die als jener Ort galt, an dem die Götter zusammengekommen waren, um die Sonne zu erschaffen. Nachdem eine Schar von Barbaren, die sich Azteken nannten, jahrhundertelang den Norden durchstreift hatte, kam sie schließlich in dieses milde Tal, wo sich ihre Mitglieder bei den anderen Stämmen als Söldner verdingten. 1325 erhielten sie dann die Erlaubnis, sich auf zwei kleinen, unbewohnten Inseln in der Mitte eines großen, flachen Sees niederzulassen. Es war ein schicksalhafter Ort, denn sie sahen dort einen Adler, der auf einem Kaktus sitzend eine Schlange verspeiste – und von

In der aus dem 17. Jahrhundert stammenden Küche des Klosters Santa Rosa in Puebla stehen die Zutaten für »mole poblano«. Es fehlt lediglich der Truthahn. Diese berühmte Sauce wurde von einer Äbtissin des Klosters kreiert.

ihrem Stammesgott hatten sie die Anweisung erhalten, genau an solch einem Platz seßhaft zu werden.

Bis zum Jahr 1519 war aus Tenochtitlán eine prächtige Stadt von enormer Größe geworden, fünfmal größer als London zur damaligen Zeit. Um seine zahlreichen Bewohner zu ernähren, umgaben Bauern die Insel mit *chinampas* – kleinen Gärten, die zu schwimmen schienen. Tatsächlich aber entstanden sie, indem man in dem sumpfigen Gelände schmale Abflußgräben zog und hinter Stützmauern große Mengen verrottender Sumpfpflanzen und fruchtbaren Schlamms auftürmte. Darauf bauten die Bauern das ganze Jahr hindurch Gemüse und Chillies an.

Von der Zeit der Azteken an war die Stadt der Knotenpunkt, zu dem alle Straßen führten. Auf ihnen kamen Güter und unterschiedlichste Nahrungsmittel aus entfernten Landesteilen und später auch aus der Alten Welt nach Tenochtitlán. Zentren der Geschäftigkeit waren die großen Märkte, auf denen die verschiedenen Stämme und ethnischen Gruppen, die in der Stadt lebten, unter der riesigen Auswahl an Waren auch die Zutaten für die Speisen ihrer Heimat fanden.

Obwohl keine für Mexico City einzigartige Küche existiert, gibt es dort doch zwei typische, wenn auch gegensätzliche Arten von Speisen – zum einen gibt es die enorm variationsreichen, jahrhundertealten *masa*-Snacks, die auf den Märkten und in den Straßen der Stadt verkauft werden, und zum anderen jene aufregenden neuen Gerichte, welche fortschrittliche Köche mit traditionellen mexikanischen Nahrungsmitteln zubereiten.

Das in 2700 Metern Höhe gelegene trockene Gebiet, in dem Toluca, die Hauptstadt des Bundesstaates Mexiko, liegt, ist von hohen Kiefernwäldern umgeben. In diesem Hochtal wird viel Mais angebaut, mit dem man Schweine mästet; und das bekannteste Schweinefleischprodukt sind hier die roten und grünen *chorizos,* die wie Weihnachtsschmuck an den Lebensmittelständen hängen. Und auf Tolucas berühmtem Freitagsmarkt werden in Tortillas eingewickelte schmackhafte *carnitas* an hungrige Passanten verkauft.

Wenn ein Ort als Geburtsstätte der mexikanischen Küche betrachtet werden kann, so ist es Puebla, eine Stadt, die im 16. Jahrhundert von den Spaniern gegründet wurde und große Bedeutung für Reisende und Soldaten hatte, die zwischen Veracruz und Mexico City unterwegs waren. In den Klosterküchen von Puebla schufen Nonnen viele jener Gerichte, die heute noch die Grundlage für die mexikanische Küche bilden. Am berühmtesten sind wohl *mole poblano* und die großartigen *chiles en nogada* (S. 214–215). Bei letzteren handelt es sich um *chiles poblanos* mit einer Füllung aus Hackfleisch, Früchten und Nüssen und einer elfenbeinfarbenen Sauce aus frischen Walnüssen und Sahne. Das Ganze wird mit Granatapfelkernen garniert, deren Geschmack, Farbe und Struktur für einen reizvollen Kontrast sorgen.

Es gibt verschiedene Legenden über die Entstehung der *mole poblano,* ein Gericht für besondere Gelegenheiten, das der Inbegriff für die Verbindung von spanischer und mexikanischer Küche ist. Einer sehr phantasievollen Geschichte zufolge, blies eines Tages ein Windstoß gerade die richtige Menge an Gewürzen und anderen Zutaten in *cazuelas,* in denen Truthähne köchelten. Glaubwürdiger klingt allerdings die Legende, nach der das Gericht von einer Oberin im Kloster von Santa Rosa erfunden wurde, die für einen Besuch des Erzbischofs und des spanischen Vizekönigs ein besonderes Essen vorbereiten mußte. Möglicherweise erinnerte sich die Nonne, die für ihren Erfindungsreichtum bekannt war, daß ihre Helferinnen einmal erzählt hatten, in indianischen Adelskreisen würde mit Schokolade gekocht. Und so schuf sie mit ihrer Hilfe diese köstliche Speise nach dem Vorbild eines alten Maya-Gerichts.

Nach der Legende kamen sieben barbarische Stämme aus dem Norden in das Hochtal von Mexiko. Sechs ließen sich an den Seen des Tals nieder, der siebte aber zog weiter nach Osten bis Tlaxcala, dem »Land des Mais«, wo er seine Unabhängigkeit wahrte und einer der wenigen Stämme blieb, die nicht von den Azteken unterworfen wurden. Nachdem Cortés Veracruz verlassen und mit seinen Truppen einen hohen Paß neben dem schneebedeckten Gipfel des Pico de Orizaba überquert hatte, gelangte er schließlich in das fruchtbare Land von Tlaxcala, in dem Mais und Agaven üppig gediehen. Nachdem die Bewohner von Tlaxcala zunächst erbitterten Widerstand geleistet hatten, verbündeten sie sich mit den Spaniern gegen

Die roten Ziegeldächer von Valle de Bravo, einem Ferienort in der Nähe von Toluca. Er liegt inmitten gebirgiger Landschaft an einem Stausee und ist ein beliebtes Ausflugsziel für die Bewohner von Mexico City geworden. Frisch gefangene Forellen aus dem See werden in den schwimmenden Restaurants der Stadt serviert.

die verhaßten Azteken und trugen entscheidend zu deren Niederlage bei. Als Gegenleistung wurden sie nicht unterjocht und mußten nie Tribut zahlen.

Die Küche dieses kleinsten der mexikanischen Bundesstaaten spiegelt seine individualistische und, manche würden sagen, kampflustige Natur wieder. In Tlaxcala und dem angrenzenden Hildalgo dominiert die Agave Landschaft und Speisezettel. Einstmals wurden in diesem Gebiet auf riesigen *haciendas* (Gutshöfen) nur Agaven kultiviert, aus denen man *pulque* herstellte. An Straßenständen gibt es *barbacoa en mixiote* – mit Chillies gewürztes Fleisch, das in die feste, durchscheinende Haut der Agave eingewickelt und dann in mit Agavenblättern ausgelegten Erdlöchern gedämpft und gebraten wird. Der Dampf wird gewöhnlich mit *pulque* erzeugt, der dem Fleisch ein besonderes Aroma verleiht. Außerdem wird er als Getränk dazugereicht. Eine hochgeschätzte Delikatesse während der Regenzeit sind *tacos* mit *gusanos de maguey,* kleinen Würmern oder Larven, die in den Agaven leben; und in Hildalgo verwendet man zum Füllen der *tacos* von Verliebten *escamoles* – gebratene Ameiseneier.

Cuernavaca, die Hauptstadt des kleinen Bundesstaates Morelos südlich von Mexico City, ist ein beliebter subtropischer Ferienort, und sie diente bereits den Aztekenherrschern und auch Cortés, der auf den Ruinen der Tempel der besiegten Tlahuica-Indianer einen prächtigen Palast errichten ließ, als Ort der Erholung. Wie es sich für eine jahrhundertealte Stätte des Luxus gebührt, sind die Köche von Cuernavaca stets bestrebt, die Gerichte aus Mexico City noch zu verfeinern, indem sie nur die besten Zutaten benutzen und durch die Fülle der einheimischen Früchte und Gemüse ergänzen.

Fleisch, Geflügel und Eier

Rindfleisch nach Art des Nordens: einfach gebraten und mit »chiles« serviert.

Fleisch, Geflügel und Eier

Oben: *Allabendlich wird auf den Plazas von Morelia »pollo de plaza« zubereitet, ein herzhaftes Gericht aus Hühnerfleisch, Möhren, Kartoffeln und »enchiladas«.*
Seite 104/105: *Gefülltes Schweinskarree mit Tomatensauce und grüner Paprika* (links, Rezept S. 136), *Huhn mit Gebirgskräutern* (Mitte, Rezept S. 112) *und mit Chillies und Backpflaumen gefülltes Schweinskarree* (rechts, Rezept S. 150).

Die vorkolumbianischen Indianer Mexikos ernährten sich hauptsächlich von Fisch und Gemüse – und aßen somit genau jene ballaststoffreiche, cholesterinarme und fettarme Kost, die heute von den Ärzten allgemein empfohlen wird. Der Verzehr von Fleisch war weitgehend den Angehörigen der herrschenden Klasse vorbehalten. Man stellte Fallen auf, um Wildkaninchen, Leguane und Gürteltiere zu fangen und gelegentlich gelang es auch, einen jungen Hirsch oder ein Wildschwein mit dem Speer zu erlegen. Nur Truthähne, Moschusenten und eine kleine haarlose Hunderasse wurden zum Verzehr als Haustiere gehalten.

Die Ernährung der Indianer änderte sich grundlegend, als die Spanier Vieh in die Neue Welt einführten. Während sich die Konquistadoren weigerten, die größeren Tiere mit den versklavten Indianern zu teilen, erlaubten sie ihnen, Hühner, Ziegen und Schweine zu halten, die schon bald zu einem wichtigen Bestandteil ihrer Ernährung wurden.

Das anspruchslose, fruchtbare Schwein wurde quasi zur Mitgift der erzwungenen kulinarischen Vereinigung zwischen Spanien und Mexiko. Ein Blick auf die Verkaufsstände mexikanischer Fleischmärkte zeigt, daß jedes geschlachtete Schwein nahezu vollständig in der Küche verwertet wird. Der Kopf wird gespalten und für das herzhafte Eintopfgericht *pozole* (S. 88) verwendet oder zu *queso de puerco* (Schweinskopfsülze) verarbeitet. Die Därme werden für Würste wie *chorizo* oder *longaniza* mit pikanten Fleischfüllungen oder für *moronga,* eine Wurst, die der spanischen *morcilla* oder dem französischen *boudin* ähnelt, mit Kräutern und Blut gefüllt. Nichts wird vergeudet – weder die Füße, die gepökelt werden, noch die Nacken-, Rücken- oder Schwanzknochen, die Suppen und Eintöpfen einen kräftigen Geschmack verleihen – alles wird verwendet; und die Innereien werden für die täglichen *tacos* gebraten.

Selbst das Fett der Schweine wird vollständig verwertet.

Diese Henne nutzt einen unbeobachteten Moment und macht es sich auf dem Verandatisch bequem.

Während Rinder, Schweine und Hühner von den Spaniern in die Neue Welt gebracht wurden, ist der Truthahn in Mexiko heimisch.

Für *chicharrón* wird die Schweineschwarte rautenförmig eingeschnitten, zum Trocknen aufgehängt und am nächsten Tag zweimal in riesigen Töpfen mit siedendem Schweineschmalz knusprig ausgebraten. Dann bricht man sie in Stücke und ißt sie als *botana* (Imbiß). Auch das weiche Fett, das die Eingeweide umgibt, wird ausgelassen und als Schweineschmalz zum Kochen verwendet. Obwohl mexikanische Hausfrauen und Köche heute oftmals Pflanzenöl zur Zubereitung der Speisen nehmen, gilt Schweineschmalz bei der Zubereitung von *tamales* noch immer als unerläßlich. Und *frijoles* ohne das Aroma von Schweineschmalz sind ebenso undenkbar wie Spaghetti *aglio e olio* ohne Knoblauch.

In den nördlichen Bundesstaaten wird viel Rindfleisch gegessen. Bernabé Cobo schrieb dazu in seinem Buch »Obras«: »Als der Engländer vor dem unermeßlichen Grasland Amerikas stand, zögerte er, nannte es Ödland und versuchte einen Weg zu finden, auf dem er es umgehen konnte. Der Spanier vereinnahmte die Pampa, trieb sein Vieh darauf, schaute zu, wie sich die Rinder vermehrten und machte sich ein schönes Leben. Dies führte dazu, daß es im 17. Jahrhundert vermutlich mehr Rinder in der Neuen Welt gab als irgendein anderes Wirbeltier.«

Insbesondere im Norden erzeugt man heute Rindfleisch, und es hat die gleiche Qualität wie das aus den Vereinigten Staaten. In weiten Teilen Mexikos werden allerdings noch immer Rinder, häufig Buckelrinder, auf den Weiden gehalten, die nur recht zähes Fleisch liefern. Um es zarter zu machen, wird das Rindfleisch für Steaks mit der Faser in große dünne Scheiben geschnitten, mit Limettensaft mürbe gemacht und dann kurz gebraten.

Sechs Monate nach Eröffnung des ersten Gasthauses in Mexico City, in dem auch Speisen serviert wurden, erließen die Spanier folgendes Gesetz:

Für jede gute Henne, nicht für ein Küken,
sind vier Real in Gold als Steuer zu entrichten.
Für jeden großen Truthahn
soll die Steuer sechs Real in Gold betragen.

Truthähne, die von den Maya domestiziert worden waren, machten großen Eindruck auf die Feinschmecker unter den Gefolgsleuten von Cortés, und sie ließen einige der Vögel mit den zurückfahrenden Schiffen nach Spanien transportieren. Die fleischigen Truthähne waren eine Sensation an den europäischen Höfen und nahmen schon bald den Platz des Pfaus auf den Tischen des Adels und des Klerus ein. Heute kann man Truthähne in Mexiko auf jedem Markt sehen; denn Truthahn ist ein traditionelles Festtagsgericht.

Bei den Hühnern, die in der mexikanischen Küche verwendet werden, handelt es sich fast ausschließlich um freilaufende Hühner, die man vielerorts am Straßenrand nach Futter scharren sieht. Freilaufende Hühner haben erheblich mehr Geschmack als Käfighühner, sind allerdings auch zäher und müssen deshalb in leise köchelndem Wasser gegart oder langsam geschmort werden. Jede Region hat ihre eigene Methode, um aus kleingeschnittenem Hühnerfleisch und anderen Zutaten *tacos, tamales* oder *enchiladas* zuzubereiten, und es gibt unzählige *moles* und *pipianes* mit Huhn.

Eier werden überall in Mexiko gegessen, zu jeder Tageszeit und in vielfältiger Gestalt. Rühreier gibt es als *huevos a la mexicana* (S. 127) mit grünen *chiles serranos,* Tomaten und Zwiebeln, oder mit *chorizo* oder gegarten *nopales* (»Blätter« des Feigenkaktus).

Das klassische mexikanische Eiergericht sind *huevos rancheros* (S. 127), Spiegeleier auf Tortillas, die mit Bohnenpüree bestrichen und mit pikanter Tomatensauce überzogen werden. Auf der Halbinsel Yucatán gibt man für *huevos motuleños* (S. 128) Spiegeleier und Bohnenpüree zwischen zwei Tortillas, die man mit würziger Tomatensauce übergießt und mit Schinkenwürfeln, Erbsen und Käse bestreut.

Eier werden auch gebraten und in *tortas* geschichtet oder für Reisgerichte verwendet. *Huevos tirados* aus Veracruz sind eine Art Suppe mit schwarzen Bohnen und Rührei. Bei einer Abwandlung von *chilaquiles* (S. 44) werden Eier mit in Stücke gebrochenen Tortillas vermischt. Und auf jeder Speisekarte findet man unter *postres* die klassische Nachspeise *huevos reales* (S. 246) aus Puebla.

Wachteln vom Holzkohlengrill

GUERRERO

CODORNIZ A LA TALLA
Wachteln vom Holzkohlengrill

Bei den Azteken waren Wachteln ein geschätztes Wildgeflügel und eine beliebte Opfergabe für die Göttin Chicomecóatl. Bei dieser Garmethode wird das Fleisch oder der Fisch mit Mayonnaise bestrichen und später beim Grillen immer wieder mit scharfer Chili-Sauce bestrichen.

60 ml Mayonnaise
1 EL Öl
1 TL Salz
½ TL frisch gemahlener Pfeffer
12 Wachteln oder Täubchen (je etwa 125 g)

SAUCE

10 *chiles guajillos*, Samen und Scheidewände entfernt
5 *chiles anchos*, Samen und Scheidewände entfernt
5 große reife Tomaten
250 ml Wasser
4 Knoblauchzehen
3 Nelken
½ Zwiebel, grobgehackt
1 EL Rotweinessig
½ TL getrockneter Oregano
½ TL getrockneter Thymian
½ TL getrockneter Majoran
½ TL Kreuzkümmelpulver
60 g Butter
2 EL Öl
Salz
Frisch gemahlener Pfeffer

In einer kleinen Schüssel Mayonnaise, Öl, Salz und Pfeffer verrühren. Die Wachteln oder Täubchen mit einem scharfen Messer an der Brustseite längs aufschneiden, auseinanderklappen und flachdrükken. Das Geflügel auf beiden Seiten großzügig mit der Mayonnaisenmischung bestreichen und zum Marinieren mindestens 1 Stunde bei Raumtemperatur stehenlassen.

Für die Sauce die *chiles* 20 Minuten in heißes Wasser legen. In der Zwischenzeit die Tomaten im Mixer pürieren, durch ein Sieb streichen und beiseite stellen. Die *chiles* abtropfen lassen, dann mit Wasser, Knoblauch, Zwiebel, Essig, Thymian, Oregano, Majoran und Kreuzkümmel glattpürieren. Butter und Öl in einem kleinen Topf erhitzen. Das Chili-Püree hinzufügen und zum Kochen bringen. Dann die pürierten Tomaten dazugeben. Sobald die Flüssigkeit wieder kocht, die Hitze reduzieren. Den Deckel auflegen und die Sauce 45 Minuten bis 1 Stunde köcheln lassen, bis sie eindickt. Mit Salz und Pfeffer abschmecken. Auf Raumtemperatur abkühlen lassen. Das Geflügel mit der Hälfte der Sauce überziehen und zum Marinieren für mindestens 4 Stunden in den Kühlschrank stellen.

Den Holzkohlegrill vorheizen und den Rost leicht mit Öl einfetten. Das Geflügel mit der Hälfte der verbliebenen Sauce bestreichen. Etwa 4–5 Minuten auf der Oberseite und 1–2 Minuten auf der Unterseite grillen. Die Wachteln oder Täubchen dabei immer wieder mit der restlichen Sauce bestreichen.

Für 6 Personen

Huhn »Plaza de Morelia«

MICHOACÁN

POLLO PLAZA DE MORELIA
Huhn »Plaza de Morelia«

Dieses Gericht stammt aus Morelia, der Hauptstadt von Michoacán. Dort wird es allabendlich an Ständen auf einer kleinen Plaza im Stadtzentrum verkauft.

1 Huhn (etwa 1,8 kg), in Portionsstücke zerlegt
1 l Wasser
2 Stengel Petersilie
4 Knoblauchzehen
1 Zwiebel, halbiert
1 EL Salz
500 g Kartoffeln, geschält und in Stücke geschnitten
350 g Möhren, geschält und in Stücke geschnitten
3 *chiles anchos*
5 *chiles guajillos*
2 Knoblauchzehen
1 EL Schweineschmalz oder Öl
Öl oder Schweineschmalz zum Braten
12 Maismehl-Tortillas
150 g *queso fresco* oder milder Feta, zerbröselt
Grüner Salat, in Streifen geschnitten
½ Zwiebel, in feine Ringe geschnitten

Hühnerteile, Wasser, Petersilie, Knoblauch, ½ Zwiebel und Salz in einen großen Topf geben. Das Geflügel etwa 35 Minuten zugedeckt köcheln lassen, bis es weich ist. Herausnehmen und die Brühe beiseite stellen.

In der Zwischenzeit Kartoffel- und Möhrenstücke in kochendem Salzwasser garen. Abgießen und beiseite stellen.

Stiele und Samen der *chiles* entfernen. Die *chiles* auf einem *comal* oder in einer schweren Pfanne rösten (s. Glossar), dann 20 Minuten in heißem Wasser einweichen. Abgießen.

Den Knoblauch und die verbliebene ½ Zwiebel rösten (s. Glossar). Zusammen mit den *chiles* und 125 ml der Hühnerbrühe im Mixer pürieren.

Das Schweineschmalz in einer schweren Pfanne erhitzen, bis es sehr heiß ist. Das Chili-Püree 2 Minuten unter ständigem Rühren darin garen. Mit 375 ml Hühnerbrühe ablöschen und alles bei mittlerer Temperatur 5 Minuten köcheln lassen. Falls die Sauce zu stark eindickt, noch etwas Brühe angießen.

Vor dem Servieren in einer schweren Pfanne 1 Eßlöffel Öl erhitzen. Eine Tortilla in die Chili-Sauce tauchen, auf beiden Seiten kurz im heißen Fett braten und dann auf einen Teller legen. Etwas *queso fresco* daraufstreuen und die Tortilla aufrollen. Mit den restlichen Tortillas ebenso verfahren. In der gleichen Pfanne die Hühnerteile zusammen mit den Möhren- und Kartoffelstücken sautieren.

Zum Anrichten etwas grünen Salat auf jeden Teller geben, 2 *enchiladas* und eine Portion Geflügel darauflegen. Möhren und Kartoffeln am Tellerrand verteilen. Mit den Zwiebeln und dem restlichen *queso fresco* garnieren.

Für 6 Personen

MICHOACÁN

POLLO EN CUÑETE
Huhn im Tontopf

Traditionell bereitet man dieses Gericht in einem irdenen Gefäß zu, das mit einer Schicht »masa« verschlossen wird. Da während des Garens kleine Teigstücke abbrechen und in den Topf fallen, dickt die Sauce leicht ein. Bei der hier vorgestellten modernen Abwandlung ist die Zubereitung erheblich einfacher.

1 Huhn (etwa 1,5 kg), in Portionsstücke zerlegt
11 Knoblauchzehen, zerdrückt
1 EL grobes Salz
1 TL frisch gemahlener Pfeffer
2 EL Maiskeim- oder anderes Pflanzenöl
20 kleine neue Kartoffeln, geschält
180 ml Rotweinessig
80 ml Olivenöl
2 TL Salz
6 Lorbeerblätter
2 EL getrockneter Thymian
2 EL getrockneter Majoran
2 *chiles serranos* (nach Belieben)

Die Hühnerteile mit Knoblauch, Salz und Pfeffer einreiben und für 2–4 Stunden in den Kühlschrank stellen.

Das Öl in einer großen schweren Pfanne erhitzen. Das Geflügel kurz anbraten und dann in eine *cazuela* oder einen großen Topf legen. Im gleichen Öl die Kartoffeln leicht bräunen, herausnehmen und beiseite stellen. Den Essig in die Pfanne geben, zum Kochen bringen und den Bratensatz mit dem Kochlöffel lösen. Den Essig durch ein Sieb über die Hühnerteile geben.

Olivenöl, Salz, Lorbeerblätter, Thymian und Majoran zum Geflügel geben. Bei starker Hitze zum Kochen bringen, dann den Deckel auflegen und die Temperatur herunterschalten. Alle 10 Minuten umrühren. Nach 35 Minuten *chiles* und Kartoffeln hinzufügen und abschmecken.

Alles bei schwacher Hitze noch etwa 15 Minuten zugedeckt garen, bis die Kartoffeln weich sind.

Für 4–5 Personen

Rechte Seite: *Huhn im Tontopf*

OAXACA

POLLO A LAS HIERBAS DE LA SIERRA
Huhn mit Gebirgskräutern

Dieses aromatische Geflügelgericht stammt von Socorrito Zorrilla, einem Gastwirt aus Oaxaca. Kleine Kartoffeln mit Knoblauch eignen sich gut als Beilage. Wer Freunde hat, die in einer Gegend leben, wo Avocados wachsen, sollte sich von ihnen Avocadoblätter schicken lassen, die für dieses Rezept auch getrocknet verwendet werden können.

1 großes Huhn (etwa 2 kg), in 4 Stücke zerlegt
Salz
Frisch gemahlener Pfeffer
3 *chiles anchos*
2 *chiles guajillos*
250 g Tomaten, enthäutet und gehackt
4 Knoblauchzehen
½ kleine Zwiebel, grobgehackt
60 ml Essig
500 ml Wasser
12 Avocadoblätter mit Blattstielen
1 Zweig Rosmarin
20 g frischer Oregano

Das Geflügel mit Salz und Pfeffer würzen und beiseite stellen.

Die *chiles* rösten (s. Glossar), Samen und Scheidewände entfernen. *Chiles* und Tomaten in einem kleinen Topf bei mittlerer Temperatur garen, bis sie weich sind. Dann zusammen mit Knoblauch, Zwiebeln und Essig im Mixer pürieren. Die Hühnerteile mit dieser Sauce überziehen und zum Marinieren 20 Minuten bei Raumtemperatur stehenlassen.

Das Wasser zum Kochen bringen. Die Hälfte der Kräuter in eine hohe *cazuela* oder einen Schmortopf legen, das Geflügel darauflegen und mit den verbliebenen Kräutern bedecken. Dann das kochende Wasser angießen. Zugedeckt etwa 40 Minuten bei schwacher Hitze garen, bis das Hühnerfleisch weich ist. Zum Servieren das Geflügel auf den Kräutern anrichten (Abbildung S. 104–105).

Für 6 Personen

ESTADO DE MÉXICO

CLEMOLE CASTELLANO
Ente auf kastilische Art

Als »clemoles« werden nahrhafte Suppen bezeichnet oder Gerichte mit Saucen, die leichter als »moles« sind. Das Rezept für diese »clemole« mit Ente stammt von Alicia Gironella De'Angeli, einer angesehenen mexikanischen Kochbuchautorin.

30 g Butter
1 EL Öl
4 ganze Entenbrustfilets (je etwa 250 g), längs halbiert
100 g Pinienkerne
100 g Walnüsse, gehackt
100 g Haselnüsse, gehackt
3 *chiles anchos,* Samen und Scheidewände entfernt
2 *chiles pasillas,* Samen und Scheidewände entfernt
1 EL *chile*-Samen
100 g Semmelbrösel
1,5 l Enten- oder Hühnerbrühe (S. 72)
3 EL brauner Zucker oder Honig
4 Avocadoblätter, geröstet und zerkrümelt, oder ½ TL Anissamen, leicht geröstet (s. Glossar)
Salz
Frisch gemahlener Pfeffer
30 g Pinienkerne (zum Garnieren, nach Belieben)

Butter und Öl in einer großen schweren Pfanne bei mittlerer Temperatur erhitzen. Die Entenbruststücke auf jeder Seite etwa 3–4 Minuten sautieren, damit ein Teil des Fetts ausbrät, und beiseite stellen.

Im Entenfett die Nüsse, *chiles,* Chili-Samen und Semmelbrösel bei mittlerer Hitze leicht bräunen. Abkühlen lassen, dann mit etwas Brühe zu einer glatten Sauce pürieren. Zucker und Avocadoblätter hinzufügen und die Sauce köcheln lassen, bis sie eindickt. Mit Salz und Pfeffer abschmecken. Beiseite stellen.

Die Entenbrusthälften mit wenig Öl in einer großen schweren Pfanne bei starker Hitze zuerst auf der Hautseite goldbraun braten, dann wenden und bei mittlerer Hitze weitere 3–4 Minuten garen. Die Entenbrüste sollten innen rosa sein.

Zum Servieren etwas Sauce auf die Teller schöpfen, die Entenbrusthälften darauflegen und mit Sauce überziehen. Nach Belieben mit Pinienkernen garnieren.

Für 6 Personen

SALSA DE JALAPEÑOS Y ACEITUNAS PARA PATO
Chili-Oliven-Sauce zu Ente

Die ersten Spanier pflanzten Weinstöcke und Olivenbäume in Baja California. Sherry und Oliven sind Bestandteil dieser köstlichen Sauce von Alicia Gironella De'Angeli. Die Sauce paßt nicht nur ausgezeichnet zu sautierter Entenbrust, sondern auch zu jedem anderen Rezept mit Ente.

2 EL gehackte Zwiebeln
4 Knoblauchzehen, gehackt
375 ml trockener Sherry oder trockener Weißwein
60 ml Olivenöl
2 eingelegte *chiles jalapeños,* Samen und Scheidewände entfernt
125 g grüne Oliven, entsteint
4 EL feingehackte Petersilie
Frisch gemahlener weißer Pfeffer
375 ml Enten- oder Hühnerbrühe (S. 72)

In einem kleinen Topf die Zwiebeln und die Hälfte des Knoblauchs bei schwacher Hitze im Sherry garen, bis das Ganze die Konsistenz von Marmelade hat.

In einer schweren Pfanne 1 Eßlöffel des Öls erhitzen. *Chiles,* Oliven und fast die gesamte Petersilie dazugeben und 1–2 Minuten sautieren. Dann die Zwiebel-Knoblauch-Reduktion unterrühren und alles 4 Minuten bei niedriger Temperatur erhitzen. Von der Kochstelle nehmen und mit weißem Pfeffer würzen. Abkühlen lassen.

Die Mischung im Mixer pürieren, dabei nach und nach die Brühe hinzufügen. Durch ein Sieb gießen.

Die Sauce über das Entenfleisch schöpfen. Dazu passen sehr gut Gemüsemais und Champignons, die mit Knoblauch und gehackter Petersilie in Öl sautiert wurden.

Für 4 Personen

Rechte Seite: *Ente mit Chili-Oliven-Sauce* (oben) *und Ente auf kastilische Art* (unten)

Truthahn in Poblano-Mole

PUEBLA

MOLE POBLANO DE GUAJOLOTE
Truthahn in Poblano-Mole

Dieses berühmte Gericht wurde angeblich im 17. Jahrhundert in Puebla von Schwester Andrea de la Asunción kreiert, einer Dominikanernonne aus dem Kloster Santa Rosa. Das Originalrezept umfaßt mehr als einhundert Zutaten. Noch heute ist »mole poblano« das klassische Gericht für festliche Anlässe, wie Hochzeiten und Taufen. Die Sauce wird am besten im voraus zubereitet – nicht nur wegen des Arbeitsaufwandes, sondern weil sie auch besser schmeckt, wenn die verschiedenen Aromen miteinander verschmolzen sind.

1 junger Truthahn (etwa 4 kg), in Portionsstücke zerlegt
4 l Wasser
4 Knoblauchzehen
½ Zwiebel
1 EL Salz

SAUCE

125 ml sowie 2 EL Öl
220 g *chiles anchos,* Samen und Scheidewände entfernt
100 g *chiles pasillas,* Samen und Scheidewände entfernt
300 g *chiles mulatos,* Samen und Scheidewände entfernt
4 *chiles chipotles*
750 g Tomaten
1 Zwiebel, grobgehackt
10 Knoblauchzehen
150 g Mandeln, enthäutet
100 g Erdnußkerne
8 Nelken
4 schwarze Pfefferkörner
1 Stück Zimtstange (etwa 4 cm lang)
½ TL Anissamen
100 g Rosinen
100 g Block- oder Kochschokolade
1 EL Zucker
2 EL Salz (oder nach Belieben)
60 g Sesam

Truthahn, Wasser, Knoblauch, Zwiebeln und Salz in einen großen Topf oder Bräter geben. Zum Kochen bringen, den Deckel auflegen und die Truthahnteile etwa 1 Stunde bei mittlerer Hitze köcheln lassen, bis sie weich sind. Herausnehmen und beiseite stellen.

Für die Sauce in einer schweren Pfanne 2 Eßlöffel Öl erhitzen, die *chiles anchos, pasillas* und *mulatos* hinzufügen und 1–2 Minuten sautieren. Herausnehmen und die Pfanne mit dem restlichen Öl beiseite stellen. Die Chillies in eine Schüssel füllen, mit heißem Wasser übergießen und 30 Minuten einweichen. Abgießen und im Mixer pürieren. Beiseite stellen.

Die *chiles chipotles* und die Tomaten rösten (s. Glossar). Die Tomaten enthäuten und zusammen mit den *chiles chipotles* im Mixer pürieren. Beiseite stellen.

Im gleichen Öl, in dem die *chiles* sautiert wurden, die Zwiebel und den Knoblauch 2–3 Minuten anbraten. In den Mixer geben. Dann die Mandeln in die Pfanne geben und 5 Minuten sautieren. Erdnüsse, Nelken, Pfefferkörner, Zimtstange und Anissamen hinzufügen und alles 3 Minuten sautieren. Zusammen mit den Rosinen in den Mixer geben und pürieren.

In einem großen Topf oder Bräter 125 ml Öl erhitzen. Alle pürierten Zutaten hineingeben und unter ständigem Rühren 5 Minuten kochen lassen. Schokolade und Zucker hinzufügen und weiterrühren. Sobald die Mischung wieder zum Kochen kommt, 1 l der zurückgestellten Brühe angießen. Den Deckel auflegen und die Sauce 20 Minuten bei niedriger Temperatur köcheln lassen. Mit Salz würzen und die Sauce abschmecken. Falls sie zu dickflüssig ist, noch etwas Brühe unterrühren.

Die Truthahnteile in die Sauce legen und alles zugedeckt 10 Minuten bei mittlerer Temperatur köcheln lassen. In der Zwischenzeit in einer kleinen schweren Pfanne den Sesam bei mittlerer Hitze goldgelb rösten und vor dem Servieren über die *mole* mit dem Truthahn streuen.

Für 10–12 Personen

MÉXICO, DISTRITO FEDERAL

POLLO EN CACAHUATE
Huhn in Erdnußsauce

Dieses Rezept von María Dolores Torres Yzábal, einer Anhängerin der traditionellen mexikanischen Küche, basiert auf einem spanischen Hühnergericht mit Mandeln, die hier durch Erdnüsse ersetzt wurden. Andere mexikanische Abwandlungen sind schärfer, da anstelle von Sherry »chiles« verwendet werden. Als Beilage zu diesem Gericht eignen sich kleine Salzkartoffeln.

60 ml Öl
1 Huhn (etwa 1,5 kg), in Portionsstücke zerlegt
500 ml Hühnerbrühe (S. 72)
1 Zwiebel, grobgehackt
1 Knoblauchzehe, gehackt
1 Stück Zimtstange (etwa 2,5 cm lang)
2 Pimentkörner
3 Tomaten, enthäutet, entkernt und geviertelt
100 g Erdnußkerne
125 ml trockener Sherry
Salz

Das Öl in einer schweren Pfanne erhitzen und die Hühnerteile goldbraun braten. Die Pfanne mit dem Öl beiseite stellen. Das Geflügel anschließend mit der Brühe in einen großen Topf geben und etwa 30 Minuten garen, bis es weich ist. Herausnehmen und die Brühe beiseite stellen.

In der Pfanne Zwiebeln, Knoblauch, Zimt und Piment im vorhandenen Öl sautieren. Mit einem Schaumlöffel herausheben und in den Mixer geben. Tomaten, Erdnüsse und 125 ml Brühe (eventuell etwas mehr) hinzufügen. Die Zutaten pürieren, bis eine vollkommen glatte Sauce entstanden ist, dann den Sherry unterrühren. Das Geflügel in einen Topf legen und mit der Sauce übergießen. Den Deckel auflegen und alles bei niedriger Temperatur köcheln lassen, bis die Sauce leicht eindickt. Mit Salz abschmecken.

Für 4 Personen

VERACRUZ

POLLO EN AJILLO
Huhn in Knoblauchsauce

Wer gern Knoblauch ißt, wird an diesem herzhaften, farbenfrohen Gericht aus Jalapa, der Hauptstadt des Bundesstaates Veracruz, Gefallen finden. Diana Kennedy, die das Rezept beisteuerte und als Autorität der mexikanischen Küche gilt, empfiehlt, ein festfleischiges Brathuhn zu verwenden, das beim Garen nicht so leicht auseinanderfällt. Dieses Gericht läßt sich auch mit Schweinefleisch oder Fisch zubereiten, wobei die Garzeiten entsprechend abzuändern sind.

Salz
1 Brathuhn (etwa 1,5 kg), in Portionsstücke zerlegt
2¼ l Wasser
4 *chiles anchos*, Samen und Scheidewände entfernt
6 *chiles guajillos*
80 ml Olivenöl
14 Knoblauchzehen

Die Hühnerteile leicht salzen. Mit 2 l Wasser in einem großen Topf oder Bräter bei mittlerer Hitze zum Kochen bringen. Den Deckel auflegen. Das Geflügel etwa 20 Minuten köcheln lassen, bis es fast gar ist; die Stücke dabei einmal wenden. Abgießen und die Brühe beiseite stellen.

In der Zwischenzeit die *chiles anchos* 15 Minuten in heißem Wasser einweichen, dann abgießen. Die *chiles* mit 250 ml frischem Wasser im Mixer pürieren. Den Knoblauch mit 80 ml Brühe pürieren. Beiseite stellen.

Die *chiles guajillos* in etwa 6 mm breite Ringe schneiden, Samen und Scheidewände entfernen.

Das Öl in einer schweren Pfanne erhitzen und die Chiliringe einige Sekunden darin braten, bis sie knusprig sind. Den pürierten Knoblauch dazugeben und 10 Sekunden sautieren. Nun die pürierten *chiles anchos* hinzufügen und alles 5 Minuten köcheln lassen, bis die Sauce etwas eingekocht ist; dabei ständig den Satz vom Pfannenboden lösen. Die zurückgestellte Hühnerbrühe angießen, die Sauce abschmecken und erhitzen.

Die Hähnchenteile zurück in den Topf legen, Sauce darüberschöpfen und den Deckel auflegen. Das Ganze unter häufigem Rühren 25 Minuten bei schwacher Hitze garen.

Für 4 Personen

Huhn in Knoblauchsauce (oben) *und Huhn in Erdnußsauce* (unten)

Zutaten für Huhn nach Guadalajara-Art (links) *und Huhn in Kürbiskernsauce* (rechts)

JALISCO

Pollo Guadalajara
Huhn nach Guadalajara-Art

Guadalajara, die Hauptstadt des Bundesstaates Jalisco, ist heute eine moderne Stadt, doch ihre Küche ist der traditionellen Kochkunst verhaftet geblieben. Dieses kalte Hühnergericht ist eine Spezialität des 19. Jahrhunderts.

1 großes Brathuhn (etwa 2,5 kg)
½ Zwiebel
4 Knoblauchzehen
2 EL Salz
¼ TL frisch gemahlener Pfeffer
7 kleine Stengel Petersilie
1,5 kg reife Tomaten
250 g Zwiebeln, feingehackt
3 EL Rotweinessig
2 TL Öl
1 EL getrockneter Oregano

Das Huhn in einem großen Topf oder Bräter mit kaltem Wasser bedecken. Die halbe Zwiebel, Knoblauch, 1 Eßlöffel Salz, Pfeffer und Petersilie dazugeben. Sobald das Wasser zum Kochen kommt, die Hitze reduzieren. Den Deckel auflegen und das Huhn etwa 35 Minuten garen, bis es weich ist. Herausnehmen, abkühlen lassen und in Portionsstücke zerlegen.

In der Zwischenzeit die Tomaten rösten und enthäuten (s. Glossar). Im Mixer pürieren und durch ein Sieb in eine große Schüssel geben. Gehackte Zwiebeln, Essig, Öl, Oregano und den verbliebenen Eßlöffel Salz hinzufügen. Abschmecken.

Die Hühnerteile in der Tomatensauce wenden, um sie damit zu überziehen. Die Schüssel abdecken und für mindestens 3 Stunden in den Kühlschrank stellen. Kalt servieren.

Für 6 Personen

PUEBLA

POLLO EN PIPIÁN VERDE
Huhn in Kürbiskernsauce

»Pipián« war ursprünglich eine einfache Sauce zu Fisch oder Wild, die aus gemahlenen Kürbiskernen und frischen grünen oder getrockneten roten Chillies hergestellt und schon in vorkolumbianischer Zeit von den Azteken und Tarasken zubereitet wurde. Von den Nonnen in Puebla wurde sie mit Kräutern und Gewürzen verfeinert und zu Schweinefleisch und Huhn gereicht. Als die Sauce dann auch in anderen Teilen Mexikos Verbreitung fand, erhielt sie den Namen »mole verde«.

1 kg große Hühnerbrustfilets
1 l Wasser
3 Knoblauchzehen
½ Zwiebel, grobgehackt
3 Stengel Petersilie
1 EL Salz

KÜRBISKERNSAUCE

12 *chiles serranos*
1 kg *tomatillos,* Hüllen entfernt
¼ Zwiebel
2 Knoblauchzehen
1 Blatt Römischer Salat
4 EL grobgehackter *cilantro*
1 EL grobgehackte Rettichblätter
180 g Kürbiskerne
60 g Erdnußkerne
2 EL Öl

Gratinierte Hühnerbrust in Chili-Sauce

Hühnerbrüste, Wasser, Knoblauch, grobgehackte Zwiebeln, Petersilie und Salz in einen großen Topf geben. Zugedeckt 20 Minuten köcheln lassen. Herausnehmen und die Brühe beiseite stellen. Die Haut entfernen und jede Hühnerbrust halbieren. Beiseite stellen.

Für die Sauce die *chiles* in einen Topf mit kochendem Wasser geben und ohne Deckel 8 Minuten kochen lassen. Dann die *tomatillos* hinzufügen und 4–5 Minuten kochen lassen, bis sie ihre Farbe verändern, dann abgießen. *Chiles* und *tomatillos* zusammen mit dem Zwiebelviertel, Knoblauch, Salat, *cilantro* und Rettichblättern in den Mixer geben und pürieren. Beiseite stellen.

Einen *comal* oder eine schwere Pfanne erhitzen und die Kürbiskerne etwa 3 Minuten unter ständigem Rühren rösten, bis sie aufplatzen. Zusammen mit den Erdnüssen in einer Nußmühle oder im Mixer feinmahlen; keine Flüssigkeit hinzufügen.

Das Öl in einer schweren Pfanne erhitzen, gemahlene Kürbiskerne und Erdnüsse hinzufügen und unter ständigem Rühren 2 Minuten sautieren. Nach und nach das *tomatillo*-Püree dazugeben und gründlich durchrühren, damit keine Klümpchen entstehen. 500 ml der zurückgestellten Brühe hinzufügen. Die Sauce abschmekken, aufkochen und dann ohne Deckel 10 Minuten köcheln lassen. Die Hühnerbruststücke dazugeben und bei mittlerer Hitze 15 Minuten köcheln lassen. Behutsam umrühren, damit sich die Sauce nicht trennt. Wenn sie zu stark eindickt, etwas Brühe angießen.

Für 6 Personen

SAN LUIS POTOSÍ

PECHUGAS EN SALSA DE POBLANO GRATINADAS
Gratinierte Hühnerbrust in Chili-Sauce

»Chiles« wachsen in San Luis Potosí im Überfluß. Häufig verwendet man sie zusammen mit ausgezeichneten regionalen Käsesorten aus Kuh- oder Ziegenmilch für gehaltvolle, sahnige Gerichte wie dieses.

3 ganze Hühnerbrüstchen (je etwa 375 g)
Salz
Frisch gemahlener Pfeffer
1 großer *chile poblano*
60 ml Milch
60 g Butter
1 EL Mehl
250 ml dicke Sahne (s. Glossar) oder Crème fraîche
45 g Cheddar, gerieben

Haut und Knochen vom Hühnerfleisch ablösen. Die Bruststücke halbieren, leicht flachklopfen und mit Salz und Pfeffer würzen. Für 20 Minuten in den Kühlschrank stellen.

Stiel, Samen und Scheidewände vom *chile* entfernen und ihn dann mit der Milch im Mixer pürieren.

In einem kleinen Topf 2 Eßlöffel Butter zerlassen. Das Mehl dazugeben und glattrühren. Dann das Chili-Püree und die Sahne unterrühren. Alles bei niedriger Temperatur unter ständigem Rühren erhitzen, bis die Sauce kocht und eindickt. Von der Kochstelle nehmen und mit Salz abschmecken. (Die Sauce kann bis zu 6 Stunden im voraus zubereitet und vor der Verwendung bei schwacher Hitze aufgewärmt werden.)

Den Backofen auf 180 °C (Gas Stufe 2–3) vorheizen. Die restlichen 2 Eßlöffel Butter in einer schweren Pfanne zerlassen und das Hühnerfleisch auf jeder Seite 2 Minuten braten. Eine kleine Auflaufform leicht einfetten, die Hühnerbruststücke hineinlegen, die Chili-Sauce darübergeben, mit dem Käse bestreuen und 10 Minuten überbacken.

Für 3–4 Personen

PUEBLA

Pollo en Orégano
Oregano-Huhn

Aus Tehuacán im östlichen Puebla kommt das bekannteste Mineralwasser Mexikos. An den Berghängen rund um die Stadt wächst der Oregano, und die örtlichen Zuckerraffinerien produzieren die Rohrzuckerkegel, die diesem Hühnergericht von María Dolores Torres Yzábal ihren einzigartigen Geschmack verleihen.

1 großes Huhn (etwa 2 kg), in Portionsstücke zerlegt
Salz
Frisch gemahlener Pfeffer
90 ml Öl
500 g *tomatillos,* Hüllen entfernt und grobgehackt
½ Zwiebel, gehackt
2 eingelegte *chiles chipotles,* grobgehackt
2 Knoblauchzehen, zerdrückt
5 EL *piloncillo* oder brauner Zucker
1½ EL frischer oder 2 TL getrockneter Oregano
250 ml Hühnerbrühe (S. 72)

Das Geflügel mit Salz und Pfeffer würzen. In einem großen schweren Topf das Öl erhitzen. Das Huhn kurz anbraten, ohne es zu bräunen. Aus dem Topf nehmen und das Öl bis auf 1 Eßlöffel weggießen.

Tomatillos, Zwiebeln, *chiles* und Knoblauch in den Topf geben und bei schwacher Hitze unter ständigem Rühren sautieren, bis die Zwiebeln glasig sind. Zucker, Oregano und Brühe hinzufügen und alles köcheln lassen, bis die Flüssigkeit leicht eindickt. Abschmekken. Die Hühnerteile dazugeben und zugedeckt etwa 30 Minuten köcheln lassen, bis sie gar sind.

Für 6 Personen

Zutaten für Oregano-Huhn

NAYARIT

GALLINAS DE GUINEA AL MANGO
Junge Perlhühner mit Mangosauce

Saftige, vollreife Mangos, die in den tropischen Regionen Mexikos wachsen, verleihen den Perlhühnern in diesem ungewöhnlichen Rezept eine angenehme Süße.

6 küchenfertige junge Perlhühner (je etwa 750 g)
3 TL frisch gemahlener Pfeffer
3 Knoblauchzehen
2 EL Salz
180 ml Wasser
180 g Butter, zerlassen

SAUCE

1 Dose Mangos (185 g Fruchtfleisch und 375 ml Sirup)
1 EL Butter
1 EL brauner Zucker

Die Perlhühner mit Pfeffer würzen.

Die Knoblauchzehen mit Salz und Wasser im Mixer pürieren. Die Perlhühner damit übergießen und zum Marinieren für 2 Stunden in den Kühlschrank stellen.

Für die Sauce das Fruchtfleisch der Mangos zusammen mit dem Sirup im Mixer pürieren. Die Butter in einer kleinen schweren Pfanne zerlassen. Mangopüree und braunen Zucker hinzufügen und durchrühren. Wenn die Fruchtsauce zu kochen beginnt, die Pfanne von der Kochstelle nehmen und beiseite stellen.

Etwa 1 Stunde vor dem Servieren den Backofen auf 260 °C (Gas Stufe 6–7) vorheizen. Eine große ofenfeste Form einfetten und die Stubenküken mit der Brustseite nach unten hineinlegen. Mit der zerlassenen Butter bestreichen und für 15 Minuten in den Ofen schieben. Das Geflügel dann wenden und weitere 15 Minuten im Ofen braten; dabei häufig begießen. Die Temperatur auf 190 °C (Gas Stufe 3) herunterschalten, die Perlhühner erneut wenden und noch 10 Minuten garen. Dann herausnehmen und die Mangosauce unter den Bratensaft rühren.

Die Perlhühner mit der Brustseite nach oben in die Form legen und mit der Mangosauce überziehen. Noch etwa 5–7 Minuten in den Backofen schieben, bis die Hühner goldbraun sind. Mit einigen zusätzlichen Mangostücken garnieren und sofort servieren.

Für 8–10 Personen

GUERRERO

PECHUGAS DE PATO EN SALSA DE CIRUELA
Wildentenbrust in Pflaumensauce

Bei der Wildentenjagd stellten sich die Indianer früher bis zum Hals in flache Lagunengewässer und stülpten sich einen ausgehöhlten Kürbis über den Kopf. So warteten sie geduldig, bis die Enten kamen, um den Kürbis zu inspizieren – die neugierigsten fingen sie dann mit den bloßen Händen. Das folgende Rezept von Kay Mendieta de Alonso, einer Köchin aus Acapulco, läßt sich selbstverständlich auch mit Entenbrust von Hausenten zubereiten.

5 Wildentenbrüste (je etwa 250 g), halbiert
125 ml trockener Rotwein
3 Knoblauchzehen, zerdrückt
12 reife rote Pflaumen, halbiert und entsteint
180 ml Wasser
1 EL brauner Zucker

Wildentenbrust in Pflaumensauce (links) *und Junge Perlhühner mit Mangosauce* (rechts)

1 EL Butter
4 Scheiben Frühstücksspeck
1 Zwiebel, feingehackt
180 ml Orangensaft
Frisch gemahlener Pfeffer
1 TL Salz
1 EL weißer Tequila

ZUM GARNIEREN

6 Pflaumen, halbiert und entsteint
2 TL Butter
2 TL brauner Zucker
¼ TL Salz

Rotwein und Knoblauch verrühren, die Entenbruststücke darin wenden und zum Marinieren für mindestens 4 Stunden – am besten über Nacht – in den Kühlschrank stellen. Abtropfen lassen und beiseite stellen.

Die Pflaumen, 60 ml Wasser und den Zucker in einen Topf geben. Bei niedriger Temperatur etwa 6–8 Minuten unter ständigem Rühren erhitzen, bis die Pflaumen weich werden, dann durch ein Sieb streichen. Den Topf mit den restlichen 120 ml Wasser ausschwenken, die Flüssigkeit durchsieben und zum Pflaumenpüree geben. Beiseite stellen.

Die Butter in einer großen schweren Pfanne zerlassen und den Speck braun und knusprig braten. Den Speck herausnehmen, in kleine Stücke brechen und beiseite stellen. Das Entenfleisch in die Pfanne legen und auf jeder Seite 2 Minuten leicht anbraten. Herausnehmen und beiseite stellen.

In derselben Pfanne die Zwiebeln etwa 2 Minuten sautieren, bis sie glasig sind. Mit dem Orangensaft ablöschen, den Bratensatz vom Pfannenboden lösen, dann Pfeffer, Salz und Tequila hinzufügen. Die Flüssigkeit aufkochen lassen und durch ein Sieb in einen großen schweren Topf gießen. Das Pflaumenpüree unterrühren. Das Entenfleisch mit in den Topf legen und zugedeckt etwa 40 Minuten bei schwacher Hitze köcheln lassen, bis es gar ist. Wenn die Sauce zu stark eindickt, etwas Hühnerbrühe oder Wasser angießen. Abschmecken.

Die Entenbrust auf einer Platte anrichten, mit Pflaumensauce überziehen und mit Speck bestreuen.

Zum Garnieren die halbierten Pflaumen kurz in der Butter schwenken und mit braunem Zucker und Salz bestreuen.

Für 5–6 Personen

CAMPECHE

Pavo en Frío
Kalter Truthahn

Obwohl es in den Busch- und Regenwäldern Mexikos noch immer wildlebende Truthähne gibt, finden heute in der Küche fast ausschließlich die Nachfahren jener Tiere Verwendung, die bereits vor Jahrhunderten von den Maya domestiziert wurden.

1 junger Truthahn (etwa 3,5 kg)
100 g roher Schinken, in Streifen geschnitten
5 Knoblauchzehen, in feine Scheibchen geschnitten
2 Avocadoblätter, die mittleren Blattrippen entfernt und in Streifen geschnitten
12 schwarze Pfefferkörner
1 EL Zimtpulver
1 EL Muskatnuß, gerieben
1 TL Nelkenpulver
Wasser
½ Knolle Knoblauch
½ Zwiebel
1 EL Salz
250 ml Olivenöl
1 l Weißwein
1 große Zwiebel, geviertelt
2 Orangen, in Scheiben geschnitten
125 ml Limettensaft

DRESSING

180 ml Rotweinessig
380 ml Olivenöl
Salz

Rundum kleine Taschen in den Truthahn schneiden und die Schinkenstreifen, Knoblauchscheibchen, Avocadoblätter und Pfefferkörner hineinstecken. Den Truthahn mit Zimt, Muskat und Nelken einreiben und in ein dünnes Leintuch einschlagen. In einen großen Topf oder Bräter legen und das Wasser, die ½ Knolle Knoblauch, die ½ Zwiebel und das Salz hinzufügen. Den Deckel auflegen und den Truthahn 1½ Stunden köcheln lassen. Dann herausnehmen, die Brühe durch ein Sieb gießen und beiseite stellen.

Den Truthahn und 2 Liter der Brühe zurück in den Topf geben, Öl, Wein, Zwiebelviertel, Orangenscheiben und Limettensaft hinzufügen. Zugedeckt etwa 1 Stunde bei mittlerer Hitze köcheln lassen, bis der Truthahn gar ist; ihn während dieser Zeit gelegentlich mit Brühe übergießen. Den Truthahn aus dem Topf heben und 30 Minuten abkühlen lassen. Dann das Tuch entfernen.

Für das Dressing 750 ml Brühe aus dem Topf abmessen und mit Essig und Öl verrühren. Mit Salz abschmecken.

Die Haut vom Truthahn ablösen. Schenkel und Brustfleisch in Scheiben schneiden und auf einer großen Platte anrichten. Das Dressing darübergeben und das Fleisch zugedeckt für mindestens 2 Stunden in den Kühlschrank stellen.

Für 12–14 Personen

YUCATÁN

Pollo en Escabeche
Mariniertes Huhn

Das Wort »escabeche« leitet sich von »sakbāğ« ab, dem arabischen Begriff für »saures Fleischgericht«, und bezeichnet ein Marinierverfahren. In Mexiko verwendet man dazu Wein oder Essig mit Zitrussaft, Lorbeerblättern und anderen Kräutern. Dieses Maya-Rezept beinhaltet außerdem die traditionelle »achiote«-Paste oder »recado rojo«, die es in mexikanischen Spezialitätengeschäften (s. Bezugsquellenverzeichnis) auch fertig zu kaufen gibt.

1 Huhn (etwa 1,5 kg), in Stücke zerlegt
2,5 l Wasser
½ Zwiebel, geröstet (s. Glossar)
4 Knoblauchzehen, geröstet (s. Glossar)
Salz
3 Stengel *cilantro*
2 TL getrockneter Oregano
1 TL Kreuzkümmelpulver
4 ungeschälte Knoblauchzehen
250 ml Orangensaft
125 ml Limettensaft oder 375 ml Pomeranzensaft
500 g rote Zwiebeln, in dünne Scheiben geschnitten
1 TL Salz
6 *chiles habaneros,* geröstet (s. Glossar)

MARINADE

90 g *achiote*-Paste (S. 121)
125 ml Orangensaft
60 ml Limettensaft
1 EL Schweineschmalz, zerlassen und abgekühlt

Kalter Truthahn (links) *und Marinierte Huhn* (rechts)

Die Hühnerteile mit dem Wasser, der gerösteten Zwiebel, dem gerösteten Knoblauch, 1 Eßlöffel Salz und dem *cilantro* in einen großen Topf oder Bräter geben. Bei mittlerer Hitze etwa 30 Minuten zugedeckt köcheln lassen, bis das Hühnerfleisch weich ist. Aus dem Topf nehmen und die Brühe beiseite stellen.

In der Zwischenzeit Oregano, Kreuzkümmel und Knoblauch rösten (s. Glossar). Den Knoblauch schälen und zusammen mit den soeben gerösteten Zutaten im Mixer pürieren.

Das Püree, die roten Zwiebeln und 1 Teelöffel Salz in eine Auflaufform geben. Durchrühren und bei mittlerer Hitze zum Kochen bringen. Von der Kochstelle nehmen, die *chiles* hinzufügen und mindestens 2 Stunden durchziehen lassen.

Für die Marinade die *achiote*-Paste in einer kleinen Schüssel mit dem Orangen- und Limettensaft glattrühren.

Die Hühnerteile mit der Mischung bestreichen und zum Marinieren 30 Minuten bis 1 Stunde bei Raumtemperatur stehenlassen. Das Geflügel anschließend gründlich mit dem zerlassenen Schweineschmalz bestreichen.

Den Garten- oder Küchengrill vorheizen und den Rost leicht einfetten. Die Hühnerteile auf jeder Seite 5 Minuten grillen, dann abkühlen lassen, das Fleisch ablösen und in Streifen schneiden. Zum Servieren das Hühnerfleisch auf einer großen Platte anrichten und mit den roten Zwiebeln und *chiles* bedecken.

Für 6–8 Personen

Recado Rojo
Achiote-Paste

1 EL *achiote*-Samen
½ TL Kreuzkümmelpulver
1 TL getrockneter Oregano
8 schwarze Pfefferkörner
½ TL Pimentpulver
1 Nelke
¼ TL *chile piquín,* gemahlen
½ TL Salz
2 Knoblauchzehen
3 EL Pomeranzensaft oder 2 EL Orangensaft mit 1 EL Essig verrührt

Im Mörser *achiote*-Samen, Oregano, Pfefferkörner und Nelke zerstoßen, *chile piquín* mit Kreuzkümmel, Piment und Salz gründlich vermischen.

Den Knoblauch im Mörser oder *molcajete* zerstampfen. Die Gewürzmischung dazugeben, den Orangensaft hinzufügen und alles zu einer Paste verrühren. Die Paste in ein kleines Schraubdeckelglas füllen und bis zur Verwendung im Kühlschrank aufbewahren.

Ergibt etwa 90 g

Huhn mit Früchten in Chili-Sauce (oben) *und Pistazien-Mole* (unten)

MÉXICO, DISTRITO FEDERAL

MOLE DE PISTACHE
Pistazien-Mole

Diese »mole«, die Pistazien und Avocadoblätter enthält, wurde von Martha Chapa kreiert. Sie kombiniert die Aromen von Pistazien, Avocadoblättern und Weißwein für dieses köstliche Geflügelgericht.

8 ganze Hühnerschenkel
750 ml Weißwein
750 ml Wasser
2 Zwiebeln, in Scheiben geschnitten
4 Knoblauchzehen
4 frische oder getrocknete Avocadoblätter
Salz
100 g Butter
2 EL Öl
1 *chile poblano,* geröstet (s. Glossar), enthäutet und Scheidewände entfernt
320 g Pistazienkerne, enthäutet
Frisch gemahlener Pfeffer

ZUM GARNIEREN

½ Zwiebel, in Streifen geschnitten
1 EL Butter
Frische Avocadoblätter (nach Belieben)

In einem großen Topf die Hühnerschenkel in Wein und Wasser, zusammen mit der Hälfte der Zwiebeln und Knoblauch, Avocadoblättern und Salz, zugedeckt etwa 30 Minuten bei mittlerer Temperatur köcheln lassen, bis das Hühnerfleisch gar ist. Herausnehmen, die Brühe durch ein Sieb gießen und die Hühnerschenkel zurück in den Topf legen.

Während das Hühnerfleisch gart, Butter und Öl in einer schweren Pfanne erhitzen. Den *chile*, die restlichen Zwiebeln und die Pistazienkerne hinzufügen und sautieren, bis alles leicht gebräunt ist. Die Zutaten zusammen mit etwas Brühe im Mixer oder in der Küchenmaschine pürieren. Das Püree in einen Topf geben und zugedeckt bei sehr schwacher Hitze 30 Minuten köcheln lassen. Die Hühnerschenkel damit überziehen und zugedeckt 5 Minuten köcheln lassen. Vor dem Servieren mit Pfeffer und Salz abschmecken.

Die Zwiebelstreifen in einer kleinen schweren Pfanne etwa 5 Minuten in der Butter sautieren, bis sie glasig sind. Die Hühnerschenkel mit den Zwiebeln und nach Belieben mit Avocadoblättern garnieren.

Für 4–6 Personen

OAXACA

MANCHAMANTELES
Huhn mit Früchten in Chili-Sauce

Der spanische Name dieses Gerichts, das zu den sieben »moles« von Oaxaca gehört, bedeutet soviel wie »Flecken auf dem Tischtuch« – eine Bezeichnung, die genau das beschreibt, was passiert, wenn man die Chili-Sauce beim Essen verkleckert. »Manchamanteles« wird immer mit Tortillas zum Auftunken der Sauce serviert.

5 *chiles anchos*, Samen und Scheidewände entfernt
½ Zwiebel
3 Knoblauchzehen
1 Stück Zimtstange (etwa 7,5 cm lang)
4 Nelken
4 schwarze Pfefferkörner
5 Mandeln, enthäutet
Je ½ TL getrockneter Oregano und Thymian
3 EL Öl
3 große reife Tomaten
1 Huhn (etwa 1,5 kg), in Portionsstücke zerlegt
400–500 ml Wasser
1 TL Salz
1 kleiner Stengel Petersilie
1 Batate (etwa 250 g), geschält und gewürfelt
1 EL Butter
350 g Kochbananen oder feste Obstbananen, in Scheiben geschnitten
2 Scheiben Ananas (300 g), gewürfelt

Die *chiles* in einer schweren Pfanne rösten (s. Glossar). Dann mit heißem Wasser übergießen und 20 Minuten einweichen. Abgießen. Zwiebel, Knoblauch, Zimtstange, Nelken, Pfefferkörner, Mandeln, Oregano und Thymian rösten (s. Glossar), anschließend zusammen mit den *chiles* im Mixer pürieren.

In einem großen Topf 1 Eßlöffel Öl erhitzen. Die pürierten Zutaten hinzufügen und unter ständigem Rühren 5 Minuten stark kochen lassen. Die Tomaten rösten (s. Glossar), enthäuten und im Mixer pürieren. Zum Chili-Püree in den Topf geben und alles unter ständigem Rühren 7 Minuten köcheln lassen. Beiseite stellen. Die verbliebenen 2 Eßlöffel Öl in einer großen schweren Pfanne erhitzen. Die Hühnerteile sautieren, bis sie leicht gebräunt sind. Wasser, Salz und Petersilie dazugeben. Wenn das Wasser zum Kochen kommt, die Hitze reduzieren und das Geflügel zugedeckt 10 Minuten garen. Dann die Chili-Sauce dazugeben und alles weitere 10 Minuten garen. Die Batatenwürfel hinzufügen und das Ganze noch 10 Minuten garen.

Die Butter in einer kleinen schweren Pfanne zerlassen, Bananenscheiben und Ananasstücke dazugeben und sautieren, bis das Obst leicht gebräunt ist. Zum Geflügel in den Topf geben, abschmecken und alles zugedeckt noch etwa 15 Minuten bei schwacher Hitze garen, bis das Hühnerfleisch zart ist.

Für 6 Personen

TLAXCALA

CAZUELITAS CON HUEVOS Y CHILES POBLANOS
Eierspeise mit Chillies in Cazuelitas

María Dolores Torres Yzábal hat hier aus traditionellen Zutaten ein gehaltvolles Eiergericht kreiert, das als Vorspeise oder kleiner Imbiß serviert werden kann.

4 Eier
350 ml dicke Sahne (s. Glossar) oder Crème fraîche
¾ TL Salz
200 g *queso Chihuahua* oder mittelscharfer Cheddar, gerieben
2 große *chiles poblanos*, geröstet (s. Glossar), Samen und Scheidewände entfernt und gewürfelt

Den Backofen auf 180 °C (Gas Stufe 2–3) vorheizen. In einer Rührschüssel die Eier mit einer Gabel verquirlen und nach und nach die Sahne und das Salz dazugeben.

Den geriebenen Käse gleichmäßig auf 6 *cazuelitas* oder Porzellanförmchen verteilen, die *chiles* hineingeben und die Eiermischung in die Förmchen füllen.

Die *cazuelitas* ins heiße Wasserbad stellen und etwa 40 Minuten in den Backofen schieben, bis die Eimasse fest geworden ist.

Für 6 Personen

Eierspeise mit Chillies in Cazuelitas

GUERRERO

POLLO AL CHIPOTLE
Huhn mit Chiles Chipotles

»Chile chipotle« verleiht diesem würzigen Hühnergericht ein rauchiges Aroma.

1 Huhn (etwa 1,5 kg), in Portionsstücke zerlegt
Salz und frisch gemahlener Pfeffer
3 Knoblauchzehen
4 schwarze Pfefferkörner
2 Nelken
½ TL Kreuzkümmelpulver
¼ kleine Zwiebel
125 ml Wasser
2 EL Öl
2 große Zwiebeln (etwa 400 g), in Scheiben geschnitten
5 mittelgroße Tomaten (etwa 750 g), in dünne Scheiben geschnitten
3 eingelegte *chiles chipotles*

Die Hühnerteile leicht mit Salz und Pfeffer würzen und beiseite stellen. Knoblauch, Pfefferkörner, Nelken, Kreuzkümmel und das Zwiebelviertel mit der Hälfte des Wassers im Mixer pürieren. Beiseite stellen. Das Öl in einer großen schweren Pfanne erhitzen. Die in Scheiben geschnittenen Zwiebeln dazugeben und etwa 3 Minuten sautieren, bis sie glasig sind. Die pürierten Zutaten unterrühren und alles bei mittlerer Temperatur 10 Minuten garen. Dann die Tomatenscheiben hinzufügen. Wenn die Mischung zum Kochen kommt, die Hitze reduzieren, den Deckel auflegen und alles noch weitere 5 Minuten garen. Die *chiles* mit dem restlichen Wasser im Mixer pürieren, in die Pfanne zu den anderen Zutaten geben und alles 2 Minuten köcheln lassen. Abschmecken. Das Geflügel hinzufügen und etwa 25 Minuten zugedeckt köcheln lassen.

Für 4 Personen

VERACRUZ

POLLO A LA NARANJA
Huhn mit Orangensauce

Martinez de la Torre, eine kleine Stadt in Veracruz, ist berühmt für ihre süßen Orangen; für dieses Gericht sind sie eine ideale Zutat.

1 Huhn (etwa 1,75 kg), in Portionsstücke zerlegt
2½ TL Salz und ½ TL frisch gemahlener Pfeffer
60 g Mehl
100 g Butter
500 ml Orangensaft

Zwei Stunden oder am Tag zuvor die Hühnerteile mit 1 Teelöffel Salz und dem Pfeffer würzen. Beiseite stellen.

Den Backofen auf 200 °C (Gas Stufe 3–4) vorheizen. Die Hühnerteile dünn mit Mehl bestäuben. Die Butter in einer großen schweren Pfanne zerlassen und das Geflügel bei mittlerer Hitze 8 Minuten sautieren; die Stücke dabei einmal wenden. Die Hühnerteile nebeneinander in eine rechteckige ofenfeste Form legen.

Den Bratenfond mit dem Orangensaft ablöschen. Die Flüssigkeit durch ein Sieb über das Geflügel geben. 1½ Teelöffel Salz darüberstreuen und die Form mit Alufolie abdecken.

Die Hühnerteile für 20 Minuten in den Backofen schieben. Herausnehmen und wenden. Die Form wieder abdecken und für weitere 20 Minuten in den Ofen stellen. Die Alufolie abnehmen und das Geflügel noch etwa 15 Minuten im Backofen garen, bis es zart ist.

Für 4 Personen

MÉXICO, DISTRITO FEDERAL

POLLO AL PEREJIL
Huhn in Petersiliensauce

Diese Kombination von Aromen ist ein typisches Beispiel für die neue mexikanische Küche.

2 *chiles poblanos,* Samen und Scheidewände entfernt
1 l Wasser
2 Knoblauchzehen
125 g Petersilie
2 EL Butter
1 EL Öl
1 Huhn (etwa 1,5 kg), in Portionsstücke zerlegt
½ kleine Zwiebel, feingehackt
1½ EL Mehl
650 g Kartoffeln, geschält und in Stücke geschnitten
1 Dose (400 g) eingelegte Champignons
1½ TL Salz
Frisch gemahlener Pfeffer

Die *chiles* zusammen mit dem Wasser, dem Knoblauch und der Petersilie im Mixer pürieren. Beiseite stellen. Butter und Öl in einer schweren Pfanne erhitzen und die Hühnerteile auf jeder Seite 3–4 Minuten anbraten. Die Zwiebeln dazugeben und 2 Minuten sautieren. Die Hühnerteile herausnehmen und das Mehl in den Bratensaft rühren. Dann das Chili-Püree hinzufügen und alles bei hoher Temperatur 5 Minuten unter ständigem Rühren erhitzen. Geflügel, Kartoffeln und Champignons dazugeben. Mit Salz und Pfeffer abschmecken. Die Hitze reduzieren und alles etwa 25 Minuten köcheln lassen.

Für 6 Personen

OAXACA

HUEVOS OAXAQUEÑOS
Eier nach Oaxaca-Art

Abwandlungen dieses Gerichts – diese stammt von Socorrito Zorrilla – findet man überall auf dem Isthmus von Tehuantepec.

1 kg Tomaten
6 Knoblauchzehen
1 Zwiebel
3 kleine *chiles poblanos*
10 Eier
125 ml Milch
Salz
Butter oder Öl
20 g *epazote,* gehackt

Tomaten, Knoblauch und Zwiebel rösten (s. Glossar) und anschließend Tomaten und Knoblauch sehr fein hacken, die Zwiebel in Ringe schneiden. Die *chiles* ebenfalls rösten (s. Glossar). Die Scheidewände entfernen und die *chiles* in Streifen schneiden.

Eier, Milch und Salz verquirlen. Eine dünn eingefettete schwere Pfanne erhitzen und die Eimasse unter ständigem Rühren garen, bis sie zu stocken beginnt.

Etwas Butter oder Öl in eine *cazuela* oder eine hohe schwere Pfanne geben. Feingehackte Tomaten, Knoblauch und Zwiebeln 5 Minuten braten. Chili-Streifen und *epazote* unterrühren, dann das Rührei dazugeben. Abschmecken.

Für 6 Personen

Rechte Seite: *Huhn in Petersiliensauce* (oben links), *Huhn mit »chiles chipotles«* (oben rechts) *und Huhn mit Orangensauce* (unten)

OAXACA

HIGADITOS DE FANDANGO
Huhn zu festlichen Gelegenheiten

Dieses Rezept für ein traditionelles Festtagsessen stammt von Socorrito Zorrilla. Wörtlich übersetzt bedeutet der Name zwar »kleine Lebern«, doch wird das Gericht mit Huhn (gewöhnlich ohne Leber) und Eiern zubereitet. Kochen ist in Mexiko nicht nur eine Frage von Geschmack und Aroma. In der einfachen indianischen Küche der Zapoteken von Oaxaca vertrauen die Frauen bei der Zubereitung dieses Gerichts vor allem auf ihr Gehör. Das Geheimnis liegt darin, die Eier so lange mit einem großen scharfen Messer zu schlagen, bis sich der Klang von einem »tlacawhup tlacawhup« zu einem dumpferen »whalcawhump« verändert.

1 Huhn (etwa 1,5 kg)
1 l Wasser
1 EL Salz
½ Zwiebel
2 Knoblauchzehen
2 Blätter *hierba santa* (nach Belieben)
8 Eier
6 EL Schweineschmalz oder Öl
1 kleine Zwiebel, gehackt
3 Knoblauchzehen, zerdrückt
2 große Tomaten, entkernt und gehackt
4 kleine *tomatillos,* Hüllen entfernt und gehackt
1½ TL Kreuzkümmelpulver
Frisch gemahlener Pfeffer
1 Nelke, gemahlen
1 Messerspitze Safran

Das Huhn in einen großen Topf oder Bräter legen. Wasser, Salz, Zwiebeln, Knoblauchzehen und *hierba santa* hinzufügen. Zum Kochen bringen, den Deckel auflegen und das Huhn etwa 50 Minuten

Huhn zu festlichen Gelegenheiten (links, *mit Sauce von »chiles chilacas« [Rezept S. 127] serviert), Eier nach Oaxaca-Art* (hinten, Rezept S. 124) *und Rührei nach mexikanischer Art* (rechts)

köcheln lassen, bis es gar ist. Herausnehmen, die Brühe durch ein Sieb gießen und beiseite stellen. Wenn das Huhn etwas abgekühlt ist, das Fleisch ablösen und in Stücke schneiden – es sollte etwa 450 g ergeben. Die Eier in einer großen Schüssel gründlich verquirlen und behutsam das Hühnerfleisch unterrühren.

Das Schweineschmalz in einer hohen *cazuela* oder einer großen schweren Pfanne erhitzen. Tomaten und *tomatillos* hinzufügen und etwa 5 Minuten sautieren, bis sie weich sind. Dann 500 ml der zurückgestellten Brühe und die Gewürze dazugeben. Zum Kochen bringen, dann die Hitze reduzieren, so daß die Flüssigkeit noch leise köchelt. Langsam die Eimasse mit dem Hühnerfleisch hineingießen. Bei niedriger Temperatur erhitzen, ohne umzurühren, bis die Eimasse gestockt ist.

Die gestockte Eimasse mit einem Spatel rundum vom Kochgeschirr lösen, damit etwas Sauce nach oben steigt.

Mit Sauce von *chiles chilacas* (s. unten) servieren.

Für 4 Personen

Sauce von Chiles chilacas

1 EL Öl
4 *chiles chilacas,* Samen und Scheidewände entfernt
1 Knoblauchzehe
1 TL Salz
160 ml Wasser
1 EL Essig
½ TL getrockneter Oregano

In einer schweren Pfanne das Öl erhitzen, die *chiles* hinzufügen und unter ständigem Rühren 40 Sekunden sautieren. Die *chiles* abspülen, in den Mixer geben und zusammen mit Knoblauch, Salz und Wasser in grobe Stücke hacken. In einer Schüssel mit Essig und Oregano verrühren. Zu *higaditos de fandango* reichen.

Ergibt etwa 350 ml

Huevos a la Mexicana
Rührei nach mexikanischer Art

Auch die beiden beliebtesten Eiergerichte, »huevos rancheros« und »huevos a la mexicana«, werden mit den für die mexikanische Küche charakteristischen Zutaten – Chillies, Zwiebeln und Tomaten – zubereitet. Wer das Rührei weniger scharf möchte, sollte die Samen und Scheidewände der Chilischote entfernen. Wer dagegen ein feuriges Frühstück braucht, um wach zu werden, ißt das Rührei am besten mit einer »salsa de tomate verde cocida« (S. 201).

1 EL Öl
1 EL gehackte Zwiebeln
200 g Tomaten, gehackt
1 *chile serrano,* gehackt
Salz
2 Eier

Das Öl in einer schweren Pfanne erhitzen. Die gehackten Zwiebeln hinzufügen und sautieren, bis sie glasig sind. Die Tomaten, den *chile serrano* und Salz nach Geschmack dazugeben. Die Zutaten bei mittlerer Hitze 5 Minuten sautieren.

Die Eier leicht verquirlen, in die Pfanne geben und behutsam in die Mischung rühren. Den Deckel auflegen und alles bei mittlerer Hitze 2–3 Minuten garen, bis das Rührei gestockt ist. Mit heißen Maismehl-Tortillas servieren.

Für 1 Person

Huevos Rancheros

Huevos Rancheros
Eier nach Rancher-Art

In vorindustrieller Zeit wurde in Mexiko zweimal am Tag gefrühstückt – in den frühen Morgenstunden gab es Kaffee und »pan dulce« (süßes Brot), am späten Vormittag als »almuerzo« (zweites Frühstück) eine herzhafte eiweißreiche Mahlzeit. Als »almuerzo« wurden zumeist diese »huevos rancheros« gegessen, die man heute zu jeder Tageszeit mit »frijoles refritos« (S. 201) und Tortillas im Restaurant erhält.

60 ml Öl
1 EL feingehackte Zwiebeln
½ Knoblauchzehe, feingehackt
200 g Tomaten, feingehackt
1 *chile serrano,* feingehackt
Salz
Frisch gemahlener Pfeffer
1 Maismehl-Tortilla
2 Eier

In einem kleinen Topf 1 Eßlöffel Öl erhitzen. Zwiebeln und Knoblauch sautieren, bis sie glasig sind. Die gehackten Tomaten hinzufügen und 2 Minuten mitgaren. Den *chile,* Salz und Pfeffer dazugeben und alles noch 3 Minuten garen. Abschmecken.

Das restliche Öl in einer schweren Pfanne erhitzen. Die Tortilla 30 Sekunden darin braten, dann abtropfen lassen. Das Öl bis auf einen kleinen Rest weggießen. Die Eier aufschlagen und in der Pfanne braten. Die Tortilla auf einen Teller legen, die Spiegeleier darauf anrichten und die Sauce darübergeben. Sofort servieren.

Für 1 Person

Eier nach Motul-Art

YUCATÁN

HUEVOS MOTULEÑOS
Eier nach Motul-Art

Diese Tortilla mit Bohnenpüree, Spiegelei, Schinken, Erbsen und »salsa« hat ihren Namen von der kleinen Stadt Motul, die östlich von Mérida liegt.

1 EL gehackte Zwiebeln
1 Knoblauchzehe
Kreuzkümmelpulver
2 Nelken
Getrockneter Thymian
2 EL Wasser
125 ml Öl
200 g Tomaten, gehackt
½ TL Salz
2 Maismehl-Tortillas
2 Eier
1 EL *frijoles refritos* (S. 201)
2 EL gehackter Schinken
1 EL grüne Erbsen, gegart
1 Scheibe (15 g) milder Cheddar, in feine Streifen geschnitten

Zwiebeln und Knoblauch zusammen mit Kreuzkümmel, Nelken, Thymian und Wasser im Mixer pürieren und durch ein Sieb streichen. In einem kleinen Topf 1 Eßlöffel Öl erhitzen, das Püree hinzufügen und 1 Minute unter Rühren garen. Gehackte Tomaten und Salz dazugeben und alles 5 Minuten garen.

Das restliche Öl in einer schweren Pfanne erhitzen. Die Tortillas nacheinander jeweils 30 Sekunden darin braten, dann abtropfen lassen. Das Öl bis auf einen kleinen Rest weggießen, die Eier aufschlagen und braten.

Eine Tortilla auf einen Teller legen. Mit *frijoles refritos* bestreichen und die Spiegeleier darauflegen. Mit der zweiten Tortilla abdekken, die Tomatensauce darüberschöpfen und mit Schinken, Erbsen und Käse garnieren.

Für 1 Person

ESTADO DE MÉXICO

HUEVOS CON CHORIZO
Eier mit Chorizo

Dieses herzhafte Rührei mit scharfer mexikanischer Wurst wird häufig noch mit Zwiebeln, Kartoffeln und Chili-Streifen verfeinert. Darüber hinaus kann man es mit zerbröseltem »queso fresco« bestreuen und mit einer »salsa verde« und Tortillas servieren.

2 EL Öl
30 g *chorizo* oder andere pikante Wurst, enthäutet
2 Eier

In einer schweren Pfanne das Öl erhitzen, den *chirozo* dazugeben und 4 Minuten anbraten.

In einer Schüssel die Eier mit dem Salz leicht verquirlen. Die Eimasse in die Pfanne geben und mit der Wurst vermischen. Unter gelegentlichem Rühren bei mittlerer Hitze etwa 3 Minuten garen, bis das Rührei fest ist.

Für 1 Person

VERACRUZ

HUEVOS CON FRIJOLES
Eier mit Bohnen

Im Hochland von Veracruz und im benachbarten Oaxaca werden Eier mit schwarzen Bohnen in Suppenschalen als zweites Frühstück serviert. Man nennt sie auch »huevos tirados« (gestreckte Eier).

200 g *frijoles de la olla* (S. 208) mit ihrer Garflüssigkeit
2 Eier
Salz
Frisch gemahlener Pfeffer
1½ TL Öl

Die Bohnen erhitzen und beiseite stellen.

Eier, Salz und Pfeffer in einer Schüssel verquirlen. Das Öl in einer schweren Pfanne erhitzen, die Eimasse hineingeben und unter Rühren garen, bis sie zu stocken beginnt.

Die Bohnen mit der Garflüssigkeit dazugeben und alles zum Kochen bringen. Mit eingelegten *chiles* und heißen Maismehl-Tortillas servieren.

Für 1 Person

HUEVOS DE ALBAÑIL
Eier nach Maurer-Art

Diese Eier nach Maurer-Art werden immer mit reichlich »salsa« und Tortillas zum Auftunken der Sauce gereicht. Der Beruf des Maurers ist in Mexiko hoch angesehen – am 3. Mai wird alljährlich zu seinen Ehren ein Fest gefeiert, und es ist Brauch, daß die Bauunternehmer an diesem Tag ein »barbacoa«-Essen für ihre Arbeiter veranstalten.

1 reife Tomate
2 *chiles serranos*
½ Knoblauchzehe
2 Eier
Salz
1½ EL Öl
¼ Zwiebel

Tomate und *chiles* in einem kleinen Topf mit Wasser bedecken, erhitzen und 5 Minuten köcheln lassen. Dann abgießen.

Die Tomate enthäuten und zusammen mit *chiles* und Knoblauch im Mixer pürieren.

In einer Schüssel die Eier mit dem Salz verquirlen.

Das Öl in einer kleinen schweren Pfanne erhitzen, die Zwiebel dazugeben und 2 Minuten sautieren. Die verquirlten Eier hinzufügen und etwa 40 Sekunden unter Rühren garen, bis sie zu stocken beginnen. Das Tomaten-Chili-Püree dazugeben und alles bei mittlerer Temperatur erhitzen, bis die Sauce kocht.

Für 1 Person

Eier mit Bohnen (oben links), *Eier nach Maurer-Art* (unten links) *und Eier mit Chorizo* (rechts)

Käse-Omelett mit Poblano-Sauce

MORELOS

Omelette con Queso y Salsa de Poblano
Käse-Omelett mit Poblano-Sauce

Dieses Omelett ist ein beliebter Imbiß in Ausflugsorten wie Cuernavaca vor den Toren von Mexico City.

100 g *chiles poblanos,* gehackt
80 ml dicke Sahne (s. Glossar) oder Crème fraîche
Salz
Frisch gemahlener Pfeffer
2 Eier
1 EL Butter
30 g *queso manchego* oder mittelscharfer Cheddar, gerieben

Den *chile* mit der Sahne im Mixer pürieren. Mit Salz abschmecken und die Sauce in einem kleinen Topf bei mittlerer Temperatur erhitzen. Beiseite stellen.

Die Eier mit ½ TL Salz und dem Pfeffer leicht verquirlen.

In einer kleinen schweren Pfanne die Butter erhitzen. Die verquirlten Eier hinzufügen. Wenn die Eimasse am Rand gestockt ist, den Käse darüberstreuen, das Omelett aufrollen und garen, bis der Käse zu schmelzen beginnt. Bräunt das Omelett zu stark, die Hitze reduzieren. Das Omelett auf einen Teller heben und die heiße Poblano-Sauce darübergeben.

Anmerkung: Bei größeren Mengen können die Omeletts im voraus zubereitet werden. Vor dem Servieren 10 Minuten im vorgeheizten Backofen bei 190 °C (Gas Stufe 3) aufwärmen.

Für 1 Person

PUEBLA

HUEVOS »HARAPO DE MESTIZA«
Eier »Harapo de Mestiza«

Dieses herzhafte Gericht mit pochierten Eiern entstand in den frühen Tagen der spanischen Eroberung. Keiner scheint allerdings zu wissen, wie es zu seinem Namen gekommen ist, der frei übersetzt soviel wie »Lumpen einer Mestizin« bedeutet.

1 Tomate, grobgehackt
1½ TL gehackte Zwiebeln
¼ Knoblauchzehe
1½ EL Öl
Salz
Frisch gemahlener Pfeffer
2 Eier
½ *chile poblano,* geröstet (s. Glossar), Samen und Scheidewände entfernt, in Streifen geschnitten
1 EL geriebener *queso manchego* oder mittelscharfer Cheddar
1 EL dicke Sahne (s. Glossar) oder Crème fraîche

Tomate, Zwiebeln und Knoblauch im Mixer pürieren und durch ein Sieb streichen.

Das Öl in einer schweren Pfanne erhitzen, das Tomatenpüree dazugeben und 5 Minuten garen. Mit Salz und Pfeffer würzen und weitere 5 Minuten garen. Abschmecken. Die Hitze reduzieren und die Eier in die Pfanne geben, ohne die Eigelb zu beschädigen. Die Sauce zum Kochen bringen und Chili-Streifen sowie Käse hinzufügen. Die Temperatur herunterschalten und die Eier garziehen lassen.

Zum Servieren mit Sahne garnieren und heiße Maismehl-Tortillas dazu reichen.

Für 1 Person

HUEVOS AHOGADOS
Verlorene Eier auf mexikanische Art

In größeren mexikanischen Hotels werden häufig diese in einer leichten Tomatensauce pochierten Eier serviert.

1 kleine Tomate (etwa 60 g)
1 EL gehackte Zwiebeln
1 Knoblauchzehe, gehackt
2 EL Öl
1½ EL gehackter *cilantro*
1 *chile jalapeño*
Salz
125 ml Wasser
2 Eier

Die Tomate rösten (s. Glossar) und enthäuten. Dann zusammen mit Zwiebeln und Knoblauch im Mixer pürieren.

Das Öl in einer kleinen schweren Pfanne erhitzen, die pürierte Tomate dazugeben und 3 Minuten garen. *Cilantro, chile,* Salz und Wasser hinzufügen und alles 5 Minuten kochen lassen. Die Hitze reduzieren und die Eier in die Pfanne geben. Den Deckel auflegen und die Eier garziehen lassen, bis das Eiweiß fest ist, dabei gelegentlich mit Sauce begießen.

Die Eier in einer *cazuelita* oder einer kleinen Porzellanform servieren und heiße Maismehl-Tortillas dazu reichen.

Abwandlung: 2 Eßlöffel gegarten Reis in die Sauce rühren, bevor die Eier in die Pfanne gegeben werden.

Für 1 Person

OAXACA

HUEVOS EN SALSA DE TOMATE VERDE
Eier in Tomatillo-Sauce

200 g *tomatillos,* Hüllen entfernt
2 *chiles serranos*
½ Knoblauchzehe
15 g *cilantro*, gehackt
2 Eier
Salz
2 EL Öl
2 EL gehackte Zwiebeln

Tomatillos und *chiles* in einem kleinen Topf mit Wasser bedecken und 8 Minuten köcheln lassen. Dann abgießen und mit dem Knoblauch im Mixer pürieren. Den *cilantro* hinzufügen und das Gerät nur kurz einschalten, damit der *cilantro* nicht zu fein püriert wird.

In einer Schüssel die Eier mit dem Salz verquirlen. Das Öl in einer kleinen schweren Pfanne erhitzen und die gehackten Zwiebeln sautieren, bis sie glasig sind. Die Eier hinzufügen und etwa 1 Minute unter Rühren garen, bis sie zu stocken beginnen. Die Sauce unterrühren und alles noch 1 Minute erhitzen. Mit heißen Maismehl-Tortillas und Bohnen servieren.

Anmerkung: Falls Sie getrocknete *tomatillos* verwenden, zum Pürieren 60 ml Wasser mit in den Mixer geben.

Für 1 Person

Eier in Tomatillo-Sauce (oben), *Eier »Harapo de Mestiza«* (Mitte) *und Verlorene Eier auf mexikanische Art* (unten)

YUCATÁN

QUESO DE BOLA RELLENO
Gefüllter Käselaib

Quintana Roo, der jüngste Bundesstaat Mexikos, ist vor allem wegen seines Badeortes Cancún und seiner Ferieninsel Cozumel bekannt. Wer günstig einkaufen möchte, sollte lieber in die Hafenstadt Chetumal mit ihren zollfreien Geschäften fahren.

Hier bekommt man auch die runden Edamer aus Holland, mit denen innovative Köche aus Yucatán dieses gehaltvolle, außergewöhnliche Gericht zubereiten. Es eignet sich hervorragend als Vorspeise oder Zwischenmahlzeit und wird mit Tortillas zum Auftunken des Käses und der Füllung serviert.

1 runder Edamer (etwa 2 kg)

FLEISCHFÜLLUNG

60 g Schweineschmalz oder Öl
125 g Zwiebeln, gehackt
500 g Schweinefleisch, gehackt
500 g Rindfleisch, gehackt
3 Tomaten (etwa 650 g), enthäutet und feingehackt
100 g rote Paprikaschoten, feingehackt
3 EL Kapern
60 g grüne Oliven, entsteint und gehackt
60 g Rosinen
½ TL Safran
60 ml Hühnerbrühe (S. 72)
Salz
1 EL *achiote*-Paste (S. 121)
180 ml Pomeranzensaft oder 60 ml Limettensaft mit 120 ml Orangensaft verrührt
2 Eier, hartgekocht

ROTE SAUCE

1 EL Schweineschmalz oder Öl
125 g Zwiebeln, gehackt
1 kleine grüne Paprikaschote, geröstet (s. Glossar) und gehackt
850 g Tomaten, enthäutet und gehackt
60 g grüne Oliven, entsteint und grobgehackt
60 g Kapern
1 TL Salz

GELBE SAUCE

1 EL Schweineschmalz oder Butter
2½ EL Mehl
300 ml Wasser
1 Messerspitze Safran
Salz

Die Wachsschicht vom Edamer abziehen. Als »Deckel« für den gefüllten Käse in der Mitte ein kreisrundes Stück von 5 cm Durchmesser und 1 cm Stärke herausschneiden. Den Laib aushöhlen, so daß eine Käseschicht von etwa 1,25 cm bleibt.

Für die Fleischfüllung das Schweineschmalz in einer großen schweren Pfanne oder einem Bräter zerlassen und die Zwiebeln sautieren, bis sie glasig sind. Gehacktes Schweine- und Rindfleisch dazugeben und 5 Minuten anbraten. Tomaten und Paprika unterrühren. Bei starker Hitze zum Kochen bringen. Dann die Temperatur herunterschalten und Kapern, Oliven und Rosinen hinzufügen. Den Safran in der Hühnerbrühe auflösen und dazugeben. Mit Salz abschmecken.

Die *achiote*-Paste mit dem Fruchtsaft verrühren und mit in die Pfanne geben. Alles zugedeckt 15 Minuten bei mittlerer Hitze garen. Den Deckel abnehmen, 300 ml Flüssigkeit abgießen und beiseite stellen. Die übrige Flüssigkeit gegebenenfalls im offenen Topf verdampfen lassen, so daß die Mischung fast trocken ist.

Das Eiweiß der hartgekochten Eier feinhacken und zum Hackfleisch geben. Gründlich durchrühren und beiseite stellen.

Für die rote Sauce das Schweineschmalz in einer großen schweren Pfanne zerlassen und die Zwiebeln 2 Minuten sautieren. Die Paprika dazugeben und 2 Minuten sautieren. Die Tomaten hinzufügen und unter ständigem Rühren 10 Minuten garen. Oliven, Kapern und Salz dazugeben und alles nochmals 5 Minuten erhitzen. Abschmekken und beiseite stellen.

Für die gelbe Sauce das Schweineschmalz in einem kleinen Topf zerlassen und das Mehl unterrühren. Die zurückgestellte Flüssigkeit der Fleischfüllung unter ständigem Rühren dazugießen, damit keine Klümpchen entstehen. Wasser und Safran hinzufügen und die Sauce bei niedriger Temperatur erhitzen, bis sie eindickt; dabei ständig umrühren. Mit Salz abschmecken und beiseite stellen.

Den Backofen auf 165 °C (Gas Stufe 1–2) vorheizen. Den ausgehöhlten Käselaib zur Hälfte mit Hackfleisch füllen, die beiden hartgekochten Eigelb unzerkleinert daraufgeben und das restliche Hackfleisch einfüllen. Den »Deckel« auf den Käse legen.

Den gefüllten Käselaib in eine 23 × 23 cm große ofenfeste Form setzen und für etwa 10 Minuten in den Backofen schieben, bis der Käse ein wenig weich geworden ist. Aus dem Ofen nehmen und auf der einen Seite die rote Sauce, auf der anderen die gelbe Sauce um den Käselaib anrichten. Noch etwa 5 Minuten in den Backofen stellen, bis die Sauce heiß ist und der Käse beginnt, weich zu werden, aber noch nicht zerläuft. Sofort mit heißen Maismehl-Tortillas servieren.

Für 10–12 Personen

OAXACA

PICADILLO
Mexikanisches Fleischhaschee

Der Name »picadillo« leitet sich vom spanischen Wort »picar« (hakken) ab. Der »picadillo« wird aus Hackfleisch, Früchten und exotischen Gewürzen zubereitet und als Füllung für »tacos«, »chiles», oder »empanadas« verwendet. Man kann ihn auch separat zu Tortillas reichen.

¼ TL Zimtpulver
Getrockneter Thymian
Getrockneter Majoran
3 große Knoblauchzehen
3 Nelken
10 schwarze Pfefferkörner
1 kg mageres Hackfleisch (Rinderhack oder gemischtes Hackfleisch)
80 ml Öl
200 g Zwiebeln, feingehackt
750 g Tomaten, geröstet (s. Glossar), enthäutet und gehackt
Salz
1 Stück Zimtstange von 5 cm Länge
2 Lorbeerblätter
1 große Kartoffel, geschält und gewürfelt
1 Kochbanane oder große feste Obstbanane, geschält und gehackt
100 g Rosinen
100 g Mandeln, enthäutet, halbiert und geröstet (nach Belieben)

Im Mörser oder *molcajete* Zimt, Thymian, Majoran, Knoblauch, Nelken und Pfefferkörner zerstoßen. In eine große Schüssel geben, das Hackfleisch hinzufügen und alles gründlich mit den Händen vermengen.

Das Öl in einer großen schweren Pfanne erhitzen. Das Hackfleisch in kleinen Portionen anbraten, bis es leicht gebräunt ist, in eine Schüssel füllen und beiseite stellen. Wenn das gesamte Hack-

Gefüllter Käselaib (links) *und Mexikanisches Fleischhaschee* (rechts)

fleisch angebraten ist, die Zwiebeln in die Pfanne geben und 2 Minuten sautieren. Die Tomaten hinzufügen und bei starker Hitze 4 Minuten unter ständigem Rühren garen. Dann das Hackfleisch zurück in die Pfanne geben, gründlich durchrühren und mit Salz abschmekken. Zimtstange, Lorbeerblätter, Kartoffel- und Bananenstücke hinzufügen.

Den Deckel auflegen und alles zugedeckt etwa 15 Minuten bei schwacher Hitze garen, bis die Kartoffeln weich sind.

Den Deckel abnehmen, die Rosinen dazugeben und noch 5 Minuten erhitzen. Abschmecken. Vor dem Servieren nach Belieben mit gerösteten Mandeln bestreuen.

Für 6–8 Personen

Gebratene Schweineschwarte in grüner Sauce (oben) *und Schweinefleisch mit Chili-Sauce* (unten)

CHICHARRÓN EN SALSA VERDE
Gebratene Schweineschwarte in grüner Sauce

Dieses landesweit als »almuerzo« (zweites Frühstück) beliebte Gericht wird stets in »cazuelitas« (kleine Tontiegel) aufgetragen. Man reicht dazu Tortillas und »frijoles refritos« (S. 201), serviert es zu »huevos a la mexicana« (S. 127) oder füllt »tacos« damit.

3 *chiles serranos* (nach Belieben mehr)
3 Knoblauchzehen
1 kg *tomatillos*, Hüllen entfernt
1 TL Salz
Frisch gemahlener Pfeffer
250 ml Wasser
4 EL *cilantro*, grobgehackt
1 EL Öl
1 große Zwiebel (etwa 250 g), in Scheiben geschnitten
Kreuzkümmelpulver
250 g *chicharrón* oder gebratene dünne Schweineschwarte, in Stücke geschnitten

Chiles, Knoblauch und *tomatillos* zusammen mit Salz, Pfeffer und Wasser im Mixer hacken. Das Gerät dazu nur drei- oder viermal kurz einschalten, damit das Püree nicht zu fein wird. Den *cilantro* dazugeben und den Mixer noch zweimal kurz anschalten. Beiseite stellen.

Das Öl in einer schweren Pfanne erhitzen und die Zwiebel 4 Minuten sautieren. *Tomatillo*-Sauce und Kreuzkümmel dazugeben. Bei mittlerer Temperatur 10 Minuten garen. Abschmecken.

Die gebratene Schweineschwarte hinzufügen und etwa 10 Minuten zugedeckt erhitzen, bis sie weich ist. Sofort servieren.

Die Sauce kann auch im voraus zubereitet und 20 Minuten vor dem Servieren aufgewärmt werden. Dann die gebratene Schweineschwarte dazugeben und zugedeckt bei niedriger Temperatur 10 Minuten erhitzen.

SONORA

CARNE CON CHILE
Schweinefleisch mit Chili-Sauce

Bei diesem Familienrezept von María Dolores Yzábal wird die Chili-Sauce mit Mehl gebunden – eine Methode, die man nur im Norden Mexikos findet.

2 EL Schweineschmalz
1 kg Schweinefleisch ohne Knochen, in große Würfel geschnitten
Salz
3 Knoblauchzehen, zerdrückt
2 *chiles anchos*
750 ml heißes Wasser
1 EL Mehl
1 TL getrockneter Oregano
1 EL Essig
½ TL Kreuzkümmelpulver

Das Schweineschmalz in einer schweren Pfanne bei mittlerer Temperatur erhitzen. Das Schweinefleisch mit etwas Salz und dem Knoblauch hinzufügen und etwa 20 Minuten sautieren, bis es gar ist.

Die *chiles* rösten (s. Glossar), Samen und Scheidewände entfernen. Dann 5 Minuten in heißem Wasser einweichen. *Chiles* mit dem Wasser in den Mixer geben und mit 1 Eßlöffel Mehl zu einer nicht ganz glatten Sauce pürieren. Die Sauce über das Fleich geben und Oregano, Essig, Kreuzkümmel sowie 1½ Teelöffel Salz hinzufügen. Bei niedriger Temperatur 10 Minuten garen; dabei ständig umrühren, damit die Sauce nicht ansetzt.

Mit heißen Maismehl-Tortillas servieren.

Für 6 Personen

OAXACA

PIERNA DE CERDO ADOBADA
Schweinskeule in Adobo-Sauce

Eine ganze Schweinskeule eignet sich ausgezeichnet für ein festliches Buffet. Man reicht dazu »calabacitas picadas con elote« (S. 210) und »ensalada rosaura« (S. 204). Falls Fleisch übrigbleibt, läßt es sich als Füllung für »tortas« (S. 43) verwenden.

500 ml frisch gepreßter Orangensaft
6 *chiles anchos,* Samen und Scheidewände entfernt
8 *chiles pasillas,* Samen und Scheidewände entfernt
¼ Zwiebel, grobgehackt
80 ml Apfelessig
10 Knoblauchzehen
1 TL getrockneter Thymian
3 Nelken
1 TL Kreuzkümmelpulver
1 EL getrockneter Oregano
1 Stück Zimtstange (etwa 5 cm lang)
3 Pimentkörner

Schweinskeule in Adobo-Sauce

2 EL grobes Salz
1 Schweinskeule (etwa 4,5 kg)
2 EL Schweineschmalz

In einem kleinen Topf 250 ml des Orangensafts erwärmen. Auf einem *comal* oder in einer schweren Pfanne die *chiles* rösten (s. Glossar) und sie anschließend 20 Minuten im Orangensaft einweichen. *Chiles* und Orangensaft in den Mixer geben, Zwiebeln sowie Essig hinzufügen und pürieren. Beiseite stellen.

Im Mörser oder *molcajete* Knoblauch, Thymian, Nelken, Kreuzkümmel, Oregano, Zimt, Piment und Salz zerstoßen. Die pürierten *chiles* dazugeben und alles gut verrühren. Soviel Orangensaft untermischen, daß die Marinade die Konsistenz von Joghurt bekommt.

Die Schweinskeule mit einer Gabel rundum einstechen. In eine große ofenfeste Form legen, mit der Chili-Orangensaft-Marinade übergießen und zugedeckt für mindestens 6 Stunden – besser über Nacht – in den Kühlschrank stellen. Die Keule während dieser Zeit gelegentlich wenden.

Die Schweinskeule 2 Stunden vor dem Braten aus dem Kühlschrank nehmen und dünn mit dem Schmalz bestreichen. Bei Raumtemperatur stehenlassen.

Den Backofen auf 180 °C (Gas Stufe 2–3) vorheizen. Die Schweinskeule mit Alufolie abdecken und 2 Stunden im Ofen braten; dabei gelegentlich mit Bratensaft begießen. Die Keule herumdrehen und noch ungefähr eine Stunde im Ofen garen.

Wenn sich das Fleisch nach 2–3 Stunden leicht mit einer Gabel einstechen läßt, die Backofentemperatur auf 230 °C (Gas Stufe 5) erhöhen. Die Alufolie entfernen und das Fleisch weitere 5–10 Minuten braten, bis es schön gebräunt ist. Vor dem Aufschneiden etwa 15 Minuten ruhen lassen.

Nach Belieben kann man auch die doppelte Menge an Sauce zubereiten und die Hälfte separat zum aufgeschnittenen Schweinefleisch servieren.

Für 12–16 Personen

Schweinefleisch mit Bohnen (links) *und Fleischklößchen* (rechts)

PUEBLA

Lomo de Cerdo con Salsa de Tomate y Rajas de Pimiento Morron

Gefülltes Schweinskarree mit Tomatensauce und grünen Paprikaschoten

Das Besondere an diesem alten Familienrezept von Carlota Rosas aus Atlixco in Puebla ist die Füllung aus Spinat und Käse sowie die Verwendung grüner Paprikaschoten anstelle des traditionellen »chile poblano«.

1,5 kg Schweinskarree ohne Knochen
500 g Spinat, gewaschen, verlesen und Stiele entfernt
125 g *queso Chihuahua* oder
mittelscharfer Cheddar, gerieben
2 EL Öl
Frisch gemahlener Pfeffer
¼ Zwiebel
4 Knoblauchzehen
500 ml Wasser
1½ TL Salz
1 Lorbeerblatt
1 kleiner Zweig Thymian
1 kleiner Stengel Majoran

SAUCE

1 kg reife Tomaten
1 EL grobgehackte Zwiebeln
1 Knoblauchzehe
1 EL Öl
Salz
Frisch gemahlener Pfeffer
500 g grüne Paprikaschoten, in feine Streifen geschnitten

Den Backofen auf 180 °C (Gas Stufe 2–3) vorheizen. Mit einem langen Messer mit dünner Klinge das Fleisch in Längsrichtung von einem Ende zum anderen durchstechen, so daß ein Hohlraum für die Füllung entsteht.

Den gewaschenen Spinat in einem Topf mit aufgelegtem Deckel kurz dünsten. Das vom Waschen an den Blättern haftende Wasser reicht als Garflüssigkeit aus. Den Spinat in einem Durchschlag abtropfen lassen, dann grobhacken und in einer großen Schüssel mit dem Käse vermischen. Das in der Mitte eingeschnittene Fleisch mit der Spinat-Käse-Mischung füllen; dazu einen Löffel und die Finger zu Hilfe nehmen. Die Enden mit Zahnstochern verschließen, damit die Füllung nicht herausquillt.

In einer schweren Pfanne das Öl erhitzen, und das Schweinskarree rundum leicht anbraten – insgesamt etwa 8 Minuten. Den Pfeffer darüberstreuen. Zwiebel und Knoblauch hinzufügen und kurz sautieren. Das Wasser angießen, zum Kochen bringen und das Fleisch damit begießen. Mit Salz würzen.

Das Fleisch und die übrigen Zutaten in eine ofenfeste Form geben. Lorbeerblatt, Thymian und Majoran darauflegen, mit Alufolie abdecken und für etwa 40 Minuten in den Backofen schieben.

In der Zwischenzeit die Sauce zubereiten. Die Tomaten halbieren, den Stielansatz herausschneiden und sie dann zusammen mit Zwiebeln und Knoblauch im Mixer pürieren. Durch ein Sieb streichen. Das Öl in einem Topf erhitzen, die pürierten Tomaten hinzufügen und zum Kochen bringen. Mit Salz und Pfeffer würzen und die Sauce bei mittlerer Temperatur 20 Minuten erhitzen. Die Hitze reduzieren, die Paprikastreifen in den Topf geben und etwa 10 Minuten in der Sauce garen, bis sie weich sind.

Nach 40 Minuten die Alufolie von der Form nehmen und das Schweinskarree mit 6 Eßlöffeln Tomatensauce begießen. Das Fleisch noch 10 Minuten ohne Alufolie im Backofen braten, dann auf eine Platte legen. Die Garflüssigkeit durch ein Sieb gießen und zur Tomatensauce geben. Abschmecken.

Das Fleisch 10 Minuten ruhen lassen, dann in Scheiben schneiden und zum Servieren mit der Sauce übergießen (Abbildung S. 104–105).

Für 6–8 Personen

OAXACA

ALBONDIGAS
Fleischklößchen

Obwohl es unzählige Rezepte für Fleischklößchen gibt – fast jeder mexikanische Bundesstaat scheint sein eigenes Rezept zu haben – werden sie niemals gebraten, sondern immer in einer Sauce pochiert. In einigen Regionen füllt man sie mit hartgekochten Eiern, in anderen kommen »chiles« in die Sauce. Diese mild gewürzten Fleischklößchen sollten mit »chiles y verduras en escabeche« (S. 212) serviert werden.

3 kleine Knoblauchzehen
1 EL gehackte Zwiebeln
2 TL Kreuzkümmelpulver
3 Nelken
3/4 TL Salz
Frisch gemahlener Pfeffer
750 g Rindfleisch, gehackt
250 g Schweinefleisch, gehackt
1 Ei
1 EL Semmelbrösel
1½ EL feingehackte *hierbas buenas*
2 Eier, hartgekocht

SAUCE

1 kg Tomaten
1 Knoblauchzehe
¼ Zwiebel
1 EL Öl
500 ml Wasser
1 TL Salz

Im Mörser oder *molcajete* Knoblauch, Zwiebeln, Nelken zusammen mit Kreuzkümmel, Salz und Pfeffer zerstoßen. Die Gewürze in eine Schüssel geben, das gehackte Rind- und Schweinefleisch, das rohe Ei, die Semmelbrösel und *hierbas buenas* hinzufügen. Alles mit den Händen gründlich vermengen.

Die hartgekochten Eier halbieren und jede Hälfte in 5 Stücke schneiden. Rund um jedes Stückchen Ei – aus jeweils etwa 50 g Hackfleisch – ein Klößchen formen. Die Fleischklößchen beiseite stellen.

Für die Sauce Tomaten, Knoblauch und Zwiebel im Mixer pürieren und durch ein Sieb streichen. Das Öl in einer schweren Pfanne erhitzen, die pürierten Tomaten hinzufügen und zum Kochen bringen. Wasser und Salz dazugeben und die Sauce zugedeckt 6 Minuten köcheln lassen. Dann die Fleischklößchen hineinlegen und zugedeckt bei schwacher Hitze 30 Minuten garziehen lassen. Abschmecken.

Abwandlung: Die Sauce mit gehackten Möhren und Zucchini verfeinern.

Für 6 Personen

QUINTANA ROO

CERDO CON FRIJOLES
Schweinefleisch mit Bohnen

Im Landesinnern von Quintana Roo werden zwar noch immer Wildschweine gejagt, aber man bereitet dieses traditionelle Maya-Gericht mit Schweinefleisch, Bohnen und dem besonderen Aroma des »epazote«, heute üblicherweise mit dem Fleisch von Hausschweinen zu.

350 g getrocknete schwarze Bohnen, verlesen und gewaschen
3,5 l Wasser
1 TL Schweineschmalz oder Öl
½ Zwiebel
1 kg Schweinefleisch ohne Knochen, in Stücke geschnitten
2 Stengel *epazote*
3–5 *chiles serranos*
1 EL Salz
Salsa de tomate verde cocida (S. 201 [nach Belieben])
8 Radieschen, feingehackt (nach Belieben)

Die Bohnen zusammen mit 2,5 l Wasser, dem Schweineschmalz und der Zwiebel in einen großen Topf geben und 5 Minuten kochen lassen. Auf mittlere Temperatur herunterschalten, den Deckel auflegen und die Bohnen 1 Stunde garen. Schweinefleisch, restliches Wasser, *epazote* und *chiles* hinzufügen. Bei mittlerer Temperatur noch 1 Stunde zugedeckt köcheln lassen. Falls zuviel Wasser verdampft, bis zu 500 ml heißes Wasser angießen. Das Salz dazugeben und alles noch 30 Minuten garen. Abschmecken.

Heiß servieren und *salsa de tomate verde cocida* (S. 201) und feingehackte Radieschen dazu reichen.

Für 6 Personen

GUANAJUATO

Lomo de Cerdo con Anis
Schweinskarree mit Anis

In Mexiko ist das Heilkraut Anis ebenso bekannt wie bei uns. Aus dem sternförmigen »anís estrella« bereitet man Tee gegen Koliken, den man vor allem Kindern verabreicht.

1,5 kg Schweinskarree ohne Knochen
60 ml Olivenöl
1 TL Salz
Frisch gemahlener Pfeffer
Getrockneter Oregano
2 kleine Zweige Thymian
1½ TL Anissamen
2 EL Mehl
1 große Zwiebel, in Scheiben geschnitten
750 ml Weißwein
750 ml Hühnerbrühe (S. 72)
3 Knoblauchzehen, zerdrückt
½ TL Muskatnuß, gerieben
2 EL Butter
1 TL Maisstärke
250 ml Crème double

Vom Schweinskarree möglichst das gesamte Fett abschneiden. Das Fleisch mit Öl, Salz, Pfeffer, Oregano, Thymian und Anissamen einreiben und von allen Seiten mit Mehl bestäuben. Das Mehl mit den Händen andrücken. Die Zwiebelscheiben auf das Fleisch legen und das Schweinskarree zugedeckt über Nacht im Kühlschrank stehenlassen.

Den Backofen auf 200 °C (Gas Stufe 3–4) vorheizen. Wein, Brühe, Knoblauch und Muskat in einen Topf geben. Den Deckel auflegen und alles 5 Minuten kochen lassen. Dann von der Kochstelle nehmen.

Das Schweinefleisch in einen Bräter legen und für etwa 10–15 Minuten in den Backofen schieben, bis es leicht gebräunt ist. Die Wein-Brühe-Mischung angießen, den Deckel auflegen und die Backofentemperatur auf 165 °C (Gas Stufe 2) herunterschalten. Das Fleisch etwa 1½–2 Stunden im Ofen garen, bis es weich ist. Wenn die Flüssigkeit verkocht ist, noch jeweils 250 ml Weißwein und Wasser hinzufügen.

Das Schweinskarree auf eine Platte legen und die Garflüssigkeit durch ein Sieb in eine Schüssel füllen. Den Bratensatz mit 60 ml Wasser ablöschen und die Flüssigkeit ebenfalls durch das Sieb in die Schüssel geben.

In einem Topf die Butter zerlassen und die Maisstärke unterrühren. Die Garflüssigkeit hinzufügen, dabei ständig rühren, damit keine Klümpchen entstehen. Die Sauce 5 Minuten erhitzen, dann die Sahne unterrühren. Sobald die Sauce zum Kochen kommt, den Topf von der Kochstelle nehmen. Abschmecken.

Das Schweinskarree zum Servieren in Scheiben schneiden und mit der Sauce übergießen. »Torta de elote« (S. 94) ist eine passende Beilage zu diesem ungewöhnlichen Gericht.

Für 6–8 Personen

Schweinskarree mit Anis

ZACATECAS

Cabrito en Chile Ancho
Zicklein in Chili-Sauce

Ziegen gibt es überall in den nördlichen und trockeneren Regionen Zentralmexikos, da sich die flinken, genügsamen Tiere ihr Futter weitgehend selbst suchen. Zicklein, auch Kitz genannt, kann man im Frühjahr auf Bestellung von Metzgern oder Bauern beziehen, mitunter wird frisches Ziegenfleisch auch in Geschäften angeboten, die griechische, türkische oder Lebensmittel aus dem Nahen Osten führen. Ersatzweise kann Lammfleisch verwendet werden.

1 Zicklein (etwa 4,5 kg), in Stücke zerlegt (oder 4,5 kg Lammschulter oder -keule)
6 EL Rotweinessig
Salz
Frisch gemahlener Pfeffer
32 *chiles anchos,* Samen und Scheidewände entfernt
250 g *chiles guajillos,* Samen und Scheidewände entfernt
2 l sowie 125 ml Wasser
2 Tomaten, geröstet (s. Glossar)
3 Lorbeerblätter
1 kleiner Zweig Thymian
1 kleiner Stengel Majoran
5 Knoblauchzehen
5 EL Schweineschmalz oder Öl

Das Ziegenfleisch mit 5 Eßlöffeln Essig einreiben und leicht mit Salz und Pfeffer würzen. Zugedeckt für mindestens 2 Stunden – besser aber über Nacht – in den Kühlschrank stellen.

Auf einem *comal* oder in einer schweren Pfanne die *chiles* rösten (s. Glossar). Anschließend mit heißem Wasser übergießen und 30 Minuten einweichen.

Abgießen und zusammen mit 125 ml Wasser, den Tomaten, Lorbeerblättern, Thymian, Majoran und Knoblauch im Mixer pürieren. Durch ein Sieb streichen und beiseite stellen.

In einem großen Topf oder Bräter das Schweineschmalz erhitzen. Das Ziegenfleisch – jeweils zwei oder drei Stücke auf einmal – rundum anbraten und auf eine Platte legen.

Die Hälfte des Bratfetts weggießen. Die pürierten *chiles* in den Topf geben und 8 Minuten garen. 1 Eßlöffel Essig, 1 Eßlöffel Salz,

Rindfleisch mit Zwiebeln (oben) *und Zicklein in Chili-Sauce* (unten)

Pfeffer nach Geschmack und 2 l Wasser dazugeben. Das Fleisch zurück in den Topf legen und zugedeckt bei mittlerer Hitze 2 Stunden garen; während dieser Zeit gelegentlich umrühren. Falls zuviel Flüssigkeit verkocht, noch etwas Wasser angießen; die Sauce soll jedoch dickflüssig sein.

Mit *salsa de tomate verde con aguacate* (S. 198), *frijoles de la olla* (S. 208) und Maismehl-Tortillas servieren.

Für 12 Personen

MÉXICO, DISTRITO FEDERAL

Bistecs Encebollados
Rindfleisch mit Zwiebeln

Dieses überaus beliebte Gericht wird häufig in mexikanischen »fondas« (Gasthäusern) serviert. Es schmeckt besonders gut, wenn man »chiles rellenos de queso« (S. 216) dazureicht. Das Wasser kann auch durch Bier ersetzt werden.

60 ml Öl
Salz
Frisch gemahlener Pfeffer
1 kg Rindersteaks (ohne Fett)
3 große Zwiebeln, in Scheiben geschnitten
3 Knoblauchzehen, zerdrückt
125 ml Wasser

In einer großen schweren Pfanne 3 Eßlöffel Öl erhitzen. Die Steaks mit Salz und Pfeffer würzen und bei starker Hitze 1–2 Minuten auf jeder Seite anbraten. Das Fleisch in schmale Streifen schneiden, auf einen Teller legen und beiseite stellen.

Einen Eßlöffel Öl in die Pfanne geben, die Zwiebeln unter ständigem Rühren 5 Minuten darin sautieren und dann den Knoblauch hinzufügen.

Wenn Zwiebeln und Knoblauch goldbraun sind, die in Streifen geschnittenen Steaks sowie den Fleischsaft, der sich auf dem Teller gesammelt hat, dazugeben. Das Wasser hinzufügen, abschmecken und alles zugedeckt bei schwacher Hitze 5 Minuten garen. Wenn die Flüssigkeit zu stark einkocht, noch etwas Wasser angießen.

Für 5–6 Personen

JALISCO

BIRRIA
Lammfleisch in Chili-Sauce

»Birria« ist ein herzhaftes Ragout aus Lamm- oder Hammelfleisch, das mit einer gehaltvollen Bouillon in Suppenschalen serviert wird oder als Füllung für »tacos« dient. Es läßt sich gut aus weniger zarten Fleischstücken zubereiten und gehört zu den schmackhaftesten Gerichten der regionalen Küche Mexikos – auch wenn der Name zu deutsch »Plunder« bedeutet, was auf das Aussehen durchaus zutrifft.

4 *chiles guajillos*
3 *chiles anchos*
250 ml heißes Wasser
500 g mageres Lammfleisch ohne Knochen, in Stücke geschnitten
500 g Lammrippchen oder Hinterhachse, in Stücke gehackt
3 l Wasser
6 Knoblauchzehen
½ Zwiebel
2 Lorbeerblätter
1 TL Kreuzkümmelpulver
Getrockneter Majoran
1 kleiner Zweig Thymian
1½ TL Salz
Frisch gemahlener Pfeffer

SAUCE

125 ml Rotweinessig
2 Knoblauchzehen
1½ TL gemahlener *chile piquín*

GARNITUR

250 g Zwiebeln, gehackt
3 Limetten, geviertelt
4 EL grobgehackter *cilantro*

Auf einem *comal* oder in einer schweren Pfanne die *chiles* rösten (s. Glossar). Samen und Scheidewände entfernen. Die *chiles* 20 Minuten im heißen Wasser einweichen. Dann zusammen mit dem Wasser im Mixer pürieren. Durch ein Sieb streichen und beiseite stellen.

Lammfleisch und Rippchen mit 3 l Wasser, Knoblauch und der halben Zwiebel in einen großen Topf oder Bräter geben. Zum Kochen bringen und den Schaum abschöpfen. Den Deckel auflegen und das Fleisch bei mittelschwacher Hitze etwa 1½ Stunden köcheln lassen, bis es weich ist. Zwiebel und Knoblauch wegwerfen. Pürierte *chiles*, Lorbeerblätter, Kreuzkümmel, Majoran, Thymian, Salz und Pfeffer dazugeben.

Alles noch 30 Minuten köcheln lassen, damit die Aromen ver-

Lammfleisch in Chili-Sauce

schmelzen. In der Zwischenzeit die Zutaten für die Sauce im Mixer pürieren.

Das Lammfleisch in Suppenschalen servieren. Die verschiedenen Garnituren, heiße Maismehl-Tortillas und die Sauce dazu reichen.

Für 6 Personen

OAXACA

Estofado de Res
Rindfleischeintopf

Das Rezept für diesen beliebten Eintopf mit grünen Bohnen stammt aus der Küstenregion an der Grenze zu Guerrero.

1 kg Rinderhachse ohne Knochen
3 l kaltes Wasser
½ Zwiebel
4 Knoblauchzehen
1 EL Salz
4 *chiles guajillos,* Samen und Scheidewände entfernt
2 große Tomaten, geröstet (s. Glossar) und enthäutet
¼ kleine Zwiebel
1 EL Öl
2 große Kartoffeln, geschält und gewürfelt
2 kleine Zucchini, gewürfelt
250 g grüne Bohnen, geputzt

Rindfleisch, Wasser, ½ Zwiebel, 3 Knoblauchzehen und Salz in einen großen Topf oder Bräter geben. Zum Kochen bringen, den Deckel auflegen und das Fleisch bei mittlerer Temperatur etwa 1½ Stunden garen, bis es zart ist. Die Zwiebel wegwerfen und das Fleisch beiseite stellen.

Auf einem *comal* oder in einer schweren Pfanne die *chiles* rösten (s. Glossar), dann 20 Minuten in heißem Wasser einweichen. Abgießen und zusammen mit Tomaten, 1 Knoblauchzehe und ¼ Zwiebel im Mixer pürieren.

Das Öl in einer großen schweren Pfanne erhitzen, die Chili-Tomaten-Sauce hinzufügen und 5 Minuten kochen lassen. 500 ml Rindfleischbrühe angießen und alles zum Kochen bringen. Rindfleisch, Kartoffeln und Bohnen hinzufügen und alles 3 Minuten garen. Noch etwas Brühe angießen, falls der Eintopf zu dickflüssig ist. Bei mittlerer Hitze 10 Minuten zugedeckt köcheln lassen. Abschmecken, die Zucchini unterrühren, den Deckel auflegen und das Ganze bei schwacher Hitze noch etwa 10 Minuten garen, bis die Kartoffeln gar sind.

Für 5–6 Personen

OAXACA

Costillas en Salsa Verde
Schweinerippchen in grüner Sauce

Mit den in Mexiko heimischen Futterpflanzen, wie Mais, Erdnüsse und reifes tropisches Fallobst, mästet man die einst von den Spaniern eingeführten Hausschweine in der Neuen Welt. Dieses Schweinefleischgericht hat eine typische grüne Sauce, der Kreuzkümmel aus dem Nahen Osten ihr besonderes Aroma verleiht.

½ TL Kreuzkümmelpulver
6 Knoblauchzehen, zerdrückt
1 EL Salz
2 kg Schweinerippchen, in Portionsstücke gehackt
2 EL Schweineschmalz oder Öl
1 l Wasser
6 Knoblauchzehen, zerdrückt
¼ Zwiebel, grobgehackt
8 *chiles serranos*
1 kg *tomatillos,* Hüllen entfernt
8 Stengel *cilantro*
Salz
Frisch gemahlener Pfeffer

Kreuzkümmel, zerdrückten Knoblauch und Salz vermischen und die Rippchen – am besten bereits am Vortag – damit einreiben.

Die Schweinerippchen in einen großen Topf oder Bräter legen und mit Wasser bedecken. Das Wasser zum Kochen bringen, dann auf mittlere Temperatur herunterschalten und den Deckel auflegen. Die Rippchen etwa 1 Stunde köcheln lassen, bis das Wasser verdampft ist und das Fleisch sich mühelos mit einer Gabel zerteilen läßt. Die Rippchen nun 10 Minuten im eigenen Fett braten. Ist kein Fett im Topf vorhanden, Schweineschmalz oder Öl hinzufügen. Wenn die Rippchen gebräunt sind, das Fett abgießen und beiseite stellen.

Wasser und Knoblauch in einen großen Topf geben. Zum Kochen bringen, Zwiebeln und *chiles* hinzufügen und 5 Minuten garen. Dann die *tomatillos* dazugeben und 4 Minuten garen. *Tomatillos, chiles,* Knoblauch und Zwiebeln zusammen mit 500 ml der Garflüssigkeit im Mixer pürieren. Das Koriandergrün hinzufügen und den Mixer dreimal kurz einschalten, so daß es nur grob gehackt ist. Falls die Sauce zu dickflüssig ist, noch etwas mehr Garflüssigkeit von den *chiles* unterrühren.

In einer großen schweren Pfanne 2 Eßlöffel des zurückgestellten Fetts erhitzen. Die *tomatillo*-Sauce dazugeben und zum Kochen bringen. Dann die Temperatur herunterschalten und die Sauce zugedeckt 10 Minuten garen.

Die Sauce in den Topf mit den Rippchen geben, gründlich durchrühren und alles bei niedriger Temperatur 20 Minuten köcheln lassen. Mit Salz und Pfeffer abschmecken.

Für 6 Personen

Schweinerippchen in grüner Sauce (oben) *und Rindfleischeintopf* (unten)

Mariniertes Rinderfilet

GUERRERO

FILETE ADOBADO
Mariniertes Rinderfilet

Es gibt in der mexikanischen Küche zwei Methoden zur Verwendung von »adobo«, einer Marinade aus »chiles«, Gewürzen und Essig. »En adobo« bedeutet, daß die Speisen in der Sauce gegart und serviert werden, während sich »adobado« auf Gerichte bezieht, bei denen das Fleisch dick mit der Marinade bestrichen und dann gegrillt oder gebraten wird. Nach dem Aufschneiden kann es mit zusätzlicher Sauce überzogen werden. Übriggebliebene »adobo«-Marinade ist im Kühlschrank lange Zeit haltbar.

Salz
Frisch gemahlener Pfeffer
2 EL Dijon-Senf
1,5 kg Rinderfilet
2 *chiles anchos,* Samen und Scheidewände entfernt
5 *chiles guajillos,* Samen und Scheidewände entfernt
250 ml Wasser
2 Knoblauchzehen
¼ kleine Zwiebel
2 schwarze Pfefferkörner
Getrockneter Majoran
Getrockneter Oregano
Kreuzkümmelpulver
1 Tomate, geröstet (s. Glossar) und enthäutet
2½ EL Butter
1 TL Rotweinessig

Salz, Pfeffer und Senf verrühren und das Rinderfilet damit bestreichen. In eine flache Form legen und 30 Minuten stehenlassen.

In der Zwischenzeit auf einem *comal* oder in einer schweren Pfanne die *chiles* rösten (s. Glossar), dann mit heißem Wasser übergießen und 20 Minuten einweichen. Abgießen und zusammen mit 250 ml frischem Wasser im Mixer pürieren. Knoblauch, Zwiebel, Pfefferkörner, Majoran, Oregano und Kreuzkümmel dazugeben und ebenfalls pürieren. Beiseite stellen. Die Tomate pürieren und beiseite stellen.

Die Butter in einem kleinen Topf zerlassen und das Chili-Püree bei starker Hitze 5 Minuten unter ständigem Rühren garen. Die pürierte Tomate hinzufügen und 3 Minuten mitgaren. Den Essig unterrühren und die Sauce bei mittlerer Temperatur etwa 25 Minuten köcheln lassen, bis sie eindickt. Das Rinderfilet mit der Sauce überziehen und zum Marinieren 30 Minuten bis 1 Stunde stehenlassen.

Den Gartengrill vorheizen. Das mit der Chili-Marinade überzogene Rinderfilet grillen und dabei häufig wenden, damit es nicht verbrennt. Die Garzeit beträgt etwa 12–15 Minuten pro Kilogramm, wenn das Fleisch innen noch blutig sein soll. Falls das Filet durchgebraten sein soll, ist die Garzeit entsprechend länger.

Das Rinderfilet kann auch in einer ofenfesten Form im vorgeheizten Backofen bei 220 °C (Gas Stufe 5) gebraten werden.

Für 8 Personen

HIDALGO

BARBACOA
In Blättern gegartes Fleisch

Im zentralen Hochland östlich von Mexico City wird für eine traditionelle »barbacoa« Lamm-, Ziegen- oder Hammelfleisch in Agavenblätter gewickelt und in einem Erdloch langsam gegart, das mit Steinen ausgelegt ist, die zuvor durch ein Holzkohlenfeuer aufgeheizt wurden. Bei diesem Rezept werden statt dessen aromatische Lorbeer-, Pflaumen- und Avocadoblätter verwendet, und das Fleisch wird im Schnellkochtopf oder in einem Topf mit Dämpfeinsatz gegart.

2 kg Rind-, Schweine- oder Ziegenfleisch ohne Knochen
14 getrocknete Avocadoblätter
14 Lorbeerblätter
10 kleine getrocknete Pflaumenblätter (nach Belieben)

MARINADE

90 g *chiles guajillos,* Samen und Scheidewände entfernt
45 g *chiles anchos,* Samen und Scheidewände entfernt
4 Knoblauchzehen
⅛ Zwiebel
2 kleine Zweige Thymian
2 kleine Stengel Majoran
1 EL getrockneter Oregano
10 Nelken
1 EL schwarze Pfefferkörner
3 Lorbeerblätter
1 TL Rotweinessig
500 ml Wasser
2 EL grobes Salz

Zur Zubereitung der Marinade die *chiles* 10 Minuten in kochendem Wasser garen. Abgießen und in den Mixer geben. Knoblauch, Zwiebel, Thymian, Majoran, Oregano, Nelken, Pfefferkörner, Lorbeerblätter, Essig, Wasser und Salz hinzufügen und das Ganze pürieren.

Das Fleisch in eine Glas- oder Keramikschüssel legen und mit der Marinade überziehen. Mindestens 3 Stunden durchziehen lassen oder zugedeckt über Nacht in den Kühlschrank stellen; dabei von Zeit zu Zeit wenden.

Den gelochten Einsatz in den Schnellkochtopf stellen und 1,25 l Wasser hineingießen. Ein großes Stück extrastarke Alufolie so

Barbacoa (links) *und Chorizo nach Sonora-Art* (rechts)

in den Einsatz legen, daß später der Fleischsaft nicht herauslaufen kann. Die Hälfte der Avocado-, Lorbeer- und Pflaumenblätter darauf verteilen. Das Fleisch darauflegen und mit den restlichen Blättern abdecken. Die Folienenden übereinanderlegen. Das Fleisch 1 Stunde im Schnellkochtopf garen. Steht kein Schnellkochtopf zur Verfügung, einen Topf mit Dämpfeinsatz nehmen und das Fleisch bei schwacher Hitze 2½ Stunden garen; darauf achten, daß immer genügend Wasser vorhanden ist.

Den Topf von der Kochstelle nehmen und vor dem Öffnen 10 Minuten abkühlen lassen. Das Folienpäckchen vorsichtig herausheben und in eine große Schüssel legen. Die Blätter entfernen.

Das Fleisch auf einer Platte anrichten und mit der Garflüssigkeit übergießen.

Für 10–12 Personen

SONORA

CHORIZO SONORENSE
Chorizo nach Sonora-Art

Im Gegensatz zu der bekannten Version aus Toluca entspricht dieses seit Generationen überlieferte Familienrezept von María Dolores Torres Yzábal eher dem milderen spanischen »chorizo«. Damit der »chorizo« beim Braten nicht grau wird, soll man so viel Paprika untermischen, daß sich die Hände rot färben. Wurstdärme kann man beim Metzger kaufen.

1 kg durchwachsenes Schweinefleisch ohne Knochen, grobgehackt
8 Knoblauchzehen, zerdrückt
1 EL Salz
1 TL frisch gemahlener Pfeffer
1½ TL Zimtpulver
1½ TL Nelkenpulver
1½ TL getrockneter Oregano
1½ TL Cayennepfeffer (nach Belieben auch mehr)
60 g edelsüßer Gewürzpaprika
125 ml Rotweinessig oder Apfelessig

Das gehackte Schweinefleisch in einer großen Schüssel gründlich mit den übrigen Zutaten vermengen.

Die Fleischmasse in den Wurstdarm füllen – darauf achten, daß keine Luftblasen entstehen. 7,5–10 cm lange Würste abbinden und vor der Verwendung für mindestens 3 Tage in den Kühlschrank legen.

OAXACA

Mole Amarillo
»Gelbe« Mole

»Mole amarillo« gehört zu den sieben berühmten »moles« von Oaxaca und wurde ursprünglich mit dem dort heimischen »chile amarillo« zubereitet, der dem Gericht seine gelbe Farbe verleiht. In diesem Rezept von Socorrito Zorrilla werden statt dessen der leichter erhältliche »chile guajillo« und der »chile ancho« verwendet, wodurch die »mole« eine rötliche Farbe bekommt.

500 g mageres Schweinefleisch ohne Knochen und
500 g Schweinerippchen oder 1 großes Huhn (etwa 2 kg) oder
500 g Rindfleisch zum Schmoren ohne Knochen und
500 g Rinderrippe

2–2,5 l kaltes Wasser
2 Knoblauchzehen
½ kleine Zwiebel
1 EL Salz
250 g grüne Bohnen, geputzt
2 Chayotes, geschält und in Viertel geschnitten
250 g Zucchini, in Stücke geschnitten (nach Belieben)
Zwiebelringe und Limettenscheiben zum Garnieren

MOLE

2 *chiles anchos*
4 *chiles guajillos*
1 große Tomate
250 g kleine *tomatillos,* Hüllen entfernt
2 Nelken
2 schwarze Pfefferkörner
½ TL Kreuzkümmelpulver
6 Knoblauchzehen
2 EL Schweineschmalz
2 Blätter *hierba santa* oder 4 Avocadoblätter oder 2 EL gehackter *cilantro*

CHOCHOYOTES (MASA-KLÖSSCHEN)

250 g *masa*
2–3 EL Schweineschmalz
1 TL Salz

Das Fleisch in einem großen Topf mit Wasser, Knoblauch, Zwiebel und Salz zum Kochen bringen. Den Schaum abschöpfen und das Fleisch zugedeckt etwa 40 Minuten köcheln lassen, bis es halb gar ist. Grüne Bohnen, Chayotes und Zucchini dazugeben, den Deckel auflegen und alles köcheln lassen, bis das Fleisch zart ist. (Die Garzeit ist von der Fleischsorte abhängig.) Das Fleisch herausnehmen, die Brühe durch ein Sieb gießen und beiseite stellen.

In der Zwischenzeit die *mole* zubereiten: Die *chiles* rösten (s. Glossar) und die Samen entfernen. *Chiles*, Tomate und *tomatillos* 7 Minuten in kochendem Wasser garen. Abgießen und zusammen mit Nelken, Pfefferkörnern, Kreuzkümmel und Knoblauch im Mixer pürieren. Durch ein Sieb streichen. Das Schweineschmalz in einer *cazuela* oder einer großen schweren Pfanne zerlassen und die pürierten Zutaten unter ständigem Rühren 8 Minuten garen. Dann 1,5 l Brühe angießen, *hierbas santas* hinzufügen und alles zugedeckt 10 Minuten köcheln lassen. Mit Salz abschmecken.

Nun die Klößchen zubereiten: die Hände anfeuchten und die *masa* mit Schweineschmalz und Salz vermengen. Aus der Masse 20 Klößchen formen und jedes in der Mitte etwa bis zur Hälfte mit dem kleinen Finger eindrücken. Die Klößchen in die *cazuela* geben und unter ständigem Rühren 8–10 Minuten köcheln lassen, bis sie gar sind. Fleisch und Gemüse hinzufügen, zum Kochen bringen und mit Zwiebelringen und Limettenscheiben garnieren.

Für 6 Personen

OAXACA

Mole Coloradito
Rote Mole

Diese rote Sauce ist eine »mole« ohne Schokolade; dennoch weist sie eine typische Mischung von Gewürzen der spanischen und der indianischen Kochkultur auf. Das Rezept stammt von Socorrito Zorrilla und die mole *wird üblicherweise mit Reis und Tortillas serviert.*

1 kg mageres Schweinefleisch ohne Knochen, in Stücke geschnitten, oder 1 großes Huhn
2 l Wasser
½ Zwiebel
2 Knoblauchzehen
1 EL Salz

MOLE

5 *chiles anchos,* Samen entfernt
3 *chiles guajillos,* Samen entfernt
2 Nelken
6 schwarze Pfefferkörner
½ EL getrockneter Oregano
1 Stück Zimtstange (etwa 5 cm lang)
½ Zwiebel
6 Knoblauchzehen
2 Tomaten, geröstet (s. Glossar) und enthäutet
2 EL Schweineschmalz
1 EL Rosinen
200 g Mandeln, geschält
1 reife Kochbanane oder große feste Obstbanane, geschält
200 g Sesamsamen
1 EL Zucker

500 g Kartoffeln, gekocht, geschält und gewürfelt
2 EL Sesam, geröstet (zum Garnieren)

Schweinefleisch oder Huhn in einen großen Topf oder Bräter geben und Wasser, Zwiebel, Knoblauch sowie Salz hinzufügen. Zum Kochen bringen, den Schaum abschöpfen und das Fleisch oder Geflügel zugedeckt etwa 40 Minuten köcheln lassen, bis es gar ist. Dann herausnehmen und die Brühe beiseite stellen.

In der Zwischenzeit die *mole* zubereiten. Dazu auf einem *comal* oder in einer schweren Pfanne die *chiles* rösten (s. Glossar), anschließend mit heißem Wasser übergießen und 20 Minuten einweichen. Nelken, Pfefferkörner, Oregano, Zimtstange, Zwiebel und Knoblauch rösten. Zusammen mit 125 ml der zurückgestellten Brühe in den Mixer geben. Die *chiles* abgießen und hinzufügen. Das Ganze pürieren und durch ein Sieb streichen.

Die Tomaten ebenfalls pürieren und durch ein Sieb streichen.

Das Schweineschmalz in einem Topf zerlassen und die pürierten *chiles* unter ständigem Rühren 3 Minuten erhitzen. Die pürierten Tomaten hinzufügen und alles bei mittlerer Temperatur 15 Minuten köcheln lassen.

Rosinen, Mandeln, Banane und Sesamsamen mit 250 ml der zurückgestellten Brühe im Mixer pürieren. Zur Sauce geben und alles 15 Minuten köcheln lassen; dabei ständig rühren, damit die Sauce nicht anlegt. Noch 500–750 ml Brühe unterrühren, so daß die Sauce die Konsistenz einer dickflüssigen, sämigen Suppe hat. Den Zucker hinzufügen und abschmecken. Die Sauce bei niedriger Temperatur noch 10 Minuten im offenen Topf köcheln lassen.

Fleisch und Kartoffeln dazugeben und alles 5 Minuten köcheln lassen. Mit geröstetem Sesam bestreuen und mit heißen Maismehl-Tortillas servieren.

Für 6 Personen

Rechte Seite: *Rote Mole* (oben) *und »Gelbe« Mole* (unten)

MÉXICO, DISTRITO FEDERAL

LENGUA EN SALSA DE TOMATE Y RAJAS
Zunge in Tomatensauce mit Chili-Streifen

Rinder- und Kalbszunge schätzt man in Mexiko ebenso wie in Spanien. Als Beilage sind Reis, kleine Salzkartoffeln oder die schmackhaften »papitas de cambray al ajo« (S. 208) gut geeignet.

1 Rinderzunge (etwa 1 kg)
1 l kaltes Wasser
¼ Zwiebel
4 Knoblauchzehen (2 davon zerdrückt)
1 TL Salz
1 EL Öl
1 Zwiebel, in Scheiben geschnitten
750 g Tomaten, enthäutet und feingehackt
½ TL getrockneter Thymian
Frisch gemahlener Pfeffer
3 *chiles poblanos,* geröstet (s. Glossar), Scheidewände entfernt, in Streifen geschnitten

Die Zunge in einen Schnellkochtopf legen. Wasser, ¼ Zwiebel, ganze Knoblauchzehen sowie Salz dazugeben. Etwa 1½ Stunden garen, bis die Zunge gar ist. Oder einen normalen Kochtopf benutzen und die Zunge etwa 3 Stunden zugedeckt köcheln lassen. Herausnehmen, die Brühe durch ein Sieb gießen und beiseite stellen. Die dicke Haut von der Zunge abziehen und wegwerfen, die Zunge in dünne Scheiben schneiden und beiseite stellen.

Das Öl in einer schweren Pfanne erhitzen, Zwiebelscheiben und zerdrückten Knoblauch hinzufügen und 2 Minuten sautieren. Tomaten, Thymian und Pfeffer dazugeben und bei mittelstarker Hitze etwa 5 Minuten garen, bis die Zutaten weich sind. 250–500 ml der zurückgestellten Brühe angießen und die Chili-Streifen unterrühren. Abschmecken. Alles zugedeckt bei mittlerer Temperatur 5 Minuten garen. Die in Scheiben geschnittene Zunge hinzufügen und nochmals 5 Minuten köcheln lassen.

Für 6 Personen

MÉXICO, DISTRITO FEDERAL

CUETE MECHADO
Gespickter Rinderschmorbraten

»Mechado«-Art bedeutet, daß das Fleisch mit in Streifen geschnittenem Gemüse und anderen Zutaten gespickt wird – hier sind es Möhren und Frühstücksspeck. »Arroz a la mexicana« (S. 92), der mit »chiles serranos« zubereitet ist, paßt gut als Beilage zu diesem mild gewürzten Schmorbraten. »Tortitas de papa« (S. 210) und »ejotes con cebolla y jitomate« (S. 206) sind in Farbe und Struktur eine ausgezeichnete Ergänzung.

1,5 kg Rinderschmorbraten aus dem Schwanzstück
1 große Möhre
4 Scheiben Frühstücksspeck
1 EL Öl
½ Zwiebel, feingehackt
4 Knoblauchzehen, zerdrückt
1 TL frisch gemahlener Pfeffer
60 ml Rotweinessig
750 ml Wasser
3 Lorbeerblätter
1½ TL getrockneter Thymian
1 TL getrockneter Majoran
1 EL Salz
2 EL Maisstärke
2 EL trockener Weißwein

Den Backofen auf 180 °C (Gas Stufe 2–3) vorheizen. Mit einem scharfen Messer mit schmaler Klinge den Rinderbraten viermal in Längsrichtung einstechen.

Die Möhre schälen, längs in Stifte schneiden und jeden Stift mit einer Scheibe Speck umwickeln. In jeden Einschnitt im Fleisch einen Möhrenstift stecken.

Gespickter Rinderschmorbraten (links) *und Zunge in Tomatensauce mit Chili-Streifen* (rechts)

Das Öl in einer großen schweren Pfanne erhitzen und das Rindfleisch anbraten. Dann in eine ofenfeste Form legen und beiseite stellen.

In derselben Pfanne Zwiebeln, Knoblauch und Pfeffer 2 Minuten unter ständigem Rühren sautieren. Essig und Wasser dazugeben, die Pfanne ausschwenken und die Mischung über das Rindfleisch geben.

Lorbeerblätter, Thymian, Majoran und Salz hinzufügen. Zum Schluß Alufolie so über die Form decken, daß sie mit dem Fleisch nicht in Berührung kommt.

Für etwa 1½ Stunden in den Backofen schieben, bis das Fleisch gar ist.

Den Rinderbraten auf eine Servierplatte legen. Die Garflüssigkeit durchsieben, zurück in die Form geben und Maisstärke und den Wein unterrühren. Etwa 3 Minuten kochen lassen, bis die Sauce eindickt. Abschmecken.

Das Rindfleisch zum Servieren in Scheiben schneiden und mit der Sauce übergießen.

Für 6–8 Personen

CHIHUAHUA

Puntas de Filete a la Mexicana
Filetspitzen nach mexikanischer Art

Unter der Leitung von Vasco de Quiroga begann 1530 eine Gruppe von Kolonisten mit der Rinderzucht in Mexiko. Dieses Rindfleischgericht wird häufig in den Restaurants im Norden angeboten, und es wird dort zumeist mit »queso fundido con champiñones y rajas de poblano« (S. 33), »frijoles maneados« (S. 213) und weichen Weizenmehl-Tortillas serviert.

1 kg Rinderfiletspitzen, in Streifen geschnitten
3 Knoblauchzehen, zerdrückt
½ TL frisch gemahlener Pfeffer
Kreuzkümmelpulver
2 TL Salz
2 EL Öl
250 g Zwiebeln, feingehackt
2 Knoblauchzehen, zerdrückt
1,25 kg reife Tomaten, enthäutet und feingehackt
6 *chiles serranos,* feingehackt

Die Filetstreifen mit den 3 zerdrückten Knoblauchzehen, Pfeffer, Kreuzkümmel und 1 Teelöffel Salz würzen und alles gut vermischen. Zugedeckt für mindestens 2 Stunden – besser über Nacht – in den Kühlschrank stellen. In einer großen schweren Pfanne oder einem Bräter das Öl erhitzen und die Zwiebeln darin etwa 4 Minuten sautieren. Die 2 zerdrückten Knoblauchzehen und die Filetspitzen dazugeben. Das Fleisch bei starker Hitze etwa 7 Minuten unter Rühren anbraten, bis es gebräunt ist. Tomaten, *chiles* und 1 Teelöffel Salz hinzufügen. Bei mittlerer Temperatur etwa 10 Minuten in der offenen Pfanne garen, bis die Sauce eindickt und das Fleisch zart ist.

Abwandlung: Die *chiles serranos* durch 3 eingelegte *chiles chipotles* ersetzen.

Für 6 Personen

PUEBLA

Tinga Poblana
Rinder- und Schweineragout mit Chillies und Tomatillos

Sträußchen aus getrocknetem Thymian, Majoran und Oregano werden als »hierbas de olor« (wohlriechende Kräuter) auf jedem mexika-

Filetspitzen nach mexikanischer Art (oben) *und Tinga Poblana* (unten)

nischen Wochenmarkt verkauft. Diese Kräuter geben auch dem pikanten Eintopfgericht »tinga poblana« aus Puebla zusätzliches Aroma. Es ist ebenso als Füllung für »tortas« (S. 43) wie als Belag für knusprige »tostadas«, garniert mit feingeschnittenem grünem Salat und Avocadoscheiben, beliebt.

250 g mageres Schweinefleisch ohne Knochen, in Stücke geschnitten
500 g Bauchlappen vom Rind, in Stücke geschnitten
2 Lorbeerblätter
2 Knoblauchzehen
2 TL Salz
500 g *chorizo* oder andere pikante Wurst
1 Zwiebel, grobgehackt
1 Knoblauchzehe, zerdrückt
750 g reife Tomaten, enthäutet und grobgehackt
250 g *tomatillos,* Hüllen entfernt, feingehackt
½ TL getrockneter Oregano
1 kleiner Zweig Majoran
1 kleiner Zweig Thymian
Frisch gemahlener Pfeffer
60 ml Flüssigkeit von eingelegten *chiles chipotles*
3 eingelegte *chiles chipotles,* in Streifen geschnitten

Das Fleisch in einem großen Topf oder Bräter mit kaltem Wasser bedecken. Bei starker Hitze zum Kochen bringen und den Schaum abschöpfen. Die Temperatur herunterschalten. Lorbeerblätter, ganze Knoblauchzehen und 1 Teelöffel Salz dazugeben. Den Deckel auflegen und das Fleisch bei schwacher Hitze etwa 1 Stunde garen, bis es zart ist. In der Brühe abkühlen lassen. Dann das Fleisch herausnehmen und die Brühe beiseite stellen. Das Fleisch in feine Streifen schneiden und ebenfalls beiseite stellen.

Vom *chorizo* den Darm entfernen und die Wurst in große Stücke schneiden. In einer schweren Pfanne bei mittlerer Temperatur braten, bis die Wurst leicht gebräunt und ein Teil des Fetts ausgebraten ist. Die Wurst herausnehmen und beiseite stellen. Zwiebeln und zerdrückten Knoblauch in die Pfanne geben und 2 Minuten sautieren. Tomaten, *tomatillos,* Oregano, Majoran, Thymian, Pfeffer und 1 Teelöffel Salz hinzufügen. Alles bei niedriger Temperatur 5 Minuten unter gelegentlichem Rühren köcheln lassen. Dann die Flüssigkeit der eingelegten Chillies dazugeben.

Das kleingeschnittene Fleisch, 250 ml der zurückgestellten Brühe und den *chorizo* hinzufügen und gründlich vermischen. Den Deckel auflegen und alles bei schwacher Hitze 15 Minuten garen. Die Sauce gegebenenfalls mit etwas Brühe verdünnen.

Mit Chili-Streifen garnieren und sehr heiß servieren.

Für 7–8 Personen

MÉXICO, DISTRITO FEDERAL

BUDÍN CON PICADILLO
Hackfleischgratin

Dieses Hackfleischgratin mit Tortillas und »tomatillos« ist bei den in Mexico City ansässigen Amerikanern überaus beliebt und schmeckt ausgezeichnet mit »ensalada mixta con aderezo de aguacate« (S. 203).

3 Knoblauchzehen
Frisch gemahlener Pfeffer
1 Nelke
¼ TL getrockneter Thymian
2 TL Salz
1 kg mageres Rinderhackfleisch
2 EL Öl
1 kleine Zwiebel, feingehackt
3 *chiles serranos*

Hackfleischgratin

500 g *tomatillos,* Hüllen entfernt
20 g *cilantro,* gehackt
2 *chiles poblanos,* Samen und Scheidewände entfernt
8 Kürbis- oder Zucchini-Blüten (nach Belieben)
Öl zum Braten
12 Maismehl-Tortillas
250 ml saure Sahne
200 g *queso manchego* oder mittelscharfer Cheddar, gerieben

Im Mörser oder *molcajete* 2 Knoblauchzehen, Pfeffer, Nelke, Thymian und 1 Teelöffel Salz zerstoßen. Das Hackfleisch in eine große Schüssel geben und gründlich mit der Gewürzmischung aus dem Mörser vermengen.

Das Öl in einer großen schweren Pfanne erhitzen und die Zwiebeln darin sautieren, bis sie glasig sind. Das Hackfleisch hinzufügen und bei mittlerer Hitze 10 Minuten anbraten. Beiseite stellen.

Die *chiles serranos* 5 Minuten in kochendem Wasser garen. Die *tomatillos* hinzufügen und etwa 7 Minuten kochen lassen, bis sich ihre Farbe verändert. Abgießen und zusammen mit der verbliebenen Knoblauchzehe, *cilantro* und 1 Teelöffel Salz im Mixer pürieren. Beiseite stellen.

Die *chiles poblanos* rösten (s. Glossar), dann in Streifen schneiden und beiseite stellen.

Stiele und Stempel der Kürbisblüten entfernen; darauf achten, daß die Blütenblätter nicht beschädigt werden. Die Blüten behutsam öffnen, flach ausbreiten und in einer Bratpfanne mit 1 Eßlöffel Wasser 3 Minuten dämpfen. Beiseite stellen.

Den Backofen auf 190 °C (Gas Stufe 3) vorheizen. Eine Pfanne etwa 1 cm hoch mit Öl füllen und die Tortillas kurz auf beiden Seiten braten. Den Boden einer rechteckigen ofenfesten Form mit 6 Tortillas so auslegen, daß sie sich überlappen. Dann eine Schicht Hackfleisch, gefolgt von je einer Lage Chili-Streifen und Kürbisblüten, einfüllen. Die Hälfte der sauren Sahne darauf verteilen und ein Drittel des Käses darüberstreuen. Je eine weitere Lage Tortillas, Hackfleisch, *chiles,* saure Sahne und Käse einfüllen. Abschließend das Ganze mit dem *tomatillo*-Püree bedecken und für 10 Minuten in den Backofen schieben.

Den restlichen Käse darüberstreuen und das Gericht noch etwa 5 Minuten im Ofen gratinieren, bis der Käse schmilzt und leicht gebräunt ist.

Für 6–8 Personen

MÉXICO, DISTRITO FEDERAL

ROPA VIEJA
Rindfleischsalat mit Tomaten und Avocado

Dieses Gericht eignet sich hervorragend zur Resteverwertung von gegartem Rindfleisch. Die traditionelle »ropa vieja« dient als Füllung für »tacos«; diese Abwandlung wird dagegen mit einer Vinaigrette zubereitet und als Rindfleischsalat serviert.

500 g Bauchlappen vom Rind, in 2 oder 3 Stücke geschnitten
2 Lorbeerblätter
1 Knoblauchzehe
1 EL Salz
¼ Zwiebel
1 Möhre
1 Stengel Petersilie
½ Zwiebel, in Scheiben geschnitten und zu Ringen auseinandergedrückt
80 ml Olivenöl
Etwa 2 EL Rotweinessig
1 EL getrockneter Oregano
Frisch gemahlener Pfeffer
2 Tomaten, in Stücke geschnitten
1 Kopfsalat, gehackt
1 Avocado, geschält und in Scheiben geschnitten
6 Radieschen, halbiert (nach Belieben)

Das Rindfleisch in einem großen schweren Topf mit Wasser bedekken. Lorbeerblätter, Knoblauch, Salz, ¼ Zwiebel, Möhre und Petersilie hinzufügen. Zum Kochen bringen, die Hitze reduzieren und das Fleisch zugedeckt etwa 1 Stunde köcheln lassen, bis es zart ist. Das Rindfleisch in der Brühe abkühlen lassen, dann abgießen und in feine Streifen schneiden.

Rindfleisch und Zwiebelringe in einer Schüssel vermischen und mit Öl, Essig, Oregano und Pfeffer anmachen. Abschmecken und zum Durchziehen 30 Minuten stehenlassen.

10 Minuten vor dem Servieren die Tomaten und eine Handvoll Kopfsalat unterheben. Den restlichen grünen Salat auf einer Servierplatte verteilen und den Rindfleischsalat darauf anrichten. Mit Avocado und Radieschen garnieren.

Für 4 Personen

SAN LUIS POTOSÍ

ALBONDIGÓN RELLENO DE RAJAS
Gefüllter Hackbraten

Dieser außergewöhnliche Hackbraten wurde 1975 bei einem Festival mexikanischer Kochkunst präsentiert. Wenn er aufgeschnitten ist, ergeben die roten und grünen Chili-Streifen ein farbenfrohes Bild.

1 *bolillo* (knuspriges Brötchen), in Scheiben geschnitten und in Milch eingeweicht
1 Knoblauchzehe
¼ Zwiebel
1 TL getrockneter Oregano
1 TL Kreuzkümmelpulver
3 Nelken
1 TL Salz
½ TL frisch gemahlener Pfeffer
1,25 kg mageres Rindfleisch, zweimal durch den Fleischwolf gedreht
500 g mageres Schweinefleisch, zweimal durch den Fleischwolf gedreht
3 Eier
1 EL Semmelbrösel
3 *chiles poblanos,* geröstet (s. Glossar), Scheidewände entfernt, in Streifen geschnitten
200 g rote Paprikaschoten, geröstet, enthäutet und in Streifen geschnitten
250 g Frühstücksspeck, in Scheiben geschnitten
Salsa de jitomate (s. unten)

Den Backofen auf 180 °C (Gas Stufe 2–3) vorheizen. Die eingeweichten Brötchenscheiben abtropfen lassen, dann in kleine Stücke zupfen und in eine große Schüssel geben. Im Mixer Knoblauch, Zwiebel, Oregano, Kreuzkümmel, Nelken, Salz und Pfeffer zerkleinern und vermischen. Zusammen mit dem gehackten Rind- und Schweinefleisch, den Eiern und Semmelbröseln in eine Schüssel geben und alles mit den Händen gründlich vermengen.

Die Hackfleischmasse auf einem Brett zu einem Rechteck flachdrücken. Entlang der Mitte die Chili- und Paprikastreifen verteilen und das Ganze der Länge nach zu einem Hackbraten aufrollen. Den Hackbraten in eine ofenfeste Form heben, den Speck darauflegen und für 1 Stunde in den Backofen schieben.

Mit *salsa de jitomate* servieren.

Für 8–10 Personen

SALSA DE JITOMATE
Tomatensauce

1,25 kg Tomaten, enthäutet und in Stücke geschnitten
1 Knoblauchzehe
¼ Zwiebel
Getrockneter Thymian
Kreuzkümmelpulver
1 Nelke
60 ml Wasser
1 EL Butter
1 TL Salz
Frisch gemahlener Pfeffer

Die Tomaten mit Knoblauch, Zwiebel, Thymian, Kreuzkümmel, Nelke und Wasser im Mixer pürieren. Die Butter in einer kleinen schweren Pfanne zerlassen, die pürierten Zutaten, Salz und Pfeffer dazugeben und 5 Minuten kochen lassen. Die Hitze reduzieren und die Sauce noch 10 Minuten unabgedeckt garen.

Ergibt etwa 750 ml

PUEBLA

LOMO DE CERDO MECHADO CON CHILES CHIPOTLES Y CIRUELAS
Mit Chillies und Backpflaumen gefülltes Schweinskarree

In Katalonien, im Nordosten Spaniens, hat man eine Vorliebe für Gerichte, die Fleisch und Früchte, insbesondere Birnen und Backpflaumen, vereinen. Dies ist eine mexikanische Version.

1,25 kg Schweinskarree ohne Knochen
200 g Backpflaumen, entsteint (große Pflaumen halbiert)
4 eingelegte *chiles chipotles,* jeweils in 4 Stücke geschnitten
1 Knoblauchzehe, zerdrückt
Salz und frisch gemahlener Pfeffer
500 ml frisch gepreßter Orangensaft

Rindfleischsalat mit Tomaten und Avocado (oben) *und Gefüllter Hackbraten* (unten)

3 EL Mehl
2 EL Öl
1 große Zwiebel, in Scheiben geschnitten

Das Schweinskarree längsseits in der Mitte mit einem Messer mit schmaler Klinge durchstechen. Den Schlitz abwechselnd mit Backpflaumen und Chili-Stücken füllen. Das Fleisch in eine Schüssel legen und mit Knoblauch, Salz und Pfeffer einreiben. Den Orangensaft darübergießen und das Schweinskarree zugedeckt für mindestens 2 Stunden – besser über Nacht – in den Kühlschrank stellen.

Den Backofen auf 180 °C (Gas Stufe 2–3) vorheizen. Das Fleisch abtropfen lassen, die Marinierflüssigkeit auffangen. Das Schweinskarree mit dem Mehl bestäuben. In einer großen schweren Pfanne das Öl erhitzen und das Fleisch rundum leicht anbraten (insgesamt etwa 8 Minuten).

Eine ofenfeste Form dünn einfetten, die Zwiebeln darin verteilen. Das Schweinskarree darauflegen.

Den Bratensatz in der Pfanne, in der das Fleisch angebraten wurde, mit dem Orangensaft lösen. Die Flüssigkeit durch ein Sieb über das Fleisch geben. Salzen und mit Alufolie abdecken und für 40 Minuten in den Backofen schieben. Die Alufolie entfernen, das Fleisch wenden und mit der Garflüssigkeit begießen.

Noch etwa 30 Minuten unabgedeckt im Backofen garen oder bis ein Fleischthermometer 80 °C anzeigt (s. Abbildung S. 104–105).

Für 8 Personen

Schweinefleisch nach Uruapan-Art

MICHOACÁN

CARNITAS ESTILO URUAPAN
Schweinefleisch nach Uruapan-Art

In Uruapan benutzt man zum Garen dieser »carnitas« (kleine Fleischstücke) große flache Kupfertöpfe, die im nahegelegenen Santa Clara del Cobre hergestellt werden. Das Fleisch wird immer mit Tortillas und einer »salsa« gereicht, so daß jeder seine »tacos« bei Tisch selbst zubereiten kann.

1 kg Schweinefleisch ohne Knochen, in etwa 5 cm große Würfel geschnitten
2 l Wasser
¼ Zwiebel
2 Knoblauchzehen
1 EL Salz
1 EL Schweineschmalz
125 ml frisch gepreßter Orangensaft
125 ml Milch
Salsa de tomate verde con aguacate (S. 198 [nach Belieben])

Schweinefleisch, Wasser, Zwiebel, Knoblauch und Salz in einen großen Topf oder Bräter geben. Den Deckel auflegen und das Fleisch bei mittlerer Hitze 1–1½ Stunden garen, bis es sehr zart ist. In einem Durchschlag abtropfen lassen.

Das Schweineschmalz in einem Topf zerlassen. Sobald es erhitzt ist, vorsichtig Orangensaft und Milch angießen, dann das Schweinefleisch hinzufügen. Das Fleisch bei mittlerer Hitze 15–20 Minuten im offenen Topf garen, bis es gebräunt ist. (Da die Flüssigkeit verdampft, kann das Fleisch bräunen.) Das Fleisch dann sofort in einen Durchschlag geben, damit überschüssiges Fett abtropfen kann.

Mit heißen Maismehl-Tortillas und *salsa de tomate verde con aguacate* servieren.

Für 6 Personen

PAJARITOS
Rouladen von Lendensteaks

Lendensteaks werden in Mexiko sehr dünn geschnitten und zusätzlich flachgeklopft, was auch für diese »kleinen Vögel« oder Rinderrouladen unerläßlich ist.

1 kg dünngeschnittene Lendensteaks vom Rind
Salz
Frisch gemahlener Pfeffer
2 Möhren, geschält und gewürfelt
500 g Spinat, Blattstiele entfernt
10 dünne Scheiben geräucherter Schinken (etwa 180 g)
5 reife Tomaten, geröstet (s. Glossar) und enthäutet
2 Knoblauchzehen, geröstet (s. Glossar)
¼ TL Kreuzkümmelpulver
⅛ TL Nelkenpulver
3 EL Öl
60 g Zwiebeln, gehackt
1 EL Mehl
375 ml ungesalzene Rinderbrühe
125 ml Rotwein
2 Lorbeerblätter
1 *chile serrano* (oder nach Belieben)
2 EL gehackter *cilantro*

Über jedes Rindersteak ein Stück Pergamentpapier oder Frischhaltefolie legen und die Steaks auf 6 mm Stärke klopfen. Leicht mit Salz und Pfeffer würzen und beiseite stellen.

Die Möhren in Salzwasser kochen, bis sie gar, aber noch bißfest sind. Abgießen und beiseite stellen.

Den Spinat waschen und in einem großen Topf zugedeckt bei mittlerer Hitze 4–5 Minuten dünsten, bis er zusammenfällt. Das vom Waschen an den Blättern haftende Wasser reicht als Garflüssigkeit aus. Abtropfen lassen und feinhacken. Möhren und Spinat in einer Schüssel vermengen und beiseite stellen.

Auf jedes Steak eine Scheibe Schinken legen und etwas Spinat-Möhren-Mischung darauf verteilen. Das Fleisch aufrollen und die Rouladen mit Küchengarn zusammenbinden.

Die Tomaten mit Knoblauch, Kreuzkümmel und Nelken im Mixer pürieren.

Das Öl in einer schweren Pfanne erhitzen und die Rouladen 2–3 Minuten leicht anbraten. Auf eine Platte legen und beiseite stellen.

Im gleichen Öl die Zwiebeln sautieren, das Mehl darüberstäuben und 2 Minuten rösten; dabei ständig rühren. Die pürierten Tomaten hinzufügen und bei hoher Temperatur 5 Minuten unter ständigem Rühren erhitzen. Brühe, Wein, Lorbeerblätter und *chile serrano* dazugeben und alles 5 Minuten köcheln lassen. Abschmecken. Die Rouladen mit dem Fleischsaft, der sich auf der Platte gesammelt hat, in die Pfanne geben. Zugedeckt bei schwacher Hitze etwa 10 Minuten garen, bis das Fleisch zart ist. Mit gehacktem *cilantro* bestreuen und sofort servieren.

Für 6 Personen

Rouladen von Lendensteaks

YUCATÁN

Cochinita Pibil
Schweinefleisch in Bananenblättern

In der Maya-Sprache sind »pibes« mit Steinen ausgelegte Gruben, und »pibil« bedeutet »in einer Grube garen«. Heutzutage wird das Fleisch jedoch häufig in einer geschlossenen Form im Backofen gedünstet. Mit dem schmackhaften Fleisch und der »salsa« füllt man Tortillas und reicht dazu schwarze Bohnen. Als Getränk paßt am besten »horchata« oder Bier. Schweinsohren und Kopffleisch geben dem Gericht zusätzlich Geschmack und sind bei den meisten Metzgern auf Bestellung erhältlich.

250 g Schweinsohren (nach Belieben)
250 g Kopffleisch vom Schwein (nach Belieben)
1,5 kg mageres Schweinefleisch ohne Knochen
90 g *achiote*-Paste (S. 121)
125 ml Limettensaft
250 ml frisch gepreßter Orangensaft
2 TL Salz
2 große Bananenblätter
125 g Schweineschmalz, zerlassen

ZWIEBEL-SALSA

500 g rote Zwiebeln, gehackt
250 ml frisch gepreßter Orangensaft
250 ml Limettensaft
1 TL Salz
6 *chiles manzanos* oder *chiles habaneros*

Das Fleisch in 5 cm große Stücke schneiden und in eine Glas- oder Keramikschüssel geben. Die *achiote*-Paste in einer kleinen Glasschüssel im Limetten- und Orangensaft auflösen; mit den Fingern die Paste zerbröseln. Das Salz hinzufügen. Das Schweinefleisch mit dieser Flüssigkeit übergießen und zum Marinieren für mindestens 3 Stunden – am besten über Nacht – in den Kühlschrank stellen.

Den Backofen auf 165 °C (Gas Stufe 2) vorheizen. Die Bananenblätter einige Minuten über eine offene Flamme halten, damit sie weich werden. Eine rechteckige ofenfeste Form mit den Blättern auskleiden, so daß sie über Kreuz liegen und am Rand der Form überstehen.

Das Schweinefleisch mit der Marinade auf den Blättern verteilen und mit dem Schmalz bestreichen. Die Blattenden über dem Fleisch zusammenlegen und etwas anfeuchten, damit sie nicht verbrennen. Die Form mit Alufolie abdecken.

Für 2 Stunden in den Backofen schieben. Dann herausnehmen und den Gargrad überprüfen: Das Fleisch muß so weich sein, daß es fast auseinanderfällt. Ist dies nicht der Fall, das Ganze wie zuvor für weitere 30 Minuten in den Backofen stellen.

4 Stunden vor dem Servieren die *salsa* zubereiten. In einer Schüssel Zwiebeln, Orangensaft, Limettensaft und Salz vermischen. Die *chiles* rösten (s. Glossar) und zu den Zwiebeln geben.

Das Schweinefleisch heiß servieren, dazu die *salsa* reichen.

Für 10–12 Personen

QUERÉTARO

Ternera Guisado
Pikantes Kalbfleisch

Kalbfleisch ißt man in Mexiko selten; in diesem Rezept von Kay Mendieta de Alonso wird es auf typisch mexikanische Weise zubereitet.

5 Knoblauchzehen
2 EL Salz
2,5 kg Kalbsbraten ohne Knochen
60 ml Olivenöl
2 Zwiebeln, in dünne Scheiben geschnitten
3 Möhren, in dünne Scheiben geschnitten
3 Lorbeerblätter
1 kleiner Zweig getrockneter Thymian

Schweinefleisch in Bananenblättern

Pikantes Kalbfleisch

1 kleiner Zweig getrockneter Majoran
1 TL frisch gemahlener Pfeffer
500 ml trockener Weißwein
2 *chiles pasillas,* Samen und Scheidewände entfernt
1 EL Öl
1 EL gehackte Zwiebel
2 Knoblauchzehen, gehackt
4 Tomaten (etwa 850 g), gehackt

Im Mörser oder *molcajete* Knoblauch und Salz zu einer Paste zerstampfen. Das Kalbfleisch damit einreiben und zugedeckt mindestens 2 Stunden bei Raumtemperatur stehenlassen, besser aber über Nacht in den Kühlschrank stellen.

Den Backofen auf 190 °C (Gas Stufe 3) vorheizen. Das Olivenöl in eine ofenfeste Form geben. Zwiebel- und Möhrenscheiben hinzufügen und durchrühren, um sie mit dem Öl zu überziehen. Das Kalbfleisch in die Form geben und die Lorbeerblätter, Thymian und Majoran darauflegen. Mit Pfeffer bestreuen und 250 ml Wein angießen. Die Form mit Alufolie bedecken und für 30 Minuten in den Backofen schieben. Den Braten dann wenden, das Gemüse durchrühren und den restlichen Wein hinzufügen. Zugedeckt für weitere 30 Minuten in den Ofen stellen.

In der Zwischenzeit auf einem *comal* oder in einer schweren Pfanne die *chiles* rösten (s. Glossar). Anschließend mit heißem Wasser übergießen und 20 Minuten einweichen. Abgießen und beiseite stellen.

Das Öl in einem Topf erhitzen. Zwiebel- und Knoblauchstückchen 2 Minuten sautieren, bis sie glasig sind. Tomaten hinzufügen und 10 Minuten kochen lassen. Die Hitze reduzieren und alles zugedeckt 20 Minuten garen. Dann den Deckel abnehmen und noch 10 Minuten köcheln lassen. Die Mischung zusammen mit den *chiles* im Mixer pürieren und durch ein Sieb streichen.

Das Kalbfleisch aus dem Backofen nehmen, mit 500 ml Tomaten-Chili-Sauce übergießen und noch 30 Minuten im Backofen garen; dabei drei- oder viermal mit der Sauce begießen. Wenn sich das Kalbfleisch leicht mit einer Gabel einstechen läßt, den Braten aus dem Ofen nehmen und auf einer Platte beiseite stellen.

Die Flüssigkeit aus der Form durch ein Sieb in einen kleinen Topf gießen. Anschließend die festen Bestandteile mit einem Löffel durch das Sieb streichen. Das restliche Tomaten-Chili-Püree hinzufügen und die Sauce zugedeckt bei niedriger Temperatur 3 Minuten köcheln lassen. Abschmecken.

Das Kalbfleisch zum Servieren in Scheiben schneiden, auf einer Platte anrichten und die Sauce darübergeben.

Für 12–14 Personen

Pazifikküste

OÑY

PAZIFIKKÜSTE

Eine Szene an der Küste von Jalisco: Es ist ein heißer Tag in Colimilla, zwanzig Bootsminuten von der kleinen Stadt Barra de Navidad entfernt. Am Rand der Lagune steht auf Pfählen ein mit Palmstroh gedecktes Restaurant. Auf den Tischen liegen grüne Tischtücher, die Holzstühle sind gelb gestrichen. Ein kleiner Reiher sitzt auf einem nahegelegenen Steg und hält nach Beute Ausschau. In Einbäumen werfen Fischer schweigend ihre Netze aus. Ganz in der Nähe streitet sich eine Seeschwalbe mit braunen Pelikanen und prächtigen Fregattvögeln um einen über Bord geworfenen Fisch. Die flinke, wendige Seeschwalbe gewinnt!

Das Essen kommt. Der erste Gang: *pata de mula* (»Maultierfüße«) – süße schwarze Clams, die roh in ihren tief gefurchten Schalen mit einem Spritzer Limettensaft serviert werden. Als nächstes gibt es *camarones a la diabla* (Garnelen nach Teufelsart) mit Reis, deren köstliches Aroma selbst die Sauce aus geräucherten *chiles chipotles* durchdringt. Unaufgefordert bringt die *señora* dann noch *ceviche* (S. 182) vor fangfrischer Makrele – als Entschädigung dafür, daß der Hauptgang, *pescado sarandeado,* die Spezialität des Hauses, noch einen kleinen Moment auf sich warten läßt. Es ist ein *robálo* (Seebarsch), der über weißglühender Holzkohle gegrillt wird, und der intensive Geruch der Sauce aus Knoblauch und *chiles anchos,* mit der der Fisch überzogen ist, läßt einem das Wasser im Mund zusammenlaufen. Schließlich ist auch das letzte Stückchen Fisch verspeist, der Teller mit der letzten Tortilla sauber abgeputzt – und es wird Zeit, das kleine Boot zu besteigen und wieder zurückzufahren.

Mahlzeiten dieser Art kann man überall an der rund fünfzehnhundert Kilometer langen Küste zwischen Mazatlán und Acapulco genießen. Meerestiere sind eine Hauptnahrungsquelle in diesen sechs Bundesstaaten – nicht nur für die Be-

Seite 156/157: *Die Bucht von Acapulco im abendlichen Glanz, fotografiert von einer Terrasse des berühmten Hotels »Las Brisas«.*
Links: *Diese kleinen Fischerboote in Mazatlán sind eine malerische Randerscheinung des riesigen Fischereigewerbes dieser Stadt.*

Eine Mexikanerin aus Guerrero auf dem Weg zum Markt. Leguanfleisch, das in Geschmack und Struktur an Huhn erinnert, ist im gesamten Süden Mexikos beliebt.

wohner, sondern auch für Millionen Urlauber, die sich hier Jahr für Jahr an Sonne und Strand erfreuen.

Die Touristen zieht es vor allem in die zahlreichen mondänen Ferienenklaven, von denen die Strände gesäumt sind – Ixtapa, Puerto Vallarta, Manzanillo –, doch sind dies nicht unbedingt die geeigneten Orte, um mit regionaltypischen Gerichten Bekanntschaft zu machen. Die beste Küche der pazifischen Küstenregion findet man in den kleinen, abgelegenen Fischerdörfern und den Städten, die in dem fruchtbaren Landstrich zwischen der Küste und der gewaltigen Sierra Madre Occidental liegen.

In Sinaloa prägen große bewässerte Felder mit Tomaten und anderen Gemüsen sowie Reis-, Weizen- und Zuckerrohrfelder das Landschaftsbild. Die Tortillas werden hier gewöhnlich aus *harina* (Weizenmehl) zubereitet. Häufig füllt man sie mit *chilorio* (S. 37), einem typischen Gericht der Region aus kleingeschnittenem Schweinefleisch in einer kräftigen Sauce von *chiles anchos. Menudo* (Kuttelsuppe [S. 86]) ist ebenfalls sehr beliebt und wird in Sinaloa, wie auch in Sonora und anderen nördlichen Bundesstaaten, *blanco* serviert, d. h. ohne die dunkelrote Brühe, die für andere Regionen typisch ist.

Im Brackwasser der Lagunen von Sinaloa und Nayarit wimmelt es von Garnelen, die Mazatlán zur »Weltkapitale der Garnelen« gemacht haben. Man findet die köstlichen Krustentiere in unzähligen Gerichten dieses Küstenabschnitts – in Suppen, *ceviches, tamales, tortas* –, und sie werden sogar eingelegt oder gefüllt. Darüber hinaus gibt es auch herrliche Kammuscheln und Austern, die roh oder *en escabeche* (in Essig und Gewürzen mariniert) verzehrt werden.

Tropische Früchte sind ebenfalls reichlich vorhanden und werden frisch gegessen oder in Speisen und Getränken verarbeitet. Ein beliebtes Getränk, *tepache* (S. 50), wird aus Zukker und vergorenem Ananassaft hergestellt. Das erfrischende, saftige Fruchtfleisch der Mango schätzt man an dieser heißen Küste, wo mehr als ein Dutzend verschiedener Mango-Sorten wachsen, ganz besonders. Es gibt große, gedrungene Früchte, die leicht säuerlich schmecken, und andere, deren Geschmack eher an Pfirsiche erinnert. Man kann einfach ein Loch in die glatte Schale stechen und das Fruchtfleisch heraussaugen.

An der Grenze zwischen dem kleinen tropischen Bundesstaat Colima und dem größeren Bundesstaat Jalisco befindet sich der Parque Nacional Volcáno de Colima mit dem Vulkan El Fuego, für dessen Tätigkeit der pulvrig schwarze und grauschwarze Sand an der Küste ein anschaulicher Beweis ist. Aus den Gewässern von Colima kommt der prächtige Seglerfisch, der die Grundlage für *ceviche colimense* und andere regionaltypische Fischgerichte, wie etwa mit *pez vela con jitomate* (S. 178) gefüllte *tacos,* bildet.

Braune Pelikane ziehen häufig im Tiefflug über das blaue Wasser zu der breiten halbkreisförmigen Sandbank, welche die Stadt Barra de Navidad von der Bucht auf der einen Seite und der Lagune auf der anderen trennt. Genau an dieser Stelle bauten spanische Schiffskonstrukteure im Jahr 1564 eine Flotte von Galeonen für die erste Expedition zu den Philippinen.

Als am Weihnachtstag ein hoher Regierungsbeamter dort landete, um den Stand der Schiffsbauarbeiten zu überprüfen, gab er der Kolonie den Namen »Barra de Navidad« (Weihnachtssandbank). Später entwickelten sich Manzanillo im Bundesstaat Colima und weiter im Süden Acapulco zu wichtigen Häfen. Barra de Navidad wurde bedeutungslos und blieb isoliert bis 1970, als die Küstenstraße gebaut wurde. Heute ist es bequem mit dem Auto zu erreichen.

Aufgrund der zweihundertfünfzig Jahre währenden Handelsbeziehungen mit Manila sind viele Speisen, die im Bereich der großen Hafenstadt Manzanillo entstanden, stark von der philippinischen Küche beeinflußt. Hier wie dort ißt man als Fleisch am liebsten Schwein, und die große Ähnlichkeit zwischen *adobo* von den Philippinen und *tatemado* aus Colima ist unverkennbar. Beide Schweinefleischgerichte beinhalten als wichtige Zutaten Essig und Knoblauch und werden mit Lorbeerblättern und frischem Ingwer gewürzt. Der Unterschied liegt darin, daß man in Mexiko noch *chile guajillo* und Kreuzkümmel hinzufügt.

Kokosplantagen reichen in Colima bis ans Meer. An staubigen Straßen liegen die Kokosnüsse waghalsig aufgestapelt und warten darauf, daß man ihre äußere Schale entfernt. Eine Arbeit, die von Frauen und Kindern verrichtet wird, denen Unterstände aus Palmenblättern Schutz vor der sengenden Sonne bieten. In Reihen gepflanzte Palmen spenden auch auf Getreidefeldern und Obstplantagen Schatten. In dieser Region ist die Kokosnuß Hauptzutat beliebter Süßspeisen, wie etwa der mit Eigelb zubereiteten *cocadas* (S. 238). Jede *palapa* (mit Palmblättern gedecktes Strandrestaurant) am Strand verkauft *cocos locos,* ein starkes Getränk aus Kokosmilch und Brandy oder Rum, das in den geöffneten Kokosnüssen serviert wird. Darüber hinaus gibt es *crema de coco* (Kokos-Brandy) und einen köstlichen Punsch aus frisch gepreßtem Orangensaft, Rum und Kokosmilch; aber auch *tuba,* ein leicht alkoholisches Getränk aus dem Mark der Kokospalme, ist köstlich.

Die Kirche San Sebastián y Santa Prisca in der Stadt Taxco, die für ihre Silberarbeiten berühmt ist, halten viele für ein Kleinod mexikanischer Kolonialarchitektur.

Dieser Küstenstreifen Mexikos besteht allerdings nicht nur aus Getreidefeldern, Kokosplantagen, Bananenpflanzungen und üppiger tropischer Vegetation. In Jalisco, Michoacán und anderen Bundesstaaten gibt es breite Landstriche, wo der trockene Boden nur Pinien und dürres Gestrüpp hervorbringt. Truthahngeier, die am Himmel kreisen, und ein Junge, der eine Ziegenherde hütet, sind oftmals das einzige, was sich in der Einsamkeit zu bewegen scheint. Die Menschen, die in den wenigen Dörfern mit strohgedeckten Hütten wohnen, bestreiten mühsam ihren Lebensunterhalt, indem sie Fischfang betreiben und auf kleinen Flächen Gemüse anbauen.

Guerrero hat zwei Städte von Bedeutung: Taxco, ein Synonym für Silber, und Acapulco, das neben Mexico City als die kosmopolitischste Stadt Mexikos gilt. Das großartige natürliche Hafenbecken nutzten einst die Spanier zunächst als Versorgungsbasis für ihre Expeditionen, die sie entlang der Pazifikküste unternahmen. Ab 1530 entwickelte sich Acapulco dann zu einem wichtigen Hafen für den Handel mit den Philippinen und dem Fernen Osten.

Die Manila-Galeonen – fälschlicherweise »Nao de la China« genannt – gehörten zu den größten Schiffen jener Tage. Sie segelten mit spanischen Silberbarren und Dublonen an Bord zu den Philippinen und brachten von dort Seide, Gewürze, Elfenbein, Parfüm und feines Porzellan zurück. Eine solche Fahrt dauerte zwischen drei und sieben Monaten und war zur damaligen Zeit die gefährlichste Seereise der Welt. Auf dem Rückweg machten die Schiffe zuerst in Mendocino, Kalifornien, und später in Cabo San Lucas an der Südspitze von Baja California und anderen Missionsstationen halt, wo Besatzung und Passagiere zur Linderung ihrer Skorbuterscheinungen von Jesuiten und Franziskanern mit Zitrusfrüchten versorgt wurden.

Zwischen Mexico City und Acapulco hatte man einen Maultierpfad durch die Berge angelegt, und wenn ein Schiff erwartet wurde, verdreifachte sich die Einwohnerzahl des kleinen Dorfs durch den Zustrom von Händlern und Kaufleuten auf zwölftausend Menschen. So praktizierte man in Acapulco seit frühester Zeit die Kunst der Gastlichkeit, und die Bewohner erschlossen sich das lukrative Geschäft, Essen, Unterkunft und Amüsement bereitzustellen.

Obwohl nach dem mexikanischen Unabhängigkeitskrieg (1810–1821) jeglicher Handel mit Spanien zum Erliegen kam, bewahrte sich Acapulco die Fähigkeit, Speisen anderer Orte zu assimilieren – und auch die Vorliebe, Gäste zu bewirten, blieb ungebrochen. Hier, wie auch in anderen Urlaubsorten, ist der Reichtum an Meerestieren die Grundlage der meisten Gerichte, die man auf den Speisekarten findet. Fisch, Meeresfrüchte und Schaltiere werden in den Restaurants von Acapulco jedoch nicht nur auf regionaltypische Weise zubereitet; man kann in dem mondänen Urlaubsort mit internationalem Publikum auch internationale Kreationen kosten.

Selbstverständlich hat Guerrero auch traditionelle Gerichte aufzuweisen. *Ceviche* (S. 182), *pozole verde* (S. 83–85) und Leguan-Ragout gelten in den entlegenen Regionen dieses Bundesstaates und im bergigen Hochland um Taxco als Leckerbissen. Eine weitere Spezialität sind zwei besondere Arten von *tamales.* Die eine wird mit *ciruela,* einer kleinen Pflaumenart, die andere mit *jumiles,* kleinen Käfern, die man mit Limetten brät, zubereitet. Echte Kenner wickeln die lebenden Käfer in eine Tortilla, übergießen das Ganze mit *salsa* – und schlucken es herunter.

Ob Leguan oder Languste, *tepache* (S. 50) oder Kokos-Brandy – die Speisen und Getränke der pazifischen Küstenstaaten sind allemal ein guter Grund, die Ferienstrände zu verlassen und die Märkte und ländlichen Gegenden dieser Region zu erkunden.

Fisch und Meeresfrüchte

Eine tanzende Garnele wirbt für ein Fischrestaurant in Veracruz, wo Spezialitäten wie »pescado a la veracruzana« (Rezept S. 172–173) *auf der Speisekarte stehen.*

Fisch und Meeresfrüchte

Zehntausend Kilometer einsamer Strände, atemberaubender Klippen und Buchten werden von den nährstoffreichen Gewässern umspült, die Mexiko umgeben. Und da über die Hälfte aller Bundesstaaten an den Golf von Kalifornien, den Pazifik, den Golf von Mexiko oder das Karibische Meer grenzen, spielen Fisch und Meeresfrüchte natürlich eine bedeutende Rolle in der mexikanischen Küche. Wie lange die überreiche Versorgung mit Meerestieren allerdings noch anhält, ist eine immer häufiger gestellte Frage. Die fortschreitende Umweltverschmutzung hat dazu geführt, daß bereits zahlreiche Flüsse vom Abwasser der Zuckerraffinerien dunkel gefärbt und biologisch tot sind. Und an den Sandstränden werden Meeresbewohner von den Scharen sonnenhungriger Touristen verdrängt.

Noch zeigt sich aber der Reichtum des Meeres an jedem Morgen in den weiß-blau gekachelten Fischhallen der Hafenstädte, wo Wandtafeln Auskunft über den Tagesfang und die Preise geben. In den zahlreichen Dörfern an der Küste geht man direkt zu den einlaufenden Fischerbooten und wählt aus den an Deck liegenden Fischen das Gewünschte aus.

Fisch und Meeresfrüchte sollen beim Garen ihr Aroma entfalten, und dazu sind die schnellsten und einfachsten Methoden oftmals auch die besten. Besonders einfach in der Zubereitung ist *ceviche* (oder *cebiche* oder *seviche*) – ein Gericht, das alle Lebensgeister weckt. Roher Fisch wird in mundgerechte Stücke geschnitten und ohne Hitzeeinwirkung in frisch gepreßtem Limettensaft »gegart«. Dann fügt man noch gehackte *chiles,* Tomaten oder Avocados hinzu, um den Geschmack und das optische Bild zu beleben.

Seite 162/163: *Barsch mit Petersilie und Tiefseekrebsen* (links, Rezept S. 177) *und Salat von Krabbenfleisch und Kaktus-»Blättern«* (rechts, Rezept S. 174).

Die Herkunft dieses Gerichts und die Schreibweise sind bei Fachleuten ein strittiges Thema. Weitgehende Einigkeit scheint darüber zu herrschen, daß es in Mexiko erstmals im frühen 16. Jahrhundert in Acapulco auftauchte. Am beharrlichsten hält sich die Theorie, daß *ceviche* ihren Ursprung bei der präkolonialen Bevölkerung von Nordchile und Peru hatte und durch Fischer, die große Strecken zurücklegten, weiter nach Norden gelangte und Mexiko erreichte. Dies soll zu der Zeit geschehen sein, als Cortés von Acapulco aus mit einer kleinen Flotte aufbrach, um Francisco Pizarro bei der Eroberung Perus zu unterstützen. Es gibt aber auch Hinweise darauf, daß peruanische Boote bereits zu einem früheren Zeitpunkt nach Mexiko gelangt waren. Vielleicht war das Verfahren, Fisch ohne Feuer zu »garen«, auf diese Weise damals schon in Mexiko bekannt geworden. Andere Experten verweisen auf den orientalischen Einfluß, der sich aus den Handelsbeziehungen zwischen Acapulco und Manila ergab.

Sautierter *huachinango* (Roter Schnapper) oder *robálo* (Seebarsch), der an Spießen über weißglühender Holzkohle gegrillt wird, kann direkt vom Feuer mit einem Spritzer Limettensaft serviert oder zusätzlich mit Knoblauch und *chile chipotle* verfeinert werden. Schal- und Krustentiere werden auf ähnliche Weise zubereitet, und *camarones al mojo de ajo* (S. 180–181) gehören zu den sinnlichsten Gerichten, die je erfunden wurden.

Eine einfache, aber unvergeßliche Mahlzeit ist ein Teller voller *acamayes* (Flußkrebse), die man mit den Fingern ißt. Sie werden kiloweise verkauft. Man bekommt sie in kleinen Restaurants, wie dem oberhalb des Río Pescadore im Hochland von Veracruz. Dort führt eine schmale, schwankende Hängebrücke zu den am Berg gelegenen Plantagen mit Man-

Oben: *Fischer in Campeche mit ihrem Tagesfang – kleine Hundshaie, die »cazónes« heißen. Man bereitet daraus »pan de cazón« (Haifischbrot), ein Gericht aus übereinandergelegten Tortillas, das sich auf der gesamten Halbinsel Yucatán großer Beliebtheit erfreut.*

Unten: *Ein Leckerbissen der Golfküste, für den man beide Hände benötigt: gekochte Garnelen zum Auslösen, mit einem Spritzer Limettensaft.*

gos, deren zuckersüßer Saft, den man sich nach dem Essen gierig von den Fingern leckt, ausgezeichnet zu den Aromen der *acamayes* und *chiles* paßt.

Garnelen und andere Meeresfrüchte werden häufig gehackt und als Füllung für *tacos, tamales, chiles* oder *empanadas* verwendet. In den Hafenstädten Tampico und Veracruz am Golf von Mexiko bereitet man azurblaue Krabben mit einer Füllung aus Krabbenfleisch, Kapern, Zwiebeln, Tomaten und *chiles serranos* zu. In Puerto Angel, einem kleinen Fischerdorf an der Küste von Oaxaca, wird Pompano mit Kartoffeln und Zwiebeln gefüllt, mit Kräutern gewürzt, in Folie gewickelt und auf einer heißen gußeisernen Platte gegart, bis sich die Folie vom Dampf aufbläht – das Zeichen, daß der Fisch fertig ist. In Morelos wickelt man gefüllte Karpfen vor dem Garen in Maishüllblätter, und in vielen Orten der südlichen Bundesstaaten wird Fisch in große Blätter *hierba santa* gewickelt, die ihm ein leichtes Fenchelaroma verleihen.

Gerichte aus konservierten Meerestieren werden überall in Mexiko verzehrt. Die Verwendung getrockneter Garnelen, die im Fernen Osten verbreitet ist, kam vermutlich über die zu Beginn der Kolonialherrschaft eingerichtete Handelsroute Manila–Acapulco nach Mexiko. In der Fastenzeit findet man auf den Wochenmärkten Berge getrockneter Garnelen, *camo-*

Unten: *»Jaibas« (Krabben), fertig gebündelt für den Markt. Diese lebendfrischen Blaukrabben stammen aus den Gewässern vor Tamaulipas und Veracruz.*

Oben: *Nach einem Tag an den Stränden von Cancún zieht es die Touristen in die örtlichen Fischlokale, wo vor allem Langusten, Garnelen und Steaks auf der Speisekarte stehen.*

rónes secos, in verschiedenen Größen, Farben und Trocknungsgraden. Je trockener sie sind, desto salziger schmecken sie. Ein traditionelles Gericht sind Garnelenbällchen mit grünen *romeritos* und einer mild gewürzten Tomatensauce.

Bacalao, gesalzener, getrockneter Kabeljau, ist sowohl in Spanien als auch in Mexiko überaus beliebt. Ursprünglich kam der Kabeljau aus den Fischgründen vor der Küste Neufundlands. Wegen seiner Haltbarkeit war der Klippfisch früher der am häufigsten gegessene Fisch in Europa. Aus dem gleichen Grund brachten ihn die Spanier auch in die Neue Welt, wo er zu einem wichtigen Nahrungsmittel für die im Binnenland lebende Bevölkerung wurde. Für Klippfisch wird Kabeljau der Länge nach gespalten, gesalzen und getrocknet, bis er so hart wie ein Brett ist. Damit er wieder weich und das Salz entfernt wird, muß man ihn vor der Verwendung mehrere Stunden in Wasser einweichen. Anschließend kann man ihn beispielsweise mit *chiles,* Tomaten und Kartoffeln zu einem schmackhaften Eintopfgericht verarbeiten.

Fisch, Schal- und Krustentiere, frisch oder getrocknet, aus dem Meer, aus Flüssen oder Seen – alle verlangen nach aromatischen Zutaten, und die typischen Zutaten der mexikanischen Küche sind eine perfekte geschmackliche Ergänzung.

An der Pazifikküste stecken Fischliebhaber ihren Fang auf Holzstöcke und grillen die Fische am Strand. Auch hier runden Limetten den Geschmack ab.

Marinierte Fischstreifen (links) *und Garnelen-Cocktail mit Avocado-Dressing* (rechts)

SINALOA

Cóctel de Camarones con Aderezo de Aguacate
Garnelen-Cocktail mit Avocado-Dressing

Diese gehaltvolle und außergewöhnliche Version eines Garnelen-Cocktails wurde von Martha Chapa kreiert, einer bekannten Malerin und Kochbuchautorin.

500 g kleine Garnelen
500 ml Fischfond
1 *bouquet garni* (Petersilie, Lorbeerblatt, Thymian)
2 große Avocados
½ Zwiebel
2 Knoblauchzehen
250 ml dicke Sahne (s. Glossar) oder Crème fraîche
1 *chile serrano,* Samen und Scheidewände entfernt
2 EL Limettensaft
125 ml Olivenöl

Die Garnelen in einem geschlossenen Topf mit dem *bouquet garni* 2–3 Minuten im Fischfond pochieren, bis sie gar sind. Dann abgießen, etwas abkühlen lassen und aus den Schalen lösen. Die geschälten Garnelen in den Kühlschrank stellen.

Während die Garnelen abkühlen, das Dressing zubereiten. Dazu die restlichen Zutaten im Mixer pürieren, bis das Dressing eine samtige Konsistenz hat. Garnelen und Dressing schichtweise in hohe Gläser füllen und bis zum Servieren in den Kühlschrank stellen.

Abwandlung: Wird dieser Cocktail zusätzlich mit pochierten Hummer- oder Langusten-Medaillons verfeinert, ist ein außergewöhnliches Ergebnis garantiert.

Für 4 Personen

GUERRERO

Tiritas de Pescado
Marinierte Fischstreifen

Diese Version von »ceviche« ist eine Spezialität der Strandrestaurants von Zihuatanejo.

500 g Filets vom Roten Schnapper
180 ml Limettensaft
3 *chiles serranos,* Samen und Scheidewände entfernt, in feine Streifen geschnitten
250 g rote Zwiebeln, in feine Streifen geschnitten
1 EL Salz
Frisch gemahlener Pfeffer
1 EL getrockneter Oregano

Den Fisch in 5 cm lange und 0,5 cm breite Streifen schneiden. In einer Glasschüssel mit den übrigen Zutaten vermischen und zum Marinieren 10 Minuten stehenlassen. Überschüssigen Limettensaft abgießen und den Fischsalat abschmecken.

Kalt oder mit Raumtemperatur servieren.

Für 6 Personen

TAMAULIPAS

Guatape de Camarones
Garnelen in grüner Sauce

Das Kraut »hierba santa« wird überall im Südosten Mexikos wegen seines ungewöhnlichen Aromas geschätzt. Ist es nicht erhältlich, läßt man es einfach weg oder verwendet statt dessen das fedrige Grün von Gemüsefenchel, das ähnlich schmeckt. Als Beilage ist Reis ein guter Kontrast zu diesem Rezept von Socorrito Zorrilla.

3 *chiles poblanos* oder grüne Paprikaschoten, Samen und Scheidewände entfernt
4 *tomatillos*, Hüllen entfernt
90 g frische Petersilie
3 kleine Blätter *hierba santa* (nach Belieben)
1 l Wasser
60 ml Olivenöl oder Schweineschmalz
1 große Zwiebel, feingehackt
1½ EL Maisstärke, mit etwas Wasser angerührt
Salz
Frisch gemahlener weißer Pfeffer
1 kg ganze Garnelen
Saft von 1 Limette

Im Mixer die *chiles, tomatillos,* Petersilie und *hierba santa* mit dem Wasser pürieren. Durch ein Sieb streichen und beiseite stellen.

Das Öl in einem großen Topf erhitzen und die Zwiebeln sautieren, bis sie glasig sind. Die pürierten Zutaten hinzufügen, zum Kochen bringen und die Maisstärke unterrühren. Die Sauce köcheln lassen, bis sie eindickt, dann mit Salz und Pfeffer abschmecken.

Von den Garnelen nur die Schalen entfernen, Köpfe und Schwanzspitzen daran belassen. Die Garnelen in den Topf geben und zugedeckt etwa 5 Minuten in der Sauce köcheln lassen, bis sie gar sind. Mit etwas Limettensaft beträufeln und heiß servieren.

Für 6 Personen

Garnelen in grüner Sauce

Mit Kammuscheln gefüllte Avocados

BAJA CALIFORNIA NORTE

Callo de Hacha con Aguacate
Mit Kammuscheln gefüllte Avocados

Avocados werden zwar häufig mit kleinen Garnelen gefüllt, doch diese Kombination mit Kammuscheln ist noch schmackhafter. Das Originalrezept wird mit »chocolata-scallops« zubereitet, einer dunkelschaligen Kammuschelart, die vor allem im Golf von Kalifornien vorkommt, doch man kann auch andere kleine Kammuscheln nehmen, ohne den Charakter des Gerichts zu verändern.

400 g aus der Schale genommene kleine Kammuscheln
80 ml frisch gepreßter Limettensaft
1 EL feingehackter frischer Oregano
1 EL feingehackter frischer *cilantro*
160 ml Olivenöl
Salz
Frisch gemahlener Pfeffer
3 große Avocados (die Früchte sollten reif, aber noch etwas fest sein)
Chile serrano, feingehackt (nach Belieben)

Die Kammuscheln in eine Schüssel geben. Limettensaft, Oregano, *cilantro* und Öl hinzufügen. Mit Salz und Pfeffer würzen. Das Muschelfleisch 15–20 Minuten stehenlassen, bis es opak geworden ist.

Die Avocados halbieren, den Kern entfernen und kleine Kugeln Fruchtfleisch ausstechen. Das Fruchtfleisch mit den marinierten Muscheln vermischen und in den Avocadoschalen anrichten. Nach Belieben mit feingehacktem *chile serrano* bestreuen.

Für 6 Personen

TAMAULIPAS

Camarones a la Mexicana
Garnelen nach mexikanischer Art

Der Zusatz »a la mexicana« bedeutet immer, daß das betreffende Gericht mit Tomaten, Zwiebeln und Chillies zubereitet wird. Hier sind diese Zutaten mit Garnelen kombiniert, die reichlich in den Küstengewässern Mexikos vorkommen.

2 EL Öl
200 g Zwiebeln, feingehackt
4 Knoblauchzehen, zerdrückt
1 kg reife Tomaten, enthäutet und gehackt
½ TL frisch gemahlener Pfeffer
2 Lorbeerblätter
1½ EL getrockneter Thymian
1 EL Salz
2 EL Flüssigkeit von eingelegten *chiles güeros*
2 EL Butter
1 kg Garnelen, geschält und den Darm entfernt
3 EL gehackte Petersilie
Eingelegte *chiles güeros*

In einem großen Topf das Öl erhitzen, Zwiebeln und Knoblauch hinzufügen und etwa 2 Minuten sautieren, bis sie glasig sind. Die Tomaten dazugeben und bei mittlerer Hitze 5 Minuten unter ständigem Rühren garen. Pfeffer, Lorbeerblätter, Thymian, Salz und Chili-Flüssigkeit hinzufügen und alles zugedeckt bei schwacher Hitze 5 Minuten garen. Die Sauce abschmecken.

Vor dem Servieren die Butter in einer schweren Pfanne zerlassen und die Garnelen leicht anbraten, dann 3–4 Minuten in der heißen Sauce köcheln lassen, bis sie gar sind. Jede Portion mit gehackter Petersilie bestreuen und mit *chile güero* garnieren.

Für 6 Personen

GUERRERO

Filete de Pescado Empapelado con Jitomate, Cilantro y Cebolla Morada
In Folie gegarte Fischfilets mit Tomaten, Cilantro und roten Zwiebeln

Das Garen in einer Papierhülle – oder heute eher in Alufolie – ist eine sehr wirkungsvolle Zubereitungsmethode für Fisch. Dieses Rezept erfreut sich in Acapulco großer Beliebtheit.

6 Seebarschfilets oder Filets von anderem Fisch mit festem weißem Fleisch (je etwa 150 g)
Salz
Frisch gemahlener Pfeffer
1 EL Maggiwürze oder Worchestershire-Sauce
600 ml Mayonnaise
60 ml trockener Weißwein
1 EL feingehackter *cilantro*
1 TL getrockneter Estragon
2 EL Pernod
1 EL Limettensaft
1 EL Worcestershire-Sauce
1 große rote Zwiebel, in dicke Scheiben geschnitten
3 Tomaten, enthäutet und in dicke Scheiben geschnitten
12 grüne Oliven, entsteint
6 eingelegte *chiles güeros*

Die Fischfilets abspülen und trockentupfen. Mit Salz, Pfeffer und Maggi würzen. Zugedeckt für mindestens 1 Stunde in den Kühlschrank stellen.

In einer Schüssel Mayonnaise, Wein, *cilantro*, Estragon, Pernod, Limettensaft und Worcestershire-Sauce verrühren.

Den Backofen auf 190 °C (Gas Stufe 3) vorheizen. Sechs 20×25 cm große Stücke Alufolie zuschneiden. Auf jedem Folienstück 1 Eßlöffel Mayonnaisensauce verteilen. Die Fischfilets daraufgeben und gleichmäßig mit der verbliebenen Mayonnaisensauce bestreichen. Jeweils 2 Zwiebelscheiben, 2 Tomatenscheiben und 2 Oliven auf den Fisch legen. Die Folie sorgfältig zusammenfalten und verschließen, damit der Saft nicht herauslaufen kann.

Die Folienpäckchen in eine ofenfeste Form legen und je nach Dicke der Filets für 10–20 Minuten in den Backofen schieben, bis der Fisch gar ist. Die Päckchen öffnen und jede Portion mit einem *chile* garnieren. Heiß servieren.

Für 6 Personen

TAMAULIPAS

Jaibas Rellenas Gratinadas
Gratiniertes Krabbenfleisch

Kleine Blaukrabben kommen reichlich in den flachen Gewässern und Meeresbuchten der mexikanischen Golfküste vor, wo sie ein fester Bestandteil der regionalen Küche sind. Dieses Krabbenfleischgericht, das sich auch problemlos in größeren Mengen zubereiten läßt, wird traditionell in den Krabbenpanzern angerichtet, doch man kann es ebensogut in kleinen Porzellanförmchen oder einer großen flachen Auflaufform servieren.

2 EL Butter
½ Zwiebel, gehackt
1 Knoblauchzehe, gehackt
3 Möhren, geschält und geraspelt
3 Eiertomaten, enthäutet und gehackt
60 g Tomatenmark
1 *chile jalapeño,* in kleine Quadrate geschnitten
1 grüne Paprikaschote, geröstet (s. Glossar), enthäutet und in kleine Quadrate geschnitten
1 Kartoffel, geschält und gewürfelt
Salz
Frisch gemahlener Pfeffer
500 g Krabbenfleisch *(crabmeat),* Schalen- und Knorpelstücke entfernt

KÄSESAUCE

4 EL Butter
2 EL Mehl
500 ml Milch
2 EL geriebener scharfer Cheddar
Salz
Frisch gemahlener weißer Pfeffer

ZUM GRATINIEREN

60 g scharfer Cheddar, gerieben
1 EL Semmelbrösel

Die Butter in einer großen Pfanne zerlassen. Die Zwiebel- und Knoblauchstückchen hinzufügen und bei mittlerer Hitze sautieren, bis sie glasig sind. Möhren, Tomaten, Tomatenmark, *chile* und Paprikaschote dazugeben. Die Zutaten garen, bis die Tomaten ihren Saft abgeben und alles gut miteinander vermischt ist. Beiseite stellen.

Die Kartoffelwürfel in Salzwasser kochen, bis sie gar, aber noch bißfest sind. Abgießen und zur Gemüsemischung geben. Mit Salz und Pfeffer abschmecken, dann das Krabbenfleisch unterrühren.

Für die Käsesauce in einem großen Topf die Butter zerlassen. Das Mehl einrühren und kurz anrösten. Die Milch dazugeben und die Sauce bei mittlerer Temperatur kräftig durchschlagen, bis sie eindickt. Den Käse unterrühren. Mit Salz und Pfeffer abschmecken.

Den Backofen auf 180 °C (Gas Stufe 2–3) vorheizen. Die Krabbenfleisch-Gemüse-Mischung in den Krabbenpanzern, Portionsförmchen oder einer flachen ofenfesten Form anrichten und die Käsesauce darübergeben. Den Cheddar mit den Semmelbröseln vermischen und über die Sauce streuen. Das Ganze in den Backofen schieben, bis die Sauce zu brodeln beginnt. Die Backofentemperatur auf 220 °C (Gas Stufe 5) heraufschalten und alles noch etwa 2 Minuten überbacken, bis der Käse gebräunt ist.

Für 4 Personen

Garnelen nach mexikanischer Art (links), *In Folie gegarte Fischfilets mit Tomaten, Cilantro und roten Zwiebeln* (Mitte) *und Gratiniertes Krabbenfleisch* (rechts)

GUERRERO

HUACHINANGO AL PEREJIL
Roter Schnapper in Petersiliensahne

Das frische, milde Aroma des Fisches wird hier durch eine Petersiliensauce betont, für die man möglichst glatte Petersilie nehmen sollte. Ist Roter Schnapper nicht erhältlich, kann statt dessen ein anderer Fisch mit festem weißem Fleisch verwendet werden.

1 Roter Schnapper (etwa 1,5 kg), küchenfertig, Kopf und Schwanzflosse am Fisch belassen
2 EL Limettensaft
1 Knoblauchzehe, feingehackt
Salz
Frisch gemahlener Pfeffer
500 ml Sahne (oder Milch und Sahne zu gleichen Teilen)
50 g frische Petersilie, gehackt

Den Backofen auf 165 °C (Gas Stufe 1–2) vorheizen. Den Fisch abspülen und trockentupfen.

Zutaten für Roten Schnapper mit Orangensauce (oben), *Fisch »Veracruz«* (Mitte) *und Roter Schnapper in Petersiliensahne* (unten)

Den Limettensaft mit dem Knoblauch verrühren. Salz und Pfeffer nach Geschmack hinzufügen. Den Fisch innen und außen mit dieser Mischung einreiben und zum Marinieren 20 Minuten stehenlassen.

In der Zwischenzeit die Petersilie mit der Sahne im Mixer feinpürieren. Die Sauce mit Salz und Pfeffer abschmecken.

Den Fisch in eine gefettete ofenfeste Form legen, mit der Sauce überziehen und für etwa 30 Minuten in den Ofen schieben, bis er gar ist (die genaue Garzeit ist von der Dicke des Fisches abhängig).

Für 6 Personen

SINALOA

HUACHINANGO A LA NARANJA
Roter Schnapper mit Orangensauce

Der delikate Rote Schnapper wird an der Golfküste gefangen, doch es gibt auch entlang der mexikanischen Pazifikküste verwandte Arten, die man auf vielfältige Weise zubereitet. Bei diesem ungewöhnlichen Rezept verleiht eine Orangensauce dem Fisch einen säuerlichen Geschmack. Das Fischauge kann man auch zum Servieren mit einer Olivenscheibe abdecken. Als Beilage ist »arroz verde con rajas« (S. 91) gut geeignet.

1 Roter Schnapper (etwa 2 kg), küchenfertig
Saft von 1 Limette
2 Knoblauchzehen, zerdrückt
2 TL Salz
½ TL frisch gemahlener Pfeffer
500 ml Orangensaft
100 g Zwiebeln, gerieben
250 ml dicke Sahne (s. Glossar) oder Crème fraîche
1 Orange, in Scheiben geschnitten

Den Fisch mit dem Limettensaft und dem zerdrückten Knoblauch einreiben. Mit Salz und Pfeffer würzen und 1 Stunde stehenlassen.

Den Backofen auf 190 °C (Gas Stufe 3) vorheizen. Den Fisch in eine gefettete ofenfeste Form legen und mit dem Orangensaft übergießen. Die geriebene Zwiebel darüberstreuen.

Die Form unabgedeckt für etwa 35 Minuten in den Ofen schieben, bis sich der Fisch mühelos mit einer Gabel zerteilen läßt; dabei häufig mit Garflüssigkeit begießen.

Den Schnapper aus dem Ofen nehmen und mit der Sahne bestreichen. Zum Servieren mit Orangenscheiben garnieren.

Für 8 Personen

VERACRUZ

PESCADO A LA VERACRUZANA
Fisch nach Art von Veracruz

Dieses berühmte Fischgericht vereint »chiles« und Tomaten aus der Neuen Welt mit den aus Spanien stammenden Kapern und Oliven. Traditionell wird es mit Reis serviert.

1 EL Öl
4 Knoblauchzehen, gehackt
125 g Zwiebeln, feingehackt
1 kg Tomaten, enthäutet und feingehackt
1 grüne Paprikaschote, in Streifen geschnitten
1 TL Salz
½ TL frisch gemahlener Pfeffer

2 Lorbeerblätter
1 TL getrockneter Oregano
80 g grüne Oliven, entsteint und gehackt
60 g Kapern
6 Seebarschfilets oder Filets von anderem Fisch mit festem Fleisch (je etwa 125 g)
2 EL Butter
6 eingelegte *chiles güeros* oder *jalapeños* (zum Garnieren)

Das Öl in einem großen Topf erhitzen. Knoblauch und Zwiebeln 3 Minuten sautieren. Die Tomaten hinzufügen und zum Kochen bringen. Die Paprikastreifen dazugeben und 2 Minuten unter Rühren garen. Dann Salz, Pfeffer, Lorbeerblätter und Oregano hinzufügen. Die Hitze reduzieren, den Deckel auflegen und alles 8 Minuten köcheln lassen. Anschließend Oliven und Kapern dazugeben und die Zutaten weitere 5 Minuten garen. Abschmecken und von der Kochstelle nehmen.

20 Minuten vor dem Servieren den Backofen auf 190 °C (Gas Stufe 3) vorheizen. Die Fischfilets abspülen, trockentupfen und leicht mit Salz und Pfeffer würzen. Die Butter in einer großen schweren Pfanne zerlassen und die Fischfilets auf beiden Seiten leicht anbraten. Dann in eine gefettete ofenfeste Form legen und mit der Sauce überziehen. Die Form mit Alufolie abdecken und für 10–15 Minuten in den Backofen stellen. Jedes Fischfilet zum Servieren mit einem *chile* garnieren.

Anmerkung: Dieses Rezept kann auch mit einem ganzen Fisch zubereitet werden, wobei sich die Garzeit entsprechend verlängert.

Für 6 Personen

GUERRERO

HUACHINANGO A LA TALLA
Roter Schnapper vom Grill

Gegrillter Fisch dieser Art ist eine Spezialität der »palapas« (Strandrestaurants, deren Dächer mit Palmstroh gedeckt sind) von Barra Viejc am Stadtrand von Acapulco. Dort wird er manchmal auf holzbefeuerten Öfen aus Ton zubereitet.

1 Roter Schnapper (etwa 2,5 kg)
5 EL Mayonnaise
2 EL Limettensaft
1 EL Salz
¼ TL frisch gemahlener Pfeffer
125 g Butter, zerlassen

SAUCE

10 *chiles guajillos,* Samen und Scheidewände entfernt
5 *chiles anchos,* Samen und Scheidewände entfernt
250 ml Wasser
4 Tomaten, enthäutet und entkernt
4 Knoblauchzehen
1 EL Essig
3 Nelken
⅓ Zwiebel
½ TL getrockneter Thymian
½ TL getrockneter Oregano
½ TL getrockneter Majoran
½ TL Kreuzkümmelpulver
2 EL Butter
2 EL Öl
Salz
Frisch gemahlener Pfeffer

Den Schnapper vom Fischhändler ausnehmen und längs spalten lassen, so daß er sich flach auseinanderklappen läßt; die Kiemen entfernen, den Fisch aber nicht schuppen. Den Schnapper abspülen und trockentupfen.

Roter Schnapper vom Grill

In einer Schüssel Mayonnaise, Limettensaft, Salz und Pfeffer verrühren. Den Fisch mit dieser Mischung einreiben und zum Marinieren 20 Minuten bei Raumtemperatur stehenlassen.

Zur Zubereitung der Sauce die *chiles* 10 Minuten in heißem Wasser einweichen. Abgießen und zusammen mit dem Wasser sowie Tomaten, Knoblauch, Essig, Nelken, Zwiebel, Oregano, Thymian, Majoran und Kreuzkümmel glattpürieren.

Die Butter in einem kleinen Topf erhitzen. Die pürierten Zutaten hinzufügen und zum Kochen bringen. Dann die Hitze reduzieren und alles etwa 20 Minuten garen, bis die Sauce eindickt. Auf Raumtemperatur abkühlen lassen.

Den Gartengrill vorheizen und den Rost leicht einfetten. Den Rost etwa 20 cm über das Holzkohlenfeuer setzen.

Den auseinandergeklappten Fisch mit der Hautseite nach unten auf den Rost legen und 15–20 Minuten grillen; dabei immer wieder mit der Sauce bestreichen. Den Fisch herumdrehen, mit der zerlassenen Butter bestreichen und weitere 10–15 Minuten grillen, bis er gar ist.

Für 10 Personen

OAXACA

Salpicón de Jaiba y Nopalitos
Salat von Krabbenfleisch und Kaktus-»Blättern«

In spanischen Wörterbüchern wird »salpicar« als »bespritzen« oder »beschmutzen« übersetzt. »Salpicón» aber bezeichnet alle möglichen Speisen mit kleingeschnittenem Fleisch oder Fisch, die in verschiedenen Teilen Mexikos serviert werden.

Dieser schmackhafte Salat wurde von Martha Chapa kreiert. Er ist schnell und einfach zubereitet und ist besonders erfrischend an heißen Sommertagen.

250 ml pürierte Tomaten
250 g Tomaten, enthäutet und gewürfelt
½ TL Worcestershire-Sauce
½ TL Tabasco-Sauce
3 *nopales*-»Blätter« (250 g), gegart (s. Glossar) und gewürfelt
300 g Krabbenfleisch, gegart und zerfasert
3 EL feingehackter *cilantro*
Einige *cilantro*-Blätter ganz belassen (zum Garnieren)

Alle Zutaten gründlich vermengen und für mehrere Stunden kalt stellen. Mit den *cilantro*-Blättern garnieren und Tortillas dazu reichen (s. Abbildung S. 162–163).

Für 4 Personen

MÉXICO, DISTRITO FEDERAL

Ensalada de Langosta con Aderezo de Guayaba
Langustensalat mit Guaven-Dressing

Dieses Rezept von Martha Chapa ist ein Beispiel für die momentan in Mexico City überaus beliebte »neue« mexikanische Küche. Das Guavenaroma bildet eine gute geschmackliche Ergänzung zu dem köstlichen Langustenfleisch.

Langustensalat mit Guaven-Dressing (links) *und Roter Schnapper* (rechts)

5 kleine Guaven, Kerne entfernt
125 ml Apfelessig
250 ml Olivenöl
1 EL Zucker
125 ml dicke Sahne (s. Glossar) oder Crème fraîche
1½ EL gekörnte Hühnerbrühe (Fertigprodukt)
½ Kopf Römischer Salat
½ Kopf- oder Eisbergsalat
½ Kopf Endiviensalat
2 Langustenschwänze, gegart, aus der Schale gelöst und in Medaillons geschnitten
2 Guaven, in Achtel geschnitten (zum Garnieren)

Die Guaven mit Essig, Öl und Zucker im Mixer glattpürieren. Dann Sahne und gekörnte Hühnerbrühe unterrühren. Das Dressing kalt stellen.

Kurz vor dem Servieren die drei Sorten Blattsalat mit etwas Olivenöl beträufeln und in eine Salatschüssel geben. Das Dressing hinzufügen und alles vorsichtig mischen. Die Langustenmedaillons auf dem Salat anrichten und mit den Guavenachteln garnieren.

Anmerkung: Das Rezept kann auch mit anderen Blattsalaten zubereitet werden.

Für 6 Personen

GUERRERO

Huachinango en Frío
Roter Schnapper in Limettenmayonnaise

»Berro« (Brunnenkresse) fand erst vor relativ kurzer Zeit Eingang in die mexikanische Küche, aber er hat bereits viele begeisterte Anhänger gefunden. Anstelle der sonst häufig verwendeten Avocados verleiht er hier der Mayonnaise, mit der man den abgekühlten Fisch überzieht, ihr charakteristisches Aroma.

1 Roter Schnapper oder Seebarsch (etwa 2 kg), küchenfertig
4 Lorbeerblätter
¼ Zwiebel
2 Knoblauchzehen
3 Stangen Bleichsellerie mit Blättern
1 Möhre, in Stücke geschnitten
1 EL Salz
8 schwarze Pfefferkörner

MAYONNAISE

1 EL Limettensaft
½ TL Salz
Frisch gemahlener Pfeffer
1 EL Essig
1 Knoblauchzehe
1 Eigelb
50 g Brunnenkresse
250 ml Öl

Den Fisch abspülen und beiseite stellen.

Einen großen Topf, in den der Fisch hineinpaßt, mindestens 15 cm hoch mit Wasser füllen. Lorbeerblätter, Zwiebel, Knoblauch, Bleichsellerie, Möhre, Salz und Pfefferkörner dazugeben und alles bei starker Hitze zum Kochen bringen. Den Schnapper hineinlegen, die Temperatur herunterschalten und den Fisch 25 Minuten garen (wenn er nicht vollständig von Wasser bedeckt ist, muß er zwischendurch mit Hilfe von zwei Bratenwendern vorsichtig umgedreht werden). Den Fisch an der dicksten Stelle mit einer Gabel einstechen, um den Gargrad zu prüfen.

Den Fisch auf eine Platte heben und sofort die Haut – außer an Kopf und Schwanzflosse – entfernen. Den Schnapper zugedeckt (damit er nicht austrocknet) auf Raumtemperatur abkühlen lassen.

Für die Mayonnaise den Limettensaft, Salz, Pfeffer, Essig, Knoblauch und Ei im Mixer verquirlen. Die Brunnenkresse hinzufügen und 30 Sekunden pürieren. Den Mixer eingeschaltet lassen und das Öl in dünnem Strahl dazugeben, damit die Zutaten emulgieren und die Mayonnaise die gewünschte Konsistenz bekommt. In eine Schüssel füllen, abschmecken und kalt stellen.

Zum Servieren den Fisch mit einem Drittel der kalten Mayonnaise bestreichen und mit Brunnenkresse garnieren. Die restliche Mayonnaise getrennt dazu reichen.

Für 10 Personen

Marinierte Austern

TAMAULIPAS

OSTIONES EN ESCABECHE
Marinierte Austern

Diese gelungene Kombination von eingelegten Meeresfrüchten und Gemüsen ist eine köstliche Vorspeise. Man kann die Austern im Anschluß an »quesadillas« auch als leichtes Hauptgericht servieren. Am besten werden sie einen Tag im voraus zubereitet.

20 kleine Knoblauchzehen
Salz
100 g Blumenkohlröschen
200 g Möhren, in dünne Scheiben geschnitten
180 ml Olivenöl
125 g kleine Zwiebeln, in dünne Scheiben geschnitten
2 Lorbeerblätter
½ TL getrockneter Majoran
½ TL getrockneter Thymian
½ TL schwarze Pfefferkörner
2 TL getrockneter Oregano, gerebelt
750 g aus der Schale genommene kleine Austern mit ihrer Flüssigkeit
125 g Essiggurken (vorzugsweise Cornichons), in dünne Scheiben geschnitten
60 ml Apfelessig
150 g grüne Erbsen, gegart
150 g eingelegte Perlzwiebeln
Frisch gemahlener Pfeffer
Limettenscheiben (zum Garnieren)
Eingelegte *chiles jalapeños*

Die Knoblauchzehen in einem kleinen Topf mit kaltem Wasser bedecken. Salz dazugeben und 4–5 Minuten köcheln lassen. Abgießen und beiseite stellen.

Blumenkohlröschen und Möhrenscheiben 1 Minute in kochendem Salzwasser blanchieren. Abgießen und beiseite stellen.

Das Öl in einem großen Topf erhitzen. Die in Scheiben geschnittenen Zwiebeln hinzufügen und etwa 5 Minuten sautieren, bis sie glasig, aber nicht gebräunt sind. Blanchierte Knoblauchzehen, Blumenkohlröschen und Möhrenscheiben sowie Lorbeerblätter, Majoran, Thymian, Pfefferkörner und Oregano dazugeben und salzen.

Die Austern mit ihrer Flüssigkeit hinzufügen und höchstens 5 Minuten köcheln lassen, bis sich ihre Ränder zu kräuseln beginnen. Von der Kochstelle nehmen und abkühlen lassen.

Cornichons, Essig, Erbsen, Perlzwiebeln sowie Pfeffer nach Geschmack dazugeben. Kalt stellen. Die eingelegten Austern in Servierschalen anrichten und mit Limettenscheiben garnieren. Die *chiles* getrennt dazu reichen. Dieses Gericht ißt man in Mexiko mit einem Löffel.

Für 6–8 Personen

COLIMA

Robálo al Perejil con Langostinos

Barsch mit Petersilie und Tiefseekrebsen

Flußkrebse kommen besonders zahlreich in den Flußmündungen des Bundesstaates Colima vor, dort nennt man sie »chacales«. An der Golfküste, wo sie bis zu 25 cm lang werden können, heißen sie »acamayas«. In diesem Rezept werden jedoch Tiefseekrebse verwendet.

8 Knoblauchzehen, zerdrückt
2 TL Salz
2 EL Limettensaft
6 Fischfilets vom Seebarsch oder einem anderen Fisch mit festem Fleisch (je etwa 150 g)
500 g Tiefsee- oder Flußkrebse oder große Garnelen
80 ml Olivenöl
250 g Zwiebeln, feingehackt
2 EL gehackter Knoblauch
60 g Petersilie, feingehackt
2–3 *chiles serranos* (nach Belieben)
500 ml Weißwein
250 ml Fischfond
1 TL Salz

In einer Glasschüssel den zerdrückten Knoblauch mit Salz und Limettensaft verrühren. Fischfilets und Tiefseekrebse hineinlegen und zum Marinieren für mindestens 2 Stunden in den Kühlschrank stellen; dabei von Zeit zu Zeit in der Marinade wenden.

Das Öl in einer kleinen *paella*-Pfanne oder einer *cazuela* erhitzen. Zwiebeln und gehackten Knoblauch etwa 4 Minuten sautieren, bis sie glasig sind. Petersilie und *chiles* hinzufügen und 2 Minuten unter Rühren garen. Wein und Fischfond angießen. Mit Salz würzen. Sobald die Flüssigkeit zum Kochen kommt, die Hitze reduzieren. Die Flußkrebse dazugeben und zugedeckt 5 Minuten garen. Die Fischfilets hinzufügen und etwa 7 Minuten köcheln lassen, bis sie gar sind. Sofort servieren.

Soll die Sauce etwas dickflüssiger werden, bestäubt man die Fischfilets vor dem Garen leicht mit Mehl (s. Abbildung S. 162–163).

Für 6 Personen

Crêpes mit Langustenfleisch und Pinienkernsauce

SONORA

Crepas de Langosta con Salsa de Piñones

Crêpes mit Langustenfleisch und Pinienkernsauce

Diese feinen Crêpes von Martha Chapa werden mit Langusten aus dem Golf von Kalifornien und mit Kernen von den kleinen Pinien, die an den trockenen Berghängen der Sierra Madre Occidental wachsen, zubereitet. Im Anschluß an die Crêpes sollte man eine leichte, aber ebenso feine Nachspeise reichen, etwa gelatina de café con licor de café (S. 240).

300 g Pinienkerne
500 ml dicke Sahne (s. Glossar) oder Crème fraîche
3 *chiles anchos*, geröstet (s. Glossar), Samen und Scheidewände entfernt, dann eingeweicht
100 g Butter
2 EL Öl
1 Zwiebel, feingehackt
3 *chiles poblanos*, geröstet (s. Glossar), enthäutet, Samen und Scheidewände entfernt und gewürfelt
250 g Langustenfleisch, gegart und gehackt
Salz
Frisch gemahlener Pfeffer
24 Crêpes*
150 g frisch geriebener Parmesan

Den Backofen auf 180 °C (Gas Stufe 2–3) vorheizen. Für die Sauce die Hälfte der Pinienkerne mit der Sahne und den *chiles anchos* im Mixer pürieren. Beiseite stellen.

Butter und Öl in einer schweren Pfanne erhitzen und die Zwiebeln sautieren, bis sie glasig sind. *Chiles poblanos*, Langustenfleisch und verbliebene Pinienkerne hinzufügen und durchrühren. Mit Salz und Pfeffer abschmecken. Dann beiseite stellen, damit die Zutaten abkühlen und die Aromen verschmelzen.

Die Crêpes mit dieser Mischung füllen und aufgerollt in eine gefettete ofenfeste Form legen. Mit der Sahne überziehen und mit dem Parmesan bestreuen. Für 15 Minuten in den Backofen schieben.

Für 8 Personen

---

* Die Crêpes nach eigenem Rezept oder nach dem für »crepas de mole« (S. 96) zubereiten.

Seglerfisch mit Tomatensauce

COLIMA

PEZ VELA CON JITOMATE
Seglerfisch mit Tomatensauce

Seglerfische, auch Segelfische genannt, sind fast überall auf der Welt bei Sportanglern ein geschätzter Fang; in Mexiko gehören sie zu den Speisefischen.

3 l Wasser
6 Knoblauchzehen (davon 3 gehackt)
¼ Zwiebel
3 Lorbeerblätter
1 kleiner Zweig Thymian
1 kleiner Stengel Majoran
1½ TL Salz
1,25 kg entgräteter Seglerfisch, Schwertfisch oder Marlin, in vier Stücke geschnitten
60 ml Öl
375 g Zwiebeln, feingehackt
1,25 kg Tomaten, feingehackt
3 schwarze Pfefferkörner
1 Nelke
1 TL Kreuzkümmelpulver
60 ml Rotweinessig
45 g Petersilie, gehackt
4 EL gehackter *epazote*
2 EL getrockneter Oregano
5 oder 6 eingelegte *chiles jalapeños,* gehackt
3 EL Flüssigkeit der eingelegten *chiles*
125 g grüne Erbsen, gegart (nach Belieben)

In einem großen Topf oder Bräter das Wasser mit den ganzen Knoblauchzehen, dem Zwiebelviertel, Lorbeerblättern, Thymian, Majoran und 1 Teelöffel Salz zum Kochen bringen. Den Fisch hinzufügen und zugedeckt bei mittlerer Temperatur 35–45 Minuten garen, bis er sich mühelos mit einer Gabel einstechen läßt. Abgießen und mit 2 Gabeln in kleine Stückchen zerfasern. Beiseite stellen.

Das Öl in einem großen Topf erhitzen. Den gehackten Knoblauch und die Zwiebeln dazugeben und 3 Minuten sautieren. Tomaten, Pfefferkörner, Nelke, Kreuzkümmel, Essig und ½ Teelöffel Salz hinzufügen und unter ständigem Rühren 5 Minuten garen. Nun den zerfaserten Fisch, Petersilie, *epazote,* Oregano, eingelegte *chiles* mit 3 Eßlöffeln ihrer Flüssigkeit dazugeben und abschmecken. Alles 5 Minuten kochen lassen, dann zudecken und bei schwacher Hitze weitere 10 Minuten köcheln lassen. Gegebenenfalls die Erbsen unterrühren. Heiß servieren.

Abwandlung: Den Fisch als Füllung für *tacos* verwenden oder in *cazuelitas* oder auf einer Platte – mit Sahne überzogen und mit in Streifen geschnittenen *chiles chipotles* garniert – servieren.

Für 8 Personen

OAXACA

TORTITAS DE CAMARÓN SECO
Garnelenküchlein

Diese Garnelenküchlein in einer dunkelroten »mole« sind eine klassische Fastenspeise. Die getrockneten Garnelen werden mit der Schale in kleinen Mengen so gemahlen, daß sie noch etwas Struktur aufweisen und nicht vollständig pulverisiert sind. Viele Geschäfte, die fernöstliche und mexikanische Spezialitäten anbieten, führen auch getrocknete Garnelen, die bereits gebrauchsfertig gemahlen sind.

200 g ungesalzene getrocknete Garnelen
500 g *nopales*
2 Knoblauchzehen
½ Zwiebel, halbiert
1½ TL Salz
1 TL Natron
60 g *chiles guajillos,* Samen und Scheidewände entfernt
30 g *chiles anchos,* Samen und Scheidewände entfernt
6 Nelken
½ TL schwarze Pfefferkörner
1 TL getrockneter Thymian
1 TL getrockneter Majoran
250 ml Wasser
2 EL Öl
2 Tomaten
3 Eier, getrennt
250 ml Öl zum Braten

Die Köpfe und Schwanzspitzen der Garnelen entfernen. Die Garnelen in kleine Stücke brechen und ohne Zusatz von Flüssigkeit im Mixer zermahlen. Dies sollte etwa 2 Tassen (250 ml) gemahlene Garnelen ergeben. Beiseite stellen.

Die *nopales* putzen (s. Glossar) und anschließend in feine Würfel schneiden, so daß etwa 3 Tassen (375 ml) vorhanden sind. Zusammen mit 1 Knoblauchzehe, ¼ Zwiebel, ½ Teelöffel Salz sowie dem

Natron in einen Topf geben und mit Wasser bedecken. Zum Kochen bringen, dann zugedeckt etwa 10 Minuten köcheln lassen, bis die *nopales* so weich sind, daß man mit einer Gabel hineinstechen kann. Abgießen und gründlich mit Wasser abspülen. Beiseite stellen.

Auf einem *comal* oder in einer schweren Pfanne die *chiles* rösten (s. Glossar). Dann in eine Schüssel geben, mit heißem Wasser übergießen und 5 Minuten einweichen. Abgießen.

Das verbliebene Zwiebelviertel und die Knoblauchzehe zusammen mit Nelken, Pfefferkörnern, Thymian und Majoran etwa 3 Minuten in einer schweren Bratpfanne rösten (s. Glossar). Die Zutaten dann mit dem Wasser im Mixer pürieren. Die *chiles* hinzufügen und ebenfalls pürieren.

Das Öl in einer schweren Pfanne erhitzen und die Chili-Sauce 5 Minuten unter ständigem Rühren garen. Mit 1 Teelöffel Salz (oder nach Geschmack) würzen.

Die Tomaten rösten (s. Glossar) und enthäuten, dann im Mixer pürieren. Unter die Chili-Sauce rühren und alles bei mittlerer Temperatur 5 Minuten köcheln lassen. Abschmecken und die gegarten Kaktus-Würfel hinzufügen.

Für die Garnelenküchlein das Eiweiß in einer großen Schüssel zu festem Eischnee schlagen. Die Eigelb behutsam unterziehen; dabei nicht zu kräftig rühren, damit der Eischnee nicht zusammenfällt. Die getrockneten Garnelen eßlöffelweise unterheben.

In einer schweren Pfanne mit hohem Rand 250 ml Öl erhitzen und die Eimasse eßlöffelweise hineingeben. Nicht mehr als 3 Küchlein auf einmal braten, damit sie nicht verbrennen oder zusammenkleben. Sobald die Unterseite gebräunt ist, die Küchlein mit einem Bratenwender herumdrehen. Die fertigen Garnelenküchlein in einem Durchschlag abtropfen lassen. Insgesamt sollten etwa 12 Stück vorhanden sein.

Vor dem Servieren die Sauce erhitzen und die Garnelenküchlein hineinlegen.

Für 6 Personen

Garnelenküchlein

Knoblauch-Garnelen

GUERRERO

Camarones al Mojo de Ajo
Knoblauch-Garnelen

Knoblauch wird in der mexikanischen Küche selten in großen Mengen verwendet, bei diesem beliebten Garnelengericht jedoch sorgt seine großzügige Verwendung für einen wundervoll ausgewogenen Geschmack. Als Beilage ist Reis gut geeignet.

36 mittelgroße Garnelen (in der Schale)
15 Knoblauchzehen (12 davon zerdrückt)
¾ TL Salz
¾ TL frisch gemahlener Pfeffer
¾ TL Essig
3 EL Olivenöl
80 g Butter
3 EL Limettensaft

Die Garnelen von unten der Länge nach so einschneiden, daß man den am Rücken verlaufenden dunklen Darm entfernen kann, die Schale aber nicht durchtrennt wird.

Im Mixer die ganzen Knoblauchzehen mit Salz, Pfeffer und Essig pürieren. Die Garnelen auseinanderklappen und 30 Minuten in dieser Mischung marinieren.

Öl und Butter in einer schweren Pfanne erhitzen. Den zerdrückten Knoblauch etwa 3 Minuten sautieren, bis er goldbraun ist. Die Garnelen mit den Schalen nach oben in die Pfanne legen. Die Hitze reduzieren, den Deckel auflegen und die Garnelen 2–3 Minuten garen, bis ihr Fleisch fest geworden ist. Mit dem Limettensaft beträufeln und von der Kochstelle nehmen.

Für 6 Personen

GUERRERO

Camarones en Escabeche
Marinierte Garnelen

Rosario Madero, Tochter des verstorbenen Präsidenten Francisco Indalecio Madero, serviert diese pikanten Garnelen als Vorspeise.

2 l Wasser
1 Zwiebel, in Stücke geschnitten
1 EL grobes Salz
1 kleiner Zweig Thymian
1 kleiner Stengel Majoran
2 Lorbeerblätter
8 Knoblauchzehen
2 kg Garnelen (in der Schale)

MARINADE

2 *chiles poblanos*, geröstet (s. Glossar) und enthäutet
6–8 *chiles serranos*, in Stücke geschnitten
150 g enthäutete rote Paprikaschoten aus dem Glas (Fertigprodukt)
8 Knoblauchzehen
3 große Zwiebeln
2 Tomaten, geröstet (s. Glossar), enthäutet und entkernt
4 Frühlingszwiebeln, das Grün zur Hälfte weggeschnitten
300 ml frisch gepreßter Orangensaft
250 ml Limettensaft
180 ml Olivenöl
250 ml Rotweinessig
1 EL getrockneter Majoran
1 EL getrockneter Estragon
1 EL getrockneter Thymian
3 EL gehackte Petersilie
1 EL gehacktes frisches Basilikum
Geriebene Muskatnuß
¼ TL Zimtpulver
¼ TL Nelkenpulver
2 EL Worcestershire-Sauce
1 EL Tabasco-Sauce
2 EL Tomatensauce oder Ketchup
3 EL abgeriebener *piloncillo* oder brauner Zucker
Salz
Frisch gemahlener Pfeffer
3 EL *Tomatillo*-Sauce mit Chillies (Rezept s. rechts)

In einem großen Topf oder Bräter das Wasser zusammen mit Zwiebeln, Salz, Thymian, Majoran, Lorbeerblättern und Knoblauch bei starker Hitze zum Kochen bringen. Die Garnelen hinzufügen und 1 Minute im kochenden Sud blanchieren. Abgießen und abkühlen lassen. Die Garnelen aus der Schale lösen und den Darm entfernen.

Für die Marinade alle Zutaten einschließlich *piloncillo* im Mixer pürieren. Mit Salz und Pfeffer abschmecken und die *tomatillo*-Sauce mit Chillies unterrühren.

Die Garnelen in eine Schüssel mit Deckel geben. Die Marinade darübergeben und alles zugedeckt über Nacht in den Kühlschrank stellen.

Für 10–12 Personen

Tomatillo-Sauce mit Chillies

Dieses Rezept ergibt mehr »salsa«, als für die »camarones en escabeche« benötigt wird. Mit der übrigen Sauce kann man Fisch oder Geflügel vor dem Grillen bestreichen, oder man reicht sie als Tischwürze zu einem saftigen Stück Rindfleisch.

1 Tomate
3 Knoblauchzehen
1½ Zwiebeln, in Stücke geschnitten
400 g *tomatillos,* Hüllen entfernt
3 *chiles guajillos,* Samen und Scheidewände entfernt
1 *chile pasilla,* Samen und Scheidewände entfernt
2 *chiles de árbol,* Samen und Scheidewände entfernt
2 Nelken
1 Stück Zimtstange (etwa 2,5 cm lang)
⅛ TL geriebene Muskatnuß
1 TL getrockneter Majoran
1 TL getrockneter Thymian
500 ml Wasser
3 EL abgeriebener *piloncillo* oder brauner Zucker

Tomate, Knoblauch, Zwiebeln und *tomatillos* rösten (s. Glossar), die verkohlte Haut entfernen und alles in einen Topf geben.

Auf einem *comal* oder in einer schweren Pfanne die *chiles* rösten (s. Glossar) und mit in den Topf geben. Nelken, Zimtstange, Muskat, Thymian, Majoran und Wasser hinzufügen. Zugedeckt bei schwacher Hitze 1 Stunde köcheln lassen. Den Zucker dazugeben und alles 1 weitere Stunde garen. Abkühlen lassen, dann im Mixer pürieren.

Ergibt etwa 1 l

Marinierte Garnelen

Fisch in Mandelsauce

GUERRERO

PESCADO ALMENDRADO
Fisch in Mandelsauce

In Jet-set-Kreisen ist dieses Gericht bestens bekannt, denn es beruht auf einem Rezept des berühmten Restaurants »Pipo's« in Acapulco.

8 Filets vom Roten Schnapper oder Seebarsch (je etwa 150 g)
Saft von 2 Limetten
1 TL Salz
¼ TL frisch gemahlener Pfeffer
500 ml dicke Sahne (s. Glossar) oder Crème fraîche
150 g Mandeln, enthäutet
2 EL frisch geriebener Parmesan
60 g Butter
125 g *queso Chihuahua* oder mittelscharfer Cheddar, gerieben
8 eingelegte *chiles jalapeños,* in Streifen geschnitten (nach Belieben)
Geröstete Mandelblättchen (nach Belieben)

Limettensaft, Salz und Pfeffer verrühren, die Fischfilets hineingeben und für 1 Stunde zum Marinieren in den Kühlschrank stellen.

In der Zwischenzeit die Mandeln mit der Sahne und dem Parmesan im Mixer pürieren. Beiseite stellen.

Den Backofen auf 190 °C (Gas Stufe 3) vorheizen. Die Butter in einer großen schweren Pfanne zerlassen und die marinierten Fischfilets auf beiden Seiten leicht anbraten. Dann in eine gefettete ofenfeste Form legen und mit der Mandelsauce überziehen. Den *queso Chihuahua* darüberstreuen und die Form für etwa 15 Minuten in den Backofen schieben, bis der Käse zu schmelzen beginnt.

Mit Chili-Streifen und Mandelblättchen garnieren.

Für 8 Personen

GUERRERO

CEVICHE
Marinierter roher Fisch

Fast jeder Bundesstaat an der Pazifikküste hat seine eigene Version dieser Fischspezialität, für die roher Fisch in Limettensaft mariniert und auf diese Weise »gegart« wird. Dieses Rezept ist typisch für Acapulco. »Ceviche« kann mit jedem festfleischigen Fisch, aber auch mit Garnelen oder Kammuscheln zubereitet werden.

1 kg Filets von Makrele, Seebarsch oder Rotem Schnapper, in 1 cm große Würfel geschnitten
500 ml frischer Limettensaft
80 ml Olivenöl
3 Knoblauchzehen
1 kg reife Tomaten
250 g Zwiebeln, gehackt
1 EL gehackter *cilantro*
125 ml Tomatensauce oder Ketchup
2 EL milde rote Chili-Sauce (nach Belieben)
1 EL getrockneter Oregano
½ TL Salz
¼ TL frisch gemahlener Pfeffer
2 EL feingehackte eingelegte *chiles serranos*
100 g grüne Oliven, entsteint und gehackt
Oliven (zum Garnieren [nach Belieben])

Den Fisch in einer Glasschüssel mit dem Limettensaft beträufeln, so daß er davon bedeckt ist. Zum Marinieren 2½ Stunden bei Raumtemperatur stehenlassen.

Das Öl in einer kleinen schweren Pfanne erhitzen, den Knoblauch dazugeben und 3 Minuten sautieren. Den Knoblauch wegwerfen, das Öl abkühlen lassen.

Die Tomaten enthäuten, entkernen und hacken. Zusammen mit dem ausgetretenen Saft in eine große Glasschüssel geben. Zwiebeln, *cilantro*, Tomatensauce, Chili-Sauce, Oregano, Salz, Pfeffer, *chiles* und Oliven hinzufügen. Alles gut vermischen. Das Knoblauchöl aus der Pfanne dazugeben und die Mischung beiseite stellen.

Den Fisch mit kaltem Wasser gründlich abspülen. Dann mit Wasser bedecken, 5 Minuten stehenlassen und anschließend noch einmal abspülen. Den Fisch in die Schüssel zur Tomatenmischung geben. Mit Salz und Pfeffer abschmecken.

Nach Belieben mit ganzen Oliven garnieren. Kalt mit Limettenachteln und Salz-Crackern servieren.

Für 6–8 Personen

Ceviche

Karpfen auf ländliche Art

ESTADO DE MÉXICO

CARPA CAMPIRANA
Karpfen auf ländliche Art

Der im Süßwasser lebende Karpfen ist ein delikater Speisefisch mit einer langen und bemerkenswerten kulinarischen Geschichte. Bei diesem außergewöhnlichen Rezept wird er in Maishüllblätter gewickelt und im Backofen gegart. Anstelle von Karpfen kann man auch Wels oder einen Meeresfisch mit festem Fleisch, etwa Seebarsch, nehmen. Das Rezept stammt von Mónica Patino, der das Restaurant »La Taberna del León« in Valle de Bravo gehört.

10 große getrocknete Maishüllblätter
2 EL Schweineschmalz oder Öl
10 kleine Zwiebeln, geviertelt
6 *chiles serranos*, feingehackt
6 Stengel *epazote*, gehackt
12 *tomatillos*, Hüllen entfernt und gehackt
Etwa 1 TL Salz
60 ml Olivenöl
1 Karpfen (etwa 2 kg), geputzt

Die Maishüllblätter mit lauwarmem Wasser übergießen und 1 Stunde einweichen. Abspülen und zum Abtropfen beiseite stellen.

Das Schweineschmalz in einer schweren Pfanne erhitzen und die Zwiebeln 2 Minuten sautieren. *Chiles, epazote* und *tomatillos* hinzufügen und 3 Minuten unter ständigem Rühren garen. Mit Salz würzen und zum Abkühlen beiseite stellen.

Das Olivenöl – bis auf einen kleinen Rest zum Einölen des Fisches – unterrühren.

Den Backofen auf 200 °C (Gas Stufe 3–4) vorheizen.

Eine rechteckige ofenfeste Glasform mit 5 Maishüllblättern auslegen. Die *tomatillo*-Mischung in die Bauchhöhle des Karpfens füllen. Die Öffnung mit einer Dressiernadel und Küchengarn zunähen. Den Karpfen auf die Maishüllblätter in der Glasform legen und mit den verbliebenen Blättern bedecken. Die oberen und unteren Blätter zusammenbinden, so daß der Fisch vollständig eingehüllt ist.

Für 30 Minuten in den Backofen schieben.

Zum Servieren die oberen Maishüllblätter und das Küchengarn entfernen. Den Fisch in der Form auftragen.

Für 6 Personen

TABASCO

ARROZ CON MARISCOS
Reis mit Meeresfrüchten

Abwandlungen dieses Gerichts, das einer »paella« ähnelt, sind an beiden Küsten Mexikos beliebt. Dieses Rezept stammt aus Tabasco, wo es Reis und Fisch im Überfluß gibt. Das Gericht kann auch mit anderen Meeresfrüchten zubereitet werden.

1 kg Krake, geputzt
250 ml Wasser
500 g Venusmuscheln (in der Schale)
2 Knoblauchzehen
1 kleines Stück Zwiebel
2 Tomaten
125 ml Öl
350 g Langkornreis
750 ml heißes Wasser
1 Stengel Petersilie
2 TL Salz
12 mittelgroße Garnelen (in der Schale)
500 g Fischfilets
3 *chiles poblanos,* geröstet (s. Glossar), Samen und Scheidewände entfernt, in Streifen geschnitten

Reis mit Meeresfrüchten

Den Kraken mit 125 ml Wasser etwa 10 Minuten im Schnellkochtopf garen, bis er zart ist. (Oder mit 1,5 l Wasser in einem normalen Topf zum Kochen bringen und zugedeckt 45–60 Minuten köcheln lassen.) Abgießen und dann mit einem Löffel die Saugnäpfe und die dicke Haut abschaben. Den Kraken in etwa 5 cm große Stücke schneiden und beiseite stellen.

Die verbliebenen 125 ml Wasser in einem Topf zum Kochen bringen. Die Venusmuscheln hinzufügen und zugedeckt dämpfen, bis sie sich gerade öffnen. In ein Sieb geben, den Sud auffangen und beiseite stellen. Knoblauch, Zwiebel und Tomaten im Mixer pürieren und beiseite stellen.

Das Öl in einer kleinen *paella*-Pfanne oder einer großen feuerfesten Form erhitzen. Den Reis hinzufügen und sautieren, bis die Körner nicht mehr aneinanderkleben. Überschüssiges Öl abgießen. Die pürierten Tomaten dazugeben und unter ständigem Rühren 2 Minuten garen. Das heiße Wasser, die aufgefangene Garflüssigkeit der Muscheln, Petersilie und Salz hinzufügen. Wenn die Mischung zum Kochen kommt, Garnelen, Fisch und Muscheln dazugeben und alles bei schwacher Hitze zugedeckt 10 Minuten garen. Abschmekken, dann Kraken und *chiles* hinzufügen. Den Deckel wieder auflegen und das Ganze weitere 10 Minuten köcheln lassen, bis der Reis gar, aber noch körnig ist. Falls nötig, zusätzliches Wasser angießen.

Für 6–8 Personen

TAMAULIPAS

Coco con Mariscos
Meeresfrüchte in Kokosnüssen

Eintopfgerichte mit Meeresfrüchten sind überall entlang der Golfküste beliebt. Das Besondere an diesem Rezept aus Tampico ist, daß man den Eintopf in Kokosnüssen serviert. Von den einheimischen Köchen werden die Kokosnüsse mit einer Machete geöffnet, doch erfüllt eine kleine Säge den gleichen Zweck. Die verwendeten Meeresfrüchte können je nach Marktangebot variieren.

6 Kokosnüsse
1 kg Krake, geputzt
500 ml Wasser
2 Knoblauchzehen
500 g mittelgroße Garnelen (in der Schale)
20 Venusmuscheln (in der Schale)
90 ml Olivenöl
450 g Zwiebeln, gehackt
1 EL zerdrückter Knoblauch
1,25 kg Tomaten, enthäutet und gehackt
1 TL Salz
250 g aus der Schale genommene Kammuscheln
45 g Petersilie, gehackt
300 g aus der Schale genommene kleine Austern
6 EL Semmelbrösel
2 EL Butter, zerlassen

Die Kokosnüsse an den »Augen« durchbohren und die Milch in eine Schüssel laufen lassen. Die Milch beiseite stellen und mit einem scharfen Beil oder einer Säge den oberen Teil der Kokosnüsse abtrennen.

Den Kraken mit 125 ml Wasser etwa 10 Minuten im Schnellkochtopf garen, bis er zart ist. (Oder mit 1,5 l Wasser in einem normalen Topf zum Kochen bringen und zugedeckt 45–60 Minuten köcheln lassen.) Abgießen und dann mit einem Löffel die Saugnäpfe und die zähe Haut abschaben. Den Kraken in 2,5 cm große Stücke schneiden und beiseite stellen.

In der Zwischenzeit in einem Topf 250 ml Wasser mit den Knoblauchzehen zum Kochen bringen. Die Garnelen hinzufügen und zugedeckt etwa 4 Minuten garen, bis sie sich rosa färben. Abgießen und die Garflüssigkeit auffangen. Die Garnelen abkühlen lassen, aus den Schalen lösen und den Darm entfernen.

Die Venusmuscheln putzen. In einem Topf 125 ml Wasser zum Kochen bringen. Die Muscheln hineingeben und mit aufgelegtem Deckel dämpfen, bis sie sich öffnen. Abgießen und die Garflüssigkeit auffangen. Die Muscheln aus den Schalen lösen (geschlossene Muscheln wegwerfen) und beiseite stellen.

Den Backofen auf 190 °C (Gas Stufe 3) vorheizen. Das Öl in einem großen Topf erhitzen. Zwiebeln und zerdrückten Knoblauch dazugeben und sautieren, bis sie glasig sind. Tomaten und Salz hinzufügen und 5 Minuten garen. Die Kokosmilch sowie die Garflüssigkeit der Garnelen und der Muscheln dazugeben. Zum Kochen bringen, dann Krakenstücke, Garnelen, Venus- und Kammuscheln sowie Petersilie hinzufügen. Den Deckel auflegen und alles 5 Minuten garen. Abschmecken. Die Austern dazugeben und weitere 2 Minuten garen.

Zum Servieren den Meeresfrüchte-Eintopf auf die 6 Kokosnüsse verteilen. Mit Semmelbröseln bestreuen, mit zerlassener Butter beträufeln und 7 Minuten im Ofen überbacken.

Für 6 Personen

Meeresfrüchte in Kokosnüssen

Klippfisch nach mexikanischer Art

MÉXICO, DISTRITO FEDERAL

BACALAO A LA MEXICANA
Klippfisch nach mexikanischer Art

Dieses Rezept von María Dolores Torres Yzábal basiert auf dem traditionellen »bacalao a la viscaína« – gesalzenem getrocknetem Kabeljau nach Basken-Art aus Nordspanien. Das Originalrezept wird mit getrockneten roten Paprikaschoten zubereitet und gilt als eines der schmackhaftesten Gerichte der Region. Aufgewärmt schmeckt der Klippfisch im übrigen noch besser als frisch zubereitet.

1 kg Klippfisch (gesalzener getrockneter Kabeljau)
1 *chile ancho*, geröstet (s. Glossar)
1 kg Tomaten
125 ml Olivenöl
1 große Zwiebel, feingehackt
6 Knoblauchzehen, feingehackt
1 Lorbeerblatt
Zimtpulver
Frisch gemahlener Pfeffer
220 g enthäutete rote Paprikaschoten aus dem Glas (Fertigprodukt), abgetropft
60 g Mandelblättchen
30 g Rosinen (nach Belieben)
75 g mit roter Paprika gefüllte Oliven
2 EL Kapern (nach Belieben)
2 EL gehackte Petersilie
500 g kleine Kartoffeln, gegart und geschält
Salz (nach Belieben)
Eingelegte *chiles güeros*

Den Klippfisch 12 Stunden in kaltem Wasser einweichen; das Wasser zwischendurch zwei- oder dreimal erneuern. Dann in einen Topf geben, mit frischem Wasser bedecken, kurz aufkochen lassen und abgießen. Haut und Gräten entfernen, den Fisch in feine Streifen schneiden. Beiseite stellen.

Vom *chile ancho* den Stielansatz und die Samen entfernen. Die Schote dann 10 Minuten in heißem Wasser einweichen. Abgießen und zusammen mit den Tomaten im Mixer pürieren. Das Püree durch ein Sieb streichen.

Das Öl in einer großen schweren Pfanne erhitzen. Zwiebeln und Knoblauch hinzufügen und sautieren, bis sie glasig sind. Das Püree hinzufügen und alles köcheln lassen, bis die Sauce andickt. Kabeljau, Lorbeerblatt, Zimt, Pfeffer, rote Paprika, Mandeln, Rosinen, Oliven, Kapern und Petersilie dazugeben. Die Zutaten durchrühren und bei mittlerer Hitze zugedeckt 15 Minuten garen. Die Kartoffeln hinzufügen, den Deckel wieder auflegen und alles nochmals 10 Minuten bei hoher Temperatur erhitzen. Nötigenfalls mit Salz würzen.

Mit *chiles güeros* garnieren.

Für 8 Personen

MICHOACÁN

PESCADO BLANCO DE PÁTZCUARO
Weißer Fisch aus Pátzcuaro

»Pescado blanco« ist eine einzigartige Delikatesse. Früher gab es diesen Süßwasserfisch in mehreren mexikanischen Seen, heute dagegen beschränkt sich sein Vorkommen allein auf den Lago de Pátzcuaro. Zahlreiche Werbephotos, auf denen die dort ansässigen Tarasken mit ihren Schmetterlingsnetzen beim Fischfang zu sehen sind, haben den Weißen Fisch weit über die Grenzen Mexikos hinaus bekannt gemacht. Das Rezept läßt sich ersatzweise auch mit Seezunge oder Flunder zubereiten.

6 Seezungen- oder Flunderfilets (je etwa 150 g), küchenfertig
Saft von 4 Limetten
Salz
½ TL frisch gemahlener Pfeffer
6 Eier, getrennt
Etwa 200 g Mehl
500 ml Öl
2 Limetten, in Viertel geschnitten
Gehackte Tomaten (nach Belieben)

Die Fische abspülen, trockentupfen und auf beiden Seiten mit Limettensaft beträufeln. Mit Salz und Pfeffer würzen und 30 Minuten stehenlassen.

In einer hohen Glasschüssel das Eiweiß mit einer Prise Salz zu festem Eischnee schlagen. Die Eigelb einzeln dazugeben und behutsam unterziehen. Nach und nach 1½ Eßlöffel Mehl unterheben.

Das Öl in einer großen schweren Pfanne erhitzen. Die Fischfilets in Mehl wenden; überschüssiges Mehl abschütteln. Sie dann durch den Eierteig ziehen und nacheinander goldbraun ausbacken. Auf Küchenkrepp abtropfen lassen.

Mit Limettenvierteln und gehackten Tomaten garnieren.

Für 6 Personen

Rechte Seite: *Weißer Fisch aus Pátzcuaro*

CALAFIA
Cosecha 1987
VINO BLANCO
CALAFIA
Valle de Calafia, Baja California
Pedro Domecq
HECHO EN MEXICO

Zentralmexikanische Hochebene

ZENTRAL-MEXIKANISCHE HOCHEBENE

Wer in die fruchtbare, mineralienreiche zentralmexikanische Hochebene fährt, fühlt sich in eine andere Welt und in eine vergangene Zeit versetzt. Überreste der kolonialen Vergangenheit erinnern an die frühere Herrschaft der Spanier. In Morelia und Querétaro gibt es Aquädukte mit anmutigen Rundbögen im romanischen Stil; und in Guanajuato zieren Blumentöpfe schmiedeeiserne Balkone über einem Labyrinth aus schmalen, steil ansteigenden Gassen mit Kopfsteinpflaster. Dunkle Zypressen umranden versteckte Plazas in den Städten, deren Silhouetten von gewaltigen Kirchen und Kathedralen bestimmt werden. In der Bergbaustadt Zacatecas sind die gewundenen, kopfsteingepflasterten Straßen von herrschaftlichen Wohnhäusern gesäumt, die einst die Silberbarone erbauen ließen – hier und da wird das Straßenbild durch Kirchen aus rosenfarbigem Stein unterbrochen. Auf dem Land pflügen Ochsengespanne die von der Sonne ausgedörrten Felder, und an den Berghängen, von denen Aguascalientes und Querétaro umgeben sind, wachsen Weinstöcke.

Guadalajara, das nordwestlich von Mexico City liegt, halten viele für »spanischer als Spanien selbst«. Heldenhaft wie ihre spanischen Vorfahren führen die *charros* (berittene Rinderhirten) noch immer in kunstvollen Gewändern ihre Künste zu Pferde vor, und auch der Stierkampf ist ein angestammtes Sonntagsvergnügen geblieben.

Die Küche dieser Region ist zumeist einfach und rustikal, und die Gerichte basieren auf dem reichhaltigen Angebot von Gemüsen und Fleisch. *Pozole* (S. 88–89), eine Suppe mit Schweinefleisch und Huhn, ist eine beliebte Mahlzeit, und jeder Bundesstaat hat seine eigene Version. In Jalisco und Aguascalientes erfreut sich *birria* (S. 140), ein Gericht, das der *barbacoa* (S. 142–143) ähnelt, großer Beliebtheit. Für *bir-*

Seite 188/189: *Das Stadtbild von Guanajuato, einer alten Silberminenstadt, gleicht einem Labyrinth.* Links: *Enge kopfsteingepflasterte Gassen und Kolonialarchitektur in Querétaro, einer Stadt mit faszinierenden Legenden und patriotischen Erinnerungen.*

ria wird Lamm- oder Ziegenfleisch dick mit einer gehaltvollen Sauce aus *chiles,* Gewürzen und anderen aromatischen Zutaten überzogen, mit etwas Flüssigkeit in einen großen geschlossenen Topf gegeben und mehrere Stunden gedünstet.

Pico de gallo (»Hahnenschnabel«), ein farbenfrohes Gericht aus Orangen und *jícama*-Scheiben, die mit brennend scharfem *chile piquín* gewürzt werden, ist eine *botana* (Zwischenmahlzeit), die gut zu Jaliscos bekanntestem Getränk, Tequila, paßt. Dieses hochprozentige Getränk stellt man in den kleinen Städten Tequila und Tepatitlán aus dem vergorenen Saft der dort heimischen *Agave tequilana* her.

Bevor die Spanier ins Land kamen, gab es nur wenige Siedlungen in den nördlichen Teilen dieser Region. Lediglich nomadisierende Gruppen von Chichimeken (»Menschen, die von einem Hund abstammen«) durchstreiften die Gegend auf der Jagd nach Tieren, von denen sie sich neben den reichlich vorhandenen Kaktusfeigen sowie verschiedenen Insekten und deren Larven ernährten. Die Seen von Jalisco und Michoacán boten riesige Mengen an Fisch, und im 12. Jahrhundert siedelten sich die Purépecha-Indianer, von den Spaniern Tarasken genannt, am wunderschönen Lago de Pátzcuaro an, der inmitten bewaldeter Berge und erloschener Vulkane liegt. Die Purépecha gehörten zu den wenigen Stämmen, die nicht von den Azteken unterworfen worden waren, doch als sie Cortés ihre Dienste anboten, plünderten dessen Männer auf eigene Faust skrupellos ihr Land. Und es sollte noch schlimmer kommen. Ungefähr zehn Jahre später verkaufte Nuno de Guzmán – einer der brutalsten Konquistadoren – viele der Indianer als Sklaven, folterte und tötete ihre Anführer und bediente sich der schönsten Frauen. Anschließend machte er sich plündernd auf den Weg nach Jalisco und Colima, getrieben von den Erzählungen über ein Land, das angeblich Frauen von großer Schönheit und Stärke regierten – die legendären Amazonen. Die Suche blieb erfolglos. Enttäuscht, aber von Ehrgeiz besessen, gründete Guzmán die Stadt Guadalajara, die er nach seinem Geburtsort in Spanien, Wad-al-hadjarah, den die Mauren gegründet hatten, benannte.

Als Wiedergutmachungsversuch für die Greueltaten, die an den Tarasken verübt worden waren, schickten die Spanier Don Vasco de Quiroga nach Michoacán. Dieser außergewöhnliche Mann verhalf den Indianern zu größerer Autarkie, indem er ihr Kunsthandwerk förderte – Holzarbeiten, Kupferwaren und Lackarbeiten, Web- und Töpferwaren. All dies findet man auch heute auf den Märkten und in den Geschäften dieser Region. Die Purépecha leben noch immer in den Tälern rund um den See, und ihr Leben hat sich in all den Jahren nur wenig verändert. Die Fischer paddeln früh am Morgen in Einbäumen leise durch das Schilf und werfen ihre Netze im tiefen Wasser aus, um den herrlichen *pescado blanco* (Weißer Fisch) zu fangen. Früher kam diese Fischart im Chapala-See in Jalisco ebenfalls in großen Mengen vor, doch heute gibt es sie nur noch im Lago de Pátzcuaro. Restaurants am Seeufer bieten *pescado blanco rebozado* (S. 186–187) an, mit Eierteig überzogenen und gebackenen Weißen Fisch. *Charales fritos,* knusprig gebratene Fische in der Größe von Sardinen, werden – mit Kopf und Schwanz – bergeweise verschlungen.

In Michoacán gibt es auch eine Reihe außergewöhnlicher *tamales*: aufgeblähte, dreieckige, die man *corundas* nennt und in frische Maisblätter anstelle von getrockneten Maishüllblättern wickelt; köstliche ungefüllte *uchepos* aus frischem Mais, die mit dicker Sahne (s. Glossar) und *salsa* serviert werden; und unzählige süße *tamales,* die oftmals rosa oder grün gefärbt sind und mit einer Tasse heißer, schäumender Schokolade verzehrt werden. An jedem Morgen kann man in Pátzcuaro Hausfrauen an der Klostertür stehen sehen, die darauf warten, daß ihnen die Nonnen ihre besondere Mischung von *chocolate de metate* aus Kakao, Zimt und Vanille bringen.

Die höchste Kathedrale Mexikos erhebt sich über Morelia, der Hauptstadt von Michoacán. Ganz in der Nähe, auf einer friedlichen, von Bäumen eingerahmten Plaza, wird Abend für Abend an Verkaufsständen *pollo de plaza* zubereitet, ein pikantes Hühnergericht, das man mit *enchiladas,* Möhren und Kartoffeln serviert.

In Michoacán liebt man Süßigkeiten, und in Morelia ist ihnen ein ganzer Markt gewidmet. Eine der süßesten Nachspeisen, die je erdacht wurden, *chongos* (Quark, der in einem mit Zimt aromatisierten Sirup schwimmt), stammt ursprünglich aus Zamora im Norden des Bundesstaates.

Wie Michoacán hat auch der Staat Guanajuato eine bewegte Geschichte. Mitte des 16. Jahrhunderts, als man eine Gruppe von Mönchen nach Norden schickte, um die streitbaren Chichimeken zu befrieden, wurde bekannt, daß in der Nähe Silber zu finden war. Schon bald wurden Minen in Zacatecas, San Luis Potosí und Guanajuato eröffnet. Während der Kolonialherrschaft lieferte eine einzige Mine im Staat Guanajuato ein Viertel des gesamten Silbers, das damals auf der Welt gefördert wurde. Die Stadt Guanajuato, von den vorkolumbianischen Tarasken Cuanax-huato (»hügeliger Ort der Frösche«) genannt, breitete sich in wildem Durcheinander an den Abhängen der umliegenden Berge aus. Die Straßen verliefen kreuz und quer, unterbrochen von einem tiefen Graben

Ein typisches Bild am frühen Morgen in Tequila. Bekannt ist die Stadt allerdings für ein stärkeres Getränk: Tequila, ein Schnaps, der aus Agaven hergestellt wird.

Im Sommer strömen die Massen in Guadalajara an jedem Sonntag zur »charreada«, der mexikanischen Version des Rodeo, wo die »charros« ihre Künste zu Pferde und mit dem Lasso unter Beweis stellen.

in der Mitte der Stadt. Viele Bewohner Guanajuatos kamen während dieser Zeit zu sagenhaftem Reichtum – zwangen aber die Indianer, unter unmenschlichen Bedingungen in den Minen zu arbeiten. Die Indianer vergaßen solche Peinigungen nicht; 1810 verbündeten sie sich unter Pater Hidalgo mit wohlhabenden Kreolen, aufgebracht durch Spaniens Weigerung, sie mit führenden Positionen zu betrauen. So nahm der zehn Jahre dauernde Krieg, der schließlich zur Unabhängigkeit Mexikos führte, in dieser Stadt seinen Anfang.

Obwohl die Stadt Guanajuato verwüstet, die Minen zerstört und überflutet wurden, ist viel von ihrem einstigen Glanz geblieben. Sie hat das architektonisch schönste Marktgebäude in Mexiko, das 1910 nach Plänen von Alexandre Eiffel gebaut wurde. In der für Eiffel typischen Eisen- und Glasbauweise sieht der Mercado Hidalgo fast wie ein altmodischer Bahnhof aus. Unter seinem Kuppeldach werden auf zwei Stockwerken alle erdenklichen Arten von Lebensmitteln, Bekleidung, Haushaltswaren und Krimskrams feilgeboten.

Die besonderen *enchiladas* der Minenarbeiter, die man mit Hühnerfleisch, Kartoffeln und Möhren zubereitet, werden noch heute aus großen Kohlepfannen vor dem Marktgebäude verkauft. Außerhalb der Stadt sind die Straßen von kleinen Ständen gesäumt, die frisch gepflückte und kandierte Erdbeeren anbieten, denn die Region gehört zu den größten Erdbeer-Anbaugebieten der Welt. Die nahe gelegene Stadt Celaya ist für *cajete* berühmt, ein weiches, karamelähnliches Naschwerk, das traditionell aus Ziegenmilch hergestellt und in kleinen Holzkisten verpackt wird. Eine andere Spezialität aus Guanajuato und dem Nachbarstaat San Luis Potosí ist *fiambre,* eine bunte Mischung aus kleingeschnittenem mariniertem Fleisch – Schwein, Huhn, Rinderzunge und Schweinsfüße – und farbenfrohen marinierten Gemüsen.

In dem nahegelegenen kleinen Bundesstaat Aguascalientes werden neben Kampfstieren auch große Schaf- und Rinderherden auf den Weiden gehalten. Und so ist es nur verständlich, daß hier vor allem Fleischgerichte auf den Tisch kommen – spezielle Versionen von *birria, pozole* und *menudo. Menudo* (Kuttelsuppe) ist in der gesamten Region beliebt und wird als sättigendes Frühstück oder spätes Abendessen gereicht. In der Stadt León, die für ihre Lederindustrie bekannt ist, bereitet man diese Suppe auf ungewöhnliche Weise zu – mit Orangensaft, Rotwein und Mandeln.

Pfirsich- und Avocadoplantagen, Getreideäcker und Felder, auf denen Knoblauch und Zwiebeln wachsen, teilen sich die fruchtbaren Täler von Aguascalientes mit kleinen Weingärten, die einige der besten Weine Mexikos produzieren.

Gemüse, Salate, Bohnen und Saucen

Mexikanische Märkte bieten ein buntes Spektrum frischer Produkte.

GEMÜSE, SALATE, BOHNEN UND SAUCEN

Berge von Mais, Körbe voller Bohnen – rote, schwarze, weiße, mehrfarbige, gesprenkelte und gestreifte –, Kakao, Paprikaschoten, Zwiebeln, Bataten, Squash-Kürbisse und andere zahllose Gemüse und Früchte boten sich den Augen von Hernán Cortés und dem Chronisten Bernal Díaz del Castillo, als sie zum ersten Mal den riesigen Marktplatz von Tlatelolco im Zentrum des Aztekenreichs betraten. »Da wir noch nie zuvor etwas Ähnliches gesehen hatten, standen wir voller Staunen vor der unendlichen Menge an Menschen und Waren», schrieb Díaz. Angeblich kamen Tag für Tag 20000 bis 25000 Menschen, um etwas auf dem Markt zu kaufen oder zu verkaufen, und an jedem fünften Tag waren es doppelt so viele.

Auch heute noch schätzt man die gleichen Gemüse wie damals in Mexiko. Als Salat oder gekochte Beilage findet man sie zwar selten, doch sie tauchen in fast jedem Gericht auf, mit Ausnahme von Nachspeisen – obwohl es auch Desserts aus zerstampften und aromatisierten Bataten gibt.

Squash-Kürbisse, deren Geschichte Tausende von Jahren zurückreicht, haben schon immer eine wichtige Rolle in der mexikanischen Küche gespielt. Die *pepitas* (getrocknete Samen) werden als Imbiß verzehrt oder gemahlen zum Aromatisieren und Andicken der vielen verschiedenen *pipianes* verwendet. Kürbisblüten gelten seit langem als Delikatesse, und in Oaxaca bereitet man aus den zarten jungen Trieben der Pflanzen eine beliebte Suppe. Ein anderes Mitglied der Kürbisfamilie ist der birnenförmige Chayote, der zwar keinen ausgeprägten Eigengeschmack besitzt, sich aber mit etwas Knoblauch, Tomate oder *chile* als überaus interessantes Gemüse erweist.

Überall auf der Welt denkt man bei mexikanischer Küche sofort an *guacamole*. Sie wird aus nahrhaften Avocados hergestellt und frisch zubereitet zu den meisten *antojitos* serviert. Weniger bekannt sind *nopales* (Kaktus-»Blätter«). Die knackigen neuen Triebe des Feigenkaktus werden – nachdem man die Stacheln entfernt hat – gegart und für Salate, *tacos* und Rührei verwendet. Die Früchte dieser Kakteen sind nicht nur in Mexiko, sondern auch in vielen anderen Teilen der Erde sehr beliebt.

Frischer Koriander (*cilantro*), den man wegen seiner häufigen Verwendung in der fernöstlichen Küche auch »chinesische Petersilie« nennt, dient als Würzkraut für alle möglichen Gerichte. Sein einzigartiges Aroma paßt ausgezeichnet zu allen würzigen Speisen. In den südlichen Bundesstaaten Mexikos liebt man *epazote* (mexikanisches Teekraut mit leichtem Zitronenaroma) – schwarze Bohnen sind ohne dieses Kraut eigentlich undenkbar. Im Süden wird auch *hierba santa* zum Würzen von *tamales,* Hühnerfleisch und – insbesondere in Veracruz – Fisch genommen. Die samtigen Blätter dieser riesigen Pflanze verleihen Speisen ein anisartiges Aroma.

Köstliche, pikante *chiles* sind das typische Gewürz der me-

Seite 194/195: *Eine reiche Auswahl mexikanischer Gemüse, »chiles« und Bohnen.*

xikanischen Küche. Alle *chiles*, die heute in Mexiko, dem Südwesten der Vereinigten Staaten und in Zentralamerika angebaut werden, stammen ursprünglich von nur fünf in Südamerika heimischen Arten ab. Der gleiche *chile* kann in Mexiko unterschiedliche Namen haben – je nachdem, ob er frisch oder getrocknet ist und in welcher Region er angebaut wird. Unabhängig davon, ob sie als mild oder *picante* bezeichnet werden, hat der Verzehr von *chiles* immer etwas von einem Roulette Spiel, denn ihr Schärfegrad variiert je nach Bodenbeschaffenheit und Klima stark.

Tomaten und *chiles*, Zwiebeln und Knoblauch – diese vier Zutaten sind die Grundlage der *salsas*, die man in Mexiko praktisch zu jedem Gericht reicht, seien es Eier, Suppen oder Fleisch. *Salsa mexicana cruda*, bei der die Zutaten grob gehackt sind, steht auf den Theken der *taquerías*, und es gibt unendlich viele andere rohe oder gekochte *salsas*, mit denen sich eine Mahlzeit beleben läßt.

Salsas werden häufig mit *tomatillos (tomates verdes)* zubereitet, die wie echte Tomaten zur Familie der Nachtschattengewächse gehören. Die papierartigen Hüllen der kleinen limettengrünen Früchte mit säuerlichem Geschmack werden vor dem Garen entfernt. *Tomatillos* sind bei uns in Dosen erhältlich und können von mexikanischen Lebensmittelgeschäften bezogen werden (s. Bezugsquellenverzeichnis).

Frijoles (Bohnen) mögen zwar als »Fleisch des armen Mannes« gelten, doch werden sie von allen Bevölkerungsschichten und in allen Teilen Mexikos und der gesamten Welt verzehrt.

Mit Ausnahme einiger Sorten, wie etwa dicke Bohnen, Kichererbsen und Sojabohnen, die aus der Alten Welt stammen, sind die meisten proteinreichen Hülsenfrüchte, die wir heute verzehren, schon seit langem ein fester Bestandteil der mexikanischen Küche.

Die Mexikaner pflanzen und kultivieren ihr Gemüse noch immer mit äußerster Sorgfalt und zumeist nach den altehrwürdigen, überlieferten Methoden. Sie scheinen sich auch heute noch an die mahnenden Worte des alten Maya-Führers Huehuetlalli zu halten:

Bewahrt die Dinge der Erde;
tut etwas, schlagt Holz, bearbeitet den Boden,
pflanzt den Kaktus, pflanzt die Agave.
Ihr werdet zu trinken, zu essen und Kleidung haben.
So werdet ihr auf eigenen Beinen stehen, wahrhaftig
sein,
so werdet ihr durchs Leben schreiten,
so werden die anderen von euch sprechen, euch loben,
so wird man euch kennen.

Eine Fülle von »chiles« führt häufig zu Verwirrung: Es gibt über hundert verschiedene Sorten in Mexiko, und diese getrockneten »chiles« aus Oaxaca können in anderen Gegenden Mexikos völlig anders heißen.

GUERRERO

Salsa Costeña
Chile-Costeño-Sauce

Diese Würzsauce, die zu Fisch, Fleisch oder Huhn gereicht wird, enthält den brennend scharfen »chile costeño«, den man, außer an der mexikanischen Pazifikküste, nur schwer bekommt. Als Ersatz kann getrockneter »chile de árbol« dienen, der ebenso scharf, aber kürzer und dicker ist.

6 *chiles costeños* oder *chiles de árbol*
8 *tomatillos* (etwa 250 g), Hüllen entfernt
1 Knoblauchzehe
125 g Zwiebeln, gehackt
15 g *cilantro*, gehackt
½ TL Salz

Auf einem *comal* oder in einer schweren Pfanne die *chiles* rösten (s. Glossar); sie sollen dabei eine dunkle Farbe annehmen, dürfen aber nicht verbrennen.

Die *tomatillos* 5 Minuten in kochendem Salzwasser garen. Dann abgießen.

Chiles, tomatillos und Knoblauch im Mixer pürieren. Nicht durchsieben. Die Sauce in einer kleinen Schüssel mit den Zwiebeln, dem *cilantro* und Salz verrühren. Abschmecken.

Ergibt etwa 250 ml

MICHOACÁN

Salsa de Tomate Verde con Aguacate
Tomatillo-Sauce mit Avocado

Diese grüne Würzsauce enthält Avocado, und daher ist sie recht gehaltvoll. Die eigentliche »salsa« kann man im voraus zubereiten und bis zur Verwendung in den Kühlschrank stellen. Die Avocadostücke werden dann kurz vor dem Servieren untergemischt.

5 *chiles serranos*
300 g *tomatillos*, Hüllen entfernt
1 Knoblauchzehe
1 EL Essig von eingelegten *chiles*
1 eingelegter *chile serrano*, Samen entfernt
1 TL Salz
20 g *cilantro*, grobgehackt
1 Avocado, geschält, entkernt und gewürfelt
100 g Zwiebeln, feingehackt

Die frischen *chiles* in einen großen Topf mit kochendem Wasser geben. Nach 5 Minuten die *tomatillos* hinzufügen und alles noch 3 Minuten kochen lassen. Dann abgießen und abtropfen lassen.

Chiles, tomatillos, Knoblauch, Essig und eingelegten *chile serrano* im Mixer pürieren. Salz und *cilantro* dazugeben und das Gerät zweimal kurz einschalten.

Die pürierten Zutaten in einer Schüssel mit den Avocado- und Zwiebelstücken vermischen. Die Sauce abschmecken.

Ergibt etwa 375 ml

Salsa de Molcajete
Chili-Sauce aus dem Mörser

Während die meisten »salsas«, die man zum Würzen bei Tisch verwendet, entweder roh oder gekocht sind, wird diese Sauce zwar nicht gekocht, aber das Aroma von »chiles« und Tomaten durch Rösten intensiviert. Die richtige Konsistenz der »salsa« erreicht man am besten, wenn man sie nicht im Mixer, sondern in dem traditionellen »molcajete« zubereitet, da die Sauce nicht zu glatt sein darf. Man kann sie zu allen »antojitos« mit »masa« reichen.

5 *chiles serranos*
2 reife Tomaten
1 Knoblauchzehe
1 TL Salz

Auf einem *comal* oder in einer schweren Pfanne die *chiles* und die Tomaten etwa 8 Minuten rösten (s. Glossar), bis sie weich sind. Die verkohlte Haut von Tomaten und *chiles* abziehen und wegwerfen. Im Mörser oder *molcajete* die *chiles* und den Knoblauch grob zerkleinern. Dann die Tomaten hinzufügen und zerstampfen. Mit Salz abschmecken. Im *molcajete* oder einer kleinen Schüssel servieren.

Ergibt etwa 375 ml

VERACRUZ

Salsa de Cacahuate
Erdnußsauce

Gemahlene Erdnüsse und »chiles« sind die Grundlage für diese Sauce, die man zu gegrilltem Fleisch und Eiern reicht oder zum Würzen von gekochtem Reis verwendet.

5 *chiles anchos*
3 *chiles pasillas*
3 *chiles costeños*
500 ml heißes Wasser
400 g ungesalzene Erdnußkerne, enthäutet
4 Knoblauchzehen
¼ Zwiebel, halbiert
1 EL Öl
1 EL Salz
125 ml Hühnerbrühe (S. 72 [nach Belieben])

Auf einem *comal* oder in einer schweren Pfanne die *chiles* rösten (s. Glossar). Samen und Scheidewände entfernen. Die Schoten mit dem heißen Wasser übergießen und 20 Minuten einweichen. *Chiles* und Einweichwasser in den Mixer geben. Erdnüsse, Knoblauch und ein Stück Zwiebel hinzufügen und alles pürieren

Das Öl in einer schweren Pfanne erhitzen und das verbliebene Stück Zwiebel 2 Minuten sautieren. Dann herausnehmen und wegwerfen. Die pürierten Zutaten in die Pfanne geben und 5 Minuten garen. Mit Salz würzen und nochmals 10 Minuten köcheln lassen. Die Sauce mit Hühnerbrühe verdünnen, falls sie zu dickflüssig ist.

Ergibt etwa 500 ml

Rechte Seite, von oben nach unten: *Chile-Costeño-Sauce, Chili-Sauce aus dem Mörser, Tomatillo-Sauce mit Avocado, Erdnußsauce*

Von oben nach unten: *Mexikanische Sauce, Chile-Guajillo-Sauce, Teufelssauce, Gekochte Tomatillo-Sauce*

OAXACA

Salsa Endiablada
Teufelssauce

Abwandlungen dieser in Flaschen abgefüllten »salsa« findet man überall in Mexiko. Sie ist sehr scharf und hält sich praktisch unbegrenzt. Man reicht sie als Würzsauce zu Bohnen, gegrilltem Fleisch oder jedem anderen Gericht, das etwas mehr »Feuer« braucht. Dieses Rezept stammt von Socorrito Zorrilla.

20 *chiles pasillas,* Samen und Scheidewände entfernt
1 große Zwiebel
2 Knollen Knoblauch
500 ml Apfelessig
1 EL getrockneter Oregano
1 EL getrockneter Majoran
1 EL zerdrückte Lorbeerblätter
5 schwarze Pfefferkörner
3 Nelken
250 ml Olivenöl
Salz

Auf einem *comal* oder in einer schweren Pfanne die *chiles*, die Zwiebel und den Knoblauch rösten (s. Glossar), dann mit Essig, Kräutern, Pfefferkörnern und Nelken in einen Topf geben und 20 Minuten kochen lassen.

Die Zutaten im Mixer glattpürieren. Durch ein Sieb streichen, zurück in den Mixer geben und das Olivenöl untermischen. Mit Salz abschmecken.

Die Sauce in Flaschen abfüllen und diese gut verschließen. Je länger die *salsa* reift, desto aromatischer wird sie.

Ergibt etwa 850 ml

Salsa Mexicana
Mexikanische Sauce

Mit aromatischen Freilandtomaten zubereitet, ist diese klassische »salsa«, die man in jedem mexikanischen Restaurant serviert bekommt, die ideale Ergänzung zu »antojitos«. Die Zutaten dürfen nicht im Mixer zerkleinert, sondern müssen fein gehackt werden.

3 reife Tomaten, feingehackt
125 g Zwiebeln, feingehackt
4–6 *chiles serranos,* feingehackt
20 g *cilantro,* feingehackt
2 TL Salz
2 TL Limettensaft

Tomaten, Zwiebeln, *chiles, cilantro,* Salz und Limettensaft in einer Schüssel gründlich vermischen. Abschmecken. Am besten schmeckt die *salsa,* wenn sie 1 Stunde im voraus zubereitet wird, so daß die Aromen verschmelzen können.

Ergibt etwa 375 ml

GUERRERO

SALSA CHILE GUAJILLO
Chile-Guajillo-Sauce

Zu gegrilltem Fleisch oder »tacos« ist diese einfache »salsa« eine köstliche Ergänzung. Saucenreste halten sich im Kühlschrank mehrere Tage.

12 *chiles guajillos*, Samen und Scheidewände entfernt
1 große Tomate (etwa 250 g), geröstet (s. Glossar) und enthäutet
1 Knoblauchzehe
2 TL Salz
60 ml Wasser

Auf einem *comal* oder in einer schweren Pfanne die *chiles* etwa 2 Minuten gründlich rösten (s. Glossar). Die Schoten abspülen, aber nicht einweichen.

Die *chiles* zusammen mit Tomate, Knoblauch, Salz und Wasser im Mixer pürieren.

Abwandlung: Man kann die Tomate auch durch 5 *tomatillos* ersetzen und die Sauce mit *cilantro* aromatisieren. Die Hüllen entfernen und die *tomatillos* 5 Minuten kochen lassen. Mit den *chiles*, Knoblauch, Salz und Wasser vermischen. Dann 45 g feingehackten *cilantro* sowie 125 g gehackte Zwiebeln unterrühren.

Ergibt etwa 250 ml

Bohnenpüree

SALSA DE TOMATE VERDE COCIDA
Gekochte Tomatillo-Sauce

Dies ist eine bodenständige, alltägliche »salsa«, wie sie überall in Mexiko auf den Tischen kleiner Restaurants steht.

750 ml Wasser
2½ TL Salz
2 Knoblauchzehen
4 *chiles serranos*
500 g *tomatillos*, Hüllen entfernt
20 g *cilantro*
60 g Zwiebeln, gehackt

In einem Topf das Wasser mit 1 Teelöffel Salz zum Kochen bringen. Knoblauch, *chiles* und *tomatillos* dazugeben und ohne Deckel 8–10 Minuten köcheln lassen. Abgießen und 125 ml der Flüssigkeit auffangen.

Knoblauch, *chiles*, *tomatillos* und aufgefangene Flüssigkeit in den Mixer geben. Den *cilantro* und das restliche Salz hinzufügen und alles kurz pürieren. Die Sauce in eine Schüssel geben.

Die gehackten Zwiebeln untermischen und die Sauce vor dem Servieren abkühlen lassen. Im Kühlschrank hält sie sich bis zu 3 Tagen.

Ergibt etwa 500 ml

FRIJOLES REFRITOS
Bohnenpüree

Dieses Gericht sollte nach Möglichkeit mit schmackhaftem selbstgemachtem Schweineschmalz zubereitet werden. Die »frijoles de la olla« lassen sich notfalls durch Bohnen aus der Dose ersetzen, wobei man anstelle der Garflüssigkeit ungefähr 2 Tassen (250 ml) Wasser auf 6 Tassen (750 ml) Bohnen nimmt. »Refritos« bedeutet hier im übrigen nicht – wie man vielleicht glauben könnte – »zweimal gebraten«, sondern »gut gebraten«, bis die gesamte Flüssigkeit verdampft ist.

125 g Schweineschmalz oder Öl
½ Zwiebel, in Stücke geschnitten
1 l *frijoles de la olla* (S. 208) mit ihrer Garflüssigkeit
Queso fresco oder milder Feta, zerkrümelt (nach Belieben)
Gebratene Tortilla-Streifen* (nach Belieben)

Das Schweineschmalz in einer großen schweren Pfanne zerlassen und die Zwiebelstücke etwa 5 Minuten unter häufigem Rühren sautieren, bis sie goldgelb sind und ihr Aroma an das Schmalz abgegeben haben. Die Zwiebeln herausnehmen und wegwerfen. Die Hälfte der Bohnen mit ihrer Flüssigkeit in die Pfanne geben und mit einem Kartoffelstampfer zerdrücken. Nach und nach restliche Bohnen und Flüssigkeit hinzufügen und zu einem groben Püree zerstampfen. Durchrühren und bei mittlerer Temperatur erhitzen, bis das Püree trocken wird.

Das Bohnenpüree auf einer vorgewärmten Platte anrichten. Nach Belieben mit Käse bestreuen und mit gebratenen Tortilla-Streifen garnieren.

Abwandlung: Wer gern Zwiebeln ißt, verwendet feingehackte Zwiebeln und wirft sie nach dem Sautieren nicht weg.

Für 4–6 Personen

* Vier Tage alte Maismehl-Tortillas halbieren und in 1,5 cm breite Streifen schneiden. Eine kleine schwere Pfanne 1 cm hoch mit Öl füllen. Die Tortilla-Streifen in kleinen Portionen jeweils etwa 3 Minuten im heißen Öl braten, bis sie goldbraun sind; sie dabei mindestens einmal wenden. Mit einem Schaumlöffel herausheben und auf Küchenkrepp abtropfen lassen. (Frische Tortillas erst 1 Stunde im vorgeheizten Backofen bei 120 °C [Gas niedrigste Stufe] trocknen.)

Artischocken nach Hacienda-Art

GUANAJUATO

ALCACHOFAS DE LA HACIENDA
Artischocken nach Hacienda-Art

In der mexikanischen Küche des 19. Jahrhunderts waren Artischocken überaus beliebt – sie wurden mit Mandeln, Schinken oder Pilzen gefüllt oder in Eierteig ausgebacken. Dieses besondere Rezept servierte man im Haus des Grafen de Valenciana, dem die größte Silbermine Mexikos gehörte.

6 große Artischocken
2 EL Salz
2 Lorbeerblätter
1 TL Natron (nach Belieben)

DRESSING

4 hartgekochte Eier, feingehackt
250 g Zwiebeln, feingehackt
180 ml Mayonnaise
1½ EL Dijon-Senf
2 TL Rotweinessig
2 TL Olivenöl
15 g Petersilie, feingehackt
½ TL Salz
¼ TL frisch gemahlener weißer Pfeffer

Stiele und Blattspitzen der Artischocken abschneiden.

In einem großen Topf etwa 3 l Wasser mit Salz, Lorbeerblättern und Natron zum Kochen bringen. Die Artischocken hineinlegen und zugedeckt 20–40 Minuten garen, bis sich ein Artischockenblatt an der Basis mühelos herausziehen läßt. Die Artischocken herausnehmen und abkühlen lassen. Mit einem Löffel das Heu in der Mitte jeder Artischocke entfernen und wegwerfen. Die Artischocken umgedreht auf eine Platte legen und kalt stellen.

Für das Dressing Eier, Zwiebeln, Mayonnaise, Senf, Essig, Öl, Petersilie, Salz und Pfeffer vermischen; gegebenenfalls mit etwas Wasser auf die gewünschte Konsistenz verdünnen. In den Kühlschrank stellen.

Unmittelbar vor dem Servieren das Dressing in die Artischokken füllen.

Für 6 Personen

BAJA CALIFORNIA NORTE

ENSALADA CESAR
Salat »Caesar«

Dieser Salat wurde in den späten zwanziger Jahren von zwei italienischen Restaurantbesitzern in Tijuana, den Brüdern Alex und Caesar Cardini, kreiert. Heute findet man ihn auf vielen Speisekarten in der ganzen Welt, doch er weicht zumeist stark vom Originalrezept ab.

2 große Köpfe Römischer Salat
5 Knoblauchzehen
1 Glas (50 g) Sardellenfilets
3 Eigelb
¼ TL frisch gemahlener Pfeffer
½ TL Maggi-Würze (oder Worcestershire-Sauce)
½ TL Worcestershire-Sauce
60 ml Limettensaft
250 ml sowie 2 EL Olivenöl
45 g Parmesan, frisch gerieben
12 Scheiben *bolillo* oder Baguette

Die äußeren Salatblätter entfernen und nur die zarten Innenblätter verwenden. Den Salat waschen, abtropfen lassen und beiseite stellen.

Den Knoblauch im Mörser oder *molcajete* zerdrücken. Die Sardellenfilets in eine große Schüssel geben und mit einer Gabel in kleine Stücke zerteilen. Den Knoblauch hinzufügen und mit den Sardellenfilets vermischen. Die Eigelb zugeben und verquirlen, dann Pfeffer, Maggi und Worcestershire-Sauce unterrühren. Den Limettensaft zufügen und alles gründlich durchrühren. Die Mischung soll eine blaßgelbe Farbe haben. Die 250 ml Olivenöl unter ständigem kräftigem Rühren in dünnem Strahl dazugeben. Dann 2 Eßlöffel Parmesan unter die Mayonnaise mischen.

Das restliche Öl in einer schweren Pfanne erhitzen und die Brotscheiben kurz darin braten. Auf Küchenkrepp abtropfen lassen und beiseite stellen.

Zum Servieren die Mayonnaise über die Salatblätter geben, behutsam durchmischen und den Salat mit jeweils zwei Scheiben Brot auf Portionstellern anrichten. Mit dem verbliebenen Käse bestreuen und sofort servieren.

Für 6 Personen

Salat »Caesar«

SINALOA

Ensalada Mixta con Aderezo de Aguacate
Gemischter Salat mit Avocado-Dressing

Avocados mit ihrem nussigen Geschmack geben diesem grünen Salat, der sich in den Urlaubsorten an der Küste großer Beliebtheit erfreut, seine mexikanische Note. Der Römische Salat kann durch jeden anderen Blattsalat ersetzt werden.

1 großer Kopf Römischer Salat, gewaschen und in mundgerechte Stücke gezupft
1½ Avocados, geschält und in dicke Streifen geschnitten
2 große feste Tomaten, in Achtel geschnitten
3 Frühlingszwiebeln, in Streifen geschnitten (nach Belieben)

DRESSING

2 EL Mayonnaise
6 Knoblauchzehen
60 g Zwiebeln, gehackt
1 EL Limettensaft
½ TL getrockneter Thymian
½ TL Salz
¼ TL frisch gemahlener Pfeffer
1 Lorbeerblatt
½ Avocado, geschält und entkernt
125 ml Wasser
250 ml Maiskeimöl

Für das Dressing Mayonnaise, Knoblauch, Zwiebeln, Limettensaft, Thymian, Salz, Pfeffer, Lorbeerblatt, Avocado und Wasser im Mixer pürieren. Das Öl in dünnem Strahl dazugeben und den Mixer etwa 2 Minuten laufenlassen, bis die Zutaten emulgieren. Kalt stellen.

Den Salat auf einer Platte anrichten, Avocados und Tomaten darauflegen. Das Dressing darübergeben, mit Frühlingszwiebeln garnieren und sofort servieren.

Für 6 Personen

MÉXICO, DISTRITO FEDERAL

Ensalada de Chile Ancho con Queso Fresco
Chile-Ancho-Salat mit Käse

Dieser Salat aus marinierten »chiles anchos« ist einfach in der Zubereitung und paßt gut zu vielen mexikanischen Gerichten – insbesondere zu schlichten, mild gewürzten Fischgerichten, wie etwa »huachinango a la naranja« (S. 172). Das Rezept stammt von Sara Luisa García Sabaté de Naranjo.

150 g *chiles anchos*
3 EL Rotweinessig
2 EL Öl
¼ TL Salz
⅛ TL frisch gemahlener Pfeffer
125 g *queso fresco* (oder milder Feta), zerkrümelt
1 Kopf grüner Salat

Die Samen der *chiles* entfernen. Die Schoten in 2 cm breite Streifen schneiden. Abspülen und abtropfen lassen.

Chiles, Essig, Öl, Salz und Pfeffer in einer hohen Schüssel vermischen und zum Marinieren 24 Stunden stehenlassen.

Die Zutaten durchrühren und abschmecken. Den grünen Salat auf einer Platte anrichten, die *chiles* daraufgeben und mit dem zerkrümelten Käse bestreuen. Nach Belieben mit dünnen Streifen *jícama* (Yamsbohne) garnieren.

Für 4 Personen

Gemischter Salat mit Avocado-Dressing (links) *und Chile-Ancho-Salat mit Käse* (rechts)

Salat »Rosaura«

MÉXICO, DISTRITO FEDERAL

Ensalada Rosaura
Salat »Rosaura«

Für diesen Salat wurde María Dolores Torres Yzábal bei einem Weihnachts-Kochwettbewerb im Museum für Volkskunst und Handwerk (Museo de Artes e Industrias Populares) in Mexico City mit einem Preis ausgezeichnet. Zu den ungewöhnlichen Zutaten gehört unter anderem »acitrón«, kandierter, in Baja California heimischer Kaktus, der hauptsächlich in »picadillos« (Fleischhaschees) und Weihnachtsbroten Verwendung findet.

500 g Rotkohl, in feine Streifen geschnitten
2 kleine rohe rote Beten, geschält und in Stifte geschnitten
250 g Spinat, in feine Streifen geschnitten
1 *jícama* (Yamsbohne [etwa 300 g]), geschält und in Stifte geschnitten
½ Zwiebel, in feine Streifen geschnitten
100 g *acitrón*, gewürfelt, oder kandierte Ananas
100 g *croûtons*
60 g Amaranth oder geröstete Sesamsamen

VINAIGRETTE

1½ TL Sojasauce
125 ml Maiskeimöl
2 EL Apfelessig
Etwa 1 TL gekörnte Hühnerbrühe (Fertigprodukt)
1 TL getrockneter Estragon
½ TL getrockneter Oregano
½ TL *fines herbes* (z. B. Petersilie, Schnittlauch und Kerbel)

AVOCADO-DRESSING

250 ml Milch
1 Knoblauchzehe
1 EL Limettensaft
250 ml Sahne (jeglicher Art)
2 Avocados
Salz
1 EL feingehackter Schnittlauch

Fünfzehn Minuten vor dem Servieren Rotkraut, rote Beten, Spinat, *jícama,* Zwiebel und *acitrón* in einer Salatschüssel vermischen.

Für die Vinaigrette alle Zutaten gründlich verrühren. (Die Vinaigrette kann bis zu 6 Stunden im voraus zubereitet werden.)

Für das Avocado-Dressing den Knoblauch mit der Milch im Mixer pürieren.

Limettensaft, Sahne, Avocados sowie Salz nach Geschmack hinzufügen und das Ganze zu einer glatten Sauce pürieren. In eine kleine Schüssel füllen und den Schnittlauch unterrühren. (Das Dressing kann bis zu einer halben Stunde im voraus zubereitet werden.)

Die Vinaigrette über den Salat geben und alles gut durchmischen. Die *croûtons* darüberstreuen.

Das Avocado-Dressing und den Amaranth oder Sesam in getrennten Schüsseln reichen.

Für 12 Personen

MÉXICO, DISTRITO FEDERAL

ENSALADA DE NOPALITOS Y JÍCAMA
Salat von Kaktus-»Blättern« und Jícama

Dieser erfrischende und farbenfrohe Salat wird mit Kaktus-»Blättern«, Yamsbohne, Tomaten und Avocados zubereitet.

1 EL Öl
Etwa 350 g *nopales*, in Streifen geschnitten (Fertigprodukt aus dem Glas)
750 g *jícama* (Yamsbohne), geschält und geraspelt
60 ml frisch gepreßter Limettensaft
1 TL Salz
6 EL Olivenöl
3 EL Rotweinessig
½ TL Salz
¼ TL frisch gemahlener Pfeffer
Gemahlener *chile piquín* (nach Belieben)
100 g Brunnenkresse, gewaschen und die Stiele entfernt
2 Avocados, geschält, entkernt und in Streifen geschnitten
3 Tomaten, in Achtel geschnitten

Das Öl in einer schweren Pfanne erhitzen und die Kaktusstreifen 3 Minuten darin sautieren. Den Deckel auflegen und bei schwacher Hitze noch etwa 8 Minuten köcheln lassen, bis sie gar, aber noch bißfest sind. Beiseite stellen.

In einer Schüssel *jícama*, Limettensaft und Salz vermischen. Beiseite stellen.

Olivenöl, Essig, Salz und Pfeffer gründlich verrühren und abschmecken.

Zum Servieren die geraspelte *jícama* auf einer Platte anrichten und mit *chile piquín* bestreuen. Die in Streifen geschnittenen Kaktus-»Blätter« ringförmig um die *jícama* legen und mit Brunnenkresse, Avocados und Tomaten garnieren. Die Vinaigrette über den Salat geben und servieren.

Für 6 Personen

Salat von Kaktus-»Blättern« und Jícama

Spinatsalat mit Hibiskusblüten-Dressing

GUERRERO

ENSALADA DE ESPINACA CON JAMAICA
Spinatsalat mit Hibiskusblüten-Dressing

Getrocknete Hibiskusblüten und Brunnenkresse sind eine ungewöhnliche Beigabe zu diesem Spinatsalat von Kay Mendieta de Alonso. Die tiefroten Hibiskusblüten gibt es in mexikanischen Lebensmittelgeschäften zu kaufen.

300 g frischer Spinat
1 kleines Bund Brunnenkresse (nach Belieben)
6 Scheiben Frühstücksspeck
1 Knoblauchzehe
60 g getrocknete Hibiskusblüten
125 ml sowie 1 EL Maiskeimöl
Etwa 2 EL Rotweinessig
¼ TL Salz
¼ TL frisch gemahlener Pfeffer
6 Frühlingszwiebeln, in feine Streifen geschnitten

Den Spinat waschen und abtropfen lassen. Dann in Streifen schneiden und beiseite stellen. Die Brunnenkresse waschen und die Stiele entfernen. Ebenfalls beiseite stellen.

Den Speck in einer großen schweren Pfanne braten, bis er braun und knusprig ist. Herausnehmen, abtropfen lassen, in Stücke brechen und beiseite stellen.

Im Mörser oder *molcajete* Knoblauch und Hibiskusblüten zerreiben. 1 Eßlöffel Öl hinzufügen und alles zu einer glatten Paste verrühren. Den Mörser mit dem restlichen Öl ausschwenken und die Zutaten in eine Schüssel geben. Essig, Salz und Pfeffer hinzufügen, das Dressing gründlich durchrühren und 2 Stunden stehenlassen.

Das Dressing nach Belieben durch ein Sieb streichen und abschmecken.

Zum Servieren den Spinat auf einem Teller anrichten und die Brunnenkresse sowie die Frühlingszwiebeln darauf verteilen. Das Dressing darübergeben und mit dem Speck bestreuen.

Für 4 Personen

HIDALGO

NOPALITOS
Kaktus-»Blätter«

Die flachen Segmente oder »Blätter« des Feigenkaktus werden überall in Mexiko als Gemüse verzehrt. Die okraähnliche schleimige Substanz, die sie beim Garen abgeben, muß unter fließendem kaltem Wasser abgespült werden. Die Kaktus-»Blätter« kann man als »taco«-Füllungen reichen oder als Beilage servieren.

350 g *nopales,* geputzt (s. Glossar) und feingehackt
1 TL Natron
3 Knoblauchzehen
½ Zwiebel
6 *chiles serranos*
500 g Tomaten
1 EL Öl
20 g *cilantro*, feingehackt
½ TL Salz

Die gehackten Kaktus-»Blätter« in einen Topf geben und mit Wasser bedecken. Natron, Knoblauch und Zwiebel hinzufügen, den Deckel auflegen und alles bei mittlerer Hitze 10–15 Minuten garen. Abgießen. Knoblauch und Zwiebel wegwerfen und die *nopales* unter fließendem kaltem Wasser abspülen.

Die *chiles* 5 Minuten in kochendem Wasser garen. Tomaten dazugeben und 3 Minuten mitkochen lassen. Abgießen. Die Tomaten enthäuten und zusammen mit den *chiles* im Mixer pürieren.

Das Öl in einer schweren Pfanne erhitzen und die pürierten Zutaten 5 Minuten sautieren. Die Kaktus-»Blätter« hinzufügen und 5 Minuten mitkochen lassen. *Cilantro* und Salz unterrühren.

Für 4 Personen

Kaktus-»Blätter«

MORELOS

ENSALADA DE CHAYOTES
Chayote-Salat

Dieser einfache Salat wird mit der vielseitigen Chayote zubereitet, die so frisch wie möglich sein sollte. In einigen ländlichen Gegenden Mexikos braten die »campesinos« (Bauern) die Blätter der Chayote-Pflanze als schmackhafte Füllung für »quesadillas«.

1 kg Chayotes
Salz
6 EL Öl
3 EL Rotweinessig
½ TL Salz
¼ TL frisch gemahlener Pfeffer
1 TL getrockneter Oregano
½ rote Zwiebel, in dünne Scheiben geschnitten und zu Ringen auseinandergedrückt

Die ungeschälten Chayotes in einem großen Topf mit Wasser bedekken und eine Prise Salz dazugeben. Den Deckel auflegen und die Chayotes 30–40 Minuten garen, bis sie sich mit einer Gabel leicht einstechen lassen. Abgießen und 5 Minuten abkühlen lassen. Die Chayotes dann schälen, halbieren und jede Hälfte in 3 oder 4 Streifen schneiden. Kalt stellen.

Öl, Essig, Salz, Pfeffer und Oregano gründlich verrühren. Die Salatsauce abschmecken.

Die Chayotes mit dem Dressing vermischen, die Zwiebelringe darüberstreuen und nach Belieben mit weiterem Oregano bestreuen. Vor dem Servieren 5 Minuten stehenlassen.

Für 6 Personen

GUANAJUATO

EJOTES CON CEBOLLA Y JITOMATE
Grüne Bohnen mit Zwiebeln und Tomaten

Auf den großen »haciendas« von Guanajuato wurde häufig gekochtes frisches Gemüse als Beilage gereicht; man servierte es leicht gekühlt oder mit Raumtemperatur.

1 kg grüne Bohnen, in 4 cm lange Stücke geschnitten
2 Knoblauchzehen
Etwa 3 EL Rotweinessig
1 kleiner Zweig Thymian oder 1 TL getrockneter Thymian
½ TL Salz
¼ TL frisch gemahlener Pfeffer
125 ml Olivenöl
1 große Tomate, gehackt
60 g Zwiebeln, gehackt
1 EL getrockneter Oregano

Die Bohnen in einem großen Topf 8–10 Minuten in Salzwasser kochen, bis sie gar, aber noch bißfest sind. Abgießen und für 10 Minuten in Eiswasser legen. Abtropfen lassen, trockentupfen und beiseite stellen.

Den Knoblauch mit Essig, Thymian, Salz und Pfeffer im Mixer pürieren. Bei laufendem Gerät das Öl in dünnem Strahl dazugeben.

Etwa 20 Minuten vor dem Servieren Bohnen, Tomaten und Zwiebeln vermischen. Mit der Vinaigrette überziehen und mit Oregano bestreuen.

Für 6 Personen

MÉXICO, DISTRITO FEDERAL

ESCABECHE VICTORIOSO
Marinierte Gemüse

Dieser nahrhafte Salat aus marinierten Gemüsen wird in der Familie des Küchenchefs Victor Nava seit vier Generationen zubereitet. Anstelle der hier verwendeten Garnelen nimmt man häufig auch Schweinsfüße, die mit Knoblauch, Zwiebeln und Kräutern gegart werden.

1 Zwiebel, geviertelt
2 Lorbeerblätter
2 Zweige Thymian
2 Zweige Majoran
2 Limettenscheiben
1 TL Salz
20 Garnelen (ungeschält)
250 ml Maiskeimöl oder 125 ml Maiskeimöl und 125 ml Olivenöl
4 Zwiebeln, in Scheiben geschnitten
1 EL Senf
1 TL gekörnte Hühnerbrühe (Fertigprodukt)
1 EL Zucker
1½ TL gemahlener Piment
1½ TL frisch gemahlener Pfeffer
2 Stengel Petersilie
125 ml Rotweinessig
125 ml Wasser
20 kleine neue Kartoffeln, gegart und geschält
12 kleine junge Möhren, gegart
12 Mini-Squash-Kürbisse oder Zucchini, gegart
10 Blumenkohlröschen, gegart
60 g frische oder tiefgekühlte grüne Erbsen, gegart
1 kleine Dose (220 g) Champignons
2 grüne Paprikaschoten, geröstet (s. Glossar), enthäutet und in Streifen geschnitten
Getrockneter Oregano

In einen großen Topf Zwiebel, 1 Lorbeerblatt, 1 Thymianzweig, 1 Majoranzweig, die Limettenscheiben, das Salz und 2 l Wasser geben. Zum Kochen bringen und die Garnelen hinzufügen. Sobald das Wasser wieder zum Kochen kommt und sich die Garnelen rosa färben, abgießen. Die Garnelen schälen und beiseite stellen.

Das Öl in einem großen Topf bei mittlerer Temperatur erhitzen. Die in Scheiben geschnittenen Zwiebeln dazugeben und unter ständigem Rühren sautieren, bis sie glasig sind. Die Zwiebeln auf einem Teller beiseite stellen. Im gleichen Öl Senf, gekörnte Brühe und Zukker 2 Minuten sautieren. Piment, Pfeffer, Petersilie, Essig, Wasser, verbliebenes Lorbeerblatt sowie restlichen Thymian und Majoran hinzufügen. Die Zwiebeln zurück in den Topf geben und alles 5 Minuten kochen lassen.

Von der Kochstelle nehmen und Garnelen, Kartoffeln, Möhren, Mini-Squash-Kürbisse, Blumenkohl, Erbsen, Champignons und Paprika hinzufügen. Mit Oregano bestreuen, abschmecken und das Gemüse abkühlen lassen.

Abwandlung: Anstelle der Garnelen können Schweinsfüße auf dieselbe Weise gegart werden.

Für 10 Personen

Marinierte Gemüse (links), *Chayote-Salat* (Mitte) *und Grüne Bohnen mit Zwiebeln und Tomaten* (rechts)

Neue Kartoffeln mit Knoblauch

GUERRERO

PAPITAS DE CAMBRAY AL AJO
Neue Kartoffeln mit Knoblauch

Pyramidenförmig aufgestapelte winzige Kartoffeln sind ein gewohnter Anblick auf mexikanischen Märkten. Diese Kartoffeln mit Knoblauch passen gut zu gegrilltem Fleisch, sind aber auch ein beliebter Party-Imbiß.

1 kg sehr kleine neue Kartoffeln, ungeschält
125 g Butter
1 EL Öl
8 Knoblauchzehen, zerdrückt (etwa 2 EL)
1 EL Salz
1 TL frisch gemahlener Pfeffer
1½ EL Zitronensaft (nach Belieben)
½ TL Tabasco-Sauce

Die Kartoffeln 20–25 Minuten in kochendem Salzwasser garen, abgießen und beiseite stellen.

Butter und Öl in einem großen Topf erhitzen. Die Kartoffeln dazugeben und 8–10 Minuten sautieren. Knoblauch, Salz, Pfeffer, Zitronensaft und Tabasco-Sauce hinzufügen.

Die Hitze reduzieren und alles 3–4 Minuten garen, bis der Knoblauch eine goldgelbe Farbe annimmt; dabei aufpassen, daß er nicht verbrennt.

Für 6 Personen

ESTADO DE MÉXICO

ACELGAS CON PAPA Y CHORIZO
Mangold mit Kartoffeln und Chorizo

Mangold, ein überaus beliebtes Gemüse in Mexiko, ist die Hauptzutat dieser herzhaften Beilage. Man verwendet ihn dort – ähnlich wie Küchenkräuter – auch zum Aromatisieren von Suppen und Brühen.

750 g Mangold, Stiele entfernt
1 EL Öl
300 g *chorizo* oder andere pikant gewürzte Wurst, Wurstdarm entfernt, in Stücke geschnitten
125 g Zwiebeln, feingehackt
2 Kartoffeln, geschält und gewürfelt
600 g Tomaten, püriert und durch ein Sieb gestrichen
½ TL Salz

Den Mangold abspülen und nur mit dem anhaftenden Wasser in einem geschlossenen Topf 5 Minuten bei schwacher Hitze garen. Das Gemüse anschließend grobhacken und beiseite stellen.

Das Öl in einer großen schweren Pfanne erhitzen, den *chorizo* hinzufügen und 3–4 Minuten bei mittlerer Temperatur sautieren, bis das Fett ausgetreten ist. Den *chorizo* herausnehmen und die Zwiebeln 2 Minuten im ausgebratenen Fett sautieren. Die Kartoffeln hinzufügen und 4 Minuten sautieren; dabei aufpassen, daß die Zwiebeln nicht verbrennen. Mangold, Tomaten und Salz dazugeben und alles 2 Minuten heftig kochen lassen. Den *chorizo* hinzufügen, den Deckel auflegen und das Ganze bei mittlerer Temperatur 10–15 Minuten garen, bis die Kartoffeln weich sind.

Für 6–8 Personen

TABASCO

FRIJOLES DE LA OLLA
Gekochte Bohnen

Da, wie man in Mexiko sagt, »nicht einmal Mäuse rohe Bohnen essen«, steht in den meisten Küchen fast immer eine »olla« (Tontopf) mit köchelnden Bohnen. In modernen mexikanischen Haushalten werden Bohnen zwar häufig im Schnellkochtopf gegart, doch sie schmecken besser, wenn man sie auf traditionelle Weise zubereitet.

400 g getrocknete schwarze Bohnen oder Wachtelbohnen
2,5 l Wasser
⅓ Zwiebel
3 EL Schweineschmalz oder ausgelassenes Fett von Frühstücksspeck
1 Stengel *epazote*
2 TL Salz
3 *chiles serranos*

Die Bohnen abspülen und 3 Stunden in leicht temperiertem Wasser einweichen. Bohnen, die an der Oberfläche schwimmen, wegwerfen. Dann abgießen und in einen großen Topf geben. Wasser, Zwiebel und Schweineschmalz hinzufügen und die Bohnen zugedeckt bei mittlerer Hitze 1½–2 Stunden garen, bis sie weich sind. Darauf achten, daß sie stets von Wasser bedeckt sind; nötigenfalls heißes Wasser angießen. Wenn die Bohnen gar sind, den Deckel abnehmen und *epazote*, Salz und *chiles* hinzufügen. Ohne Deckel noch 20 Minuten garen. Abschmecken.

Für 4 Personen

Rechte Seite: *Mangold mit Kartoffeln und Chorizo* (links) *und Gekochte Bohnen* (rechts, *mit Chorizo)*

Gehackte Zucchini mit Mais (links), *Kartoffelküchlein* (Mitte) *und Pilze mit Epazote* (rechts)

MORELOS

Tortitas de Papa
Kartoffelküchlein

Gebratene Gemüseküchlein werden in Mexiko gern gegessen, insbesondere während der Fastenzeit. Man reicht sie auch häufig zu Hühner- oder Fischgerichten, wie etwa »huachinango a la talla« (S. 173). Diese Kartoffelküchlein können mit einer ungekochten »salsa mexicana« (S. 200) oder einer gekochten »salsa« serviert werden.

1 kg mehligkochende Kartoffeln, ungeschält
250 g *queso manchego* oder mittelscharfer Cheddar, gerieben
3 Eier
¼ TL frisch gemahlener Pfeffer
250 ml Maiskeimöl
Salz

Die Kartoffeln etwa 20 Minuten in kochendem Salzwasser garen, bis sie sich leicht mit einer Gabel einstechen lassen. Abgießen, schälen und gründlich zerdrücken. Dann mit den Händen den geriebenen Käse unterkneten. Aus der Kartoffelmasse runde Küchlein von 7,5 cm Durchmesser formen.

In einer Schüssel die Eier leicht verquirlen und den Pfeffer unterrühren. Die Küchlein in das verquirlte Ei tauchen.

In einer großen schweren Pfanne das Öl erhitzen, bis es sehr heiß ist. Jeweils zwei Kartoffelküchlein hineinlegen und auf beiden Seiten braten, bis sie leicht gebräunt sind. Mit etwas Salz bestreuen und abtropfen lassen. Heiß oder mit Raumtemperatur servieren und *salsa de jitomate* (S. 150) oder *salsa mexicana* (S. 200) dazu reichen.

Für 8 Personen

ESTADO DE MÉXICO

Hongos al Epazote
Pilze mit Epazote

Nach diesem Grundrezept lassen sich die vielen verschiedenen Pilze zubereiten, die man während der Regenzeit auf den Märkten im zentralen Hochland Mexikos findet. Sie sind auch eine herrliche Füllung für »quesadillas« oder Omeletts. Sind keine frischen Wildpilze erhältlich, kann man statt dessen auch Zuchtpilze nehmen. »Epazote« ist bei uns leider nicht erhältlich. Als Ersatz kann man Zitronenmelisse verwenden.

2 EL Öl
60 g Zwiebeln, gehackt
2 Knoblauchzehen, gehackt
300 g Wildpilze, geputzt
2 *chiles serranos,* gehackt
3 EL gehackter *epazote* (ersatzweise Zitronenmelisse)
1 TL Salz
½ TL frisch gemahlener Pfeffer

Das Öl in einer großen schweren Pfanne erhitzen. Zwiebeln und Knoblauch dazugeben und sautieren, bis sie glasig sind. Pilze, *chiles, epazote,* Salz und Pfeffer dazugeben. Die Hitze reduzieren, den Deckel auflegen und alles 5 Minuten garen, damit die Aromen verschmelzen.

Die Pilze können als Beilage oder mit warmen Tortillas als Zwischenmahlzeit serviert werden.

Für 3 Personen

OAXACA

Calabacitas Picadas con Elote
Gehackte Zucchini mit Mais

Dies ist eine sehr typische und einfache Zubereitungsmethode für drei charakteristische Zutaten der mexikanischen Küche: Squash-Kürbis, Mais und Tomate. In diesem Rezept werden allerdings Zucchini verwendet.

2 EL Öl
1 Knoblauchzehe, gehackt
¼ Zwiebel, gehackt
750 g Zucchini, gehackt
Maiskörner von 2 Maiskolben (etwa 2 Tassen)
2 Tomaten, enthäutet und feingehackt
2 kleine Stengel *cilantro*
1 TL Salz
½ TL frisch gemahlener Pfeffer

Das Öl in einer schweren Pfanne erhitzen. Knoblauch und Zwiebeln dazugeben und bei mittlerer Hitze 2 Minuten sautieren. Zucchini und Mais hinzufügen und 2 Minuten unter ständigem Rühren sautieren. Die Tomaten dazugeben und alles erhitzen, bis die Mischung zu kochen beginnt.

Cilantro, Salz und Pfeffer hinzufügen, die Hitze reduzieren und den Deckel auflegen. Alles 5 Minuten köcheln lassen, bis die Zucchini gar sind.

Abwandlung: Vor dem Servieren in Streifen geschnittenen *chile poblano* dazugeben und das Gemüse mit *queso fresco* (oder mildem Feta) bestreuen.

Für 8 Personen

OAXACA

Coliflor y Calabacitas Capeadas
Blumenkohl und Zucchini im Teigmantel

Vermutlich wurde Blumenkohl von den Franzosen in die mexikanische Küche eingeführt; das Gemüse tauchte 1865 auf einer Speisekarte am Hofe von Erzherzog Maximilian auf. Dieses Gericht ist in der Fastenzeit besonders beliebt, wird aber auch zu anderen Zeiten gern gegessen.

6 kleine Zucchini
1 kleiner Blumenkohl, in 6 Portionen zerteilt
1 EL Milch
1 kg reife Tomaten, enthäutet und in Stücke geschnitten
¼ Zwiebel
3 Knoblauchzehen
125 ml Wasser
1 EL Öl
1 Lorbeerblatt
Salz und frisch gemahlener Pfeffer
250 g *queso manchego* oder mittelscharfer Cheddar, gerieben
5 Eier, getrennt
125 g Mehl
Öl zum Braten

Zucchini und Blumenkohl in getrennten Töpfen in kochendem Wasser garen (1 Eßlöffel Milch zum Blumenkohl geben). Das Gemüse abgießen, sobald es gar, aber noch bißfest ist. Beiseite stellen.

Tomaten, Zwiebel und Knoblauch mit dem Wasser im Mixer pürieren. In einem Topf 1 Eßlöffel Öl erhitzen, die pürierten Zutaten dazugeben und bei hoher Temperatur 5 Minuten stark kochen lassen. Das Lorbeerblatt hinzufügen, mit Salz und Pfeffer abschmekken und alles zugedeckt bei mittlerer Hitze 8 Minuten garen. Beiseite stellen.

Den Stielansatz der Zucchini wegschneiden und sie mit einem langen, schmalen Messer tunnelförmig aushöhlen. Die Zucchini mit geriebenem Käse füllen.

Zwischen die Blumenkohlröschen ebenfalls geriebenen Käse drücken und das Gemüse beiseite stellen.

Das Eiweiß zu festem Eischnee schlagen. Dann nacheinander die Eigelb unterrühren. Das Mehl auf einem Teller verteilen. Das Gemüse leicht im Mehl wenden und anschließend durch die Eimasse ziehen, so daß es vollständig damit überzogen ist. Eine schwere Pfanne 1 cm hoch mit Öl füllen. Die Gemüse nacheinander im heißen Öl ausbacken und dabei immer wieder wenden, damit es gleichmäßig bräunt. In einem Durchschlag abtropfen lassen.

Vor dem Servieren die Tomatensauce erhitzen, das Gemüse hineinlegen und zugedeckt bei mittlerer Temperatur 5 Minuten garen.

Für 6 Personen

Blumenkohl und Zucchini im Teigmantel

Eingelegte Chillies und Gemüse

AGUASCALIENTES

Chiles y Verduras en Escabeche
Eingelegte Chillies und Gemüse

Dekorative Gläser mit eingelegtem Gemüse kann man überall in Zentralmexiko sehen, und ihr verlockender Inhalt wird zu fast jedem Hauptgericht gereicht. Im Kühlschrank hält sich das Gemüse mehrere Wochen.

125 ml Öl
5 Knoblauchzehen
4 Möhren, geschält und in Scheiben geschnitten
250 g *chiles jalapeños,* halbiert, Samen und Scheidewände entfernt
30 kleine Zwiebeln
3 kleine Zucchini (etwa 250 g), in Scheiben geschnitten
250 g kleine Champignons, geputzt
1 Zweig Thymian
1 Stengel Majoran
5 Lorbeerblätter
2 TL Salz
¼ TL frisch gemahlener Pfeffer
2 TL getrockneter Oregano
500 ml Essig
180 ml Wasser

Das Öl in einer großen schweren Pfanne erhitzen. Knoblauch und Möhren dazugeben und 2 Minuten sautieren.

Chiles, Zwiebeln, Zucchini und Pilze hinzufügen und alles 3 Minuten sautieren. Thymian, Majoran, Lorbeerblätter, Salz, Pfeffer und Oregano unterrühren. Dann Essig und Wasser dazugeben und zum Kochen bringen. Die Hitze reduzieren und alles zugedeckt 7 Minuten köcheln lassen. Von der Kochstelle nehmen und zugedeckt 15 Minuten stehenlassen.

In eine Schüssel füllen und vor dem Servieren mindestens 12 Stunden durchziehen lassen.

Für 4–6 Personen

GUERRERO

Chiles Rellenos de Atún
Chillies mit Thunfisch-Kartoffel-Füllung

Traditionelle Füllungen für »chiles poblanos« sind zwar Käse, Fleisch und Bohnen, bei diesem außergewöhnlichen Rezept wird jedoch ein Thunfisch-Kartoffel-Salat verwendet. Die Chillies werden kalt serviert und ergeben – in Verbindung mit einer Suppe wie beispielsweise »sopa de ajo« (S. 84) – ein leichtes Mittag- oder Abendessen.

6 *chiles poblanos*
Salz
2 TL Essig
1 EL Öl
1 Lorbeerblatt
¼ TL getrockneter Oregano
1 Knoblauchzehe
1 rote Zwiebel, in feine Streifen geschnitten
½ TL frisch gemahlener Pfeffer
80 ml Wasser
1 EL Rotweinessig

FÜLLUNG

2 Kartoffeln, gegart, geschält und gewürfelt
200 g Thunfisch aus der Dose, abgetropft und zerteilt
2 EL feingehackte Zwiebeln
125 ml Mayononnaise
1 EL Limettensaft
1 EL Rotweinessig
Salz
Frisch gemahlener Pfeffer

Die *chiles* rösten und enthäuten (s. Glossar). Die Schoten an einer Seite aufschlitzen. Samen und Scheidewände entfernen; dabei achtgeben, daß die *chiles* nicht auseinanderbrechen. Anschließend mit Wasser übergießen und 1 Eßlöffel Salz sowie den Essig hinzufügen. Die *chiles* 20 Minuten einweichen, dann abspülen und zum Abtropfen beiseite stellen.

Das Öl in einer schweren Pfanne erhitzen. Die *chiles* dazugeben und leicht anbraten. Lorbeerblatt, Oregano, Knoblauch, Zwiebelstreifen, ½ Teelöffel Salz, Pfeffer, Wasser und Rotweinessig dazugeben. Die Zutaten ohne Deckel bei mittlerer Temperatur 8 Minuten garen. Die *chiles* aus der Pfanne nehmen und abkühlen lassen. Die Garflüssigkeit aufbewahren.

Für die Füllung Kartoffeln, Thunfisch, Zwiebeln, Mayonnaise, Limettensaft und Essig in einer Schüssel vermischen. Mit Salz und Pfeffer abschmecken.

Die *chiles* mit dem Thunfisch-Kartoffel-Salat füllen. Auf einer Platte anrichten und die Garflüssigkeit aus der Pfanne darübergeben. Für mindestens 2 Stunden in den Kühlschrank stellen.

Für 6 Personen

CHIHUAHUA

Frijoles Maneados
Bohnenpüree mit Chillies und Käse

Dieses Bohnengericht mit Milch, das man besonders im Norden schätzt, wo es viele Molkereiprodukte gibt, ist ein altes Familienrezept von María Dolores Yzábal. Wichtig ist, daß es sehr heiß serviert wird.

500 g getrocknete Wachtelbohnen
2 l Wasser
½ Zwiebel
250 ml sowie 3 EL Öl
160 ml Milch
Etwa 2 TL Salz
2 *chiles anchos,* Samen und Scheidewände entfernt
125 g *queso manchego* oder *queso Chihuahua* oder mittelscharfer Cheddar, gewürfelt

Die Bohnen abspülen. Mit leicht temperiertem Wasser bedecken und mindestens 3 Stunden einweichen. Bohnen, die an der Oberfläche schwimmen, wegwerfen. Dann abgießen.

Die Bohnen in einen großen Topf geben. Wasser, Zwiebel und 3 Eßlöffel Öl hinzufügen. Zum Kochen bringen und zugedeckt bei mittlerer Hitze etwa 20 Minuten köcheln lassen oder so lange, bis die Bohnen gar sind.

Den Backofen auf 180 °C (Gas Stufe 2–3) vorheizen. Die Bohnen portionsweise im Mixer oder in der Küchenmaschine pürieren; dabei jeweils etwas Garflüssigkeit und ungefähr 3 Eßlöffel Milch zugeben. Das Bohnenpüree in eine ofenfeste Form füllen.

Die restlichen 250 ml Öl erhitzen. Das sehr heiße Öl – es soll beinahe rauchen – unter das Bohnenpüree rühren. Dabei wird sich ein Teil des Öls nicht mit dem Bohnenpüree verbinden, sondern an der Oberfläche absetzen. Mit Salz abschmecken.

Falls die *chiles* zäh sind, sie kurz auf einem *comal* oder in einer schweren Pfanne erhitzen, so daß sie zart, aber nicht gegart werden. Anschließend in Streifen brechen und zum Bohnenpüree geben.

Die Form abdecken und für 1½–2 Stunden in den Backofen schieben.

Das Bohnenpüree aus dem Ofen nehmen. Die Käsewürfel in das Bohnenpüree drücken (nicht unterrühren), denn der Käse soll zwar schmelzen, sich aber nicht mit dem Bohnenpüree vermischen. Die Form für etwa 5 Minuten zurück in den Backofen stellen, bis der Käse schmilzt.

Sehr heiß servieren (s. Abbildung S. 214).

Für 8 Personen

Chillies mit Thunfisch-Kartoffel-Füllung

Bohnenpüree mit Chillies und Käse (oben, Rezept S. 213) *und Chili-Streifen in Sahne* (unten)

MÉXICO, DISTRITO FEDERAL

RAJAS CON CREMA
Chili-Streifen in Sahne

»Rajas con crema« sind eine beliebte Beilage zu gegrilltem Fleisch und eignen sich auch gut als Füllung für »tacos«.

60 g Butter oder Öl
1 Zwiebel, in Scheiben geschnitten
6 *chiles poblanos,* geröstet (s. Glossar), enthäutet und in Streifen geschnitten
½ TL Salz
80 ml dicke Sahne (s. Glossar) oder Crème fraîche

Die Butter in einer großen schweren Pfanne zerlassen. Die Zwiebeln hinzufügen und sautieren, bis sie glasig sind. Die *chiles* dazugeben und bei schwacher Hitze 10 Minuten unter gelegentlichem Rühren garen. Salz und Sahne hinzufügen. Wenn die Sahne zu kochen beginnt, die Pfanne von der Kochstelle nehmen und alles gut durchrühren. Mit Tortillas servieren.

Für 6 Personen

PUEBLA

CHILES EN NOGADA
Chillies in Walnußsauce

Dieses Gericht in den Farben der mexikanischen Nationalflagge – Rot, Weiß und Grün – wurde von den phantasievollen Nonnen des Augustinerordens in Puebla kreiert, als ihnen Don Augustín de Iturbide, der nach dem Unabhängigkeitskrieg elf Monate als Kaiser regierte, einen Besuch abstattete. Heute serviert man es als Hauptgericht im August und September, wenn die Walnüsse der neuen Ernte auf den Markt kommen. Dieses Gericht ist zwar arbeitsintensiv, doch werden Sauce und Füllung ohnehin besser schon am Vortag zubereitet, und die »chiles« können mehrere Stunden im voraus gefüllt werden.

12 *chiles poblanos*
2 EL Salz
1 EL Essig
5 Eier, getrennt
60 g Mehl
Öl zum Braten
Samen von 1 Granatapfel
Frische Petersilie (zum Garnieren)

NUSS-SAUCE

30 Walnüsse oder 100 g Walnußkerne
375 ml Milch
250 ml dicke Sahne (s. Glossar) oder Crème fraîche
200 g *queso fresco* oder milder Feta
2–3 EL Zucker
1 Prise Salz

FÜLLUNG

500 g Schweinskarree
1 l Wasser
¼ Zwiebel
5 Knoblauchzehen (davon 2 gehackt)
1 Stengel Petersilie
1 EL Salz
80 ml Öl
200 g Zwiebeln, feingehackt
500 g Tomaten, enthäutet und feingehackt
4 EL feingehackte Petersilie
1 Apfel, geschält und gehackt
1 große Birne, geschält und gehackt
1 Pfirsich, enthäutet und gehackt
1 Kochbanane oder große feste Obstbanane, geschält und gehackt
60 g Rosinen
60 g Mandeln, enthäutet und gehackt

Für die Nußsauce die Walnüsse schälen, die Kerne in einer hitzebeständigen Schüssel mit kochendem Wasser übergießen und 5 Minuten stehenlassen. Abgießen und die dünne gelbbraune Haut von den Nüssen abziehen. Die Walnußkerne dann in einer kleinen Schüssel mit 250 ml Milch übergießen und 12 Stunden einweichen.

Die Walnüsse abgießen und 125 ml der Milch auffangen. Die Nüsse zusammen mit der Sahne, den verbliebenen 125 ml Milch, dem Käse, Zucker und Salz im Mixer pürieren. Die Sauce in den Kühlschrank stellen.

Für die Füllung Schweinefleisch, Wasser, ¼ Zwiebel, 3 ganze Knoblauchzehen, Petersilie und die Hälfte des Salzes in einen großen Topf geben. Sobald das Wasser zum Kochen kommt, den Deckel auflegen und das Fleisch bei mittlerer Hitze 40–60 Minuten köcheln lassen, bis es zart ist. Abgießen und 125 ml der Garflüssigkeit zurückstellen.

Das Schweinefleisch etwas abkühlen lassen, dann feinhacken und beiseite stellen.

Das Öl in einer großen schweren Pfanne oder einem Topf erhitzen. Gehackte Zwiebeln und Knoblauch dazugeben und etwa 4 Minuten sautieren, bis sie glasig sind. Tomaten und feingehackte Petersilie hinzufügen und unter ständigem Rühren 5 Minuten garen. Restliches Salz, Apfel-, Birnen-, Pfirsich- und Bananenstücke sowie Rosinen und Mandeln unterrühren und alles bei mittlerer Temperatur 4 Minuten garen. Schweinefleisch und zurückgestellte Garflüssigkeit dazugeben. Abschmecken und bei niedriger Temperatur 7–10 Minuten ohne Deckel köcheln lassen, bis das Obst gar und die Mischung eingedickt ist. Beiseite stellen.

Die *chiles* rösten und enthäuten (s. Glossar). Die Schoten an einer Seite aufschlitzen. Samen und Scheidewände entfernen; dabei achtgeben, daß die *chiles* nicht auseinanderbrechen. Sie dann mit Wasser bedecken, Salz und Essig hinzufügen und je nach Schärfe 20–60 Minuten einweichen.

Die *chiles* abspülen, abtropfen lassen und mit Küchenkrepp trockentupfen. Mit einem Löffel etwas Fleischmasse in jeden *chile* füllen (nicht zuviel Fleischmasse in die Schoten geben, da sie sonst beim Garen herausquillt). Beiseite stellen.

Das Eiweiß zu festem Eischnee schlagen, dann nacheinander die Eigelb unterziehen. Das Mehl auf einem Teller verteilen. Die gefüllten *chiles* leicht im Mehl wenden und dann in die Eimasse tauchen, so daß sie vollständig damit überzogen sind.

Eine schwere Pfanne 1 cm hoch mit Öl füllen und erhitzen. Jeweils ein oder zwei *chiles* darin braten, bis sie auf allen Seiten leicht gebräunt sind. Auf Küchenkrepp abtropfen lassen. Die *chiles* können gekühlt oder mit Raumtemperatur aufgetragen werden. Zum Servieren die *chiles* auf einer Platte anrichten, mit der Nußsauce überziehen und mit den Granatapfelkernen bestreuen. Mit Petersilie garnieren.

Abwandlung: Von diesem Rezept gibt es ebenso viele Versionen, wie es Köche gibt, die es zubereiten.

Einige fügen der Fleischfüllung gehacktes Zitronat, Zimt und schwarzen Pfeffer hinzu und verfeinern die Nußsauce mit süßem Sherry oder Weißwein.

Andere nehmen grobgehacktes Schweinefleisch anstelle von gekochtem und gehacktem Schweinskarree.

Der Hauptunterschied liegt darin, ob die *chiles* in Teig ausgebakken werden oder nicht. Traditionelle Rezepte schreiben den Teigüberzug zwar vor, doch kann man ihn durchaus auch weglassen – sei es, weil Ihnen die Chillies so besser schmecken, oder auch nur, um den Arbeitsaufwand zu verringern.

Für 12 Personen

Chillies in Walnußsauce

PUEBLA

Chiles Rellenos de Queso
Chillies mit Käsefüllung

Man sagt, Kaiser Maximilian habe gern eine ähnliche Version dieser mit Käse gefüllten Chillies gegessen, die mit »jocoque« – gehaltvollem, sehr dickem Sauerrahm – zubereitet waren.

6 *chiles poblanos*
Salz
2 TL Essig
2 große reife Tomaten
¼ kleine Zwiebel
1 Knoblauchzehe
1 EL Öl
2 Lorbeerblätter
½ TL frisch gemahlener Pfeffer
360 g *queso Chihuahua* oder mittelscharfer Cheddar, gerieben
3 Eier, getrennt
60 g Mehl
Öl zum Braten

Die *chiles* rösten und enthäuten (s. Glossar). Die Schoten an einer Seite aufschlitzen. Samen und Scheidewände entfernen; dabei achtgeben, daß sie nicht auseinanderbrechen. Die *chiles* mit Wasser bedecken, 1 Eßlöffel Salz und den Essig hinzufügen und 20 Minuten einweichen. Abspülen und zum Abtropfen beiseite stellen.

Tomaten, Zwiebel und Knoblauch im Mixer pürieren und durch ein Sieb streichen. In einer schweren Pfanne 1 Eßlöffel Öl erhitzen. Das Tomatenpüree hineingeben und zum Kochen bringen. Die Hitze reduzieren, 1 Teelöffel Salz, Lorbeerblätter und Pfeffer hinzufügen. Alles zugedeckt 10 Minuten garen. Die Sauce mit 180 ml Wasser verdünnen, falls sie zu dickflüssig ist. Beiseite stellen.

Die *chiles* mit jeweils 60 g geriebenem Käse füllen und beiseite stellen.

Das Eiweiß zu festem Eischnee schlagen, dann nacheinander die Eigelb unterziehen. Das Mehl auf einem Teller verteilen. Die gefüllten *chiles* leicht im Mehl wälzen und anschließend in die Eimasse tauchen, so daß sie vollständig damit überzogen sind.

Eine schwere Pfanne 1 cm hoch mit Öl füllen. Jeweils ein oder zwei *chiles* im heißen Öl braten, bis sie von allen Seiten leicht gebräunt sind. Auf Küchenkrepp abtropfen lassen.

Vor dem Servieren die *chiles* in die Tomatensauce legen, so daß sie beinahe vollständig davon bedeckt sind. Den Deckel auflegen und alles 3 Minuten köcheln lassen, bis die *chiles* heiß sind.

Für 6 Personen

MÉXICO, DISTRITO FEDERAL

Chiles Rellenos de Picadillo
Chillies mit pikanter Fleischfüllung

»Chiles rellenos« gibt es überall in Mexiko – mit oder ohne Teigüberzug, mit oder ohne Sauce. Dieses Rezept gehört zu den traditionellsten Versionen. Durch den Teigüberzug wird zwar verhindert, daß die Fleischmasse beim Braten der Chillies herausfällt, doch sollte man dennoch darauf achten, daß die Schoten beim Füllen nicht auseinanderbrechen; große Öffnungen lassen sich mit Zahnstochern verschließen. »Chiles« können im voraus gefüllt und in den Kühlschrank gestellt werden. Vor dem Braten nimmt man sie heraus und läßt sie auf Raumtemperatur kommen.

6 *chiles poblanos*
1 EL Salz
2 TL Essig
1 Kochbanane oder große feste Obstbanane, gehackt
Picadillo (Rezept S. 132 [halbe Menge])
3 Eier, getrennt
60 g Mehl
Öl zum Braten
3 große reife Tomaten, enthäutet
¼ kleine Zwiebel
2 Knoblauchzehen
Salz und frisch gemahlener Pfeffer

Die *chiles* rösten und enthäuten (s. Glossar). Die Schoten an einer Seite aufschlitzen. Samen und Scheidewände entfernen; dabei achtgeben, daß die *chiles* nicht auseinanderbrechen. Dann die *chiles* mit Wasser bedecken, Salz und Essig hinzufügen und 20 Minuten einweichen. Abspülen und zum Abtropfen beiseite stellen.

In der Zwischenzeit *picadillo* und Bananenstücke in einem großen Topf verrühren und zugedeckt bei schwacher Hitze 5 Minuten garen. Jeweils 2 gehäufte Eßlöffel dieser Mischung in die *chiles* füllen. Beiseite stellen.

Das Eiweiß zu festem Eischnee schlagen, dann nacheinander die Eigelb unterziehen. Das Mehl auf einem Teller verteilen. Die gefüllten *chiles* leicht im Mehl wenden und dann in die Eimasse tauchen, so daß sie vollständig damit überzogen sind.

Eine schwere Pfanne 1 cm hoch mit Öl füllen. Jeweils ein oder zwei *chiles* im heißen Öl braten, bis sie von allen Seiten leicht gebräunt sind. Auf Küchenkrepp abtropfen lassen.

Tomaten, Zwiebel und Knoblauch im Mixer pürieren und durch ein Sieb streichen. In einer großen schweren Pfanne 1 Eßlöffel Öl erhitzen, die pürierten Tomaten dazugeben und kurz sautieren. Die Hitze reduzieren und die Sauce zugedeckt 15 Minuten garen. Die Tomatensauce gegebenenfalls mit Wasser auf die gewünschte Konsistenz verdünnen. Mit Salz und Pfeffer würzen.

Die *chiles* in die Tomatensauce legen und zugedeckt 5 Minuten bei schwacher Hitze ziehen lassen. Mit Sauce überzogen servieren.

Für 6 Personen

PUEBLA

Chiles Anchos Rellenos de Queso
Gebackene Chiles Anchos mit Käsefüllung

In Mexiko werden nicht nur frische grüne »chiles», sondern auch getrocknete gefüllt. Der hier verwendete »chile ancho« ist die getrocknete Form des »chile poblano«. Damit sich die Chillies leichter füllen lassen, sollte man dicke Schoten wählen, die nicht zu brüchig oder stark gedreht sind. Das Rezept stammt von Margot Rosenzweig de Palazuelos.

6 *chiles anchos*
1 EL Öl
300 g *tomatillos,* Hüllen entfernt und geviertelt
½ große Zwiebel, in Stücke geschnitten
2 große Tomaten, in Achtel geschnitten
1 TL Salz
250 ml dicke Sahne (s. Glossar) oder Crème fraîche
200 g *queso manchego* oder mittelscharfer Cheddar, gerieben
60 g Mehl
3 Eier, getrennt
Öl zum Braten

Die *chiles* an einer Seite aufschlitzen und Samen sowie Scheidewände entfernen. Die Schoten rösten (s. Glossar) und dann 5 Minu-

Gebackene Chiles Anchos mit Käsefüllung (oben), *Chillies mit pikanter Fleischfüllung* (Mitte) *und Chillies mit Käsefüllung* (unten)

ten in warmem Wasser einweichen. Abgießen und beiseite stellen. In einer großen schweren Pfanne das Öl erhitzen. Die *tomatillos* dazugeben und 3 Minuten unter ständigem Rühren garen. Die Zwiebeln hinzufügen und 3 Minuten mitgaren. Dann die Tomaten dazugeben und alles nochmals 3 Minuten garen. Salz und Sahne unterrühren, den Deckel auflegen und die Sauce bei mittlerer Temperatur erhitzen, bis sie zu köcheln beginnt. Von der Kochstelle nehmen und beiseite stellen.

Die *chiles* mit dem Käse füllen. Das Mehl auf einem Teller verteilen und beiseite stellen.

Das Eiweiß zu festem Eischnee schlagen und dann nacheinander die Eigelb unterziehen. Die *chiles* im Mehl wenden; überschüssiges Mehl abschütteln. Die Schoten in die Eimasse tauchen, so daß sie vollständig damit überzogen sind.

Eine schwere Pfanne 1 cm hoch mit Öl füllen und erhitzen. Jeweils ein oder zwei *chiles* im heißen Öl braten, bis sie auf allen Seiten leicht gebräunt sind. In einem Durchschlag abtropfen lassen.

Zum Servieren die Sauce erhitzen. Die *chiles* hineinlegen und bei niedriger Temperatur etwa 3 Minuten ziehen lassen, bis sie heiß sind. Sofort servieren.

Für 6 Personen

Das Grenzland

Das Grenzland

Stiefel, Bluejeans und Cowboyhüte, Rindfleisch, Kidneybohnen und Weizenmehl-Tortillas – all diese Dinge sind typisch für jenes weite Land, in dem die nördlichsten Bundesstaaten Mexikos liegen. An seinen Küsten ragen zwei gewaltige Gebirgszüge – die Westliche und Östliche Sierra Madre – empor und schließen öde, von tiefen Schluchten durchzogene Wüsten ein, in denen sich abgestorbene Sträucher im Wind wiegen. Doch der Boden ist reich an Mineralien, und wenn man ihn bewässert, wird er fruchtbar und produktiv.

Die spanischen Soldaten drangen auf der Suche nach Gold in den Norden vor, und mit ihnen die Priester. Sie fanden ein unwirtliches Land vor und Indianerstämme, deren Eßgewohnheiten ihre einfache nomadische Lebensweise widerspiegelten. Noch im 18. Jahrhundert beschrieb ein Jesuitenpater die Einheimischen als »Barbaren und Wilde«, die ihre Speisen überhaupt nicht würzten und das Fleisch fast roh, getrocknet und sogar verbrannt verzehrten. Außerdem aßen sie Dinge, die dem Europäer ungenießbar erschienen, wie Wurzeln, Würmer, Hummer, Spinnen, Schlangen, Katzen und selbst getrocknete Häute; und Hunde waren bei ihnen so geschätzt wie in der Alten Welt Ziegen.

Wie überall in Mexiko brachten die Spanier auch hier ihre Nahrungslieferanten mit, und auf den weiten Ebenen des Nordens vermehrten sich die Rinder rasch; oft durchstreiften undomestizierte Tiere zu Hunderten das Land. Die spanischen Pferde aus maurischer Zucht waren die besten der Welt, und sowohl Indianer als auch Europäer nutzten die schnellen Tiere zum Hüten der Rinderherden. Damit war die große Viehwirtschaft von Mexiko und Texas geboren. Heute bestehen die Herden vorwiegend aus Angus-, Hereford- und Holstein-Friesian-Rindern; und die Viehzucht spielt für die Wirtschaft und die Küche Mexikos immer noch die gleiche wichtige Rolle wie vor vierhundert Jahren.

Seite 218/219: *Punta Balandra nahe La Paz ist eine der dramatischen Felsformationen an der wilden Küste von Baja California.*
Links: *Auf dem Markt von Sonora gönnen sich Viehzüchter bei einer Tasse Kaffee eine Pause.*

Damals bedienten sich die Siedler derselben Methoden, mit denen ihre Vorfahren in Spanien während langer Hitzeperioden Fleisch haltbar gemacht hatten: Sie schnitten den größten Teil des Rindfleisches in dünne Streifen und trockneten es. Obwohl heute Gefriergeräte derartige Konservierungsverfahren überflüssig gemacht haben, gibt es immer noch verschiedene Arten von Dörrfleisch wie *carne seca* (getrocknetes Fleisch), *cecina* (gesalzenes und getrocknetes Rindfleisch) und *machaca* (S. 36–37), die als Grundlage für viele regionale Gerichte und als Füllung für *antojitos* dienen.

Auch wenn im Norden den Rindern eine so große Bedeutung zukommt, gibt es dort nicht nur Viehzucht. Durch die Bewässerung des Landes konnten große Flächen kultiviert werden, und heute stehen dort moderne landwirtschaftliche und industrielle Zentren (Monterrey ist die drittgrößte Stadt Mexikos). Sie repräsentieren eine Seite Mexikos, welche die meisten Touristen nie zu Gesicht bekommen.

Mexikos vier größte Bundesstaaten – Sonora, Chihuahua, Coahuila und Durango sind für ihre zahlreichen Milchprodukte bekannt. In Chihuahua gibt man auf *antojitos* eine großzügige Portion *jocoque,* eine Art fetten Sauerrahm, der manchmal mit *achiote* aus Yucatán gewürzt wird. International am bekanntesten sind die riesigen Räder Chihuahua-Käse, die in den ländlichen Mennonitengemeinden des gleichnamigen Bundesstaates hergestellt werden. Da dieser Käse gut schmilzt, verwendet man ihn gern zum Füllen von *quesadillas* (S. 46–47) und dicken grünen *chiles poblanos,* ebenso wie den leichter erhältlichen *queso asadero.*

In den besonders heißen trockenen Gebieten von Coahuila und Nuevo León erwies sich die Zucht von Rindern als schwierig, doch die anspruchslose kleine Ziege kann auch von der vorhandenen mageren Vegetation noch existieren. Deshalb hat man hier eine Vorliebe für *cabrito* (Zicklein), und

Der Norden ist das Land der Rinderfarmen. In Restaurants kann man unter freiem Himmel gegrillte Steaks mit »Frijoles charros« (Cowboy-Bohnen) essen, und dazu gibt es einheimisches Bier. Außerdem steht auf dem Tisch ein Korb mit Weizenmehl-Tortillas.

Monterrey, die Hauptstadt des Bundesstaates Nuevo León, ist auch als »Ziegenstadt« bekannt. So ißt man in Monterrey *cabrito al pastor* (am Spieß gebratene junge Ziege) mit Weizenmehl-Tortillas und *frijoles borrachos* (»betrunkene« Bohnen), die man mit einheimischem Bier zubereitet.

Mezcal, ein Schnaps, der aus der allgegenwärtigen Agave destilliert wird, ist für die einfachen Speisen des rauhen Nordens eine ebenso gute Ergänzung wie die zahlreichen regionalen Biersorten. Die berühmte *margarita* wurde zum ersten Mal 1942 von einem Barmann in Chihuahua gemixt, wenngleich solche Cocktails bei Touristen weitaus beliebter sind als unter Mexikanern, die ihren Tequila lieber pur trinken.

In Chihuahua leben weit oben in den Schluchten der Sierra Madre Occidental die Tarahumara. Sie gelten neben den Lacandónen in Chiapas als einer der Indianerstämme, die am wenigsten von der modernen Zivilisation beeinflußt wurden. Sie ziehen es immer noch vor, in einsamen Höhlen und einfachen Hütten zu wohnen.

Die Tarahumara sind als das »Volk der Läufer« bekannt, da sie bis zum heutigen Tag in dem rauhen Hochland zeremonielle Wettrennen mit einem Holzball durchführen, die bis zu drei Tagen dauern. Als man diesen Stamm Ende des 19. Jahrhunderts entdeckte, glaubte man, daß er vom Aussterben bedroht sei, doch diese Annahme erwies sich als falsch. Heute gibt es mehr als fünfzigtausend Tarahumara-Indianer, die wie in alten Zeiten leben und ihre Identität wahren wollen.

Die meisten Touristen kommen über eine der großartigsten Bahnstrecken der Welt in das abgelegene Land der Tarahumara – nach einer zwölfstündigen, beinahe fünfhundert Kilometer langen Fahrt, die sie durch die ehrfurchterregende Barranca del Cobre führt. Zu ihr gehören die eindrucksvollsten Schluchten Nordamerikas, die bis zu tausendfünfhundert Meter tief zu den Flüssen abfallen und bis zu tausendfünfhundert Kilometer lang sind. Im Vergleich dazu wirkt der Grand Canyon in Arizona unscheinbar.

Tamaulipas im nordöstlichsten Winkel Mexikos ist ein Staat der Gegensätze. Sein Name bedeutet soviel wie »hoher Berg«, und seine Westgrenze wird von der imposanten Sierra Madre Oriental gebildet, während an der Golfküste ausgedehnte einsame Strände und Lagunen liegen. Der Norden ist wie in den anderen Grenzstaaten von öden Ebenen gekennzeichnet, im Süden findet man aber auch dichte tropische Wälder. In Taumaulipas ist der Speisezettel ebenso abwechslungsreich wie die Landschaft. Es gibt dieselben traditionellen Rindfleisch- und Käsegerichte wie im übrigen Grenzgebiet und Gerichte aus Meeresfrüchten, die denen in Veracruz ähneln, aber dennoch unterscheiden sie sich in einem: Alles scheint etwas üppiger. Das bekannteste Gericht in Tamaulipas ist *carne asada a la tampiqueña* – ein sehr großes, sehr dünnes Stück gegrilltes Rindfleisch, das mit *enchiladas* und Bohnen serviert wird. Sogar die *tamales* sind in diesem Bundesstaat riesengroß. Einige Leute meinen, dies sei auf den Einfluß der Huaxteken zurückzuführen, die sich vor 1000 v. Chr. in der Gegend von Tampico niederließen. Ursprünglich hatten sie zu den Maya gehört, aber sie trennten sich von ihrem Stamm und zogen nach Norden, wo sie eine Kultur schufen, in der Vergnügen, Frohsinn und Überfluß eine wichtige Rolle spielten.

Baja California Norte am oberen Ende der langen, schmalen Halbinsel Mexikos, die zwischen dem Pazifik und dem Golf von Kalifornien ins Meer ragt, ist das bedeutendste Weinbaugebiet Mexikos. In den milden, fruchtbaren Tälern nahe Ensenada liegt auch Mexikos größte Weinkellerei, die 1888 gegründete Bodega de Santo Tomás.

Weiter im Süden wird die kahle Landschaft der Halbinsel zu beiden Seiten ihres gebirgigen Rückgrats durch gewaltige Felsen und Orgelpfeifenkakteen mit ihren phantastischen

In den Weiten der Sierra Madre Occidental in Chihuahua leben die Tarahumara abseits von der modernen mexikanischen Gesellschaft.

Formen geprägt. Einer der wenigen grünen Flecken in dieser unwirtlichen Welt liegt am Río Mulegé und ist kaum anderthalb Kilometer lang. Hier wurde am Fuß der eindrucksvollen Sierra de la Giganta eine Oase aus Dattelpalmen geschaffen, und daher verwundert es auch nicht, daß in der regionalen Küche häufig Datteln verwendet werden.

Zwischen den kakteenbewachsenen Hügeln auf der Ostseite von Baja California Sur befinden sich, in kleine Buchten geschmiegt, einige der schönsten Strände Mexikos. Vor der Kulisse der hohen, zerklüfteten Berge der Sierra de San Lazaro an der Südspitze liegen Cabo San Lucas und San José del Cabo, die beide als Ferienorte der gehobenen Kategorie gelten. Im Golf von Kalifornien gibt es mehr als 250 Fischarten und eine große Fülle von Schal- und Krustentieren. Die Gerichte, die aus ihnen zubereitet werden, sind gewöhnlich sehr einfach, wie etwa die *ostiones en escabeche* (S. 176–177) oder *sopa de almejás* (S. 72). Fische, Hummer und Garnelen werden kurz gegrillt und mit Knoblauch oder einer würzigen Tomatensauce serviert. Die großen Meeresschildkröten, die hier und in anderen Gewässern Mexikos häufig vorkommen, wurden vor kurzem von der mexikanischen Regierung unter Artenschutz gestellt, und daher fehlen heute auf den Speisekarten der Restaurants Schildkrötengerichte wie *caguama estofado*.

Nordmexiko hat keine bemerkenswerte kulinarische Tradition, denn die wenigen hier lebenden Indianerstämme waren Nomaden, für die Essen eher eine Sache des Überlebens denn des Genusses war. Und so wurde der Speisezettel von *vaqueros* (Viehhirten) und Abenteurern sowie von Leuten geprägt, die – mit guten und weniger guten Absichten – auf der Suche nach dem Glück und einem neuen Leben waren. In ihrer Ernährung spiegelte sich ihre unstete Lebensweise in der freien Natur. Neben einem Topf mit Bohnen gab es Fleisch, das über einem Feuer aus dem duftenden Holz des Mesquitebaumes gebraten wurde. Beides würzte man mit Knoblauch, Zwiebeln und Chillies, gab Käse hinzu und servierte das Ganze in riesigen Weizenmehl-Tortillas. Mit der Zeit brachten Köche aus anderen Gegenden Mexikos und der ganzen Welt neue Zutaten und Methoden in das Gebiet. Der Speisezettel wurde abwechslungsreicher und raffinierter, doch auch heute noch sind die Gerichte des Grenzlands einfache Gerichte, die das Leben des *vaquero* symbolisieren.

Kuchen und Desserts

Ende Oktober tauchen auf den Märkten Totenköpfe aus Zucker auf – gerade rechtzeitig zu Allerheiligen.

Kuchen und Desserts

In den *panaderías,* kleinen, von Familien betriebenen Bäkkereien auf dem Land, werden noch immer die gleichen Brote hergestellt, die schon seit Generationen Leib und Seele der Mexikaner zusammenhalten. Es sind dicke Laibe mit einer herrlichen Kruste, gebacken aus jenem Weizen, der einst aus der Alten Welt kam und heute im Hochland um Mexico City angebaut wird.

Während der kurzen Periode, in der Mexiko von den Franzosen beherrscht wurde (1864–1867), eroberten sich Brote, Süßigkeiten und Feingebäck einen prominenten Platz auf den Tischen der herrschenden Klasse. Allein in Mexico City gab es damals fünfzig Bäckereien, hundertachtundzwanzig Geschäfte, die Feingebäck und Schokolade verkauften, und dreizehn Betriebe, die ausschließlich Kuchen herstellten.

Aus dieser Zeit stammen auch die *bolillos,* kleine knusprige Brötchen, die man heute in vielen Restaurants zu den Mahlzeiten bekommt. Man ißt sie auch leicht getoastet mit *huevos rancheros* (S. 127) zum Frühstück. Eine flachere Version des *bolillo* ist die *telera,* die man für die außergewöhnlichen *tortas* (S. 43) verwendet, Sandwiches mit einem vielschichtigen Belag, die häufig in kleinen Restaurants angeboten werden.

Als die Spanier nach Mexiko kamen, brachten sie ihr geliebtes *pan dulce* mit. Dieses herrlich süße Hefebackwerk, das es in allen möglichen Größen und Formen gibt, ist vom Frühstückstisch nicht wegzudenken. Der *churro* ist ein Fettgebäck, das einst ebenfalls aus Spanien kam und als Früh-

Oft durchströmt der herrliche Duft von frisch gebackenem Brot die Bauerndörfer Mexikos. Die Adobe-Öfen liegen hinter den Häusern im Freien und werden mit Holz befeuert.

Seite 224/225: *Eierbrot aus Oaxaca* (links oben, Rezept S. 237), *Allerheiligen-Brot* (Mitte, Rezept S. 232) *und Dreikönigskranz* (rechts, Rezept S. 234)

stück oder Imbiß gegessen wird. Es besteht aus einem einfachen Teig aus Mehl, Wasser und Eigelb, den man in mit Limette aromatisiertes, sprudelndes Öl spritzt und rasch ausbäckt. Dann wird es in Zucker gewälzt und heiß gegessen.

Pan dulce gibt es vor allem an besonderen Feiertagen. So ißt man etwa in Oaxaca am Weihnachtsabend *buñuelos,* eine Art süße, klebrige Krapfen, die in Tongefäßen serviert werden. Und nach dem Verzehr wirft man diese Gefäße auf das Straßenpflaster, wo sie in kleine Stücke zerspringen. Der Dreikönigstag wird dann mit einer *rosca de reyes* (»Königskranz«) gefeiert, einem traditionellen Gebäck spanischer Herkunft, das an die Suche der Heiligen Drei Könige nach dem Christuskind erinnern soll. Der leicht süße Hefering ist mit kandierten Früchten verziert, die wie Juwelen aussehen. In dem Teig ist eine kleine Puppe versteckt, die Jesus symbolisiert. Ein ähnliches Hefebrot wird zu Allerheiligen und Allerseelen Anfang November zubereitet.

Vor der Zeit der spanischen Eroberung aßen die Indianer wenig Süßigkeiten, da ihnen zum Süßen nur Honig zur Verfügung stand. Nach einer Mahlzeit verzehrte der adlige Azteke etwas Obst – Melone, Papaya, Guave, *guanábana* (Stachelannone) oder die herrliche Ananas – aus dem Garten oder der freien Natur. 1625 schwärmte der Dominikanermönch Thomas Gage in einem Bericht über die Eßgewohnheiten der Mexikaner: »Aber mir ist unvergeßlich geblieben, was sie *piña,* also Tannenzapfen, nennen; kein Tannenzapfen von hohen Nadelbäumen, sondern ein Tannenzapfen, der an einem niedrigen Strauch mit stacheligen Blättern wächst und größer ist als unsere größten Warzenmelonen in England. In reifem Zustand ist er außen wie innen gelb, aber noch besser ißt man ihn als Konfitüre, und diese Konfitüre ist die beste im ganzen Land.«

Konservierte oder kandierte Früchte und Nüsse sind in Mexiko auch heute noch sehr beliebt. Da gibt es die wie Edelsteine funkelnden *cubitos de ate* (Fruchtpasten), kandierte Feigen, Ananas, Mangos und Tamarinden oder leuchtendgrüne Limetten, die mit Kokosraspeln gefüllt sind. Auf den Märkten bekommt man Kaktus, Batate und Kürbis kandiert in großen Stücken, wie auch Gläser mit Zuckermandeln und krokantähnliche Naschereien aus Erdnüssen, Walnüssen, Pekannüssen, Sesam oder Kürbiskernen, die in kunstvollen Mustern arrangiert sind, um die Vorbeikommenden anzulocken.

Typisch für mexikanische wie für spanische Desserts ist die üppige Verwendung von Eigelb. Man erzählt, daß die Nonnen von Jerez nach einer Verwendungsmöglichkeit für die Eigelb suchten, die übrigblieben, wenn der Sherry der Gegend mit Eiweiß geklärt wurde. Und so entstanden in ihren Küchen Flans, Eiercremes und Naschereien, die später in den Klöstern Mexikos nachgekocht wurden.

An den Feiertagen trugen die Nonnen großartige Tafeln

»Canela« (Zimt) wird für viele Desserts verwendet wie etwa »Arroz con Leche« (Rezept S. 244) *und »Huevos Reales«* (Rezept S. 246). *In der mexikanischen Küche bevorzugt man die weichere Rinde des Ceylonzimtbaums.*

»Helados« und »Nieves« (Speiseeis) sind in ganz Mexiko sehr beliebt. Sie werden mit exotischen Früchten, Vanille und Schokolade zubereitet.

mit kulinarischen Köstlichkeiten auf. Im Bericht eines Gastes namens Artemio Valle-Arizpc aus den frühen Jahren des 17. Jahrhunderts ist von gewaltigen Tischen die Rede, die sich unter Puddings und Aufläufen aus Batate, Kokosnuß, Ananas, Guave und Honig bogen; von riesigen Platten mit Zuckerwerk, Biskuit, Pasten aus Melasse, Käse, Anis und Ingwer und Tabletts voller Süßigkeiten aus Milch, Honig und Kokosnuß; von zu Birnen und Äpfeln geformten Mandeln, die mit Karamel überzogen und in buntes Papier eingewickelt waren; von silbernen Schüsseln, bis zum Rand voller Zuckerbrötchen mit Mandeln, Gewürzen, eingemachtem Kürbis, *chilacoyes* (Kürbisnaschwerk), kandierten, mit funkelndem goldenem und silbernem Konfetti verzierten Zitronen, Quittenkonfekt, Marzipan und Mandelkaramellen, gerösteten oder gefüllten Birnen und zuckerüberzogenen Pfirsichen, die in Rum getaucht waren und wie Edelsteine glänzten. Alle diese Dinge gibt es immer noch – wenngleich vielleicht nicht auf einem Tisch!

Daneben findet man heute weitere Köstlichkeiten jüngeren Ursprungs. In den Straßen der Städte und Dörfer werden in transparenten Kunststoffbechern rote, grüne, orangefarbene und gelbe Puddings verkauft, und in manchen ist sogar eine Schicht *rompope* (S. 54) – ein dicker, mit Weinbrand oder Rum zubereiteter Eierlikör – eingebettet. Solche Puddings können aber auch zum spektakulären Abschluß einer Mahlzeit werden, wenn man sie mit gehackten Nüssen oder Likör serviert.

Unter den Portalen der kleinen Stadt Pátzcuaro in Michoacán werden die besten *helados* oder *nieves* (Speiseeis) angeboten. Hier warten ständig Schlangen von Leckermäulern auf eine große Tüte mit ihrem Lieblingseis, das vielleicht aus der cremiggelben Guave oder saftigen Mangos zubereitet wurde. Die ungekrönte Königin aber ist die Vanilleeiscreme. Heute gibt es das Michoacán-Eis im ganzen Land, obwohl es niemals gleich zu schmecken scheint.

Ohne Zweifel haben die Mexikaner die Süßwaren der Spanier – sei es in Form von Broten, Naschereien oder Desserts – mit Begeisterung in ihren Speisezettel aufgenommen.

Kuchen von dreierlei Milch

GUERRERO

PASTEL DE TRES LECHES
Kuchen von dreierlei Milch

Dieser milchdurchtränkte, gehaltvolle Kuchen ist bei den Mexikanerinnen sehr beliebt, die ihn häufig ihren Freundinnen zum Nachmittagskaffee servieren.

300 g Mehl
1½ TL Backpulver
7 Eier, getrennt
250 g Zucker
180 ml Vollmilch
1 TL Vanille-Essenz
350 ml ungesüßte Kondensmilch
400 g gesüßte Kondensmilch
250 ml Crème double
60 ml Weinbrand (nach Belieben)

ZUCKERÜBERZUG

6 Eiweiß
Eine Prise Salz
¼ TL Weinstein
180 ml Wasser
350 g Zucker
Abgeriebene Schale von 1 Limette

Den Backofen auf 190 °C (Gas Stufe 3) vorheizen. Eine 26 cm große Springform einfetten und mit Mehl ausstreuen. Mehl und Backpulver vermischen und sieben.

Für den Teig in einer großen Schüssel die Eiweiß mit dem Handrührgerät schaumig schlagen. Den Zucker hinzufügen und weiterschlagen, bis sich steife Spitzen bilden, dann nacheinander die Eigelb hinzufügen. Das Handrührgerät auf eine niedrigere Stufe herunterschalten und je ein Drittel von Mehl und Vollmilch dazugeben. Auf diese Weise fortfahren, bis alles Mehl und die gesamte Vollmilch untergemischt sind. Die Vanille-Essenz hinzufügen. Den Teig in die vorbereitete Form füllen und 35–45 Minuten backen, bis an einem in die Mitte des Kuchens geschobenen Spieß beim Herausziehen kein Teig mehr haftet. 5 Minuten abkühlen lassen, dann aus der Form nehmen und weiter abkühlen lassen. Den Kuchen waagrecht in drei etwa gleich dicke Böden schneiden.

In einer Schüssel gesüßte und ungesüßte Kondensmilch sowie Crème double vermischen. Falls gewünscht, den Weinbrand unterrühren. Ein Drittel der Milchmischung auf den ersten Boden geben. Den zweiten Boden darauflegen, wiederum ein Drittel der Milchmischung darübergeben, zum Schluß den dritten Boden auflegen und mit der restlichen Milchmischung tränken.

Für den Zuckerguß Eiweiß, Salz und Weinstein in einer großen Schüssel schlagen, bis sich weiche Spitzen bilden. Beiseite stellen.

Wasser und Zucker mit der abgeriebenen Limettenschale in einem kleinen schweren Topf vermischen. Bei mittelstarker Hitze zum Kochen bringen. Zeigt das Zuckerthermometer* 120 °C an (kleine Kugel), den Topf von der Kochstelle nehmen, etwas abkühlen lassen und in einem dünnen Band in den Eischnee hineinlaufen lassen, dabei die Mischung weiter schlagen (etwa 6 Minuten), bis sie steif geworden ist.

Den Kuchen mit der Zuckermasse überziehen und bis zum Servieren in den Kühlschrank stellen.

Für 8–10 Personen

* Zuckerthermometer sind im Fachhandel für das Konditorgewerbe erhältlich. Falls keines vorhanden ist, läßt man die Zuckerlösung köcheln, bis sie eine zähe Konsistenz hat.

Kuchen von Sapote

OAXACA

Ante de Mamey o Durazno
Kuchen von Sapote oder Pfirsich

»Antes« werden stets mit sirupgetränkten Böden zubereitet, aber mit unterschiedlichen Fruchtpasten gefüllt. Diese Version stammt von Socorrito Zorrilla, die für die Füllung die exotische Sapote verwendet hat. Diese tropischen Früchte sind manchmal in Spezialitätengeschäften zu finden. Falls sie nicht erhältlich sind, können sie durch Pfirsiche ersetzt werden.

1 *marquesote* (Rezept S. 231)
100 g geröstete Mandelblättchen (zum Dekorieren)
100 g geröstete Pinienkerne (zum Dekorieren)

FRUCHTFÜLLUNG

300 g Zucker
250 ml Wasser
2 große Sapoten, geschält und entsteint, oder 1 kg entsteinte und enthäutete Pfirsiche, püriert
100 g Butter

SIRUP

500 g Zucker
125 ml Wasser
1 Zimtstange
500 ml trockener Sherry

Die Kruste vom *marquesote* entfernen. Den Kuchen in etwa 1 cm dicke Scheiben schneiden und beiseite stellen. (Wenn er sehr dick ist, die Scheiben waagrecht in der Mitte durchschneiden.)

Für die Fruchtpaste Zucker und Wasser in einen Topf geben und zum Kochen bringen. Wenn das Zuckerthermometer* 120 °C anzeigt (kleine Kugel), pürierte Früchte und Butter hinzufügen, die Temperatur herunterschalten und die Mischung mit dem Schneebesen kräftig durchrühren, bis sie glatt ist.

Beiseite stellen.

Für den Sirup Zucker, Wasser und Zimtstange in einem schweren Topf unter Rühren kochen, bis ein heller Sirup entstanden ist. Von der Kochstelle nehmen und den Sherry untermischen.

Die Hälfte der Kuchenstücke nebeneinander auf einen Teller legen und etwas Sirup darübergeben. Mit der Hälfte der Fruchtpaste bestreichen. Die restlichen Kuchenstücke darauflegen, mit Sirup begießen und die übrige Fruchtpaste rundum auf dem Kuchen verteilen. Mit den gerösteten Mandeln und Pinienkernen verziert servieren.

Für 10 Personen

OAXACA

Ante de Almendra
Mandelkuchen

Die Grundversion des »ante« stammt ursprünglich aus Puebla. Es handelt sich dabei um ein Dessert aus »marquesote« (S. 231), einem duftigen Kuchen, der mit Sirup getränkt und mit Konfitüre bestrichen wird. Die hier beschriebene Abwandlung serviert Socorrito Zorrilla in ihrem Restaurant »El Vitral« in Oaxaca.

1 *marquesote* (Rezept S. 231)
100 g Rosinen (zum Dekorieren)
100 g geröstete Mandelblättchen (zum Dekorieren)
Zimtstange (zum Dekorieren)

MANDELPASTE

250 g blanchierte Mandeln
1 l Milch
375 g Zucker

SIRUP

500 g Zucker
125 ml Wasser
1 große Zimtstange
500 ml trockener Sherry

Die Kruste vom *marquesote* entfernen. Den Kuchen in etwa 1 cm dicke Scheiben schneiden und beiseite stellen. (Wenn er sehr dick ist, die Scheiben waagrecht in der Mitte durchschneiden.)

Für die Mandelpaste die Mandeln in der Mandelmühle oder einem Mörser sehr fein zerkleinern. Mit Milch und Zucker in einem Topf kochen, bis die Masse dick ist.

Für den Sirup Zucker, Wasser und Zimtstange in einen schweren Topf geben und unter Rühren kochen, bis ein heller Sirup entstanden ist. Von der Kochstelle nehmen und den Sherry untermischen.

Auf einem Glasteller die Hälfte der Kuchenstücke nebeneinanderlegen. Etwas Sirup darüberträufeln und mit der Hälfte der Mandelpaste bestreichen. Die restlichen Kuchenstücke darauflegen, mit dem Sirup begießen und die übrige Mandelpaste rundum auf dem Kuchen verteilen. Mit den Rosinen, gerösteten Mandeln und kleinen, abgehobelten Zimtstückchen verzieren.

Für 10 Personen

* Siehe Anmerkung S. 229

Marquesote
Kuchenbrot

Dies ist einer der klassischen Kuchen Mexikos, den man entweder nur mit etwas Puderzucker bestreut oder – als feineres Dessert – mit einem Weinsirup und Fruchtpaste (siehe »ante de almendra«) und »ante de mamey o durazno« [S. 230]) serviert. Diese traditionelle Version wurde früher in »pulquerías« verkauft – Schenken, in denen die Männer zum Trinken zusammenkamen. Den Kuchen brachten sie ihren Ehefrauen mit, um sie zu besänftigen.

8 Eier, getrennt
125 g Zucker
1 EL Backpulver
200 g Maisstärke
125 g Butter, zerlassen
Sesam (nach Belieben)

Den Backofen auf 190 °C (Gas Stufe 3) vorheizen. Zwei Kastenformen oder eine 24×30 cm große rechteckige Backform einfetten und mit Mehl ausstäuben.

Die Eiweiß in einer großen Schüssel schlagen, bis sich steife Spitzen bilden. Nacheinander die Eigelb unterrühren. Zucker, Backpulver und Maisstärke vermischen. Die Mischung behutsam unter die Eimasse ziehen und die zerlassene und abgekühlte Butter hinzufügen. Den Teig in die Formen geben und, falls gewünscht, mit Sesam bestreuen. Für etwa 30 Minuten in den Backofen schieben. Wenn an einem in die Mitte des Kuchens geschobenen Holzspieß beim Herausziehen kein Teig haftenbleibt, ist der Kuchen gar.

Ergibt etwa 350 g Kuchen

Mandelkuchen

MICHOACÁN

Pan de Muerto
Allerheiligen-Brot

Dieser traditionelle runde Brotlaib wird während der Zeit um die »Festtage der Toten« (Allerheiligen und Allerseelen) gebacken und mit aus Teig geformten Tränen und Knochen verziert. Er gehört zu den vielen farbenprächtigen Speisen, die man in Mexiko, zusammen mit Schokolade und leuchtendgelben Tagetes, den Toten opfert.

7 g Trockenhefe
60 ml lauwarmes Wasser
500 g Mehl
6 Eier
1 TL Salz
125 g Zucker
2 TL Anissamen
1 TL geriebene Muskatnuß
125 g Butter, zerlassen
Orangenblütenwasser (nach Belieben)
1 Eiweiß sowie ½ Eigelb, verquirlt
Zucker zum Bestreuen

Die Hefe mit dem Wasser und 50 g Mehl verrühren und die Mischung stehenlassen, bis sie ihr Volumen verdoppelt hat.

Das restliche Mehl in eine große Schüssel geben und in der Mitte eine Mulde machen. Eier, Salz, Zucker, Anissamen, Muskatnuß, Butter und Orangenblütenwasser hineingeben. Kräftig rühren, dann die Hefemischung hinzufügen und untermischen. Den Teig auf einem bemehlten Brett etwa 15 Minuten kneten oder so lange, bis er nicht mehr klebt.

Den Teig in eine gefettete Schüssel legen, mit einem Tuch abdekken und etwa 3 Stunden an einem warmen, zugfreien Platz gehen lassen, bis er sein Volumen verdoppelt hat.

Den Backofen auf 230 °C (Gas Stufe 5) vorheizen. Aus etwa einem Drittel des Teigs eine 5 cm große Kugel und eine lange Wurst formen. Die Wurst in Stücke teilen und diese zu kleinen Knochen modellieren. Beiseite stellen.

Aus dem restlichen Teig einen runden Laib formen und diesen mit dem verquirlten Ei bestreichen. Die Teigkugel auf die Mitte des Brotes setzen und die »Knochen« um sie herum arrangieren. Ebenfalls mit dem verquirlten Ei bestreichen.

10 Minuten backen, dann die Temperatur auf 180 °C (Gas Stufe 2–3) herunterschalten und noch einmal 30 Minuten backen.

Den Zucker darüberstreuen. Mit Zimmertemperatur servieren (s. Abbildung S. 224–225).

Für 8 Personen

Flan
Karamelpudding

Dieses weltbekannte spanische Dessert erfreut sich auch in Mexiko großer Beliebtheit. Es wurde von den Konquistadoren in die Neue Welt gebracht, die auch Milch und Eier in Mexiko einführten. Ähnliche, mit Eiern zubereitete Puddings sind in vielen Küchen populär, typisch für den Flan ist jedoch sein Karamelüberzug. Das Grundrezept kann mit 2 Eßlöffeln löslichem Kaffee und 2 Teelöffeln Kaffeelikör verfeinert werden.

300 g Zucker
2 EL Wasser
1 l Milch
1 TL Vanille-Essenz
Salz
4 Eier
3 Eigelb
½ TL Maisstärke
1 EL kaltes Wasser

Den Backofen auf 180 °C (Gas Stufe 2–3) vorheizen. 180 g Zucker mit 2 Eßlöffeln Wasser in einen schweren Topf geben und bei mittlerer Temperatur erhitzen. Den Topf ständig schütteln, bis der Zucker karamelisiert und goldbraun wird.

Den Karamel in eine 1,5 l fassende Ringform, Charlottenform oder runde Backform geben und die Form leicht schwenken, damit Boden und Seitenwände gleichmäßig mit dem Karamel überzogen werden. Beiseite stellen.

In einem zweiten Topf Milch, restlichen Zucker, Vanille-Essenz und Salz vermischen und zum Kochen bringen. Die Hitze reduzieren und die Mischung etwa 10 Minuten köcheln lassen, bis die Milch um die Hälfte eingekocht ist. Zum Warmhalten den Deckel auflegen und beiseite stellen.

Ganze Eier und die zusätzlichen Eigelb in einer großen Schüssel verquirlen. Maisstärke und Wasser verrühren und zu der Eimasse geben. Die warme Milch unter ständigem Rühren langsam hinzufügen.

Gut durchrühren, dann die Eiermilch durch ein Sieb geben und in die mit dem Karamel überzogene Form gießen.

Die Form mit Alufolie abdecken, in einen großen Bräter setzen und diesen 3 cm hoch mit kochendem Wasser füllen.

Den Flan für 35–40 Minuten in den Backofen schieben, bis er fest geworden ist.

Den Flan auf Zimmertemperatur abkühlen lassen (etwa 30 Minuten), dann in den Kühlschrank stellen, am besten über Nacht. Zum Servieren auf eine Platte stürzen.

Anmerkung: Falls sich der Karamel am Boden der Form nicht löst, diese kurz in heißes Wasser tauchen.

Für 6–8 Personen

YUCATÁN

Torta Imperial
Kaiserkuchen

Das Rezept für diesen leichten Mandelkuchen stammt aus Mérida. Es kombiniert besonders reizvoll die Aromen von Zimt und Vanille mit dem Geschmack von Orangen.

300 g blanchierte Mandeln
1 EL Mehl
6 Eier, getrennt
1 TL Weinstein
430 g Zucker
½ TL Vanille-Essenz
500 ml Wasser
1 Stück Zimtstange (etwa 7,5 cm lang)
1 EL abgeriebene Orangenschale
1 TL Orangenlikör
30 g geröstete Mandelblättchen

Den Backofen auf 165 °C (Gas Stufe 2) vorheizen. Eine 23 cm große Springform einfetten und mit Mehl ausstäuben.

Die Mandeln in einer Mandelmühle oder Küchenmaschine mahlen. Mit dem Mehl vermischen und beiseite stellen.

Das Eiweiß in einer großen Schüssel schaumig schlagen. Den Weinstein hinzufügen und weiterschlagen. Eßlöffelweise den Zucker dazugeben und weiterschlagen, bis sich steife Spitzen bilden. Nacheinander die Eigelb und die Vanille-Essenz hinzufügen. Die Mandel-Mehl-Mischung mit einem Spatel unterziehen. Den Teig in die vor-

Flan (links) *und Kaiserkuchen* (rechts)

bereitete Form füllen und 25–35 Minuten backen. Den Kuchen 5 Minuten abkühlen lassen, aus der Form nehmen und beiseite stellen.

Das Wasser mit dem restlichen Zucker, Zimtstange und abgeriebener Orangenschale vermischen und bei mittlerer Hitze kochen, bis ein heller Sirup entstanden ist. Dann den Orangenlikör hineinrühren. Den Kuchen mit dem abgekühlten Sirup überziehen und mit den Mandelblättchen bestreut servieren.

Abwandlung: Statt mit Sirup kann der Kuchen auch mit Eiercreme überzogen werden.

Für 6 Personen

YUCATÁN

PATAS
Süße Hefebrötchen

Das Rezept für diese gehaltvollen Brötchen stammt ursprünglich aus Frankreich und wird seit vielen Generationen in der Familie von Virginia Vázquez zubereitet.

10,5 g Trockenhefe
60 ml lauwarmes Wasser
750 g Mehl
4 Eier
150 g Zucker
5 Eier, getrennt
380 g weiche Butter
Zucker zum Bestreuen

Die Hefe in dem lauwarmen Wasser auflösen.

Die 5 Eiweiß in eine Schüssel geben und in die Nähe der Arbeitsfläche stellen. Die Hände damit befeuchten, wenn sich der Teig trokken anfühlt.

Ein Drittel des Mehls in eine Schüssel geben und in der Mitte eine Mulde machen. 1 Ei und 1 Eßlöffel Zucker hineingeben, dann die aufgelöste Hefe. Die Zutaten mit den Fingerspitzen gründlich vermischen.

Dann den Teig auf einem bemehlten Brett 10–15 Minuten kneten, bis man das Geräusch kleiner platzender Bläschen hört.

Den Teig zu einer Kugel formen und auf der Oberseite kreuzförmig einschneiden. In eine leicht gefettete Schüssel legen und zugedeckt für etwa 1 Stunde an einen warmen Platz stellen, bis er geht.

Das restliche Mehl in eine große Schüssel geben und in der Mitte eine Mulde machen. Die verbliebenen ganzen Eier, die 5 Eigelb und Zucker hineingeben. Mit den Fingerspitzen die Hälfte dieser Zutaten in das Mehl einarbeiten.

Den gegangenen Teig hinzufügen und alles zu einem glatten Teig verkneten. (Die Hände zwischendurch immer wieder mit dem Eiweiß befeuchten und den Teig dünn mit Butter bestreichen, wenn er zu kleben beginnt.)

Den Teig etwa 30 Minuten kneten, bis sich Bläschen bilden. Zu einer Wurst von etwa 7 cm Dicke und 45 cm Länge ausrollen und diese in 12 Scheiben schneiden.

Die Teigstücke mit Butter bestreichen. Ein Stück in die gut eingefetteten Hände nehmen und, in der Mitte beginnend, auseinanderziehen, bis ein etwa 30 cm großes Quadrat entstanden ist. Der Teig sollte nun durchscheinend sein. Großzügig mit Butter bestreichen und in 3 Streifen schneiden. Einen Streifen um einen gefetteten zylindrischen Gegenstand mit etwa 2 cm Durchmesser wickeln. (Falls nichts anderes vorhanden ist, kann man einen sorgfältig gereinigten Besenstiel verwenden.) Den zweiten Streifen an den ersten ansetzen und ebenfalls darumwickeln, schließlich mit dem dritten ebenso verfahren. Die Teigrolle auf ein gefettetes Backblech setzen. Mit den übrigen Teigstücken ebenso verfahren.

Zwischen den Brötchen 5 cm Abstand lassen, damit sie nicht zusammenkleben.

Die Backbleche an einen warmen Platz stellen und die Brötchen abgedeckt noch 3 Stunden gehen lassen.

Den Backofen auf 180 °C (Gas Stufe 2–3) vorheizen. Die Brötchen mit je 1 Eßlöffel Zucker bestreuen. Dann etwa 25–30 Minuten backen, bis sie leicht gebräunt sind. Herausnehmen und etwas abkühlen lassen. Warm servieren.

Ergibt 12 Brötchen

ROSCA DE REYES
Dreikönigskranz

Dieses süße Brot hat die Form einer »Krone« und wird traditionell am 6. Januar, dem Dreikönigstag, gegessen. Kurz vor Ende der Backzeit drückt man an einer beliebigen Stelle eine kleine Porzellanpuppe oder eine Bohne in das Brot, die das Jesuskind darstellt. Derjenige, der in seinem Kuchenstück die Puppe oder Bohne findet, wird zum König des Festtags ernannt und muß am 2. Februar, zu Lichtmeß, ein Fest veranstalten.

7 g Trockenhefe
125 ml lauwarmes Wasser
500 g Mehl
3 Eier
3 Eigelb
90 g Zucker
½ TL Salz
1 TL abgeriebene Limetten- oder Orangenschale

Süße Hefebrötchen

2 EL Orangenblütenwasser oder Milch
180 g weiche Butter

ZUM DEKORIEREN

100 g Margarine
100 g Puderzucker
2 Eigelb
100 g Mehl
100 g Zitronat, in Streifen geschnitten
3 kandierte Feigen, in Streifen geschnitten
1 kandierte Orange, in Streifen geschnitten
1 Ei, verquirlt
Zucker zum Bestreuen

Die Hefe in das lauwarme Wasser streuen, 2 Eßlöffel Mehl hinzufügen und verrühren. 20 Minuten an einem warmen Platz stehenlassen. Das restliche Mehl in eine große Schüssel geben und in der Mitte eine Mulde machen. Eier, Eigelb, Zucker, Salz, Limettenschale, Orangenblütenwasser, Butter und aufgelöste Hefe hineingeben. Die Zutaten mit den Fingerspitzen vermischen, dann auf einem bemehlten Brett etwa 15 Minuten kneten, bis ein glatter Teig entstanden ist, in dem sich Bläschen bilden. Zu einer Kugel formen und in eine dünn gefettete Schüssel legen. Abgedeckt an einem warmen Platz gehen lassen, bis er sein Volumen verdoppelt hat.

In der Zwischenzeit für die Verzierung die Margarine in einer kleinen Schüssel schaumig rühren, dann Zucker, Eigelb und Mehl unterschlagen. Beiseite stellen.

Den Teig noch einmal durchkneten und zu einem großen Kranz formen. Auf ein gefettetes Backblech legen und weitere 45 Minuten an einem warmen Platz gehen lassen.

Den Backofen auf 250 °C (Gas Stufe 6) vorheizen. Den Kranz abwechselnd mit der Zuckermasse und kandierten Früchten verzieren. Die Früchte etwas in den Teig drücken. Den Kranz mit dem verquirlten Ei bestreichen und mit Zucker bestreuen. Dann 10 Minuten backen. Die Hitze auf 200 °C (Gas Stufe 3–4) reduzieren, den Kranz aus dem Backofen nehmen und in den Boden eine kleine Porzellanpuppe oder Bohne drücken. Wieder in den Backofen schieben und nochmals etwa 20 Minuten backen (s. Abbildung S. 224–225).

Für 12 Personen

Geröstetes Brot in Zuckersirup

PUEBLA

TORREJAS
Geröstetes Brot in Zuckersirup

Im Bundesstaat Puebla gibt man nach einem alten Brauch Kindern, die ihren ersten Zahn bekommen, diese mexikanische Version der »Armen Ritter«.

750 ml Milch
1 Stück Zimtstange (etwa 7,5 cm lang)
125 g Zucker oder geriebener *piloncillo*
14 Scheiben *bolillo* oder Baguette (1 cm dick)
Öl zum Braten
4 Eier, verquirlt

SIRUP

500 ml Wasser
500 g geriebener *piloncillo* oder brauner Zucker
1 Stück Zimtstange (etwa 5 cm lang)
1 EL in sehr feine Streifen geschnittene Limettenschale

Milch, Zimt und Zucker in einem schweren Topf 5 Minuten kochen. Abkühlen lassen.

Die Weißbrotscheiben in eine große ofenfeste Form legen und zwei Drittel der Milch darübergeben.

1 Stunde stehenlassen.

In der Zwischenzeit den Sirup herstellen. Wasser, *piloncillo*, Zimt und Limettenschale in einen Topf geben und kochen, bis sich der Zucker aufgelöst hat und die Mischung leicht eingedickt ist. Warm halten.

Eine Pfanne etwa 1 cm hoch mit Öl füllen und erhitzen. Die mit Milch vollgesogenen Brotscheiben durch das verquirlte Ei ziehen und in das heiße Öl legen.

Auf jeder Seite 2–3 Minuten braten, bis sie goldbraun sind. Auf eine Platte heben.

Das Brot mit dem Zuckersirup bedecken und mit dem weißem Zucker bestreuen.

Für 6–8 Personen

OAXACA

Pan de Yema Oaxaqueño
Eierbrot aus Oaxaca

Dies ist Socorrito Zorrillas Version des Eierbrotes, das in Oaxaca in holzbefeuerten Tonöfen gebacken wird. Dieses große süße Brot hat eine knusprige Kruste und lockere Krume, und man kann es ausgezeichnet toasten oder in heiße Schokolade tunken.

Dessert von Bataten

14 g Trockenhefe
250 ml lauwarmes Wasser
1 kg Mehl
185 g Zucker
250 g Butter, zerlassen
1 EL Salz
5 Eier
10 Eigelb
1 EL Anissamen
1 Eiweiß sowie ½ Eigelb, verquirlt
Sesam (nach Belieben)

Die Hefe in dem lauwarmen Wasser auflösen, dann mit 125 g Mehl und 1 Eßlöffel Zucker verrühren. 1 Stunde stehenlassen.

Das restliche Mehl in eine große Schüssel geben. In der Mitte eine Mulde machen und verbliebenen Zucker, Butter, Salz, ganze Eier, Eigelb, Anissamen und aufgelöste Hefe hineingeben. Die Zutaten mit den Händen gründlich vermischen, dann den Teig auf einem bemehlten Brett kräftig kneten, bis er elastisch ist. Er sollte nicht mehr an den Händen kleben.

Den Teig in eine gefettete Schüssel legen, mit einem Tuch abdekken und an einem warmen, zugfreien Ort gehen lassen, bis er sein Volumen verdoppelt hat.

Den Teig noch einmal kräftig durchkneten. Zu zwei ovalen Laiben formen und diese auf ein gefettetes Backblech legen. An einem warmen Platz gehen lassen, bis der Teig wiederum sein Volumen verdoppelt hat.

Den Backofen auf 190 °C (Gas Stufe 3) vorheizen. Die Brote oben mehrmals parallel einschneiden, mit dem verquirlten Ei bestreichen und, falls gewünscht, mit Sesam bestreuen. 35–40 Minuten backen (s. Abbildung S. 224–225).

Ergibt 2 Laibe

PUEBLA

Dulce Poblano de Camotes
Dessert von Bataten

Ein echter »camote« ist kaum zu bekommen, doch für dieses traditionelle, leichte Dessert kann man auch gewöhnliche Süßkartoffeln verwenden. Das vorliegende Rezept stammt von María Dolores Torres Yzábal.

550 g Bataten, geschält und in Stücke geschnitten
125 g sowie 1 EL Zucker
100 g Butter
½ TL Zimtpulver
125 ml dicke Sahne (s. Glossar) oder Crème fraîche
1 TL abgeriebene Orangenschale
60 g Rosinen

Die in Stücke geschnittenen Bataten in einem Topf mit kochendem Wasser 25 Minuten garen. Abtropfen lassen, mit 125 g Zucker, Butter, Zimt, Sahne und der Hälfte der Orangenschale vermischen und noch heiß zerdrücken.

Den Backofen auf 165 °C (Gas Stufe 2) vorheizen. Eine Backform einfetten und mit 1 Eßlöffel Zucker und der übrigen abgeriebenen Orangenschale ausstreuen. Die Batatenmasse in die Form geben, glattstreichen und 10 Minuten backen. Mit den Rosinen verzieren und abkühlen lassen.

Für 6 Personen

COLIMA

COCADA
Dessert von Kokosnuß

Entlang der Pazifikküste bekommt man eine harte Version der »cocada« als Riegel in Cellophan verpackt. Diese weichere Version kann in kleinen Schalen als Dessert serviert werden. Sie läßt sich gut im Kühlschrank aufbewahren, zum Essen sollte sie aber immer Zimmertemperatur haben.

1 kleine Kokosnuß
250 ml Kokosmilch
250 ml Milch
250 g Zucker
3 Eigelb
60 ml trockener Sherry
30 g Mandeln, enthäutet und längs halbiert

Die Kokosnuß für 8–10 Minuten in den 200 °C (Gas Stufe 3–4) heißen Backofen schieben, damit sie sich leichter öffnen läßt. Die »Augen« der Kokosnuß durchbohren und die Milch durch ein Sieb in einen Topf laufen lassen, dann die Nuß in Stücke brechen. Schale und dünne braune Haut entfernen, das Fleisch raspeln.

Kokosraspeln, Kokosmilch, Milch und Zucker in einen Topf geben und kochen, bis die Kokosraspeln glasig werden. Von der Kochstelle nehmen und etwas abkühlen lassen. Die Eigelb mit dem Sherry verquirlen und in den Topf rühren. Die Mischung bei schwacher Hitze unter Rühren garen, bis sie dick wird. Etwas abkühlen lassen, dann in eine 20 cm große, quadratische ofenfeste Form füllen.

Das Dessert mit den Mandeln verzieren. Erkalten lassen, anschließend in dem auf 260 °C (Gas Stufe 6) vorgeheizten Backofen bräunen. In kleine Quadrate schneiden und mit Zimmertemperatur servieren.

Anmerkung: Bei einer großen Kokosnuß die Zuckermenge im Verhältnis zur Kokosmilchmenge erhöhen.

Für 4–6 Personen

Dessert von Kokosnuß

Orangenplätzchen

PUEBLA

POLVORONES DE NARANJA
Orangenplätzchen

Jede Region in Mexiko hat ihre besondere Version dieser Kekse, deren Name sich von dem spanischen Wort »polvo« (Staub) ableitet, was ihre duftige Konsistenz verrät. María Dolores Torres Yzábal verwendet als Aromazutat Orange, häufig werden jedoch auch gemahlene Nüsse und Zimt hinzugefügt. Das Schweineschmalz kann man durch eine Mischung aus gleichen Teilen Butter und gehärtetem Pflanzenfett ersetzen.

250 g Schweineschmalz
125 g Zucker
2 große Eigelb
60 ml Orangensaft
Abgeriebene Schale von 2 Orangen
500 g Mehl
Puderzucker

Den Backofen auf 200 °C (Gas Stufe 3–4) vorheizen. Das Schweineschmalz in einer großen Schüssel schlagen, bis es cremig ist. Nach und nach den Zucker hinzufügen. Wenn er gut untergemischt ist, Eigelb, Orangensaft und Orangenschale dazugeben. Das Mehl mit einem Spatel unterrühren.

Den Teig auf der bemehlten Arbeitsfläche 2 cm dick ausrollen. 6 cm große Kreise ausstechen und auf ein gefettetes Backblech setzen. Die Teigreste zusammennehmen und wieder ausrollen, bis der Teig aufgebraucht ist.

Die Kekse etwa 25 Minuten backen, bis die Ränder leicht gebräunt sind. Auf einem Kuchengitter auskühlen lassen, dann auf eine Platte legen und den Puderzucker darübersieben.

Ergibt etwa 36 Kekse

Buñuelos

Buñuelos
Fettgebackene Fladen mit Zucker-Zimt-Sirup

Diese ausgebackenen Teigfladen sind flacher als das traditionelle spanische Gebäck, aber dennoch luftig-leicht. Obwohl man die »buñuelos« das ganze Jahr hindurch bekommt, bäckt man sie doch besonders gern zur Weihnachtszeit und ißt sie zu heißer Schokolade.

125 ml Wasser
3 Orangenblätter oder ¼ TL Orangenlikör (nach Belieben)
250 g Mehl
1 Ei
1 EL Zucker
1 EL gekühlte Margarine oder gekühltes Kokosfett, gewürfelt
Öl zum Braten
Zuckersirup (Rezept s. rechts)

In einem kleinen Topf Wasser und Orangenblätter 3 Minuten kochen. Die Blätter wegwerfen, das Wasser zurückstellen. (Oder das Wasser zum Kochen bringen und den Orangenlikör hinzufügen, dann beiseite stellen.)

Das Mehl in eine große Schüssel füllen und in der Mitte eine Mulde machen. Ei, Zucker und Margarine oder Kokosfett hineingeben. Die Zutaten mit den Fingerspitzen vermischen, bis sie die Konsistenz von grobem Mehl haben. Das zurückgestellte Wasser nach Bedarf eßlöffelweise untermischen. Den Teig mit den Händen etwa 3 Minuten kneten, bis er geschmeidig ist.

Eine Glasschüssel dünn ausfetten, den Teig hineinlegen, abdekken und 20 Minuten ruhen lassen.

Aus dem Teig zwölf Kugeln von etwa 4 cm Durchmesser formen.

Die Arbeitsfläche und ein Nudelholz mit Mehl bestäuben. Die Teigkugeln zu Kreisen von etwa 18 cm Größe ausrollen. Mit den Fingern weiter auseinanderziehen, bis der Teig fast transparent ist – er darf aber nicht reißen.

In der Zwischenzeit eine große Pfanne etwa 1 cm hoch mit Öl füllen. Wenn es sehr heiß ist, einen Teigfladen hineinlegen. Nach 15–20 Sekunden umdrehen und noch einmal etwa 30 Sekunden fritieren, bis er aufgegangen ist und goldbraun wird.

Die gebackenen *buñuelos* auf einen mit Küchenkrepp abgedeckten Teller legen, damit überschüssiges Öl aufgesogen wird. Die übrigen Fladen ausbacken.

Die *buñuelos* mit etwas Sirup beträufeln. Warm oder mit Zimmertemperatur servieren.

Anmerkung: Dieses Gebäck schmeckt auch köstlich, wenn man es noch heiß mit Zucker bestreut.

Ergibt 12 Stück

Zucker-Zimt-Sirup

900 ml Wasser
½ TL Anissamen
2 Kegel *piloncillo* (etwa 350 g)
1½ Zimtstangen (zusammen etwa 15 cm lang)
Schale von ¼ Orange
4 Guaven, halbiert (nach Belieben)

Das Wasser in einem schweren Topf erhitzen. Anissamen, *piloncillo*, Zimtstangen, Orangenschale und Guaven hineingeben und bei mittlerer Temperatur 10 Minuten kochen lassen.

Umrühren, die Hitze reduzieren und den Sirup noch einmal 5 Minuten köcheln lassen.

Ergibt etwa 850 ml

GUANAJUATO

Gelatina de Rompope con Fresas
Eierlikör-Pudding mit Erdbeersauce

Dieses herrliche Dessert wird mit »rompope« zubereitet, einem dickflüssigen mexikanischen Eierlikör. Man bekommt ihn in lateinamerikanischen Lebensmittelgeschäften, aber noch besser stellt man ihn selber her (Rezept S. 54).

5 TL Gelatinepulver
60 ml Wasser
250 ml Crème double
500 ml *rompope* (Rezept S. 54)
¼ TL Vanille-Essenz
4 Eiweiß
500 g Erdbeeren, geputzt
2 EL Zucker
1 EL Anisette

Das Wasser in eine kleine Schüssel geben und die Gelatine hineinstreuen. Etwa 5 Minuten quellen lassen.

In der Zwischenzeit die Sahne in einem kleinen Topf leicht erwärmen. Von der Kochstelle nehmen und die Gelatine sorgfältig hineinrühren. Die Mischung durch ein Sieb in eine Schüssel geben. Eierlikör und Vanille-Essenz hinzufügen und gut unterrühren. Die Mischung beiseite stellen.

Das Eiweiß in einer großen Schüssel schlagen, bis sich steife Spitzen bilden. Die Eierlikörmischung unterziehen und die Masse in eine dünn gefettete 1,5 l fassende Ringform füllen. Mindestens 4 Stunden in den Kühlschrank stellen, besser aber über Nacht.

In der Zwischenzeit die Erdbeeren mit Zucker und Anisette in eine Glasschüssel geben und 2 Stunden ziehen lassen. Dann im Mixer pürieren und beiseite stellen.

Den Pudding kurz vor dem Servieren stürzen und die Erdbeersauce darübergeben.

Für 4–6 Personen

HIDALGO

Gelatina de Almendra
Mandelpudding

Nach diesem alten Rezept von María Dolores Torres Yzábal läßt sich ein erfrischendes Dessert zubereiten, zu dem man Kekse reicht. Da am Fuß der Sierra Madre Oriental ausgedehnte Plantagen mit Apfel-, Pfirsich- und Pflaumenbäumen wachsen, findet man diese Früchte in vielen Desserts der Region. Diesen Pudding sollte man mit Pflaumenkompott servieren, denn das Aroma von Pflaumen und Mandeln ergänzt sich hervorragend; doch man kann statt dessen auch anderes Obst verwenden, wie etwa Erdbeeren oder pochierte Birnen.

2½ TL Gelatinepulver
560 ml kalte Milch
150 g Zucker
4 Eigelb
100 g Mandeln, enthäutet
⅛ TL Mandel-Essenz (nach Belieben)

In eine kleine Schüssel 60 ml Milch geben und die Gelatine hineinstreuen. 5 Minuten quellen lassen.

In der Zwischenzeit die übrige Milch mit Zucker, Eigelb und Mandeln in den Mixer geben und das Gerät einschalten. Wenn die Mandeln gemahlen sind, die Mischung in einem Topf bei schwacher Hitze garen, bis sie leicht eingedickt ist. Von der Kochstelle nehmen und die Mandel-Essenz hineinrühren. Die Gelatine hinzufügen und sorgfältig unterrühren.

Die Mischung in eine dünn gefettete 1 l fassende Form füllen. Etwas abkühlen lassen, dann für mindestens 3 Stunden in den Kühlschrank stellen, besser aber über Nacht.

Den Pudding auf eine Platte stürzen und Kompott dazu reichen. Gut passen dazu entsteinte Backpflaumen, die mit etwas Zucker und Wasser gegart wurden. Vor dem Servieren Amaretto nach Geschmack hinzufügen.

Für 6 Personen

Eierlikör-Pudding mit Erdbeersauce (oben) *und Mandelpudding* (unten)

MÉXICO, DISTRITO FEDERAL

Gelatina de Café con Licor de Café
Kaffeepudding

Mit Gelatine hergestellte Süßspeisen sind in Mexiko sehr beliebt. Sie werden mit Milch, Früchten und aromatischen Zutaten zubereitet und in allen Farben des Regenbogens serviert. Dieses Dessert ist sozusagen eine Würdigung der mexikanischen Kaffeeliköre, die man heute in vielen Ländern schätzt. Es eignet sich hervorragend als krönender Abschluß eines üppigen Essens.

2½ TL Gelatinepulver
375 ml kaltes Wasser
60 g Zucker
3 TL Instant-Kaffee
250 ml Kahlua oder anderer Kaffeelikör

In eine kleine Schüssel 125 ml Wasser geben und die Gelatine hineinrühren, 5 Minuten quellen lassen.

In der Zwischenzeit das restliche Wasser mit Zucker und Kaffee bei mittlerer Temperatur in einen Topf geben. Rühren, bis sich der Zucker aufgelöst hat.

Wenn die Mischung zu kochen beginnt, von der Kochstelle nehmen. Die Gelatine hinzufügen und sorgfältig hineinrühren. Den Kaffeelikör dazugeben und untermischen.

Die Mischung in dünn gefettete Portionsförmchen oder in eine dünn gefettete 1 l fassende Form geben. Etwas abkühlen lassen, dann für etwa 3 Stunden in den Kühlschrank stellen, bis der Pudding fest geworden ist. Stürzen und auf jede Portion einen Klecks Schlagsahne, eine Maraschinokirsche oder eine andere Frucht und ein Minzeblatt setzen. Man kann diesen Pudding auch mit Schokoladenraspeln oder einer Kaffeebohne dekorieren.

Für 6 Personen

CHIHUAHUA

Flan Blanco

Weißer Flan

Auch wenn dies kein »flan« im klassischen Sinn ist – ihm fehlen als typische Zutaten Eigelb und Milch –, hat er doch einen Karamelüberzug, unter dem sich als Überraschung eine leichte Baisermasse verbirgt. Dieses Rezept stammt von Rosario Madero, die die Süßspeise für ihre Familie auf der heimischen »hacienda« (Gutshof) in Chihuahua zubereitet.

12 Eiweiß
⅛ TL Salz
½ TL Weinstein
135–250 g Zucker
1½ TL Vanille-Essenz
½ TL Mandel-Essenz

KARAMEL

400 g Zucker
⅛ TL Salz
½ TL Vanille-Essenz
¼ TL Mandel-Essenz

ZUM DEKORIEREN

250 ml Crème double
Salz
1 EL Puderzucker
½ TL Vanille-Essenz
¼ TL Mandel-Essenz
150 g geröstete Mandelstifte

Den Backofen auf 180 °C (Gas Stufe 2–3) vorheizen. Die Zutaten für den Karamel in einen schweren Topf geben und bei mittlerer Temperatur erhitzen. Den Topf ununterbrochen schütteln, bis der Zucker karamelisiert und goldgelb geworden ist. Den Karamel in eine 2 l fassende Ringform geben. Die Form drehen, sanft schwenken, um Boden und Seitenwände gleichmäßig mit dem Karamel zu überziehen. Beiseite stellen.

Die Eiweiß mit Salz und Weinstein in eine große Schüssel geben und schlagen, bis sich steife Spitzen bilden. Den Zucker unterziehen, dann Vanille- und Mandel-Essenz hinzufügen. Die Masse in die Form füllen. (Der Karamel sollte nun hart sein.) Die Form mit dem Flan in ein größeres ofenfestes Gefäß setzen und dieses etwa 2,5 cm hoch mit kochendem Wasser füllen. Für 45–60 Minuten in den Backofen schieben.

Die Form nicht sofort aus dem Backofen nehmen, sondern den Herd ausschalten und den Flan noch 10 Minuten bei geöffneter Tür im Backofen stehenlassen. Dann an einen Platz stellen, wo er weder Zug noch starken Temperaturschwankungen ausgesetzt ist. Wenn der Flan auf Zimmertemperatur abgekühlt ist (nach etwa 20 Minuten), auf eine Platte stürzen und mit der Karamelsauce überziehen. Um in der Form klebenden Karamel zu lösen, 250 ml Wasser hineingeben und die Form unter ständigem Rühren über eine heiße Flamme halten, bis sich der Karamel gelöst hat. Etwas abkühlen lassen und über den Flan geben.

Für die Dekoration die Sahne mit dem Salz schlagen. Wenn sie dick wird, Zucker sowie Vanille- und Mandel-Essenz untermischen. Die Sahne weiterschlagen, bis sie steif ist.

Die Sahne löffelweise auf den Flan setzen und die gerösteten Mandelstifte darüberstreuen.

Für 8 Personen

Weißer Flan (links) *und Kaffeepudding* (rechts)

Flambierte Karamel-Crêpes

GUANAJUATO

Crepas de Cajeta
Flambierte Karamel-Crêpes

Die mit Ziegenmilch hergestellte Original-»cajeta« wurde einst in kleinen Holzschachteln (»cajetas«) in den Geschäften von Celaya in Guanajuato verkauft, wo man sie in riesigen Kupfertöpfen zubereitete. Heute bekommt man sie in verschiedenen Geschmacksrichtungen, meist in Gläsern. Man kann sie über Desserts geben oder, wie in diesem Rezept, für Crêpes verwenden.

CREPES

375 ml Milch
60 g Mehl
1 Ei
1 EL Öl
Butter

SAUCE

30 g Butter
250 ml *cajeta* (Rezept S. 243)
125 ml Orangensaft
1 EL weißer Tequila
100 g gehackte Walnüsse

Für die Crêpes Milch, Mehl, Eier und Öl in einer Rührschüssel verquirlen. 5 Minuten stehenlassen. Eine beschichtete Crêpepfanne dünn einbuttern und bei mittlerer Temperatur erhitzen. 1½ Eßlöffel Teig in die Pfanne geben und diese drehen, um den Boden gleichmäßig mit dem Teig zu überziehen. Sobald die Ränder trocken werden, die Crêpe umdrehen. Wenn die zweite Seite leicht gebräunt ist, die Crêpe auf einen Teller legen. Vor der Herstellung weiterer Crêpes die Pfanne jedesmal neu einfetten. Es sollten etwa 12 Crêpes vorhanden sein. Beiseite stellen.

Für die Sauce die Butter in einem kleinen Topf zerlassen. *Cajeta* und Orangensaft hinzufügen. Bei mittlerer Hitze 3–5 Minuten rühren, bis die Zutaten gut vermischt und heiß sind. Den Tequila dazugeben, heiß werden lassen und anzünden.

Vor dem Servieren die Sauce nochmals kurz erhitzen. Die Crêpes zweimal zusammenfalten, so daß Dreiecke entstehen. Nacheinander in die Sauce tauchen. Je zwei Crêpes auf einen Teller legen, die restliche Sauce auf die Teller verteilen und die gehackten Walnüsse darüberstreuen. Heiß servieren.

Für 6 Personen

Cajeta
Karamelsauce

60 ml Wasser
1 TL Natron
1 l Milch (vorzugsweise Ziegenmilch)
250 g Zucker
1 TL Vanille-Essenz (nach Belieben)

In einer Tasse Wasser und Natron verrühren. Beiseite stellen.

In einem Topf Milch und Zucker vermischen und zum Kochen bringen. Auf mittlere Temperatur herunterschalten und das Natronwasser unter ständigem Rühren langsam dazugeben, dabei darauf achten, daß am Boden der Tasse gesammeltes Natron nicht mit in den Topf kommt. Die Mischung 50–60 Minuten unter Rühren weitergaren, bis sie einen Löffelrücken überzieht*, klar geworden ist und eine tiefbraune Farbe bekommen hat.

Die Mischung in eine Schüssel geben und die Vanille-Essenz hineinrühren.

Abkühlen lassen. Im Kühlschrank hält sich die *cajeta* abgedeckt bis zu zwei Monaten.

Ergibt etwa 875 ml

GUERRERO

Merengue con Natilla y Mango
Meringekranz mit Mangos und Eiercreme

Kay Mendieta de Alonso serviert diese köstliche Baisertorte als krönenden Abschluß eines festlichen Abendessens.

625 g Zucker
250 ml Eiweiß (von etwa 7 Eiern)
1 TL Essig
4 Mangos, geschält, entsteint und in Scheiben geschnitten (zum Dekorieren)

EIERCREME
500 ml Milch
125 g Zucker
1 TL in sehr feine Streifen geschnittene Limettenschale
4 Eigelb
2 EL Maisstärke
1 ½ TL Weinbrand

Den Backofen auf 250 °C (Gas Stufe 6) vorheizen. 250 g Zucker in einen schweren Topf geben und bei mittlerer Temperatur erhitzen. Dabei den Topf ständig schütteln, bis der Zucker karamelisiert ist und goldbraun wird. In eine 1,5 l fassende Ringform geben und die Form sanft schwenken, um Boden und Seitenwände gleichmäßig mit dem Karamel zu überziehen. Beiseite stellen.

Den restlichen Zucker im Mixer feinmahlen.

Das Eiweiß in einer großen Schüssel schlagen. Wenn es schaumig zu werden beginnt, den Essig hinzufügen. Den gemahlenen Zucker dazugeben und weiterschlagen, bis ein steifer Eischnee entstanden ist. Die Baisermasse mit Hilfe eines Schabers in die karamelüberzogene Form füllen.

Die Form in ein größeres ofenfestes Gefäß setzen und dieses etwa 2,5 cm hoch mit kochendem Wasser füllen. Das Baiser etwa 5 Minuten im Backofen backen, bis es aufgegangen und goldbraun ist. Dann die Temperatur auf 120 °C (Gas niedrigste Stufe) herunterschalten und es weitere 40 Minuten backen. Den Herd ausschalten und die Tür sehr langsam öffnen, so daß das Baiser nach und nach auskühlt und nicht zusammenfällt. Noch 40 Minuten bei geöffneter Tür im Backofen stehenlassen. Auf Zimmertemperatur abkühlen lassen, dann für mindestens 3 Stunden in den Kühlschrank stellen, am besten über Nacht.

Für die Eiercreme Milch, Zucker und Limettenschale in einem Topf erwärmen. In einer kleinen Schüssel Eigelb und Maisstärke verrühren. Unter ständigem Rühren 125 ml der angewärmten Milch dazugeben.

Diese Mischung in den Topf mit der restlichen Milch geben und bei schwacher Hitze unter ständigem Rühren etwa 8 Minuten garen, bis die Creme dick wird – sie darf aber nicht kochen.

Von der Kochstelle nehmen und den Weinbrand hineinrühren. Abkühlen lassen.

Zum Servieren den Baiserkranz auf eine Platte stürzen. Noch in der Form haftenden Karamel herauskratzen und über das Baiser geben. Die Mangoscheiben in der Mitte und um den Kranz herum verteilen.

Die Eiercreme getrennt in einer Schüssel dazu reichen.

Für 8–10 Personen

Meringekranz mit Mangos und Eiercreme

* Wenn man den Löffel mit dem Rücken nach oben waagrecht hält, mit dem Finger einen Strich zieht und dieser unverändert bleibt, »überzieht« die Sauce den Löffel.

MÉXICO, DISTRITO FEDERAL

MOUSSE DE TEQUILA
Tequila-Mousse

Mousse fand erst Eingang in die mexikanische Küche, als im 19. Jahrhundert Kaiserin Carlotta und zahlreiche französische Immigranten nach Mexiko kamen; inzwischen ist sie dort außerordentlich beliebt. María Dolores Torres Yzábal hat sie mit dem unverwechselbaren Geschmack des Tequila »mexikanisiert«.

2 TL Gelatinepulver
250 g Zucker
Salz
4 Eier, getrennt
3 EL Limettensaft
2 EL Wasser
125 ml weißer Tequila
60 ml Triple Sec
Abgeriebene Schale von 1 Limette

In einem Email- oder hitzebeständigen Glastopf Gelatine, 125 g Zucker und Salz vermischen.

Die Eigelb in einer großen Schüssel schaumig schlagen. Limettensaft und Wasser hinzufügen und weiterschlagen. Die Mischung in den Topf mit der Gelatine geben und diesen auf die Kochstelle setzen. Bei mittlerer Temperatur erhitzen und 5 Minuten rühren, bis sich die Gelatine aufgelöst hat.

Von der Kochstelle nehmen und Tequila, Triple Sec und die Hälfte der abgeriebenen Limettenschale hineinrühren.

Die Eiweiß in einer großen Schüssel schlagen, bis sich steife Spitzen bilden, dabei langsam den restlichen Zucker untermischen.

Wenn die Eigelbmischung zu gelieren beginnt, den Eischnee unterziehen. Die Mousse in eine Schüssel oder Portionsschalen füllen und für mindestens 2 Stunden kalt stellen. Mit der restlichen abgeriebenen Limettenschale dekorieren.

Für 4–6 Personen

Tequila-Mousse (oben) *und Birnen mit Piloncillo und Tequila* (unten)

Reispudding

ARROZ CON LECHE
Reispudding

Reispudding ist das beliebteste Dessert Mexikos, und es gibt kaum ein Restaurant oder einen Markt, wo man ihn nicht bekommt. Zu besonderen Gelegenheiten wird mitunter noch ein Eßlöffel Weinbrand hinzugefügt. Diese Süßspeise kann gekühlt, warm oder mit Zimmertemperatur serviert werden – sie schmeckt immer wunderbar.

150 g weißer Langkornreis
750 ml Wasser
1 Stück Zimtstange (7,5 cm)
1 EL in sehr feine Streifen geschnittene Limetten- oder Orangenschale (nach Belieben)
Salz
1 l Milch
Etwa 350 g Zucker
60 g Rosinen
1 TL Vanille-Essenz
Zimtpulver (zum Dekorieren)

Den Reis mit Wasser, Zimtstange, Limettenschale und 1 Prise Salz in einem großen Topf zum Kochen bringen, dann die Temperatur herunterschalten. Den Reis zugedeckt garen, bis er fast das gesamte Wasser aufgenommen hat. Milch und Zucker hineinrühren und die Mischung bei schwacher Hitze unter ständigem Rühren garen, bis sie dick wird. Rosinen und Vanille hinzufügen und den Topfinhalt noch einmal 2 Minuten garen. Von der Kochstelle nehmen und 20 Minuten zum Abkühlen beiseite stellen. In eine Schüssel oder Portionsschalen füllen und in den Kühlschrank stellen. Vor dem Servieren mit etwas Zimt bestreuen.

Abwandlung: Der Pudding schmeckt noch gehaltvoller und cremiger, wenn man 1 Ei in die Milch rührt, bevor man sie in den Topf gibt.

Für 6 Personen

CHIHUAHUA

PERAS CON PILONCILLO Y TEQUILA
Birnen mit Piloncillo und Tequila

Martha Chapa, die großen Wert auf die ästhetische Wirkung von Speisen legt, bereitet dieses Dessert mit ganzen, aufrecht stehenden Birnen zu, die mit Sirup überzogen und mit abgeriebener Limettenschale bestreut werden. Man kann für das Rezept aber auch Äpfel verwenden.

650 ml Wasser
1 EL in feine Streifen geschnittene Limettenschale

1 Zimtstange (etwa 10 cm lang)
1 Kegel *piloncillo* (etwa 150–180 g), zerkleinert
60 ml weißer Tequila
6 feste Birnen, geschält und, falls gewünscht, halbiert und das Kerngehäuse entfernt

Wasser, Limettenschale, Zimtstange und *piloncillo* in einen Topf geben und kochen. Wenn sich der Zucker aufgelöst hat, Tequila und Birnen hinzufügen und den Deckel auflegen. Die Birnen 20 Minuten leise köcheln lassen, bis sie weich sind – dabei gelegentlich drehen. (Aber nicht zu lange garen, sie dürfen nicht musig werden.)

Abkühlen lassen und mit etwas Garflüssigkeit servieren.

Für 6 Personen

CHIHUAHUA

Capirotada
Brotauflauf in Sirup

Dies ist ein traditionelles Dessert der Fastenzeit, von dem es in jeder Region Mexikos eine spezielle Version gibt. Das Rezept kommt aus dem Norden und ist ungewöhnlich, weil es Käse enthält. Man kann diesen Brotauflauf auch als Abendessen servieren.

20–25 Scheiben *bolillo* (knuspriges Brötchen) oder Baguette vom Vortag
150 g Butter
10 Maismehl-Tortillas, geröstet (nach Belieben)
250 g geriebener *queso añejo* oder *queso Chihuahua* oder mittelscharfer Cheddar
180 g Rosinen
180 g Walnuß- oder Erdnußkerne, gehackt

SIRUP
1 Kegel *piloncillo* (etwa 150–180 g)
750 ml Wasser
1 Zimtstange (etwa 10 cm lang)
3 Nelken
250 ml Milch

Für den Sirup Zucker, Wasser, Zimtstange und Nelken in einen Topf geben. Zum Kochen bringen und rühren, bis ein heller Sirup entstanden ist.

Den Topf von der Kochstelle nehmen und die Milch langsam hineinrühren.

Die Weißbrotscheiben goldgelb toasten und anschließend mit Butter bestreichen.

Den Backofen auf 200 °C (Gas Stufe 3–4) vorheizen. Mit den Tortillas eine *cazuela* oder Kasserolle auskleiden. Die Brotscheiben in den Sirup tauchen und nebeneinander auf den Boden der *cazuela* legen. Mit einem Teil des Käses, der Rosinen und der Nüsse bestreuen. Auf diese Weise die Zutaten in die Form schichten, bis sie aufgebraucht sind.

Den restlichen Sirup durchsieben und über den Auflauf geben. Die Form mit Alufolie abdecken und für 20 Minuten in den Backofen schieben – dabei die Alufolie immer wieder abnehmen, um die Oberfläche des Auflaufs mit einem Holzlöffel zu glätten. Die Temperatur auf 150 °C (Gas Stufe 1) herunterschalten und den Auflauf noch einmal 30 Minuten backen.

Lauwarm servieren.

Abwandlung: Den Auflauf mit Baiser überziehen und im 230 °C (Gas Stufe 6) heißen Backofen 5 Minuten backen, bis das Baiser goldbraun ist.

Für 6–8 Personen

Brotauflauf in Sirup

PUEBLA

Huevos Reales
Eier auf königliche Art

Die Erfindung dieses süßen Desserts wird den kreativen Dominikanerinnen des Klosters Santa Rosa in Puebla zugeschrieben, denen man auch die Zusammenstellung des Rezeptes für »mole poblano« nachsagt. Zum Streichen der Wände im Kloster verwendete man früher Eiweiß, und wie es heißt, wurden die »huevos reales« erfunden, um die übrigbleibenden Eigelb zu verwerten. Das Dessert kann einen Tag im voraus zubereitet werden.

10 Eigelb
2 TL Backpulver
1 TL Butter
60 g Rosinen (zum Dekorieren)
Abgehobelte Zimtspäne (zum Dekorieren)

SIRUP

500 g Zucker
250 ml Wasser
7 Stücke Zimtstange (je etwa 2,5 cm lang)
2 EL trockener Sherry

Den Backofen auf 135 °C (Gas niedrigste Stufe) vorheizen. In einer großen Schüssel die Eigelb schaumig rühren, dann das Backpulver untermischen.

Eine 23 × 33 cm große Backform ausbuttern und die Eimasse hineingeben. Mit Alufolie abdecken und für etwa 45 Minuten in den Backofen schieben.

Ein in die Mitte geschobener Spieß muß nach dem Herausziehen sauber sein. (Das Dessert aber nicht zu lange backen.) Herausnehmen und 10 Minuten abkühlen lassen.

Für den Sirup Zucker, Wasser und Zimtstange in einem kleinen schweren Topf zum Kochen bringen. 5 Minuten rühren, bis ein heller Sirup entstanden ist. Von der Kochstelle nehmen und den Sherry hineinrühren.

Die Eimasse in der Form in 3 cm große Quadrate teilen. Mit dem Sirup überziehen und mit Rosinen und abgehobelten Zimtstücken verzieren.

Gekühlt oder mit Zimmertemperatur servieren.

Für 8 Personen

PUEBLA

Turrón de Ciruela Pasa
Backpflaumennougat

Turrón ist eine spanische Süßigkeit arabischer Herkunft, die gewöhnlich mit Honig und Mandeln zubereitet wird. Diese weichere mexikanische Version stellt man oft zusammen mit »huevos reales« (Rezept s. links) her, um das übrigbleibende Eiweiß zu verwerten.

125 g entsteinte Backpflaumen
375 ml Wasser
500 g Zucker
1 Zimtstange (etwa 10 cm lang)
10 Eiweiß
½ TL Weinstein
2 EL Weinbrand

Die Pflaumen mit dem Wasser im Mixer pürieren. Zucker und Zimt dazugeben und das Gerät noch einmal einschalten. Das Püree in einem Topf bei mittlerer Temperatur garen, bis es eine sämige Konsistenz hat.

In der Zwischenzeit in einer großen Schüssel die Eiweiß schaumig schlagen. Den Weinstein hinzufügen und weiterschlagen, bis sich weiche Spitzen bilden. Langsam den Pflaumensirup dazugeben und die Mischung noch etwa 10 Minuten schlagen, bis sie abkühlt. Dann den Weinbrand unterrühren.

In hohe Gläser oder eine Glasschüssel füllen. Vor dem Servieren kalt stellen.

Für 10 Personen

Backpflaumennougat (links) *und Eier auf königliche Art* (rechts)

Flambierte Bananen

TABASCO

Platanos Flameados con Ron
Flambierte Bananen

In vielen Staaten an der Küste werden Kochbananen und andere Bananenarten angebaut, doch eine besondere Rolle spielt die Banane in den Speisen der Golfküste, die deutlich von karibischen Einflüssen geprägt sind.

30 g Butter sowie etwas Butter zum Ausfetten der Form
60 g brauner Zucker
6 reife Bananen, geschält
2 EL brauner Rum
1 l Vanilleeis (nach Belieben)

Den Backofen auf 220 °C (Gas Stufe 4–5) vorheizen. Eine runde oder rechteckige ofenfeste Form ausbuttern und mit der Hälfte des Zuckers ausstreuen.

Die Bananen längs halbieren und mit der Schnittseite nach unten in die Form legen.

Den restlichen Zucker darüberstreuen und Butterflöckchen daraufsetzen. 6–10 Minuten backen, bis der Zucker schmilzt und die Bananen goldbraun werden.

Die Bananen aus dem Backofen nehmen, den Rum darüberträufeln und flambieren. Heiß servieren. Falls gewünscht, Vanilleeis dazu reichen.

Für 6 Personen

COLIMA

NIEVE DE MANGO
Mangosorbet

Erfrischendes Fruchteis ist in Mexiko überaus beliebt. In vielen Gegenden wird es immer noch auf altmodische Weise von Hand hergestellt und von Händlern mit kleinen Wagen auf der Straße verkauft. Man kann es aber auch in einer Eismaschine zubereiten. Falls Mangos aus der Dose verwendet werden, den Sirup weglassen und die Zuckermenge um 125 g reduzieren.

2 kg Mangos, geschält und entsteint
750 ml Wasser
600 g Zucker
2 kg zerstoßenes Eis
500 g grobes Salz

Die Mangos in Stücke schneiden und im Mixer pürieren. Das Püree in eine Glasschüssel füllen, abdecken und für 12 Stunden in den Kühlschrank stellen.

Wasser und Zucker in einem schweren Topf unter ständigem Rühren 5 Minuten kochen.

Für 30 Minuten in den Kühlschrank stellen, dann mit dem Mangopüree mischen und noch einmal für 15 Minuten in den Kühlschrank stellen.

In einer großen Schüssel Eis und Salz vermischen. Die Glasschüssel mit der Mangomischung in das Eis setzen und 30–45 Minuten kräftig durchrühren, bis die Mischung halb gefroren ist.

Für 10 Personen

Mangosorbet

GUERRERO

Niño Envuelto con Helado de Vainilla y Salsa de Cajeta
Eis-Biskuit-Rolle mit Karamelsauce

Dieses beeindruckende Dessert ist zwar nicht typisch mexikanisch, enthält aber zwei typisch mexikanische Produkte – Vanilleeis und »cajeta«.

6 EL Mehl
1 TL Backpulver
⅛ TL Salz
6 Eier, getrennt
¼ TL Weinstein
90 g Zucker
1 l Vanilleeis
60 g Halbbitterschokolade, geschmolzen
250 ml Vanille-*cajeta* (Rezept S. 243)
125 ml Crème double
180 ml Wasser
60 g Zucker
2 EL Weinbrand
60 g Walnüsse, geröstet, enthäutet und gehackt

Den Backofen auf 190 °C (Gas Stufe 3) vorheizen. Mehl, Backpulver und Salz in eine kleine Schüssel sieben und beiseite stellen.

In einer großen Schüssel die Eiweiß schaumig schlagen. Den Weinstein hinzufügen und weiterschlagen, dabei nach und nach 6 Eßlöffel Zucker dazugeben. Wenn sich steife Spitzen bilden, die Eigelb nacheinander unter langsamem Schlagen hinzufügen. Die Mehlmischung unterziehen, dann die Masse auf ein gefettetes Backblech streichen. Mit einem Spatel glätten und etwa 20–30 Minuten backen, bis die Oberfläche braun wird.

Den Kuchen aus dem Backofen nehmen, 5 Minuten abkühlen lassen und dann auf ein mit Zucker bestreutes Küchentuch stürzen. Beiseite stellen.

Das Vanilleeis aus dem Gefriergerät nehmen und 10 Minuten antauen lassen. Dann auf den Kuchen streichen. Die geschmolzene Schokolade in Linien auf das Eis träufeln. Den Kuchen aufrollen und die Enden begradigen. In Alufolie wickeln und in das Gefriergerät legen.

Die *cajeta* in einem Wasserbad mit köchelndem Wasser erhitzen, dann die Crème double hinzufügen und sorgfältig unterrühren. Beiseite stellen.

Für die Herstellung des Sirups Wasser und Zucker in einem schweren Topf unter ständigem Rühren kochen. Von der Kochstelle nehmen und den Weinbrand hineinrühren. Beiseite stellen.

Kurz vor dem Servieren die Biskuitrolle mit dem Sirup überziehen. Mit der heißen *cajeta* bedecken und die Walnüsse darüber streuen. Sofort servieren.

Für 6 Personen

Eis-Biskuit-Rolle mit Karamelsauce

Glossar

Manchmal entdeckt man ein verlockendes Rezept, muß aber dann zu seiner Enttäuschung feststellen, daß die dafür benötigten Zutaten nicht erhältlich sind. Da dies bei manchen Rezepten in diesem Buch der Fall sein kann, werden Ersatzprodukte für die Originalzutaten genannt. Vielleicht ändert sich dadurch der Geschmack des Gerichts ein wenig, doch sein Grundcharakter bleibt gewahrt. Bedenken Sie stets, daß die Rezepte jeweils mit den Nahrungsmitteln aus bestimmten Regionen entstanden sind und selbst dann anders schmecken können, wenn sie in anderen Gegenden Mexikos nachgekocht werden, weil dort andere Nahrungsmittel üblich sind. Die Verwendung von Ersatzprodukten bedeutet lediglich eine weitere Abwandlung.

Manche mexikanischen Lebensmittel werden inzwischen auch von Delikatessengeschäften und gutsortierten Supermärkten angeboten; da aber einige Originalzutaten sehr schwer erhältlich sein dürften, wurde diesem Buch ein Bezugsquellenverzeichnis (S. 254) beigefügt. Die dort aufgeführten Firmen senden die gewünschte Ware auch zu. Die Liste der angeführten Firmen kann natürlich nicht vollständig sein, sondern lediglich eine Auswahl des aktuellen Standes.

Achiote *(Bixa orellana)* Die Samen des tropischen Orleanstrauchs, auch *annato* genannt, werden vor allem auf der Halbinsel Yucatán verwendet, um Speisen damit leuchtendgelb bis rot zu färben. Um den Farbstoff zu erhalten, müssen die Samen in Wasser gekocht werden. Eine intensive Rotfärbung kann bei manchen Speisen notfalls auch mit edelsüßem Paprikapulver erzielt werden. Orlean-Samen sind unersetzbar für die Herstellung von *recado rojo* (*achiote*-Paste [Rezept S. 121]). Fertige *achiote*-Paste ist bei Importfirmen erhältlich (s. Bezugsquellenverzeichnis).

Acitrón Im Spanischen bedeutet *acitrón* Zitronat; in Zentralmexiko heißt so kandierter Biznaga-Kaktus *(Echinocactus ingens)*, den man an Fleischfüllungen, Desserts und Gebäck gibt oder einfach so nascht. Bei uns ist er nicht erhältlich, man kann ihn aber durch kandierte Ananas ersetzen, obwohl das Aroma verschieden ist.

Almuerzo Herzhaftes zweites Frühstück.

Amaranth In Mexiko heimische Pflanze mit getreideähnlichen Fruchtständen, deren Körner aufgrund ausgewogener Proteine nahrhafter sind als normales Getreide. Amaranth war schon zur Zeit der Aztekenherrschaft ein beliebtes Grundnahrungsmittel der Indianer. Man bekommt ihn in Naturkostläden.

Ante Süßspeise mit Sirup.

Antojitos Die beliebten pikanten Snacks, die man in Mexiko an jeder Straßenecke bekommt, heißen *antojitos* (wörtlich: »kleine Gelüste«). Viele sind so reichhaltig, daß man sie auch als kleine Mahlzeit servieren kann, und die meisten sind aus *masa* (s. dort) zubereitet. Wenn Ausländer von mexikanischer Küche sprechen, denken sie dabei meist an *antojitos* wie *tacos, tamales, burritos, enchiladas* und ähnliche Speisen. Als Vorspeise serviert, werden sie *entremeses* genannt, und zu Getränken gereicht, heißen sie *botanas.*

Arroz/Reis Zu der traditionellen Hauptmahlzeit des Tages *(comida)* gehört gewöhnlich ein Reisgericht, das als *sopa seca* (s. dort) vor dem Hauptgang serviert wird. Der mexikanische Reis hat mittlere bis lange Körner und ist nur wenig bearbeitet. Er quillt stärker auf und benötigt deshalb beim Kochen mehr Wasser als andere Sorten. Man muß ihn vor Gebrauch gründlich waschen.

Ate Mexikanische Fruchtpasten, die eine ähnliche Konsistenz haben wie Quittenbrot.

Avocado/Aguacate Dieser in Mexiko heimische Baum aus der Familie der Lorbeergewächse entwickelt vielseitig verwendbare Früchte. Avocados enthalten bis zu 27 Prozent Öl und sind reich an Mineralien, Proteinen und Vitaminen. Es soll fast 400 verschiedene Sorten geben – von kleinen, fingerdicken Früchten, die mit Haut gegessen werden, bis hin zu riesigen birnenförmigen Früchten. Außerhalb Mexikos sind die beinahe glatte, grünschalige »Fuerte« mit ihrem milden Geschmack und die narbige, braune »Hass«, die wundervoll nussig schmeckt, am weitesten verbreitet. Avocados kann man nachreifen lassen, indem man sie in einer verschlossenen Papiertüte bei Zimmertemperatur lagert; reife Avocados können im Kühlschrank aufbewahrt werden. Für manche Gerichte werden auch die langen, ledrigen Blätter des Avocadobaums verwendet. Hierfür muß man aber Blätter ausgewachsener Bäume verwenden, da nur sie das typische Aroma entwickeln.

Bananenblätter In Südmexiko, auf der Halbinsel Yucatán und an der Golfküste verwendet man die großen, duftenden Blätter der Bananenstaude, um darin Speisen zum Garen einzuwickeln. Man bekommt die Blätter tiefgekühlt in manchen asiatischen Lebensmittelgeschäften. Zum Auftauen hält man ein Blatt kurz über eine Flamme oder in Wasserdampf; dadurch wird es geschmeidiger.

Bolillo Knusprige Brötchen mit länglicher Form.

Botana *Antojitos,* wie *tacos, tamales, burritos* und *enchiladas,* die man zu Getränken reicht.

Budín Meist werden *budíns* aus Gemüse zubereitet und mit Käse überbacken, es gibt aber auch *budíns* mit Fleischfüllung, wie den *budín con picadillo* (Rezept S. 149). Man serviert sie als leichtes Abendessen oder als *sopa seca* (s. dort) bei einer mehrgängigen *comida.*

Burritos *Tacos* mit Fleischfüllung.

Cacahuate Der mexikanische Name für die Erdnuß kommt aus dem Náhuatl, der Sprache der Azteken. Ursprünglich stammen die Erdnüsse vermutlich aus Brasilien. In Mexiko werden sie schon seit Jahrhunderten als kleiner Imbiß gegessen oder gemahlen und an Saucen gegeben, um sie anzudicken und ihnen ihren typischen Geschmack zu verleihen.

Cajeta Ein Karamelnaschwerk, das aus Ziegenmilch und Zucker zubereitet wird. Früher wurde diese Süßigkeit in kleinen Holzkistchen verkauft (wörtlich übersetzt bedeutet *cajeta* »kleine Schachtel«).

Camote Mexikanische Batate mit maronenartigem Geschmack.

Cazuela Traditionelle Kasserolle aus Keramik, die innen glasiert, außen aber unglasiert ist. Sie wird für Eintöpfe, *moles* und für Gerichte, die im Backofen gratiniert werden, verwendet, da sie sich gleichmäßig erwärmt und die Temperatur lange hält. Neue *cazuelas* müssen »eingekocht« werden. Dazu reibt man sie innen mit der Schnittfläche einer Knoblauchzehe ein und füllt sie mit kaltem Wasser, das man köcheln läßt, bis es vollkommen verdampft ist. Diesen Vorgang wiederholt man mehrmals und wäscht die *cazuela* jeweils mit klarem Wasser aus. Glasierte Gefäße sollten nicht zur Aufbewahrung von Nahrungsmitteln oder zum Garen stark säurehaltiger Speisen verwendet werden, da sie mitunter Blei abgeben können.

Cazuelita Kleine *cazuela,* die häufig für Desserts wie *flan* oder Eiercreme verwendet wird.

Cena Spätes Abendessen, bei dem warme Mahlzeiten serviert werden.

Ceviche In Limettensaft oder Essig marinierte ungegarte Meeresfrüchte und Fischstücke.

Chayote Birnenförmiger Kürbis. Chayoten können bis zu 1 kg schwer werden. Sie haben eine weißliche, grüngelbe oder grüne Schale, die manchmal fleischige weiße Stacheln hat. Chayoten schmecken wie eine Mischung aus Zucchini und Gurke. Der Kürbis ist im Kühlschrank bis zu 1 Monat haltbar.

Chicharrón Für die Zubereitung von *chicharrón* wird Schweineschwarte leicht eingeschnitten und zweimal in Schweineschmalz gebraten. In Stücke gebrochen, ißt man ihn häufig mit *guacamole* als *botana.* Man kann ihn auch gemahlen für Saucen und andere Speisen verwenden. Bei uns ist gebratene Schweineschwarte in Asienläden erhältlich.

CHILES/CHILLIES

Die zahlreichen in der mexikanischen Küche verwendeten Chilisorten gehören zur Familie *Capsicum frutescens.* Sie sind in Schärfe und Geschmack außerordentlich unterschiedlich, und zwar nicht nur die verschiedenen Sorten, sondern – bedingt durch Faktoren wie Bodenbeschaffenheit und Klima – auch Schoten der gleichen Sorte. *Chiles* haben in den verschiedenen mexikanischen Bundesstaaten unterschiedliche Bezeichnungen, und frische *chiles* haben andere Namen als ihre getrockneten Varianten. Soll ihre Schärfe gemildert werden, entfernt man Samen und Scheidewände. Beim Hantieren mit Chilischoten sollte man Gummihandschuhe tragen, da sie Hautreizungen hervorrufen können, und Kontakt mit den Augen sorgfältig vermeiden.

Frische Chillies

Chile cuaresmeño Bezeichnung für den *chile jalapeño* in Zentralmexiko.

Chile güero Er ist blaßgelb oder blaßgrün und mild. Als Ersatz können die in türkischen Gemüsegeschäften erhältlichen länglichen Paprika verwendet werden.

Chile habanero Ein kleiner laternenförmiger, sehr scharfer *chile,* der vor allem in Yucatán sehr beliebt ist. Man kann ihn durch eine andere scharfe Chilisorte ersetzen.

Chile jalapeño Ein scharfer kegelförmiger grüner *chile,* der neben dem *chile serrano* in der mexikanischen Küche am häufigsten verwendet wird. Er ist scharf und wird – eingelegt oder frisch – für ungegarte *salsas* und *guacamole* verwendet.

Chile poblano Er ist größer und erheblich milder als der *chile jalapeño* und wird vor allem zur Zubereitung von *chiles rellenos* (gefüllte Chillies) verwendet. In *rajas* (Streifen) geschnitten, wird er unter Gemüse oder Reis gemischt, zum Garnieren verwendet oder an Saucen gegeben. Der *chile poblano* ist bei den im Bezugsquellenverzeichnis genannten Spezialgeschäften in Dosen erhältlich. Man kann ihn aber auch durch grüne Paprikaschoten ersetzen.

Getrocknete Chillies

Chile ancho Die getrocknete Version des *chile poblano* ist etwa 12 cm lang und hat eine rotbraune, runzlige Haut und einen bittersüßen Geschmack, der dem Aroma von Backpflaumen ähnelt. Der *chile ancho* gehört zu den milden *chiles*, obwohl seine Schärfe variiert. Man verwendet ihn bei der Zubereitung von *moles;* er kann auch gefüllt werden.

Chile cascabel Dieser kleine runde *chile* ist blaßgelb oder rot und sehr scharf. Wenn man ihn schüttelt, erzeugen seine Kerne das Geräusch einer Rassel. Er verleiht *salsas* einen nussigen Geschmack.

Chile chipotle Bei diesem *chile* handelt es sich um den hellbraun geräucherten *chile jalapeño.* Er ist sehr scharf und verleiht den Speisen einen rauchigen Geschmack.

Chile guajillo Dieser scharfe *chile* ist lang, dünn und glatt. Man verwendet ihn eingeweicht und zerrieben zum Würzen von Fleischgerichten und Eintöpfen.

Chile morita Er ist laternenförmig und – wie der *chile chipotle* – geräuchert.

Chile mulato Er wird wegen seiner bräunlich-schwarzen Färbung auch *chile ancho negro* genannt und ist wie der *chile ancho* ein getrockneter grüner *chile poblano,* der ebenfalls mild schmeckt.

Chile pasilla (chile chilaca) Dieser *chile* hat seinen Namen nach dem spanischen Wort für »Rosine« *(pasa),* weil er eine sehr runzlige Haut hat. Wegen seines würzigen Aromas wird er häufig für *moles* und Saucen verwendet oder zum Garnieren von Suppen.

Chile piquín Ein länglicher, roter *chile,* der sehr klein und äußerst scharf ist.

Frische Chillies rösten Man röstet Chillies, um sie enthäuten zu können. Darüber hinaus wird auf diese Weise ihr einzigartiges Aroma intensiviert. Es gibt vier verschiedene Methoden:

1. *Über offener Flamme* Bei diesem Verfahren hält man die Schote mit einer Zange direkt über die mittelgroße Flamme eines Gasherds und dreht sie, bis die Haut von allen Seiten mit schwarzen Bläschen überzogen ist. Man muß dabei achtgeben, daß das Fruchtfleisch nicht verbrennt, weil es sonst einen bitteren Geschmack bekommt. Die Chillies werden dann sofort in einen Frischhaltebeutel gegeben, den man verschließt, oder mit einem feuchten Tuch zugedeckt und 10 bis 15 Minuten stehengelassen. Man nennt dies »die *chiles* schwitzen lassen«. Danach läßt sich die dünne Haut einfacher abziehen, und darüber hinaus werden die Schoten in ihrem eigenen Dampf leicht gegart.

2. *Auf dem comal* Wer keinen *comal* besitzt, kann eine schwere Eisenpfanne benutzen. Man erhitzt den *comal* bei mittlerer Temperatur und legt zwei oder drei *chiles* darauf. Die Schoten müssen immer wieder gewendet werden, bis ihre Haut mit schwarzen Bläschen überzogen ist. Dies dauert etwa 10 bis 15 Minuten. Anschließend verfährt man ebenso wie beim Rösten über offener Flamme.

3. *Unter dem Grill* Die Schoten werden dünn mit Öl bepinselt, auf ein mit Alufolie ausgelegtes Backblech gelegt und unter den bei mittlerer Hitze vorgeheizten Grill gesetzt. Dann werden sie ebenso weiterbehandelt wie beim Rösten über offener Flamme oder auf dem *comal.*

4. *In Öl* Diese Methode empfiehlt sich, wenn man große Mengen gefüllter *chiles* oder *chiles* in Nußsauce zubereitet, da sie viel Zeit und Arbeit beim Abziehen der Schoten spart. Man erhitzt ¼ l Öl bei mittlerer Temperatur in einer Pfanne, legt jeweils 1 bis 2 Schoten hinein und brät sie unter häufigem Wenden 5 bis 10 Sekunden, bis sich die Haut bläht und eine goldbraune Farbe bekommt. Dann legt man die *chiles* in kaltes Wasser und zieht mit den Fingern die dünne Haut ab.

Frische Chillies enthäuten Man hält die geröstete Schote unter fließendes kaltes Wasser und reibt mit den Fingern die verkohlte Haut ab. Hautstücke, die sich nicht lösen, entfernt man mit einem Küchenmesser. Dabei muß man darauf achten, daß sich die Schote nicht mit dem Wasser vollsaugt, weil sie sonst an Geschmack verliert.

Scheidewände und Samen entfernen Soll eine Schote im Ganzen verwendet oder gefüllt werden, schneidet man den Stielansatz nicht ab und achtet darauf, daß die Haut nicht beschädigt wird. Man schneidet mit einem kleinen scharfen Messer seitlich behutsam einen Schnitt in die Schote und löst die Scheidewände und Samen vorsichtig heraus. Dann spült man den *chile* innen vorsichtig aus, um die restlichen Samen zu entfernen.

Wenn der *chile* in Streifen verwendet werden soll, schneidet man zunächst am Stielansatz einen »Deckel« ab. Dann wird die Schote seitlich aufgeschlitzt, auseinandergeklappt und Samen und Scheidewände entfernt. Abschließend wäscht man sie und schneidet sie in Streifen.

Frischen Chillies die Schärfe entziehen Wenn man die Schärfe der Chillies mildern will, legt man sie in eine Mischung aus 250 ml Wasser, 1 Eßlöffel Essig und 2 Teelöffeln Salz (je nach Anzahl der Schoten die Mengen erhöhen). Mit etwas Erfahrung kann man beim Rösten der Schoten am Geruch erkennen, wie scharf sie sind. Sehr scharfe *chiles* müssen möglicherweise länger gewässert werden, 40 Minuten reichen jedoch gewöhnlich aus. Abschließend spült man sie kurz mit kaltem Wasser ab.

Getrocknete Chillies säubern Den *chile* mit einem feuchten Tuch abreiben, um ihn zu säubern. Wird die Schote im Ganzen verwendet oder gefüllt, schneidet man den Stielansatz nicht ab, sondern macht seitlich einen kleinen Einschnitt zum Entfernen der Samen und Scheidewände. Wird die Schote zerkleinert, schneidet man am Stielansatz einen »Deckel« ab, schlitzt die Schote an der Seite auf und klappt sie auseinander. Nun kann man Samen und Scheidewände bequem entfernen und die Schote anschließend nach Wunsch zerkleinschneiden.

Mitunter sind *chiles* zu trocken und brechen bei dem Versuch, Samen und Scheidewände zu entfernen, in kleine Stücke. In diesem Fall werden sie vor dem Säubern geröstet und eingeweicht.

Getrocknete Chillies rösten Getrocknete Chillies werden geröstet, damit sie ihr Aroma entfalten und sich leichter mahlen oder pürieren lassen. Man erhitzt einen *comal* oder eine schwere Eisenpfanne bei mittlerer Temperatur, legt die *chiles* in die heiße Pfanne und drückt sie mit einem Spatel behutsam flach. Dann wendet man sie, damit sie von beiden Seiten Farbe annehmen. Dabei muß man achtgeben, daß die Schoten nicht anbrennen. Dieser Vorgang dauert etwa 1 bis 2 Minuten.

Getrocknete Chillies einweichen Die Schoten knapp mit lauwarmem oder heißem Wasser bedecken und 5 bis 10 Minuten quellen lassen, damit sie weich werden und sich vollsaugen.

Getrocknete Chillies braten Für manche Speisen werden *chiles* nicht geröstet, sondern gebraten. Dazu erhitzt man einen knappen Eßlöffel Öl in einer kleinen Pfanne, gibt die Schoten hinein und brät sie etwa 1 Minute bei mittlerer Hitze. Sollen sie knuspriger werden, brät man sie 3 bis 4 Minuten (dabei ständig drehen, damit sie nicht anbrennen). Gebratene *chiles* werden – ganz oder in Stücken – oft zum Garnieren von Speisen verwendet.

Chorizo Diese wundervoll duftende Wurst wird aus grob gehacktem, ungegartem Schweinefleisch hergestellt und kräftig gewürzt. Es gibt sie sowohl luftgetrocknet als auch geräuchert. Mexikanischer *chorizo* ist stärker gewürzt als spanischer. Man bekommt ihn eventuell in Spezialitätengeschäften. Luftgetrockneter *chorizo* wird häufig für Eintöpfe verwendet oder gebraten. Gewöhnlich entfernt man den Naturdarm und zerbröselt die Wurst. Als Ersatz kann eine andere herzhafte Schweinemettwurst dienen, die ebenfalls zerbröselt werden kann. Gegebenenfalls muß man sie kräftig mit Knoblauch, Paprikapulver und eventuell Cayennepfeffer nachwürzen. Man kann sie aber auch selbst zubereiten (Rezept S. 143).

Cilantro *(Coriandrum sativum)* Frisches Korianderkraut, auch Koriandergrün genannt, hat einen typischen Geschmack und ist in der mexikanischen Küche unentbehrlich. Man bekommt es in Asienläden und in gutsortierten Gemüsegeschäften. Im Frischhaltebeutel hält sich *cilantro* im Gemüsefach des Kühlschranks einige Tage.

Comal Ein *comal* ist eine runde Platte, die entweder aus unglasiertem Ton oder aus Metall besteht und auf den Herd oder über offenes

Feuer gesetzt wird. Man verwendet ihn zum Garen von Tortillas und zum Rösten von *chiles* und Gewürzen. Als Ersatz kann eine gußeiserne Pfanne verwendet werden.

Comida Die Hauptmahlzeit des Tages, die in Mexiko am Nachmittag eingenommen wird, kann aus einem oder mehreren Gängen bestehen. Üppige *comidas* bestehen aus Suppe, Reis, Nudeln oder *budín,* einem Hauptgericht, Bohnen, einem Dessert und Kaffee.

Cuitlacoche Dieser Pilz (manchmal auch *huitlacoche* geschrieben) gedeiht an Maiskolben. In Zentralmexiko wird er häufig für Suppen und Crêpes verwendet. Obwohl er in Mexiko schon seit Jahrhunderten als Delikatesse gilt, ist man in der übrigen Welt erst vor kurzem auf ihn aufmerksam geworden. Er kann von den im Bezugsquellenverzeichnis genannten Importfirmen in Dosen bezogen werden.

Desayuno Leichtes Frühstück, das meist aus *pan dulce* (süßes Brot) und Kaffee und Schokolade besteht. Es wird am frühen Morgen eingenommen.

Enchiladas Tortillas in Chili-Sauce.

Epazote *(Chenopodium ambrosioides)* Mexikanisches Teekraut, *epazote,* ist eine in Mexiko heimische einjährige Pflanze. Es ist aus der mexikanischen Küche nicht wegzudenken; sein einzigartiges Aroma sollte in keinem Gericht aus schwarzen Bohnen fehlen. Einen guten Ersatz für das leicht nach Zitrone schmeckende Kraut gibt es nicht; notfalls kann man versuchen, es durch Zitronenmelisse zu ersetzen. Getrocknet ist es bei Spezialfirmen (s. Bezugsquellenverzeichnis) erhältlich. Falls man Samen bekommt, kann man es leicht im Blumentopf ziehen.

Essig Er wird in Mexiko häufig aus Zuckerrohr, Ananas, Äpfeln oder Bananen hergestellt. Handelsüblicher Essig anderer Länder ist oft sehr viel konzentrierter und muß daher eventuell mit bis zu 50 Prozent Wasser verdünnt werden.

Flor de Calabaza/Kürbisblüte Männliche große Blüte bestimmter hartschaliger Squash- und Markkürbissorten. Sie wird, leicht gedämpft, in verschiedenen Gerichten verwendet. Kürbisblüten sollten erntefrisch verbraucht werden. Während der Saison bekommt man sie in gutsortierten Gemüsegeschäften. Die im Bezugsquellenverzeichnis angegebenen Spezialgeschäfte bieten sie in Dosen an.

Flor de Jamaica/Hibiskusblüte Die getrockneten tiefroten Blütenkelche des Hibiskus *(Hibiskus sabdariffa)* werden für das beliebte Erfrischungsgetränk *agua de Jamaica* verwendet. In einem gut verschlossenen Gefäß und trocken gelagert sind sie etwa 1 Jahr haltbar. Außerhalb Mexikos bekommt man sie bei Spezialfirmen (s. Bezugsquellenverzeichnis) und eventuell in Kräuterhäusern.

Frijoles/Bohnen In Mexiko gibt es zahlreiche Sorten getrockneter Bohnen. Am verbreitetsten sind die kleinen schwarzen Bohnen *(frijoles negros)* aus dem Südosten und von der Golfküste. Die violette *flor de mayo* und die bräunliche *bayo*-Bohne findet man am häufigsten in Zentralmexiko. Die gesprenkelte Wachtelbohne, auch Pintobohne genannt, ist für Nordmexiko typisch.

Guayaba/Guave Die Guave ist eine kleine, birnenförmige Tropenfrucht mit vielen winzigen Kernen. Da sie roh etwas fade schmeckt, wird sie häufig gekocht und püriert. Die Frucht wird auch zur Zubereitung von *ate* verwendet.

Hierba buena *(Mentha spicata)* Dieses »gute Kraut«, auch *yerba buena* geschrieben, ist ein mildes Minzegewächs.

Hierba santa *(Piper sanctum)* Dieses große, weichblättrige Kraut, auch *hoja santa* (heiliges Blatt) genannt, schmeckt ähnlich wie Fenchelkraut. Es wird häufig in Oaxaca, Chiapas, Tabasco und Veracruz verwendet.

Huachinango/Roter Schnapper Dieser herrliche Fisch von der Golfküste ist ideal geeignet zum Schneiden von Steaks und Filets und läßt sich gut füllen. Er hat trockenes weißes Fleisch und große Gräten. Er ist in Mexiko ein überaus beliebter Speisefisch.

Jícama/Yamsbohne Diese hellbraune Knollenfrucht ist ein Produkt Mexikos. Ihr elfenbeinfarbenes, knackiges Fleisch erinnert an Wasserkastanien. Meist werden junge *jícama*-Früchte roh mit einem Spritzer Limettensaft, etwas Salz und Chilipulver gegessen. Sie sind von Mai bis Oktober in Geschäften erhältlich, die exotische Früchte im Sortiment haben. Im Kühlschrank lassen sich Yamsbohnen einige Wochen aufbewahren.

Jitomate In Mexiko gibt es zwei verschiedene Tomatenarten: Die auch in Europa verwendeten roten Tomaten heißen *jitomates,* außerdem gibt es noch den grünen *tomatillo* (s. dort).

KÄSE

Nachdem im 16. Jahrhundert Kühe und Ziegen nach Mexiko eingeführt worden waren, erhielt Käse bald einen wichtigen Stellenwert in der Ernährung. Bei einigen Käsesorten handelt es sich um regionale Spezialitäten, die selbst in Mexiko nur schwer zu bekommen sind.

Queso añejo Dies ist ein trockener, salziger Käse, der feingerieben über Speisen gestreut wird. Steht *queso añejo,* der auch *queso cotija* heißt, nicht zur Verfügung, kann er durch Parmesan oder Pecorino Romano ersetzt werden.

Queso asadero Ein milder Ziegenkäse, der gut schmilzt. Als Ersatz eignen sich milder Feta, Mozzarella oder Provolone.

Queso blanco Siehe *queso fresco.*

Queso Chihuahua Ein milder Käse mit nussigem Aroma, der ursprünglich in den mennonitischen Gemeinden Chihuahuas hergestellt wurde. Er schmilzt leicht und wird zum Füllen von *chiles* verwendet oder gerieben über Speisen gestreut. Als Ersatz eignen sich Gouda, Raclette und mittelscharfer Cheddar.

Queso cotija Siehe *queso añejo.*

Queso fresco Ein würziger, krümeliger Käse, der als *botana* mit *salsa* gegessen oder über Suppen und *antojitos* gestreut wird. Gelegentlich heißt er auch *queso blanco.* Als Ersatz eignen sich milder Feta und Mozzarella.

Queso Manchego Dieser Käse ist dem spanischen Manchego sehr ähnlich und variiert wie dieser in Geschmack und Konsistenz recht stark. Je nach Rezept kann man statt dessen jungen Pecorino, Parmesan oder Rohmilch-Cheddar verwenden.

Queso de Oaxaca Dieser leicht schmelzende Käse kann durch Mozarella ersetzt werden.

Queso Panela Ein krümeliger Frischkäse aus Zentralmexiko, der oft in kleinen Körben verkauft wird. Er kann durch frischen Mozzarella ersetzt werden.

Kakao Er wird aus den Samen eines tropischen Baums *(Theobroma cacao)* gewonnen, die in großen Früchten enthalten sind. Man löst die Kakaobohnen heraus und trocknet sie. Anschließend werden sie geröstet und zu Kakaomasse vermahlen. Um Kakaopulver herzustellen, preßt man diese Masse aus und entzieht ihr auf diese Weise einen Teil der Kakaobutter. In den alten indianischen Kulturen dienten Kakaobohnen oft als Zahlungsmittel.

Limón/Limette Die in Mexiko verwendete Limette ähnelt der kleinen Keylimone, unterscheidet sich aber völlig von der größeren, süßeren dunkelroten persischen Limette. Zitronen werden in Mexiko nur selten verwendet.

Maguey *(Agave americana)* Die Agave ist in Mexiko ein vertrauter Anblick. Aus der *Agave angustifolia,* einer kleineren Art, wird Mezcal hergestellt; *Agave tequilana* kultiviert man in Jalisco vorwiegend für die Tequila-Erzeugung. *Agave salmiana* wird für die Herstellung von *pulque* verwendet.

Mais Der Schöpfungsmythos der Maya erzählt, daß die Götter die ersten Menschen aus weißen und gelben Maiskolben schufen. Bis heute ist der Mais für die Maya und auch für andere Indianervölker eine heilige Pflanze, und traditionell werden anläßlich der Maisaussaat und -ernte rituelle Feiern zelebriert. Bereits vor etwa fünftausend Jahren wurde der Mais in Mexiko domestiziert. Er ist heute das wichtigste Grundnahrungsmittel; etwa die Hälfte des Kalorienbedarfs deckt man in Mexiko mit Mais ab. Anders als in anderen Ländern verwendet man dort jedoch keinen Zuckermais, sondern Futtermais (s. auch *nixtamal* und *masa*).

Mamey/Große Sapote Diese große Tropenfrucht hat tief lachsrotes, melonenartiges Fleisch und eine harte, zimtfarbene Schale. Im Fruchtfleisch sitzt ein brauner, glänzender Kern. Sapoten werden gewöhnlich roh verzehrt.

Mango Von dieser süßen, aromatischen Frucht, die ursprünglich aus Indien stammt, gibt es zahlreiche Sorten. Ihr Fleisch ist nicht nur außergewöhnlich saftig und aromatisch, sondern auch sehr vitamin- und mineralienhaltig. Ihre Schale ist ungenießbar, und der harte Kern läßt sich nicht leicht herauslösen. Beim Verzehr dieser Früchte ist Vorsicht geboten: Ihr Saft hinterläßt Flecken, die nur schwer entfernbar sind.

Masa Die traditionelle *masa* wird aus in warmem Kalkwasser eingeweichten, anschließend enthäuteten und vermahlenen weißen Maiskörnern, Wasser und etwas Salz zubereitet. (s. *nixtamal*). Aus diesem Maisteig werden die Tortillas hergestellt. Da er rasch verdirbt, sollte er noch am gleichen Tag verwendet werden. Übriggebliebene *masa* kann man tiefgefrieren.

Masa harina Dieses Mehl wird aus enthäuteten weißen Maiskörnern hergestellt (s. *nixtamal*). Man kann es als Ersatz für eine frische *masa* verwenden. Um 550 g Tortillateig oder *masa* zu erhalten, mischt man 250 g *masa harina* mit 350 ml lauwarmem Wasser; um den Teig geschmeidiger zu machen, gibt man am besten 2 Teelöffel Olivenöl oder Schweineschmalz hinzu. Damit wird verhindert, daß die Tortillas beim Backen leicht brechen. *Masa harina* ist bei Spezialfirmen erhältlich (s. Bezugsquellenverzeichnis).

Merienda Leichtes Abendessen.

Metate y mano Mit diesem jahrhundertealten Küchengerät aus Basaltgestein werden Mais, *chiles,* Kakao, Bohnen und andere Nahrungsmittel gemahlen. Indianerinnen knien nach alter Sitte auf dem Boden, während sie den zylindrischen *mano* über den *metate,* eine leicht gewölbte, schräg auf drei Beinen stehende Platte, rollen.

Molcajete y tejote Dreifüßiger Mörser aus Basalt mit dazugehörigem Stößel (s. Abbildung S. 199). In ihm werden Gewürze und Zutaten für *salsas* und *moles* zerrieben.

Mole Náhuatl-Wort für eine Sauce oder Gewürzmischung, die Chili enthält. Es gibt viele Variationen, und einige werden mit Schokolade zubereitet.

Molinillo Geschnitzter Holzquirl mit losen Ringen am Ende, der verwendet wird, um Schokolade schaumig zu schlagen.

Nixtamal Zur Herstellung von *nixtamal* werden getrocknete Körner von weißem Mais in Wasser mit gemahlenem Kalk *(Kalziumoxid)* eingeweicht, um die Haut von den Körnern lösen zu können. In der mexikanischen Küche wird *nixtamal* für die Zubereitung von *pozole,* einigen Arten der *menudo* und anderen Suppen verwendet. Vor allem aber wird der so vorbehandelte Mais, in nassem Zustand vermahlen, zu *masa* verarbeitet und getrocknet zu *masa harina* vermahlen. Bei uns ist er über die Spezialfirmen (s. Bezugsquellenverzeichnis) unter der Bezeichnung »Mais für *pozole*« erhältlich.

Nopales Flache Glieder oder »Blätter« des Feigenkaktus, die in Mexiko ebenso gern gegessen werden wie dessen saftige Früchte. Bei der Verwendung von ganzen frischen *nopales* ist Vorsicht geboten, da sie sehr spitze Stacheln haben. Zum Putzen zieht man am besten Handschuhe an. Die »Blätter« an der Basis festhalten und mit einem sehr scharfen Messer die Höcker abschneiden, in denen die Stacheln sitzen. Verdickte Basis und Ränder abschneiden, die *nopales* aber nicht vollständig schälen. Dann wäscht man die »Blätter« und schneidet sie in Quadrate, die man mit einer Handvoll Frühlingszwiebelgrün in einen Topf mit kochendem Salzwasser gibt. Die Garzeit beträgt etwa 10 Minuten. Dann läßt man sie abtropfen und wäscht sie gründlich mit kaltem Wasser, um die vom Kaktus ausgeschiedene klebrige Substanz zu entfernen. Außerhalb Mexikos sind frische *nopales* kaum erhältlich, aber man bekommt sie bei den Spezialgeschäften (s. Bezugsquellenverzeichnis) unter der Bezeichnung *nopalitos* in Dosen oder Gläsern.

Olla Weithalsiger Tontopf mit zwei Griffen, der zum Garen von Bohnen, Eintöpfen, Suppen und ähnlichen Gerichten dient. Vor dem ersten Gebrauch muß er »eingekocht« werden (s. *cazuela*).

Oregano Der mexikanische Oregano *(Lippia graveolens L. [Verbenaceae])* ist aromatischer und schmeckt schärfer als der in Europa heimische Oregano *(Origanum vulgare L.).*

Papaya Größe, Farbe und Geschmack dieser tropischen Frucht sind sehr unterschiedlich. Am verbreitetsten sind birnenförmige Sorten. Papayas haben ein zartes, blaßgelbes, orangefarbenes bis lachsrotes Fruchtfleisch, das in seiner Konsistenz dem der Honigmelonen ähnelt. Die rotfleischigen Papayas schmecken am besten.

Piloncillo Unraffinierter Zucker, der meist zu harten Kegeln gepreßt ist, heißt in Mexiko *piloncillo.* Er ist bei uns kaum erhältlich; man kann ihn jedoch durch unraffinierten braunen Zucker ersetzen, den man in Naturkostläden bekommt.

Piña Die wunderbare tropische Ananas erhielt ihren Namen von den Konquistadoren, die sie an einen Tannenzapfen erinnerte (*piña* bedeutet im Spanischen »Tannenzapfen«). In Mexiko und insbesondere in der Gegend von Veracruz gibt es große Ananasplantagen.

Platano/Kochbanane Diese große, dickschalige, dreikantige Banane ist ein fester Bestandteil der tropischen Küche. *Platanos* schmecken ähnlich wie Kartoffeln, haben jedoch einen weniger ausgeprägten Geschmack. Häufig werden sie in Scheiben geschnitten und gebraten. Rohe Kochbananen sind auch vollreif nicht süß.

Pomeranze/Naranja agria Der auf der Halbinsel Yucatán häufig verwendete säuerliche Saft der Pomeranze (auch Bitterorange genannt) schmeckt wie eine Mischung aus Grapefruit, Zitrone und Orange. Als Ersatz kann eine Mischung aus gleichen Teilen frisch gepreßtem Limetten-, Orangen- und Grapefruitsaft verwendet werden, der man pro 250 ml 1 Teelöffel fein abgeriebene Orangen- und Grapefruitschale hinzufügt. Man läßt die Mischung einige Stunden ziehen und gibt sie anschließend durch ein Sieb. Außerhalb Mexikos werden Pomeranzen zu Marmelade verarbeitet und zum Aromatisieren von Likören und Limonaden verwendet.

Pulque Fermentierter Agavensaft.

Rajas Das spanische Wort für »Streifen«; wird eine Zutat *en rajas* serviert, bedeutet dies »in Streifen geschnitten«.

Recados Gewürzmischungen, die vorwiegend auf der Halbinsel Yucatán und im südlichen Mittelamerika verwendet werden. *Achiote*-Paste, die bekannteste Mischung, wird aus Orlean-Samen und anderen Gewürzen und Kräutern hergestellt. Man bekommt sie fertig zubereitet in kleinen Kugeln oder länglichen Päckchen in Spezialgeschäften (s. Bezugsquellenverzeichnis), oder man bereitet sie selbst zu (Rezept S. 121).

Romeritos Ein grünes Gemüse, das man mit kleinen Eierküchlein und dünner *mole* zu Weihnachten ißt.

RÖSTEN

Nicht nur frische und getrocknete Chillies werden geröstet (s. dort), um ihr Aroma zu intensivieren, sondern auch Zwiebeln, Knoblauch, Tomaten, Nüsse und Gewürze.

Zwiebeln/Knoblauch rösten Zwiebeln und Knoblauchzehen werden geschält und anschließend bei mittlerer Hitze auf einem *comal* oder in einer Eisenpfanne geröstet, bis die Außenhaut schwarz wird; dabei mehrmals drehen. Vor der Weiterverwendung wird die verkohlte Haut entfernt.

Tomaten rösten Die Tomaten werden auf einem *comal* oder in einer Eisenpfanne bei mittlerer Hitze geröstet, bis ihre Haut verkohlt ist; dabei mehrmals drehen. Man kann sie auch in einer mit Alufolie ausgelegten Backform unter den Grill stellen. Vor ihrer Weiterverwendung wird die verkohlte Haut entfernt.

Nüsse/Samen/Gewürze rösten Auf dem heißen *comal* oder in einer Eisenpfanne leicht rösten, bis sie zu duften beginnen (Vorsicht bei Samen: sie können platzen).

Sahne In Mexiko gibt es auch süße Sahne, die meist geschlagen für Desserts verwendet wird. Ist jedoch in der Zutatenliste eines Rezepts dicke Sahne angegeben, handelt es sich dabei um eine dicke, säuerliche Sahne, die der Crème fraîche ähnlich ist. Crème fraîche ist zwar als Ersatz geeignet, aber wer sich damit nicht begnügen will, kann die dicke Sahne selbst herstellen. Dazu verrührt man in einem sauberen Einmachglas 2 Eßlöffel saure Sahne, Buttermilch oder Joghurt mit 250 ml Crème double, deckt die Mischung ab und stellt sie für 8 bis 24 Stunden an einen warmen Platz, bis sie dick geworden ist. Dann rührt man sie um. Im Kühlschrank hält sich diese Sahne bis zu einer Woche. Am besten schmeckt sie nach einigen Tagen.

Salsa Sauce; mexikanische *salsas* können ungegart oder gekocht sein.

Sapote Siehe *mamey.*

Schokolade Mexikanische Schokolade besteht aus gemahlenem Kakao, Zucker, Zimt und mitunter auch anderen Aromazutaten, die in runde Platten unterschiedlicher Größe gepreßt werden. Um daraus ein Getränk zu bereiten, löst man die Schokolade mit etwas Wasser im Wasserbad auf, fügt Milch oder Wasser hinzu und schlägt die Schokolade mit einem *molinillo* (s. dort), der zwischen den Handflächen gedreht wird, schaumig.

Schweineschmalz/Manteca de Cerdo In Mexiko wird seit der Kolonisierung durch die Spanier ausgelassenes Schweinefett zum Kochen verwendet. Bei vielen Gerichten kann es durch anderes Fett ersetzt werden, manche Speisen erhalten jedoch nur durch Schweineschmalz ihren typischen Geschmack. Schweineschmalz hat nur halb soviel Cholesterin wie Butter. Es muß aber echtes Schweineschmalz verwendet werden; industriell hergestelltes Schmalz ist ungeeignet. Man kann es leicht selbst zubereiten. Dazu zerkleinert man zunächst Schweinefett im Mixer und setzt es zum Auslassen in einem Bräter bei 130 °C in den Backofen. Anschließend wird es durch ein Sieb gegeben. Im Kühlschrank ist es etwa 2 Wochen haltbar.

Sopa de Arroz Reisgericht.

Sopa Seca Als *sopa seca* (trockene Suppe) bezeichnet man in Mexiko den Gang zwischen Vorspeise und Hauptgericht bei einer *comida* (s. dort) mit mehreren Gängen. Er kann sowohl aus *budíns* bestehen als auch aus Nudel- oder Reisgerichten.

Tacos Eingerollte Tortillas mit verschiedenen Füllungen. *Tacos* mit einer Füllung aus hartgekochten Eiern und überzogen mit Tomaten- und Kürbiskernsauce sowie Kürbiskernöl heißen *papadzules*.

Tamales Für diese Speise wird *masa* mit Schweineschmalz vermischt, auf Maishüllblätter oder Bananenblätter gestrichen und dann, manchmal mit einer würzigen Füllung, aufgewickelt und gedämpft. *Tamales* können von unterschiedlicher Form und Größe sein, manchmal werden sie auch gesüßt. Man ißt sie als *antojito* und bei festlichen Anlässen. Sie lassen sich gut tiefgefrieren; man erhitzt tiefgefrorene *tamales*, indem man sie in eine feuerfeste Form gibt, mit Alufolie abdeckt und bei 160 °C (Gas Stufe 1–2) in den Backofen stellt.

Tamarinde Frucht eines tropischen Baumes, die etwa 10 bis 20 cm lang und fingerdick ist. Tamarinden haben eine spröde, braune Haut und das süß-säuerlich schmeckende saftige Fruchtfleisch umhüllt mehrere flache, glänzende Kerne. In Mexiko verwendet man sie häufig zur Herstellung des beliebten Erfrischungsgetränks *agua de tamarindo* (Rezept S. 54–55).

Telera Längliches Weißbrötchen; es wird für *tortas* mit verschiedenen Füllungen angerichtet.

Tomate Siehe *jitomate*.

Tomatillo/Tomate verde Anders als der spanische Name vermuten läßt, handelt es sich hier nicht um eine unreife und daher grüne Tomate, sondern um ein Nachtschattengewächs der Gattung *Physalis*. Die süß-säuerlich schmeckende Frucht sitzt in einem papierartigen Kelch. *Tomatillos* werden vor allem für Saucen verwendet. Frisch sind sie bei uns nicht erhältlich; man kann sie jedoch in Dosen bei Spezialgeschäften bestellen (s. Bezugsquellenverzeichnis). Sie können notfalls durch Tomaten ersetzt werden, die noch nicht voll ausgereift sind, aber dann bekommt das Gericht ein anderes Aroma.

Tortilla Dünner, runder Fladen aus Maisteig (s. *masa*), der kurz auf einem *comal* gebacken wird. Tortillas sind das Brot Mexikos; sie dienen als Hülle für Füllungen, eßbarer Löffel und Teller. In mexikanischen Dörfern kann man noch beobachten, wie sie liebevoll von Hand geformt und auf einem *comal* aus Ton gebacken werden. Der heutige Lebensstil zwingt die Städter jedoch dazu, maschinell hergestellte Tortillas zu essen. Sie unterscheiden sich in Geschmack und Beschaffenheit grundlegend von selbstgemachten Tortillas (Rezept S. 34). Tortillas sind gewöhnlich hellgrau bis gelb. In den Dörfern findet man aber auch rote und violette Tortillas – je nach der verwendeten Maissorte erhalten sie ihre spezielle Farbe. Überall in Mexiko werden Tortillas aus Mais hergestellt, nur in Nordmexiko sind Weizenmehl-Tortillas üblich.

Tortillapresse In Mexiko werden Tortillapressen aus Holz oder Gußeisen verwendet. Gußeiserne Pressen gibt es in Geschäften, die mexikanische Waren importieren (s. Bezugsquellenverzeichnis), und in manchen gutsortierten Küchenbedarfsgeschäften (Aluminiumgeräte sind nicht empfehlenswert). Man kann sich aber auch ohne ein solches Gerät behelfen. Dazu legt man zuerst ein ausreichend großes Stück Folie auf die Arbeitsplatte, setzt eine *masa*-Kugel darauf und drückt diese mit der Hand flach. Dann legt man ein zweites Stück Folie darüber und rollt den Teig vorsichtig mit dem Nudelholz aus. Mit einer Schüssel von entsprechender Größe kann man runde Tortillas ausstechen.

Tostada Fritierte Tortilla, die als »Teller« für verschiedene Speisen und Salate dient.

Vanilla/Vanille Kapselfrucht einer mehrjährigen Orchidee, die in den feuchten Tropenwäldern von Veracruz bis in die Baumkronen emporklettert. Jede der langen, schrumpeligen schwarzen Schoten enthält Tausende winzige hocharomatische Samen. Ganze Schoten sind recht teuer, doch man kann sie nach dem Kochen abspülen und mehrmals benutzen. Bei Verwendung von Vanille-Essenz sollte man stets darauf achten, daß es sich um reinen Extrakt handelt.

Zimt/Canela In Mexiko benutzt man die hellbraune dünne Rinde des Ceylonzimtbaums (Cinnamonum zeylanicum), der ursprünglich aus Sri Lanka und von den Molukken stammt.

Zwiebel/Cebolla In der mexikanischen Küche findet am häufigsten die scharfe Küchenzwiebel Verwendung. Kleine Perlzwiebeln und große Frühlingszwiebeln mit Grün werden erntefrisch gegrillt und zu *tacos* serviert. Die rote Zwiebel wird auf der Halbinsel Yucatán und in einigen Bundesstaaten an der Pazifikküste eingelegt oder zum Garnieren benutzt. Bevor man sie an *salsas* gibt, werden Zwiebeln gewöhnlich geröstet (s. Rösten).

BEZUGSQUELLENVERZEICHNIS

El Sombrero
Inh. Carmen Enriquez de Wolharn
Theaterstr. 73
5100 Aachen
Tel. 0241/21688

Gewürzhaus Alfred Ewert
Internationale Spezialitäten
Weender Str. 84
3400 Göttingen
Tel. 0551/57020

Mexico-Haus
Gaedke GmbH
Import-Export
Wichmannstr. 4
2000 Hamburg 52
Tel. 040/894684

El Taco
Mendoza & Ammann
Eppinghofer Str. 124
4330 Mühlheim/Ruhr
Tel. 0208/471139

La Tortilla
Inh. Jesús Nevaréz
Achentalstr. 10
8000 München 80
Tel. 089/405178

DANKSAGUNG

Die Autoren und der Verlag möchten folgenden Personen und Institutionen für ihre Hilfe bei der Vorbereitung dieses Buches danken:

Alicia Gironella De'Angeli, Conchita Bajos, Ana Maria del Carmen Baca Barnard, Roberto Barnard, Sherrod Kane Blankner, Arturo Caballero, Cachis, Antonio Martinez Camacho, Familia Caraza, Martha Chapa, Susannah Clark, Juana Cruz, Landy de Figuerola, Yolanda Franco, Restaurant »Guadiana« (Mexico City), Ruth Jacobson, Carole Jordan, Gwen Jordan, Diana Kennedy, Ed Lewis, Rosario Madero, Kay Mendieta de Alonso, Alberto Miguel, Amy Morton, Sara Luisa García Sabaté de Naranjo, Adriana Bard de Palazuelos, Margot Rosenzweig de Palazuelos, Jacki Passmore, Familia Patiño, Post Art de México S. A. de C. V., Oso Proal, Rosa Ramírez, Rapid Lasergraphics (San Francisco), Carlota Rosas, Dr. Guadalupe San Vicente, Adelfa Silva, Veronica Sperling, Katherine Stimson, Fredric Tausend, Restaurant »La Taverna del León (Valle de Bravo), Susanna und Eloisa Torres (Restaurant »Susy«, Puerto Angel, Oaxaca), Alta Gracia Aragon de Urbanek, Richard Van Oosterhout, Virginia Vázquez, Therese de Veciana-Haddad, María Dolores Torres Yzábal, Socorrito Zorrilla.

Testköche: Janell Bartleson, Britt und Jerry Bell, Terry Brucker, Beth Calkins, Darcey Lee Clark, Virginia Lee Ellis, Doris M. Evans, Peg und Mike Fitzgerald, Mary Jo Heavey, David und Margaret Juenke, Jeanne MacDowell, Stephanie Messersmith, Lupe Ortíz, Velma J. Shearer, Theresa Taggart, Lesa von Mettenheim.

Register

Zahlen in *Kursivschrift* beziehen sich auf Abbildungen

SANTA
CAMOTES
Si Hay
Durazno
Prensado
YOLANDA
CAMOTES
CAMOTES de SAN